Leonardo Boff
Schrei der Erde
Schrei der Armen

Leonardo Boff

Schrei der Erde
Schrei der Armen

Übersetzung aus dem Portugiesischen und
Bearbeitung für die deutsche Ausgabe:
Horst Goldstein

Patmos Verlag

Peregrinantibus mecum

Die Originalausgabe erschien 1995 bei editora ática S. A.
© Leonardo Boff
Die deutsche Ausgabe erschien 1996 im Patmos Verlag unter dem Titel:
Unser Haus – die Erde. Den Schrei der Unterdrückten hören

Die Deutsche Bibliothek – CIP-Einheitsaufnahme
Ein Titeldatensatz für diese Publikation ist bei der Deutschen Bibliothek
erhältlich.

© 1996, 2002 Patmos Verlag GmbH & Co. KG, Düsseldorf
Alle Rechte, einschließlich derjenigen des auszugsweisen Abdrucks sowie der
fotomechanischen und elektronischen Wiedergabe, vorbehalten
Umschlaggestaltung: Groothius & Consorten.
Abbildung auf dem Umschlag: © PPS, Tokio. Foto: Kazuyoshi Nomachi
Druck und Bindung: Clausen & Bosse, Leck
ISBN 3-491-70354-9
www.patmos.de

Inhalt

Einleitung

Anliegen dieses Buches ist es, den Schrei der Unterdrückten zusammen erschallen zu lassen mit dem Schrei der Erde. Aus ihrem solidarischen Befreiungsengagement heraus denken inzwischen viele Menschen intensiv über den Schrei der Unterdrückten nach. Ergebnis dieser Denkprozesse ist die Theologie der Befreiung. Nie zuvor in der Geschichte des Christentums haben die Armen so sehr im Mittelpunkt gestanden. Jetzt aber, da sie sich der Perversität ihrer Lage bewußt geworden sind und sich mit anderen zusammengeschlossen haben, um daraus herauszukommen, sind sie selbst zu Trägern ihrer Befreiung geworden. Die Befreiungstheologie hat den Unterdrückten und an den Rand Gedrängten auch insofern gutgetan, als sie sie davon zu überzeugen versuchte, daß ihre Sache zu tun hat mit der Sache Gottes in der Geschichte und daß sie ein Kernstück der Botschaft und des Tuns Jesu ist. Nicht ohne Grund wurde Jesus ja verfolgt und als politischer Aufwiegler verhaftet, gefoltert und gekreuzigt. Und schließlich überzeugte die Theologie der Befreiung die Armen davon, daß sich das Streben nach Befreiung, Leben und Poesie auch auf die Ewigkeit auswirkt, weil das Reich Gottes, das die große Utopie der jüdisch-christlichen Schriften ist, auch aus solchen Inhalten gemacht ist.

Aber auch die Erde schreit. Die Logik, welche ganze Klassen ausbeutet und ganze Völker den Interessen einiger weniger reicher und mächtiger Länder unterwirft, ist dieselbe, welche die Erde verwüstet und ihre Reichtümer plündert, ohne Rücksicht auf den Rest der Menschheit und auf kommende Generationen.

Diese Logik zerstört das ohnehin zerbrechliche Gleichgewicht im All, das die Natur im Laufe von fünfzehn Milliarden Jahren mit großer Weisheit aufgebaut hat. Sie ruiniert das Bündnis der Geschwisterlichkeit zwischen Mensch und Erde und löscht den Sinn für das gegenseitige Rück-gebundensein (Re-ligion) aller Dinge aus. In einem Universum, dem er feindlich gegenübersteht und das er unterwerfen und bändigen zu müssen meint, fühlt sich der Mensch der letzten vierhundert Jahre allein und einsam.

Heute haben derlei Fragen ein Gewicht bekommen, wie sich die Menschheit das in der Geschichte nie vorgestellt hat. Heute wird der Mensch, der doch die Berufung zum Schutzengel und einfühlsamen Gärtner der Erde hat, womöglich zu deren Teufel. Inzwischen hat er den Beweis erbracht, daß er nicht nur zum Bruder- und Völkermörder, sondern auch zum Lebens- und Erdenmörder verkommen kann.

Nicht nur die Armen und Unterdrückten müssen sich befreien. Heute müssen alle Menschen befreit werden. Allesamt sind wir Geiseln eines Paradigmas, das uns, dem Sinn des Universums zum Trotz, über die Dinge stellt, anstatt ihnen *zur Seite* in einer großen kosmischen *Gemeinschaft*. Deshalb sollen hier die Linien der Befreiungstheologie ausgezogen, ihr Gültigkeitsbereich erweitert und ihre Intuitionen auf Fragen angewandt werden, die auch die Erde umgreifen, unser gemeinsames Vater- *(pátria)* und Mutterland *(mátria)*, das aber an tausend Wunden krankt.

Die Zeit drängt. Dennoch geben wir uns der Hoffnung hin, daß, wie immer im Evolutionsprozeß, aus dem Chaos eine neue, höhere Ordnung geboren wird, die allen Zukunft eröffnet. Der vorliegende Band soll ein Buch der Hoffnung sein für die Söhne und Töchter der Erde, für die Erben und Erbinnen jenes Bundes, den Gott mit Noah und mit der ganzen Gemeinschaft derer geschlossen hat, die die Verwüstung der Sintflut überlebt haben. Die Erinnerung daran ist in den Gründungsschriften der jüdisch-christlichen Spiritualität festgehalten. Dort heißt es: »Steht der Bogen in den Wolken, so werde ich auf ihn sehen und des ewigen Bundes gedenken zwischen Gott und allen lebenden Wesen, allen Wesen aus Fleisch auf der Erde . . . Nie wieder soll eine Flut kommen und die Erde verderben« (Gen 9,16–17.11).

Dieser Bund ist ewig. Er wird aktuell vor allem in Krisenmomenten wie den unsren. Er begründet die Hoffnung, daß unsere gemeinsame Zukunft nicht errichtet werden darf auf den Ruinen des Planeten und der Menschheit. So wie sich aus dem Urchaos die Kosmogenese entwickelte, mit Lithosphäre, Hydrosphäre und Atmosphäre, mit Biosphäre und Anthroposphäre, so wird auch die Noosphäre entstehen, die Gemeinschaft der Geister und Herzen, in einem gemeinsamen Zentrum von Leben, Solidarität und umfassender Liebe. Alles wird dann zum Verweis auf die endzeitliche Theosphäre, in der alles in Gott sein wird und Gott in allem. Das ist die Wahrheit des Panentheismus.

Das neue Paradigma, das da geboren wird: das der Rück-bindung, wird eine universale Re-ligion begründen. Diese wird aber nur dann wirklich universal sein können, wenn sie in den religiösen Unterschieden die Konvergenzen aufspürt. Die Konvergenzen, die es zu entfalten gilt, müssen das Heilige in allen Dingen wieder zum Klingen bringen, die Würde der Erde wiederherstellen, den Menschen – als Mann und Frau – seine Berufung wiederentdecken lassen, daß er das Geheimnis des Kosmos zu feiern hat, und alle und alles in einem Prozeß der Kosmogenese zur Begegnung mit Gott führen. Das vorliegende Buch soll die Samenkörner dieses Geschehens, damit sie denn auch gedeihen können, in Muttererde betten und mit Wasser sprengen.

Wenn wir die Welt in die Arme nehmen, werden wir Gott selbst in die Arme nehmen.

Fazenda Sossego, Santana do Deserto (Minas Gerais),
Im Sommer (auf der südlichen Halbkugel der Erde) 1995

I. Das ökologische Zeitalter: Zurück zum gemeinsamen Vater- und Mutterland

Seit 1984 veröffentlicht das unabhängige »Worldwatch Institut« in Washington jährlich einen Bericht »Zur Lage der Welt. Daten für das Überleben eines Planeten« (S. Fischer Verlag, Frankfurt am Main). Der Bericht wird jedes Jahr schreckenerregender. Die Erde ist krank und bedroht. Aus der Fülle der Feststellungen seien hier nur zwei angeführt.

1. Die Erde ist krank

Die erste Tatsache: Die Wesen in der Natur, die am meisten bedroht sind, sind die Armen. Neunundsiebzig Prozent der Menschheit leben in der armen Südhälfte der Erde; eine Milliarden Menschen befinden sich in absoluter Armut; drei (von 5,3 Milliarden) können sich nur unzureichend ernähren; sechzig Millionen sterben jährlich Hungers, und vierzehn Millionen Jugendliche unter fünfzehn Jahren werden jedes Jahr Opfer von Hungerkrankheiten. Verglichen mit den Dimensionen des Dramas ist Solidarität unter den Menschen praktisch ein Fremdwort. Die Mehrzahl der wohlhabenden Länder bringt bei weitem nicht die von der UNO vorgesehenen 0,7 % ihres Bruttoinlandsproduktes (BIP) für die Hilfe gegenüber den armen Nationen auf. Beim reichsten Land, das heißt: bei den Vereinigten Staaten, sind es gerade mal 0,15 %.

Das zweite Faktum: Die Lebensarten sind ähnlich bedroht. Schätzungen besagen: Von 1500 bis 1850 starb mehr oder weniger alle zehn Jahre eine Art aus. Von 1850 bis 1950 jedes Jahr. Seit 1990 werden täglich zehn Arten ausgerottet. Hält der Rhythmus an, wird im Jahre 2000 jede Stunde eine Art verschwinden. Doch soll nicht verschwiegen werden, daß die Zahl der Arten, je nach Kriterien der Fachleute, zwischen zehn und hundert Millionen schwankt, auch wenn lediglich 1,4 Millionen bisher beschrieben werden konnten. Dessen unbeschadet läuft eine wahre Todesmaschine gegen das Leben, so vielfältig dessen Formen auch sein mögen.[1]

---

1) Bezüglich der Daten siehe: Allais, C., O estado do planeta em alguns números, in: Barrère, M., Terra, patrimônio comum, São Paulo 1992, 243–251.

13

Ins allgemeine Bewußtsein gelangte die Krise mit dem Bericht »Grenzen des Wachstums«, den der inzwischen berühmt gewordene »Club of Rome«[2] 1972 vorgelegt hat. Der »Club of Rome« ist bekanntlich ein weltweiter Zusammenschluß von Industriellen, Politikern, hohen Staatsbeamten und Wissenschaftlern der verschiedensten Sparten, welche die gegenseitigen Abhängigkeiten der Nationen, die Komplexität der gegenwärtigen Gesellschaften und die Befindlichkeit der Natur untersuchen wollen, mit dem Ziel, eine systematische Betrachtungsweise der Probleme sowie neue Möglichkeiten politischen Handelns zu deren Lösung zu entwickeln.

Die Krise bedeutete den Zusammenbruch eines Weltbildes. Was im kollektiven Bewußtsein bisher selbstverständlich war, steht seither zur Debatte. Und was war das allgemein akzeptierte Weltbild? Daß alles um die Idee des Fortschritts zu kreisen hat. Und daß sich der Fortschritt zwischen zwei unendlichen Größen bewegt: den unbegrenzten Ressourcen der Erde und der Grenzenlosigkeit der Zukunft. Man ging davon aus, die Erde mit ihren Möglichkeiten sei unerschöpflich und die Menschen könnten unentwegt in Richtung Zukunft ausholen. Aber beide Annahmen sind eine Illusion. Die Krise führte zu dem Bewußtsein: Die Ressourcen sind begrenzt, weil ja nicht alle erneuerbar sind; und ein unbeschränktes Wachstum in die Zukunft hinein ist unmöglich[3], weil sich das Modell des permanenten Wachstums nicht auf alle und auf alle Zeit übertragen läßt. Wollte China allen chinesischen Familien ebenso viele Autos zur Verfügung stellen wie die USA den ihren, bliebe von dem ganzen Land nichts anderes als ein gewaltiger ökologisch total versauter Parkplatz. Mit dem Wagen zu fahren, wäre gar kein Platz mehr da.

Das Gesellschaftsmodell und der Lebenssinn, welche die Menschen während der letzten vierhundert Jahre für sich entwickelt haben, sind in die Krise geraten. Aber die Logik des Alltags war und ist immer noch: möglichst viel Lebensmöglichkeiten, materielle Reichtümer, Güter und Dienstleistungen ansammeln, um so den kurzen Auftritt auf dieser Erde zu genießen. Dazu helfen uns die Wissenschaft, weil sie die Mechanismen der Erde kennt, und die Technik, weil sie zum Wohle der Menschen in das Ganze eingreift. Und das alles geschieht mit der größtmöglichen Geschwindigkeit.

2) Meadows, D., u. a., Die Grenzen des Wachstums, Stuttgart 1972.
3) Vgl. Lutzenberger, J. A., Fim do foturo?, Porto Alegre 1980.

Das Ansinnen ist also ein Höchstmaß an Gewinn mit einem Mindestmaß an Investitionen in der kürzestmöglichen Zeit. Im Rahmen dieser Kulturpraxis versteht sich der Mensch als ein Wesen *über* den Dingen, das über sie nach Belieben verfügen kann, aber niemals als jemand *an der Seite* der Dinge oder als Mitglied einer größeren planetarischen und kosmischen Gemeinschaft. Was dabei am Ende herauskommt und was erst heute, dafür aber unbestreitbar sichtbar wird, ist, was ein Gandhi zugeschriebener Satz sagt: Die Erde reicht für alle, nur nicht für die Gefräßigkeit der Konsumisten.

Das Bewußtsein, das zwar weltweit wächst, aber immer noch nicht scharf genug ist, läßt sich so formulieren: Falls wir weiter an dem alten Lebenssinn festhalten und der Logik unserer Produktionsmaschinerie weiter freien Lauf lassen, werden die Auswirkungen für die Natur wie für das menschliche Leben womöglich unumkehrbar sein: Verwüstung (jedes Jahr werden fruchtbare Gebiete in der Größenordnung der Niederlande zur Wüste), Abholzung (42 % der tropischen Wälder sind bereits vernichtet; die Erwärmung der Erde und der saure Regen können den für das Erdsystem wichtigsten Wald, den auf der nördlichen Erdhälfte [6 Milliarden Hektar], zerstören) und Überbevölkerung (im Jahre 1990 waren wir 5,2 Milliarden Menschen bei einer jährlichen Wachstumsrate von 3–4 %, während die Produktion von Nahrungsmitteln lediglich um 1,3 % steigt). Darüber hinaus deuten sich am Horizont noch weitere Folgen an, die für das Erdsystem verheerend sein können, wie mögliche generalisierte Konflikte aufgrund von weltweiten sozialen Ungleichheiten.

In diesem dramatischen Kontext gewinnt nun die Ökologie mehr und mehr an Bedeutung. Auch wenn es Ökologie als Disziplin schon mehr als hundert Jahre gibt und auch systematisch daran gearbeitet worden ist, machten die Ökologen wenig Aufhebens von sich. Mittlerweile jedoch beherrschen sie die ideologische, wissenschaftliche, politische, ethische und spirituelle Szene. Doch was ist unter Ökologie zu verstehen?

Im Verständnis dessen, der den Begriff zum erstenmal verwendet, des deutschen Zoologen Ernst Haeckel (1834–1919), ist Ökologie die Wissenschaft von dem Beziehungsgeflecht zwischen allen lebenden und leblosen Systemen untereinander und mit ihrer Umwelt.[4] Dabei richtet sich das Augenmerk nicht eigentlich auf

---

4) Vgl. Haeckel, E., Allgemeine Entwicklungsgeschichte der Organismen, Berlin 1868.

die Umwelt oder auf die biotischen (belebten) oder abiotischen (unbelebten) Wesen in sich. Das Spezifikum des ökologischen Diskurses besteht nicht in der Beschäftigung mit dem einen oder dem anderen Pol in sich betrachtet, sondern in Interaktion und Wechselwirkung untereinander. Dies also bildet das, was der Däne Jens Baggesen 1800 die »Umwelt« nannte. Der Begriff wurde dann von Jakob von Uexküll (1864–1944) in das Vokabular der Biologie eingeführt.

Mit anderen Worten: Worauf es ankommt, ist nicht die Umwelt, sondern die ganze Lebenswelt. Ein einzelnes Lebewesen läßt sich nicht isoliert betrachten als bloßer Vertreter seiner Art, sondern muß immer gesehen und untersucht werden in seinem Bezug zum Gesamt der Lebensbedingungen, von dem es abhängt, wie auch im Gleichgewicht mit allen anderen Exemplaren der dort vorhandenen Lebenden (Biotop und Biozönose). Dieses Verständnis führte dazu, daß die Wissenschaft aus ihren Labors heraustrat und sich organisch der Natur anheimgab, in der ja alles mit allem zusammenlebt und eine gewaltige ökologische Gemeinschaft bildet. So erhellt, daß wir gerade diese globale Betrachtungsweise der Natur wiedergewinnen müssen – und innerhalb ihrer dann die Arten und deren einzelne Vertreter.

So ist Ökologie das Wissen um die Beziehungen und Verbindungen, um die Interdependenzen und Interaktionen aller Wesen mit allen Wesen, an allen Punkten und zu allen Zeiten. So gesehen läßt sich Ökologie nicht in sich selbst definieren, ohne Einbeziehung der Wissensgebiete, die mit ihr zu tun haben. Ökologie ist kein Wissen von Erkenntnisinhalten, sondern von den Beziehungen zwischen den Erkenntnisinhalten. Ökologie ist ein Wissen um Wissensbereiche, die allesamt miteinander verbunden sind.

Noch einmal: Ökologie läßt sich nur definieren im Rahmen der Beziehungen, die sie in alle Richtungen und mit allen Formen von Wissen darüber aufbaut, wie alle Wesen voneinander abhängen und miteinander ein gewaltiges Netz von gegenseitigen Interdependenzen bilden. Sie konstituieren, technisch gesprochen, ein großes homöostatisches System, das heißt: ein großes ausgeglichenes selbstreguliertes System. Ökologie macht Einzelwissenschaften mit ihren spezifischen Paradigmen, Methoden und Resultaten nicht überflüssig, wie etwa Physik und Geologie, Ozeanographie und Biologie, Thermodynamik und Biogenetik, Zoologie und Anthropologie, Astronautik und Kosmologie. Alle diese Wissenschaften müssen sich weiterentwickeln, aber immer so, daß sie sich gegenseitig berücksichtigen, wie ja auch die Inhalte, um die es ihnen geht, voneinander abhängig sind.

Das Besondere des ökologischen Wissens besteht in der Transversalität, will sagen: darin, daß es alle Erfahrungen und alle Deuteformen nach links und nach rechts (ökologische Gemeinschaft), nach vorn (Zukunft), nach rückwärts (Vergangenheit) und nach innen (Komplexität) miteinander verbindet, weil sie sich ja ergänzen und uns helfen, das All und unsere Aufgabe darin ebenso wie in der kosmischen Solidarität, die uns alle miteinander verbindet, zu verstehen. Aus solchem Verhalten erwächst der Holismus (das griechische *hólos* bedeutet Gesamtheit). Mit Holismus ist nicht einfach die Summe dieses und jenes Wissensgebietes oder dieser und jener Analysemöglichkeit gemeint. Das wäre eine rein quantitative Annäherung. Holismus bezeichnet die Wahrnehmung der organischen, offenen Gesamtwirklichkeit wie auch des Wissens um diese Gesamtwirklichkeit. Das aber ist etwas qualitativ Neues.

Hinter der Ökologie steckt ein ethisches Anliegen, an dem natürlich auch andere Wissensbereiche, Mächte und Institutionen nicht vorbeikommen: Wieweit tragen alle zur Erhaltung der bedrohten Natur bei? In welchem Maße haben die einzelnen Wissenssparten immer auch die ökologische Dimension im Auge, und zwar nicht als ein zusätzliches Thema, das sie zu untersuchen hätten, so daß ihre spezifischen Methodologien davon unberührt blieben? Nein: In welchem Maße definieren sich die verschiedenen Wissenssparten dank ihrem ökologischen Impetus neu, so daß sie zu einem homöostatischen Faktor werden, das heißt: zu einem dynamisch-schöpferischen Faktor des ökologischen Gleichgewichts? Der Mensch muß lernen, daß er über die Dinge nicht weiter nach Belieben verfügen und die Vielfalt der Natur nicht weiter beherrschen darf. Er muß lernen, daß er mit der Natur umzugehen hat in Gehorsam gegenüber der ihr innewohnenden Logik, oder auch, daß er in Einklang mit ihren inneren Kräften das zu fördern hat, was als Samen bereits in ihr steckt. Die Perspektive hat also die der Bewahrung und der weiteren Entwicklung zu sein. Treffend sagt der größte Ökologe, den wir in Brasilien haben, José A. Lutzenberger: »Ökologie ist die Symphonie des Lebens und die Wissenschaft des Überlebens.«[5] Schon von Haeckel stammt der Satz, die Ökologie

---

5) Lutzenberger, J. A., Conceito de ecologia, in: Revista Vozes, Jan.–Febr. 1979, 64.

sei die »Ökonomie der Natur«.[6] Und da die Natur unser gemeinsames Haus ist, können wir die Ökologie geradezu auch als »Hauswirtschaft« bezeichnen.

Getrieben von der ethischen Verantwortung für die Schöpfung, ließ die Ökologie inzwischen ihre erste Phase als grüne Bewegung zum Schutz und zur Bewahrung aussterbender Arten hinter sich. Sie wurde zu einer radikalen Kritik an dem Modell von Zivilisation, an dem wir allesamt mitwirken.[7] Denn dieses verschlingt Unmengen von Energie und ruiniert sämtliche Ökosysteme. In diesem Sinn spielt das ökologische Argument heute in alle Fragen hinein, die es mit der Qualität des Lebens, mit dem Leben in der Welt und mit der Erhaltung bzw. Bedrohung der planetarischen oder kosmologischen Existenz zu tun haben.

Mit unserem ökologischen Engagement hoffen wir die Situation retten zu können. Denn wie könnten wir, Menschen und Umwelt, anders miteinander überleben, da wir doch denselben Ursprung und dieselbe gemeinsame Bestimmung haben? Und wie könnten wir sonst die Schöpfung in Gerechtigkeit, Partizipation, Ganzheit und Frieden bewahren?

2. Diagnosen und ökologische Therapien

Als Antwort auf diese und ähnliche Fragen hat man verschiedene Diagnosen vorgelegt und unterschiedliche ökologische Therapien vorgeschlagen, wie wenn eine Krankheit entweder vermieden oder geheilt werden soll. An dieser Stelle aber wollen wir uns äußerst kurz fassen, weil die Frage in verschiedenen anderen Kapiteln des vorliegenden Buches eingehend besprochen werden soll.

a. Ökotechnologie: ein sanfter Weg?
Mit Hilfe bestimmter Techniken und Verfahren versucht man, die Umwelt zu erhalten bzw. unerwünschte Wirkungen des herrschenden Entwicklungsmodells möglichst gering zu halten, weil diese Mensch und Natur schädigen.[8]

---

6) Haeckel, E., Natürliche Entwicklungsgeschichte, Berlin 1879, 42.
7) Vgl. dazu die gesamte Nummer 5/1995 der Zeitschrift »Concilium« über Ökologie und Armut.
8) Vgl. dazu das ausgezeichnete Buch: Turrini, E., O Caminho do sol, Petrópolis 1993, 68–120.

An der Ökotechnik führt kein Weg vorbei. Wenn Wissenschaft und Technik dazu beigetragen haben, die Welt kaputt zu machen, dann können sie auch helfen, sie zu retten und wieder ins Lot zu bringen. Allerdings hat die Ökotechnik auch ihre Grenzen. Denn sie setzt bloß bei den Auswirkungen ein. An die Ursachen, weshalb das Gesamt der natürlichen Wesen in ihrem ausgeglichenen Beziehungsgefüge mißachtet und dem freien Beschuß ausgeliefert wird, kommt sie nicht heran.

b. *Ökopolitik: ökologische Gerechtigkeit*
Hinter technischen Projekten stecken politische Entscheidungen, sei es seitens des Staates (Industrialisierungs-, Landwirtschafts-, Verkehrs-, Stadtplanungs-, Energie- und Bevölkerungspolitik), sei es seitens der Unternehmerschaft. Unternehmen haben auf dem Markt dem Druck von Konkurrenz und Gewinnstreben standzuhalten, oft genug für den Preis von Umweltverschmutzung, Abholzung der Wälder und Verarmung der Arbeiterschaft aufgrund von zu geringen Löhnen.

Ziel der Ökopolitik sind Strategien einer zukunftsfähigen Entwicklung, welche das Gleichgewicht der Ökosysteme, einschließlich des Arbeitssystems, gewährleistet und es zugleich nicht an Solidarität mit den zukünftigen Generationen fehlen läßt. Denn auch diese haben Recht auf eine ausgeglichene Gesellschaft, in der Gerechtigkeit, Partizipation und eine gesunde Umwelt keine Fremdwörter sind.[9]

Aber auch hier gibt es Grenzen. Im Konflikt zwischen Entwicklung und Erhaltung der Umwelt wird die Natur in der Regel preisgegeben und fällt die Entscheidung normalerweise zugunsten der Entwicklung. An das Paradigma linear wachsender Entwicklung wird nicht radikal gerührt. Dieses ist und bleibt das Idealmodell für die Gesellschaft. Überdies muß ökologische Gerechtigkeit stets Hand in Hand gehen mit sozialer Gerechtigkeit. Was haben Kinder aus Favelas davon, wenn sie zwar Schulspeisung bekommen, aber sterben, weil die Favelas weder ans öffentliche Kanalnetz angeschlossen sind noch sonst wie saniert werden? Oder was bringt es, wenn der öffentliche Nahverkehr auf Naturgas umgestellt wird, aber die Armenviertel am Stadtrand nicht einmal ans Busnetz angeschlossen sind?

---

9) Vgl. Leis, H., u. a., Ecologia e política mundial, Petrópolis 1991.

c. Menschliche Ökologie und soziale Ökologie: kosmische Gemeinschaft

Mensch und Gesellschaft stehen immer in einem Bezug zur Umwelt. Der Mensch, so wie er existiert, hat einen langen biologischen Prozeß hinter sich. Ohne die Elemente der Natur, deren Teil und Bestandteil er ist, das heißt ohne Viren, Bakterien und Mikroorganismen, ohne genetischen Code und ohne die chemischen Grundelemente könnte er gar nicht existieren. Gesellschaften strukturieren ihre Beziehungen zur Umwelt so, daß Produktion und Reproduktion des Lebens nicht in Gefahr geraten. Sie befinden über das Verhältnis zwischen Stadt und Land; entscheiden darüber, welche Kriterien bei der Stadtplanung zu berücksichtigen sind, damit die Lebensqualität nicht absinkt; sie beraten, wie unter ökologischem Gesichtspunkt ein Krankenhaus, eine Schule oder eine Fabrik zu bauen ist, wie der Verkehr kanalisiert werden muß, wie die soziale Gewalt abgebaut werden kann und wie das Verhältnis zwischen Öffentlichkeit und Privatleben, zwischen Arbeit und Freizeit, zwischen materieller Produktion und kulturellem Leben zu bestimmen ist; sie diskutieren, welche Formen von sozialer Kommunikation sich empfehlen und welche Modelle von Wissenschaft und Technik Mensch und Natur die größte Lebensqualität bringen.[10] An dieser Stelle erweist sich die Ökologie als das, was ihr Name besagt: als »Haus-Wissenschaft«, als Wissenschaft von der Wohnstätte des Menschen.

Alle diese Aspekte müssen wir im Auge haben. Gleichwohl ist die Frage unumgänglich: Bleiben alle diese Bemühungen nicht doch innerhalb des geltenden Modells gesellschaftlicher Bezüge, wirtschaftlicher Strukturen und sinnstiftender Symbole, ohne sie radikal in Frage zu stellen? Oder bringen sie etwas Neues? Steht dahinter ein alternatives Konzept oder doch bloß wieder der altbekannte Gedanke? Werden da etwa Pflaster geklebt, damit das Alte wieder funktioniert? Oder geht es wirklich um eine neue Vision, die Hoffnungen und Verheißungen keimen läßt, einen neuen Stil kollektiver Subjektivität ermöglicht und ein neues Verhältnis der Menschen untereinander und der Menschen zum Universum eröffnet? Die Antworten auf diese Fragen markieren die Grenzen einer rein auf Mensch und Gesellschaft bezogenen Ökologie, die aus dem geltenden Paradigma nicht herauskommt.

---

10) Vgl. Guattari, F., As três ecologias, Campinas 1988.

d. Ökologie der geistigen Einstellung: Die Natur steckt in uns
Der Zustand der Welt hat zu tun mit dem Zustand unseres Geistes.
Ist die Welt krank, weist das darauf hin, daß auch unsere Psyche
krank ist. Wenn die Natur angegriffen und willentlich unterdrückt
wird, dann deshalb, weil im Menschen Visionen, Archetypen und
Emotionen am Werk sind, die zu Ausschluß und Gewalttätigkeit
führen. Es gibt eine innere Ökologie wie auch eine äußere Ökologie, die sich wechselseitig bedingen.[11] Die Welt der Beziehungen
zu den Dingen internalisieren wir wie unser Verhältnis zum Vater,
zur Mutter, zur Umwelt usf. Die damit verbundenen Inhalte entwickeln sich zu Werten und Gegenwerten und färben unsere ökologischen Beziehungen positiv oder negativ ein. Auch die Welt der
Technifizierung der Beziehungen, das heißt der Produkte, schafft
eine kollektive Subjektivität auf der Basis von Macht, Status und
Erscheinungsbild und von einer kümmerlichen Kommunikation
mit den anderen.

Die Ökologie der geistigen Einstellung will die Psyche des
Menschen integrieren, so daß er gegenüber dem natürlichen und
gesellschaftlichen Umfeld wohlwollender wird und mit dem Weltall einen dauerhaften Bund der Ehrerbietung und des Ausgleichs
schließen kann.

Aber auch hier stoßen wir auf Grenzen: Lindert die Ökologie
der geistigen Einstellung nur die Spannung, oder schafft sie einen
neuen Horizont der Welterfahrung? Läßt sie die Menschen einen
neuen Bund oder bloß einen Waffenstillstand mit der Natur schließen, so daß die Mentalität von Besitzergreifung, Unterdrückung
und Ausgrenzung gegenüber den Mitmenschen wie gegenüber der
Natur unangetastet bleibt? An solchen Fragen entscheidet sich,
wieweit das ökologische Engagement befreiend wirkt.

e. Ökologische Ethik: Verantwortung für den Planeten
Die Ethik des gegenwärtigen Gesellschaftsmodells ist utilitaristisch
und anthropozentrisch. Danach steht alles, was existiert, dem
Menschen zu Diensten, und dieser kann zur Befriedigung seiner
Wünsche und Neigungen darüber nach Belieben verfügen. Die
Annahme ist, der Mensch sei, als Mann und Frau, die Krone des
Evolutionsprozesses und Mittelpunkt des Weltalls. Ethisch wäre es
demzufolge, einen Sinn für die Grenzen der menschlichen Wünsche

---

11) Vgl. Bateson, G., Geist und Natur. Eine notwendige Einheit, Frankfurt am Main 1982.

zu entwickeln, denn die Wünsche bringen den Menschen leicht dazu, sich gegen den Preis unterdrückter Klassen, unterjochter Völker und vergewaltigter Geschlechter eigene Vorteile zu verschaffen. Darüber hinaus ist der Mensch auch und gerade ein Lebewesen, das Kommunikation liebt und Verantwortung will. Ethisch wäre es dann weiterhin, Solidarität zwischen den Generationen zu fördern, so daß die gegenwärtig Lebenden auch die Zukunft derer achteten, die noch nicht geboren sind. Und ethisch wäre es schließlich, anzuerkennen, daß alles Existierende den Charakter relativer Autonomie hat. Alles, was existiert, hat ein Recht darauf, auch weiterhin zu existieren und mit uns wie mit allen anderen Wesen zu koexistieren. Immerhin hat es Millionen von Jahren ja auch schon vor uns und ohne uns existiert. In einem Wort gesagt: Die Dinge haben ein Recht auf Gegenwart und Zukunft.[12]

Alles das gilt es zu berücksichtigen und ins Werk zu setzen. Aber auch hier fehlt es nicht an Grenzen: Wenn hinter der Ethik keine Mystik steckt, keine neue Spiritualität, das heißt: kein neues Bündnis zwischen dem Menschen und dem Rest der Schöpfung, das alles auf eine noch nie dagewesene Weise aneinander rück-bindet (Rück-bindung bedeutet Re-ligion), besteht die Gefahr, daß auch diese Ethik verkommt zu Legalismus, Moralismus und Verklemmung, wo doch Heiterkeit des Daseins und zärtliche Ehrerbietung gegenüber allem, was existiert, angesagt sind.[13]

f. Radikale Ökologie oder Ökologie der Tiefe: Krise des Geistes

Aber es gibt noch einen letzten Weg. Dieser nimmt den anderen freilich nicht, was gültig an ihnen ist, stößt dafür aber bis zum Kern des Problems vor. Deshalb sei er hier radikale Ökologie oder Ökologie der Tiefe genannt.[14] In der Ökologie der Tiefe geht es darum, die entscheidende Frage auf den Tisch zu bekommen: daß die Krise der Gegenwart eine Krise der hegemonischen Zivilisation ist. Mit anderen Worten: Es geht um die Krise unseres derzeit alles bestimmenden Paradigmas, unseres alles entscheidenden Beziehungsmodells, unseres alles durchdringenden Lebenssinns. Was gilt

---

12) Vgl. Auer, A., Umweltethik. Ein theologischer Beitrag zur ökologischen Diskussion, Düsseldorf 1984; Jonas, H., Das Prinzip Verantwortung. Versuche einer Ethik für die technologische Zivilisation, Frankfurt am Main 1979.
13) Vgl. Regidor, J. R., Etica ecologica, in: Metfora Verde, Rom, Nr. 1, Juli–Aug. 1990, 61–75.
14) Hauptvertreter dieser Richtung ist Naess, A., mit seinem Buch: Ecology, Community and Lifestyle, Cambridge 1989.

allenthalben, in welcher Gesellschaft der Erde auch immer, als absolute Sinnspitze? Wir sagten es bereits: Nichthinterfragbare Treffstücke sind Fortschritt, Wohlstand und fortwährendes Wachstum an materiellen Gütern und Dienstleistungen. Wie läßt sich dieser Fortschritt erreichen? Durch Indienstnahme, Ausbeutung und Steigerung sämtlicher Kräfte und Energien in der Natur wie beim Menschen. Das große Werkzeug, das uns den Fortschritt ermöglicht, sind Wissenschaft und Technik mit ihren Produkten Industrialisierung, Informatisierung und Roboterisierung. Doch hinter dieser ganzen Entwicklung steht nicht einfach pure Neugier, sondern der Wille nach Macht, Eroberung und Profit.

Treffend formuliert finden wir die Grundintuition dieser Vorstellung in den Schriften der Gründungsväter unseres modernen Paradigmas, wie etwa Galileo Galilei, René Descartes, Francis Bacon und Isaac Newton. Descartes will uns ermutigen, in die Natur einzugreifen, damit wir »maître et posseseur de la nature – Meister und Besitzer der Natur«[15] werden. Francis Bacon meint, wir müßten uns die Natur unterjochen, sie unter Druck setzen, damit sie uns ihre Geheimnisse preisgibt, in unseren Dienst einbinden und uns zur Sklavin machen.[16] So entstand der Mythos vom Menschen als dem heldenhaften Bändiger der Natur, dem unbezwingbaren Prometheus, als dem Baumeister pharaonenhafter Werke. In einem Wort gesagt: Der Mensch steht *über* den Dingen und macht sie sich zu Bedingung und Werkzeug von Glück und Fortschritt. Statt dessen müßte er sich ihnen *zur Seite* sehen, wobei alle einander gehören und Glieder eines größeren Ganzen sind. Damit aber sind wir schon an den Dreh- und Angelpunkt des Ganzen gekommen, den wir jetzt etwas gründlicher betrachten wollen.

3. Ökologische Krise: Krise des Zivilisationsparadigmas?

Daß sich der Mensch *über* den Dingen, ja *über* allem dünkt, darin scheint das auslösende Moment für unsere augenblickliche Zivilisationskrise zu bestehen. Doch das Ganze hat eine wahnsinnig iro-

---

15) Descartes, R., Discours de la méthode, Bd. VI, Paris 1965, 60 ff.
16) Frei zitiert nach Moltmann, J., Gott in der Schöpfung. Ökologische Schöpfungslehre, München 1995, 41.

nische Seite. Der Wille, alles unter seine Herrschaft zu bekommen, liefert den Menschen selbst der Herrschaft aus und unterwirft ihn den Befehlen einer entwürdigten Erde. Die Utopie, die Lebensbedingungen für den Menschen zu verbessern, hat seine Lebensqualität sinken lassen. Der Traum vom grenzenlosen Wachstum hat zwei Drittel der Menschheit in die Unterentwicklung abrutschen lassen. Die Gier nach der optimalen Ausnutzung der Ressourcen der Erde führte zur Erschöpfung der Lebenssysteme und zur Zerstörung des Gleichgewichts in der Umwelt. Sowohl der Sozialismus als auch der Kapitalismus untergraben die Basis des Reichtums, die immer die Erde mit ihren Schätzen in Verbindung mit der menschlichen Arbeit ist. Heute befindet sich die Erde in einem fortgeschrittenen Stadium der Entkräftung; Arbeit und Kreativität sind wegen der technologischen Revolution, der Informatisierung und Roboterisierung überflüssig geworden; und Arbeiter und Arbeiterinnen werden in die Reservearmee der ausgebeuteten Arbeitskraft abgeschoben. Beide, Erde und Arbeiterschaft, stöhnen ob ihrer Verletzungen und bluten aus gefährlichen Wunden.

Der ganze Prozeß leidet also an einer Verkürzung und einer gründlichen Verfälschung, die wir erst heute wahrzunehmen und mit der gebührenden Schärfe zu hinterfragen imstande sind.

Die Frage, die sich stellt, lautet mithin: Können wir an der Logik der Akkumulation und des grenzenlosen linearen Wachstums festhalten und zugleich verhindern, daß die Ökosysteme zusammenbrechen und daß das Aussterben der Arten und die Verwüstung der natürlichen Ressourcen, auf die kommende Generationen ja auch ein Recht haben, uns keine Zukunft mehr lassen? Unser hegemonisches Lebensparadigma und der Fortbestand der irdischen und kosmischen Gemeinschaft, ist das kein Widerspruch? Können wir mit dem Abenteuer, an dem wir bis heute gebastelt haben, so verantwortlich weitermachen? Wäre es nicht verantwortungslos und daher antiethisch, wenn wir mit dem Bewußtsein und dem Gewissen, das wir heute von den Dingen haben, in dieselbe Richtung weitermarschieren? Oder müssen wir nicht vielmehr dringend die Richtung ändern?

Da gibt es Leute, die die Meinung vertreten, in Wissenschaft und Technik wohne eine messianische Kraft. Wissenschaft und Technik, geben sie zu, könnten Schaden anrichten, aber auch die ursprüngliche Freiheit wiederherstellen. Doch gegen solche Einschätzungen müssen wir das Gegenargument halten: Der Mensch kann sich doch nicht von der Maschine verdrängen lassen, selbst wenn sie ihm Bedingungen eröffnet, daß er endlich seine Grundbedürfnisse befriedigen kann! Hat denn der Mensch bloß Grundbedürfnisse, die er befriedigen muß? Der Mensch hat auch noch andere Fähigkeiten, die er entwickeln und schöpferisch entfalten möchte. Der Mensch ist ein Wesen mit dem Bedürfnis nach Mitwirkung und Mitsprache, nach Beteiligung und schöpferischer Gestaltung. Der Mensch will nicht nur Brot auf dem Tisch, sondern er will auch dazu beitragen, daß es auf den Tisch kommt, so daß er sich als gestaltendes Subjekt seiner Geschichte fühlt. Der Mensch hat nicht nur Hunger nach Brot, sondern auch nach Partizipation und Schönheit, die ihm die Möglichkeiten der Technologie nicht zu verschaffen vermögen.

Andere meinen: Eine Änderung der Richtung täte uns allen gut, aber auch der Umwelt, den Beziehungen insgesamt zwischen der Umwelt und den Menschen, dem gemeinsamen Schicksal aller Dinge, die existieren, ebenso wie den kommenden Generationen, die ja auch ein Recht haben zu leben. Doch dazu bedarf es tiefgreifender Korrekturen und Veränderungen in Kultur, Gesellschaft, Geisteshaltung und Religion. Wir unsererseits setzen auf diese Antwort, auf diesen Vorschlag. Unsere Überlegungen sollen helfen, diesen Weg auszubauen.

Mit anderen Worten: Der Umbau des Paradigmas ist ein zwingendes Muß. Doch das Ganze hat ein dialektischer Prozeß zu sein. Das heißt: Wir müssen alles übernehmen, was übernehmbar ist und was das Paradigma der Moderne an Konstruktivem beinhaltet, und dies dann in einen neuen, globalisierenden Rahmen stellen, der allen Wohlergehen ermöglicht.

Wird das dann etwas gänzlich Neues sein? Absolut gesprochen, nein. Denn in allen menschlichen Kulturen, einschließlich des hegemonischen Paradigmas der Neuzeit, fand sich stets auch ein anderes, wohltuenderes, ganzheitlicheres Modell des Verhältnisses zur Natur, auch wenn es nirgends tonangebend war. Relativ gesehen, aber wohl. Denn gegenüber dem heute noch maßgeblichen Schema wird das sich ankündigende Paradigma anders sein. Deshalb erweist es sich als ein relatives Novum und ist dazu berufen, weltweit Maß und Rhythmus zu bestimmen.

Aber was ist ein Paradigma, und worin besteht das Neue daran?

4. Was ist ein Paradigma?

In seinem bekannten Buch »The structure of scientific revolutions« bietet Thomas Kuhn eine doppelte Definition des Begriffs »Paradigma«. In einem weiteren Sinn meint der Terminus zunächst »eine ganze Konstellation von Meinungen, Werten, Methoden usw., über die sich die Mitglieder einer bestimmten Gesellschaft einig sind«, so daß ein diszipliniertes System entsteht, an dem sich das Gemeinwesen orientiert und aufgrund dessen es alle seine Beziehungen konzipiert. In einem zweiten engeren Sinn, der sich aus dem ersten ergibt, heißt »Paradigma«: »Beispiele, auf die man sich beziehen kann, wie auch konkrete Lösungsmöglichkeiten für anfallende Probleme – Lösungen, die als exemplarisch gelten und ausdrückliche Regeln zur Lösung von Problemen normalen Wissenschaftsgrades erübrigen.«[17]

Für uns empfiehlt sich die erste Begriffsumschreibung: Paradigma als organisierte, systematische und plausible Form, wie wir uns zueinander und zu allem rings um uns herum verhalten. Gemeint sind also Modelle und Muster, nach denen wir die Wirklichkeit in unserem Umfeld einschätzen und deuten und mit ihr umgehen.

An dieser Stelle nun müssen wir den epistemologischen Kontext benennen, in dem unsere Gebärde, mit der wir uns der natürlichen und sozialen Realität zuwenden, ihren Ort hat. Jede Kultur hat ihren Modus, nach dem sie Natur, Habitat und Geschichte bewertet, interpretiert und gestaltet. Unser Verhalten, auch wenn es heute weltweit selbstverständlich ist, steht in der Reihe anderer Verhaltensmuster. Aus diesem Grund dürfen wir von vornherein keinen Monopolanspruch auf das Verständnis erheben, wie wir in Vergangenheit und Gegenwart die Vernunft gebrauchen. Damit betonen wir nachdrücklich, daß Wissenschaft und Technik kulturbedingte Praxisformen wie andere auch sind und damit in die Grenzen einer bestimmten Kultur eingespannt sind.

Zahlreiche Autoren – genannt seien insbesondere zwei zeitgenössische Wissenschaftler und Denker: Alexander Koyré[18] und Ilya Prigogine[19] – gehen heute davon aus, daß der experimentelle Dialog unser modernes Verhältnis zum Universum definiert. Zwei

---

17) Kuhn, Th., The structure of scientific revolutions, Chicago 1970, 175, 182, 187.
18) Koyré, A., Études d'histoire de la pensée scientifique, Paris 1973.
19) Prigogine, I., La nouvelle alliance. La métamorphose de la science, Paris 1986.

Dimensionen sind für den Dialog konstitutiv: Verstehen und Verändern. Aus dieser Einstellung entwickelten sich die neuzeitliche Wissenschaft, die – im Sinne des Verstehens – *über* der Natur zu stehen meint, und die moderne Technik, die sie verändern will.

Von Anfang an bestritt unsere moderne Wissenschaft anderen Formen des Dialogs mit der Natur – wie gesundem Menschenverstand, Magie und Alchimie – ihre Existenzberechtigung. Ja, sie stellte sogar die ganze Natur in Frage, indem sie von ihrer Komplexität nichts wissen wollte und sich der Annahme hingab, die Natur werde von einer kleinen Zahl einfacher, unveränderlicher Gesetze geleitet (Newton und auch Einstein).

Aber auch der experimentelle Dialog landete in Krisen und entwickelte sich weiter. Die Berührung mit der Natur warf neue Probleme und bisher nicht gekannte Fragen auf: Wer sind wir denn eigentlich? Inwiefern haben wir teil an der globalen Entwicklung des Kosmos?

Insbesondere die Molekularbiologie leistete einen phantastischen Beitrag, indem sie zutage förderte, daß es nur einen universalen genetischen Code gibt. Alle Lebewesen, von der einfachsten Amöbe über die Dinosaurier und die Primaten bis hin zum *homo sapiens* bzw. *demens*, brauchen, um sich zu produzieren und reproduzieren, dieselbe genetische Sprache, die im Kern aus vier Grundsilben besteht: A (Adenin), C (Cytosin), G (Guanin) und U (Uracil).

Unser Austausch mit dem Weltall läuft nicht mehr allein auf der Schiene des wissenschaftlich-technischen Experiments. Auch in anderen Formen des Dialogs und der Aneignung nähern wir uns der Natur. Alles, was die verschiedenen Kulturen an möglichen Wegen zur Natur eröffnet haben, kann uns helfen, uns selbst und unseren Lebensraum gründlicher zu verstehen und besser zu erhalten. So wächst in uns das Gefühl für Komplementarität, und wir sehen allmählich davon ab, monopolartig mit den Mitteln der Moderne die Welt zu entschlüsseln. Ilya Prigogine konfrontiert uns mit der Frage: »Wodurch unterscheidet sich ein moderner Wissenschaftler von einem Magier oder Zauberer oder auch von etwas, das unendlich weit von der menschlichen Gesellschaft entfernt zu sein scheint, von der Bakterie?; denn auch diese fragt nach der Welt und versucht unablässig, die chemischen Zeichen, mittels deren sie sich orientiert, zu entziffern?«[20] Mit anderen Worten: Wir alle stehen in

---

20) Prigogine, I., La nouvelle alliance, 31.

einem Prozeß des Austausches und der Interaktion mit dem Universum; wir alle produzieren Informationen und können voneinander lernen: wie Viren sich verändern, das Plankton sich an die Bewegungen der Ozeane anpaßt und wie Menschen mit den Herausforderungen der unterschiedlichsten Ökosysteme mal so und mal so umgehen.

Die Art und Weise, wie wir an die Dinge herangehen, ist wahrlich nicht die einzig mögliche. Wir sind ein Moment in einem gewaltigen Prozeß universaler Interaktion, der von den allerersten Energien nach dem Urknall bis hin zu den feinsten Codes des menschlichen Gehirns geht.

5. Das neue Paradigma: die planetarische Gemeinschaft

Heute bahnt sich ein neues Paradigma an. Das heißt: Es keimt eine neue Form des Austausches mit dem Gesamt von Wesen und Beziehungen. Natürlich besteht das klassische Paradigma der Wissenschaften weiter, mit ihren berühmten Dualismen wie Spaltung der Welt in Materie und Geist, Trennung zwischen Natur und Kultur, zwischen Mensch und Welt, Verstand und Gefühl, Weiblich und Männlich, Gott und Welt und wie schließlich die Atomisierung der wissenschaftlichen Disziplinen.

Dessen unbeschadet macht die gegenwärtige Krise die Menschen in ungeahnter Weise sensibel für den Planeten als ein Ganzes. Immer mehr Menschen, einzeln und in Gruppen, pflegen neue Werte, haben neue Träume und entwickeln neue Verhaltensweisen. Aus dieser vorauseilenden neuen Sensibilität entsteht dann, so Thomas Kuhn, ein neues Paradigma. Aber das ist erst noch im Werden, es ist noch nicht ganz zu haben. Gleichwohl spüren wir schon seine ersten Signale. Ein neuer Dialog mit dem All ist bereits eingeläutet.

Worum geht es? Wir sind auf dem Weg zurück in unsere ursprüngliche Heimat. Wir waren verloren zwischen Maschinen, hatten uns faszinieren lassen von industriellen Strukturen, arbeiteten benebelt in klimatisierten Büros mit Plastikblumen, Elektrogeräten und Computeranlagen und hatten uns berauschen lassen von tausend sprechenden Bildern. Jetzt haben wir uns aufgemacht zurück in die große planetarisch-kosmische Gemeinschaft. Was uns jetzt fasziniert, ist der Wald mit seinem Grün, staunend stehen wir vor der Majestät der Berge, es erhebt uns der nächtliche Himmel mit seinen zahllosen Sternen, und wir lassen uns hinreißen von der Lebenskraft der Tiere. Wir bewundern die Verschiedenartigkeit der Kulturen, der Gepflogenheiten der Menschen und der Möglichkeiten, die Welt zu verstehen. Allmählich akzeptieren wir die Unterschiede und fangen an, sie wertzuschätzen. Hier und da dämmert ein neues Mitleid mit allen Wesen, vor allem mit denen, die in Natur und Gesellschaft am meisten zu leiden haben. Immer hat die Menschheit solche Gefühle gekannt, und immer haben sich derartige Emotionen gezeigt; sie sind nun mal menschlich, zutiefst menschlich. Jetzt aber, vor dem Hintergrund der Krise, bekommen sie eine neue Kraft, breiten sich zusehends aus und scheinen eine neue Qualität zu erlangen. Sie prägen Sein und Fühlen, Denken und Bewerten, Handeln und Beten. Oder anders gesagt: Ein neues Paradigma kündigt sich an.

Wir weigern uns, die Erde zu einem Bündel natürlicher Ressourcen oder zu einem Lager physikalisch-chemischer Rohstoffe zu degradieren. Als ein äußerst dynamischer und komplexer Organismus besitzt sie Identität und Autonomie. Grundsätzlich erweist sich die Erde als die Große Mutter, die uns nährt und trägt. Sie ist die hochherzige Pacha Mama (Große Mutter) der Andenkulturen bzw. die Gaja, das heißt ein lebendiger Superorganismus der griechischen Mythologie ebenso wie der modernen Kosmologie.

Wir möchten die Erde spüren aus erster Hand. Wir möchten den Wind fühlen auf der Haut, hinabtauchen in das Wasser eines Bergsees, eindringen in die Unberührtheit des Urwaldes und erfassen die zahllosen, unterschiedlichsten Manifestationen des Lebens. Ein Zauber erfüllt uns, ein Gespür für die Sakralität der Dinge, eine Anwandlung von intimem Umgang mit den Wesen, ein Gefühl der Dankbarkeit. Naturprodukte, voller Geschmack von Unschuld, möchten wir kosten, unberührt von der Industrie menschlicher Interessen. Die Höflichkeit, hochgeschätzt von Franz von Assisi und Blaise Pascal, kann sich wieder frei entfalten. Und eine zweite, nachkritische Naivität erblickt das Licht der Welt, Tochter der Wissenschaft, vor allem der Kosmologie, der Astrophysik und der Molekularbiologie, weil diese uns ungeahnte Dimensionen der Wirklichkeit zeigen, auf der Ebene des unendlich Großen, des unendlich Kleinen und des unendlich Komplexen. Das Universum der Wesen und der Lebewesen erfüllt uns mit Achtung, Ehrerbietung und Würde.

Die instrumentelle Vernunft ist nicht die einzige Form, die uns gegeben ist, die Dinge intellektuell zu durchdringen. Darüber hinaus haben wir auch die symbolische Vernunft und den Verstand des Herzens, und zur Verfügung stehen uns alle körperlichen und geistigen Sinne.

Neben dem *Logos* (Vernunft) haben wir den *Eros* (Leben und Leidenschaft), den *Pathos* (Affektivität und Sensibilität) und den *Daimon* (die innere Stimme der Natur). Die Vernunft ist weder das erste noch das letzte Moment der Existenz. Wir sind auch Affektivität *(Pathos)*, Wunsch *(Eros)*, Leidenschaft, Mitgefühl, Kommunikation und Achtsamkeit für die Stimme der Natur, die in uns spricht *(Daimon)*. Diese Stimme spricht tief in unserem Innern und will gehört und befolgt werden (der *Daimon* in uns). Erkennen ist nicht nur eine Form, die Wirklichkeit in den Griff zu bekommen. Erkennen ist sich auf Gemeinschaft mit den Dingen einlassen. In der Gedankenfolge des Plato kann Augustinus deshalb auch treffend sagen: »Wir erkennen in dem Maße, in dem wir lieben.«[21] Diese neue Liebe zu unserem ursprünglichen Vater- und Mutterland gibt uns eine nie gekannte Milde und eröffnet uns den Weg größeren Wohlwollens zur Begegnung mit der Welt. So haben wir eine neue Wahrnehmung von der Erde als einer gewaltigen Gemeinschaft, deren Glieder auch wir sind. Aber Glieder, auf denen Verantwortung lastet, daß alle anderen Glieder und Faktoren – angefangen mit dem energetischen Gleichgewicht der Böden und der Luft über die Mikroorganismen bis hin zu den Rassen und zu jedem einzelnen Menschen – auf der Erde in Harmonie und Frieden zusammenleben können.

Dank dieser neuen Wahrnehmung spüren wir die Notwendigkeit eines neuen Umgangs mit Wissenschaft und Technik. Beide haben wir einzusetzen *mit* der Natur und *zugunsten* der Natur – und nicht mehr *gegen* die Natur. So lautet also die Aufgabe, alles, was wir tun und denken, zu ökologisieren, geschlossene Begriffe über Bord zu werfen, angeblich eindimensionalen Ursachen zu mißtrauen und gegen alle Ausschlußmentalität einschlußweise zu denken, gegen alle Brüche Kontinuität zu sehen, gegen alle Verkürzungen den Holismus zu setzen und gegen alle

---

21) Vgl. Moltmann, J., Die Entdeckung des Anderen. Zur Theorie des kommunikativen Erkennens, in: Evangelische Theologie, Nr. 5, 1990, 400–414.

Simplifizierungen das Komplexe zu betonen. Dann wird das neue Paradigma seine Geschichte beginnen können.

6. Die neue Perspektive: die Erde, von außen betrachtet

Das neue Paradigma entwickelte sich spontan aufgrund des Anblicks, den die Astronauten seit den sechziger Jahren von der Erde hatten. Zum erstenmal in der Geschichte sah ein Mensch die Erde von außen. Von mehreren Astronauten sind geradezu pathetische Äußerungen ihres Erstaunens bekannt.[22]

Bei seiner Rückkehr zur Erde bezeugte der Astronaut Russel Scheickhart, daß sich die geistige Landschaft rundum verändert hatte: »Von außerhalb betrachtet ist die Erde ganz klein und zerbrechlich, ein winziger wertvoller Fleck, den du mit deinem Daumen bedecken kannst. Alles, was dir etwas bedeutet, die ganze Geschichte, die Kunst, daß du geboren wurdest und sterben wirst, Liebe, Freude und Tränen, alles das steckt in dem kleinen blauen und weißen Punkt, den du mit deinem Daumen zudecken kannst. Aus dieser Perspektive versteht sich dann von selbst, daß alles anders geworden ist, daß etwas Neues angefangen hat zu existieren, daß die Verhältnisse nicht mehr dieselben sind, wie sie zuvor waren.«[23]

In der Tat, von dort aus gesehen, vom Raumschiff oder vom Mond aus, mutet die Erde als strahlender, blau-weißer Planet an wie ein himmlischer Körper in der gewaltigen kosmischen Kette. Die Erde ist der dritte Planet der Sonne – einer Sonne, die ein mittlerer Stern unter zweihundert Milliarden Sonnen unserer Milchstraße ist, wobei diese wiederum nur eine unter hundert Milliarden anderer Milchstraßen ist in einem Konglomerat von Milchstraßen. Das Sonnensystem ist achtundzwanzigtausend Lichtjahre vom Mittelpunkt unserer Galaxie entfernt, die ihrerseits auf der Innenseite des Spiralarmes des Orion liegt. Bemerkenswert, was Isaak Asimow anläßlich der Fünfundzwanzigjahrfeier des Startes des Erdsatelliten »Sputnik«, mit dem die Weltraumära ja begann, 1982 sagte: »Das Vermächtnis dieses Vierteljahrhunderts Raumschiffahrt ist die Erkenntnis, daß aus dem Blick-

---

22) Vgl. White, F., The Overview Effect, Boston 1987.
23) Vgl. Linfield, M., A dança da mutação. Uma abordagem ecológica e espiritual para a transformação, São Paulo 1992, 6.

winkel der Raumschiffe Erde und Menschheit *eine einzige Größe* bilden.«[24] Man beachte, daß Asimow nicht sagt, sie bildeten eine Einheit, die ja aus einem Bündel von Beziehungen besteht. Asimow sagt, wir bildeten eine einzige Größe, was doch wohl heißt: ein einziges Sein, komplex und differenziert, voller Widersprüche und ausgerüstet mit großer Dynamik. Kurz: ein einziges komplexes Wesen, das manche Gaja nennen.

Solch ein Satz hat nur Sinn, wenn der Mensch sich nicht nur auf der Erde bewegt, nicht nur irgendein Pilger ist, der mal hierhin und mal dorthin wallfahrtet, kein Reisender aus einer anderen Welt und auf dem Weg in wieder eine andere Welt. Der Mensch ist Sohn und Tochter der Erde. Ja, er ist die Erde, insofern sie Bewußtsein, Freiheit und Liebe zum Ausdruck bringt. Nie mehr wird die Menschheit aus ihrem Bewußtsein die Überzeugung verdrängen können, daß wir Erde (*adam – adamah,* in der Sprache der biblischen Schöpfungserzählung) sind und daß sich unser Schicksal untrennbar verbindet mit dem Schicksal der Erde und des Kosmos, von dem die Erde ein Teil ist.[25]

Die Erkenntnis der wechselseitigen Zusammengehörigkeit und der organischen Einheit zwischen Erde und Menschheit ergibt sich auch glasklar aus der modernen von Darwin inspirierten Biologie ebenso wie aus der Chaostheorie.[26] Das Leben stellt eine Spitze dar, die im gesamten Evolutionsprozeß auftaucht, angefangen mit den ganz ursprünglichen Energien und Partikeln, über die Supernovae, Milchstraßen und Sterne, bis hin zur Geosphäre, Hydrosphäre, Atmosphäre und schließlich Biosphäre, aus der dann die Anthroposphäre (und für Christen und Christinnen auch die Christosphäre und Theosphäre) hervorbricht. Das Leben mit all seiner Komplexität, Selbstorganisation, Panrelationalität und Selbsttranszendenz erwächst, wie wir weiter unten in diesem Buch noch sehen werden, aus den Potentialitäten des Weltalls. Der russisch-belgische Physikochemiker Ilya Prigogine, 1977 mit dem Nobelpreis für Chemie ausgezeichnet, untersuchte, wie sich in lebenden Systemen, die immer offene Systeme sind, ein labiles Gleichgewicht haben und stets nach Angleichung streben, die Thermodynamik dar-

24) New York Times, 9. Oktober 1982.
25) Vgl. Capra, F./Steindl-Rast, D., Wendezeit im Christentum. Perspektiven für eine aufgeklärte Theologie, Bern – München – Wien 1991.
26) Vgl. Gleick, J., Chaos – die Ordnung des Universums. Vorstoß in Grenzbereiche der modernen Physik, München 1988.

stellt.[27] Sie tauschen fortwährend Energie mit der Umgebung aus. Und da sie viel Energie verbrauchen, erhöhen sie die Entropie (Verlust verwendbarer Energie). Mit Recht nannte Prigogine sie deshalb »dissipative Strukturen« (energieverbrauchend). Aber noch in einem zweiten paradoxen Sinn sind sie »dissipative Strukturen«, weil sie die Entropie auflösen. Lebende Wesen produzieren Entropie, entgehen zugleich aber auch der Entropie. Sie verwandeln Unordnung und Chaos der Umgebung in Ordnungen und komplexe Strukturen, die sich selbst organisieren, indem sie vor der Entropie fliehen (sie produzieren Negentropie, negative Entropie; positiv produzieren sie Syntropie). So sind zum Beispiel die Photonen der Sonne für sie, die Sonne, nutzlos, Energie, die entweicht, wenn sie den Wasserstoff, von dem sie lebt, auflöst. Die Photonen, die Unordnung sind, dienen jedoch den Pflanzen als Nahrung bei der Photosynthese. Mittels der Photosynthese zersetzen die Pflanzen, kraft des Lichts der Sonne, das Kohlendioxyd, mit dem sie sich ernähren, und setzen den Sauerstoff frei, ohne den Mensch und Tier nicht atmen können.

Was für das eine Unordnung ist, dient dem anderen als Ordnung. Dank einem prekären Gleichgewicht zwischen Ordnung und Unordnung (Chaos)[28] hat das Leben Bestand.[29] Die Unordnung zwingt dazu, neue, höhere und komplexere Formen von Ordnung zu schaffen, die weniger Energie entweichen lassen. Im Sinne dieser Logik bewegt sich das Weltall immer komplexeren Lebensformen zu und stellt eine immer geringere Entropie in Aussicht. Auf der Ebene menschlichen und geistigen Lebens entstehen, wie wir noch sehen werden, Formen von Lebensbeziehungen, in denen die Syntropie (Einsparen von Energie) die Entropie (Verlust von Energie) übersteigt. Denken, verbale wie nonverbale Kommunikation, Solidarität und Liebe sind gewaltige Energien mit einem geringen Grad an Entropie und einem hohen Grad an Syntropie. So gesehen braucht niemand den thermischen Tod zu befürchten; was wir erwarten können, ist vielmehr, daß der kosmogenetische Prozeß etwas völlig Neues bringt, absolut durchdachte, schöpferische, lebendige Ordnungen.

27) Prigogine, I., Self-Organization in nonequilibrium, New York 1977; ders., Order out of Chaos, London 1984; ders., Structure, stabilité et fluctuations, Paris 1971.
28) Vgl. Dupuy, J.-P., Ordres et Désordres. Essai sur un nouveau paradigme, Paris 1982.
29) Vgl. Ehrlich, P. R., O mecanismo da naturza, São Paulo 1993, 239–290.

7. Die Erde – lebendiger Superorganismus: Gaja

Das Leben existiert nicht nur auf der Erde und belegt nicht nur Teile der Erde (Biosphäre). Die Erde, als ganze, kündigt sich als ein lebendiger Superorganismus an. Was die Mythologien östlicher wie westlicher Urvölker von der Erde als der Großen Mutter mit tausend Brüsten zum Ausdruck bringen wollten – wobei die Brüste die unbeschreibliche Fruchtbarkeit bedeuteten –, findet mittlerweile die Bestätigung der modernen experimentellen Wissenschaft.[30] Verwiesen sei nur auf die Untersuchungen des englischen Arztes und Biologen James E. Lovelock[31] und der nordamerikanischen Mikrobiologin Lynn Margulis.[32]

Lovelock hatte von der NASA den Auftrag bekommen, Geräte für die Weltraumfahrt zu entwickeln, die imstande sein sollten, Leben außerhalb unserer äußeren Atmosphäre aufzuspüren. Dabei ging er von der Annahme aus, daß, wenn es Leben gebe, dieses sich der Atmosphäre und der Ozeane bediene, als Lagerstätten und Mittel zum Transport der für ihren Stoffwechsel notwendigen Rohstoffe. Diese Zielstellung verändere bestimmt das chemische Gleichgewicht der Atmosphäre in einem Maße, daß die mit Leben sich spürbar anders darstellten als die ohne Leben. Also verglich er die Atmosphäre der Erde mit der unserer Nachbarn Venus und Mars. Heute ist es nämlich kein Problem mehr, die Atmosphäre genau zu analysieren, schlüsselt man bloß die Strahlung, die von den einzelnen Planeten ausgeht, entsprechend auf. Was Lovelock dabei herausfand, kann man nur als Überraschung bezeichnen. Zutage trat, daß sich das Erdsystem in einem beeindruckenden spontanen Gleichgewicht befindet zwischen allen dem Leben förderlichen Elementen, im Gegensatz zur Atmosphäre von Venus und Mars, die kein Leben zulassen.

Während sich das Kohlendioxyd auf der Venus auf 96,5 % und auf dem Mars auf 98 % beläuft, erreicht es auf der Erde gerade mal 0,03 %. Dagegen gibt es Sauerstoff, der für jedes Leben unerläßlich

---

30) Vgl. Neuman, E./Kerény, L., La Terra Madre e Dea. Sacralità della natura che ci fa vivere, Como 1989.

31) Lovelock, J. E., Unsere Erde wird überleben. Gaia – Eine optimistische Ökologie, München – Zürich 1982; ders., Das Gaia-Prinzip. Die Biographie unseres Planeten, München – Zürich 1991; Sahtouris, E., Gaia: The Human Journey from Chaos to Cosmos, New York 1989; Lutzenberger, J., Gaia, o planeta vivo, Porto Alegre 1990.

32) Margulis, L./Dorion, S., Microcosmos. Four billion years of evolution from our microbial ancestors, New York 1986.

ist, auf Venus und Mars überhaupt nicht, wohingegen er auf der Erde mit 21 % vertreten ist. Stickstoff, der lebenden Organismen als Nahrung dient, wurde auf der Venus mit 3,5 % und auf dem Mars mit 2,7 % gemessen, auf der Erde indes mit 79 %. Methangas, in Verbindung mit Sauerstoff, ist entscheidend für die Bildung von Kohlenoxyd und Wasserdampf, ohne die Leben nicht existieren kann. Methan kann auf unseren beiden Geschwisterplaneten, die in der Größe mehr oder minder der Erde entsprechen, dieselbe Herkunft haben und denselben Sonnenstrahlungen ausgesetzt sind, überhaupt nicht nachgewiesen werden, dieweil es auf der Erde mit 1,7 ppm vorkommt.

So sind also alle chemischen und physikalischen Elemente großartig aufeinander abgestimmt, aber auch die Hitze der Erdrinde und die Atmosphäre, die Felsen und die Ozeane; und alles steht unter der Einwirkung der Sonneneinstrahlung, mit dem Ergebnis, daß sich die Erde für lebende Organismen gut, ja sehr gut eignet. Damit aber erweist sich die Erde als ein gewaltiger Superorganismus, den James E. Lovelock in Anlehnung an die klassische Bezeichnung unserer kulturellen Ahnen, der Griechen, »Gaja« nennt.

Lovelock schreibt: »Wir verstehen unter Gaia . . . eine komplexe Einheit, die die Biosphäre der Erde, die Atmosphäre, die Ozeane und den Erdboden einschließt; in ihrer Gesamtheit stellt sie ein rückgekoppeltes oder kybernetisches System dar, das für das Leben auf diesem Planeten optimale Umweltbedingungen zu schaffen sucht.«[33]

Lovelock hebt hervor, daß sich alle genannten Elemente vergleichsweise stabil verhalten und dadurch erst Leben ermöglichen. Das Gleichgewicht ist das Ergebnis des Systems des Lebens selbst, in seinen ganzen planetarischen Dimensionen, das heißt der Erde insgesamt, der Gaja. Der hohe Anteil an Sauerstoff (Sauerstoff wurde seit Milliarden von Jahren allmählich von photosynthetischen Bakterien in den Ozeanen freigesetzt, weil für sie Sauerstoff toxisch ist) und der geringe Anteil an Kohlengas spiegeln die photosynthetische Wirkung von Bakterien, Algen und Pflanzen im Laufe von Millionen und Abermillionen Jahren wider. Aber auch noch andere Gase biologischen Ursprungs, die ein für das Leben

---

33) Lovelock, J.E., Unsere Erde wird überleben. Gaia – Eine optimistische Ökologie, München–Zürich 1982, 26–27.

förderliches Treibhaus bilden, befinden sich zum Nutzen des Lebens in der Erdatmosphäre. Gäbe es kein Leben auf der Erde, würde das Methangas auf das 10^{29}fache steigen, und jedes Leben wäre ein für allemal unmöglich.

Wir sehen mithin, daß die Konzentration der verschiedenen Gase in der Atmosphäre zugunsten der lebenden Organismen aufs beste abgestimmt ist. Kleinste Abweichungen könnten unumkehrbare Katastrophen auslösen. Seit Millionen und Abermillionen von Jahren beläuft sich der Prozentsatz an Sauerstoff in der Atmosphäre, dem alle Lebewesen, einschließlich unserer selbst, das Leben verdanken, unverändert auf 21 %. Stiege er auch nur um 2 Punkte, brächen allenthalben auf der Erde Brände aus, und die grüne Hülle der Erdrinde wäre dahin. Der Prozentsatz des Salzes in den Meeren beläuft sich auf 3,4 Punkte. Stiege er auf – sagen wir – 6 %, in Meeren und Seen stürbe alles Leben, und alles wäre tot wie im Toten Meer. Das ganze System der Erdatmosphäre geriete aus dem Gleichgewicht. Im Laufe der vier Milliarden Jahre, seit es Leben auf der Erde gibt, erhöhte sich die Sonnenwärme um 30 bis 50 %. Wie konnte dann aber in der Urzeit, als die Sonne die Erde noch nicht erwärmte wie heute, hier überhaupt Leben existieren? Bekanntlich hatte die Atmosphäre in dieser frühen Zeit eine andere Zusammensetzung. Gase, wie der Salmiakgeist, besaßen einen größeren Anteil und funktionierten so wie eine dicke Decke um den Planeten, hielten die Erde warm und schufen günstige Voraussetzungen für das Leben. In dem Maße, in dem sich die Sonne erwärmte, wurde die Schicht, in gezieltem Eingehen auf die Erfordernisse des Lebens, dünner und dünner. Ihrerseits hatte die Erde über viele Millionen Jahre hin im Schnitt eine Temperatur von 15 bis 35 Grad, was für lebende Organismen optimal ist. »Leben und Umwelt sind so eng miteinander verflochten, daß eine Evolution immer Gaia betrifft, nicht die Organismen oder deren Umgebung für sich genommen.«[34] Biotop (alle lebenden Organismen zusammen) und Umwelt entwickeln sich immer nicht nur gleichzeitig, sondern auch zusammen.

Doch diese Verhältnisse finden sich nicht nur im Gaja-System, als ob es sich um ein geschlossenes System handelte. Sie finden sich auch im Menschen, der in seinem Körper mehr oder weniger denselben Anteil an Wasser besitzt wie der Planet Erde (71 %) und

---

34) Lovelock, J. E., Das Gaia-Prinzip, 43.

denselben Anteil an Salz im Blut wie das Meer (3,4 %).[35] Dieser feinen Abstimmung begegnen wir überall im Weltall, handelt es sich doch um ein offenes System, zu dem auch die Harmonie der Erde gehört. In seinem berühmten Buch »Eine kurze Geschichte der Zeit«, in dem er vom »Ursprung und Schicksal des Universums« handelt, sagt Stephen W. Hawking: »Wäre die Expansionsgeschwindigkeit eine Sekunde nach dem Urknall nur um ein Hundertausendmillionstel Millionstel kleiner gewesen, so wäre das Universum wieder in sich zusammengefallen, bevor es seine gegenwärtige Größe erreicht hätte.«[36] Nichts von dem, was heute existiert, hätte es gegeben. Wenn umgekehrt die Ausdehnung ein wenig größer gewesen wäre – und sei es nur ein Millionstel –, hätte die Dichte nicht gereicht, Sterne und Pflanzen und mithin Leben zu bilden. Doch alles geschah in einer solchermaßen ausgeglichenen Form, daß Verhältnisse entstehen konnten, die das Auftauchen der Biosphäre und in der Biosphäre der Anthroposphäre, wie wir sie heute haben, ermöglichten.

Hätte des weiteren in der Kernkraft die schwache Wechselwirkung (die den Zerfall der Radioaktivität bewirkt) nicht ihren Strahlungsgrad konstant beibehalten, hätte sich aller Wasserstoff in Helium umgewandelt. Die Sterne hätten sich aufgelöst; und ohne Wasserstoff gäbe es kein Wasser und infolgedessen auch kein Leben mehr. Wäre die starke Wechselwirkung (welche die Atomkerne im Gleichgewicht hält) auch nur um ein Prozent gestiegen, hätte sich nie Kohlenstoff in den Sternen gebildet. Und ohne Kohlenstoff hätte es nie Desoxyribonukleinsäure (DNS) gegeben, die bei allen Lebewesen die genetische Grundinformation ist.

Oder: Wäre die elektromagnetische Energie (die die kleinsten Teilchen einer Lichtstrahlung lädt, die Photonen) auch nur geringfügig stärker, erkalteten die Sterne, könnten nicht explodieren und nicht zu Supernovae werden. Und es entstünden weder die Planeten noch andere schwerere Elemente wie Stickstoff und Phosphor, die zur Produktion und Reproduktion von Leben nun aber mal notwendig sind.

Und wäre schließlich die Gravitationskraft nicht konstant geblieben, ließe sich nicht erklären, warum das Weltall in solch ge-

---

35) Vgl. Gore, A., Wege zum Gleichgewicht. Ein Marshallplan für die Erde, Frankfurt am Main 1992, 109.
36) Hawking, St. W., Eine kurze Geschichte der Zeit. Die Suche nach der Urkraft des Universums, Reinbek bei Hamburg 1988, 155.

waltigen Ausmaßen als Einheit Bestand hätte, und die Erde drehte sich nicht um diese unsere Sonne, die ja die Hauptenergiequelle für alle lebenden Organismen des Planeten ist.[37)]

Der symphonische Einklang dieser vier grundlegenden Interaktionen im Weltall, die in der Tat die innere Logik des Evolutionsprozesses bilden, gewissermaßen den alles lenkenden Geist des gesamten Kosmos, tut nach wie vor sein synergetisches Werk, damit der kosmologische Pfeil der Zeit auch heute noch seine Richtung hin auf immer relationalere und komplexere Formen der Existenz halten kann.

Wie jede Zelle Teil eines Organs und jedes Organ Teil eines Körpers ist, so ist auch jedes Lebewesen Teil eines Ökosystems und jedes Ökosystem Teil des Globalsystems Erde. Dieses ist aber seinerseits Teil des Sonnensystems, das noch einmal Teil des Systems Milchstraße ist. Und dieses ist schließlich Teil des Systems Kosmos. So erweist sich das Gaja-System als etwas äußerst Komplexes und höchst Durchdachtes. Nur eine ordnende Intelligenz, wahrlich, vermag alle diese Faktoren aufeinander abzustimmen. Wir ahnen eine Intelligenz, die die unsre bei weitem übertrifft. Dies anzuerkennen, ist ein Akt der Vernunft und bedeutet keineswegs, auf unsere Vernunft zu verzichten. Wohl aber bedeutet es, sich einer weiseren und souveräneren Intelligenz, als wir sie haben, demütig zu fügen.

Die Gaja-Hypothese macht auch die Widerstandskraft der Erde als eines Makroorganismus gegen die Angriffe auf ihr Immunsystem deutlich. Im Laufe ihrer milliardenjährigen Geschichte wurde die Erde Opfer verschiedener schrecklicher Überfälle. So etwa fand vor 570 Millionen Jahren im Kambrium ein derartiger Einbruch statt, bei dem 80–90 % der damals existierenden Arten verschwanden. Als wahrscheinlich am Übergang vom Perm zum Trias vor 245 Millionen Jahren der eine zusammenhängende Urkontinent der Erde (Pangäa oder Pangaja) in zwei Blöcke zerbrach, gingen rund 75–95 % der damals bekannten Arten unter. Während der Kreidezeit, vor 67 Millionen Jahren, prallte Gaja wahrscheinlich mit einem Meteor von der mutmaßlich doppelten Größe des Mount Everest zusammen, bei 65facher Schallgeschwindigkeit. 65 % der zu der Zeit lebenden Arten waren das Opfer, vor allem die Dinosaurier, die gut 150 Millionen Jahre souverän die Erde be-

---

37) Vgl. Hawking, St. W., Eine kurze Geschichte der Zeit, 95–96.

herrscht hatten. Während der Eiszeit vor 730 000 Jahren kam es neuerlich zu kosmischen Schwankungen, die wieder einmal ein gut Teil der Arten vernichteten. In einer jüngeren Periode während der letzten Eiszeit (zwischen 15 000 und 10 000 v. Chr.) gingen, ohne daß die Wissenschaft eine zufriedenstellende Erklärung wüßte, auf allen Erdteilen mit Ausnahme von Afrika noch einmal zahlreiche Arten ein. Es gibt Schätzungen, die besagen, 50 % der Arten mit mehr als fünf Kilogramm, 75 % zwischen fünfundsiebzig und hundert Kilogramm und 100 % mit mehr als hundert Kilogramm (wie zum Beispiel die Mammuts) seien von der Erdoberfläche verschwunden. Die Ursache besteht möglicherweise in einem Zusammenwirken ungünstiger klimatischer Verhältnisse und verantwortungsloser Eingriffe des Menschen als Jäger und Bauer.

Jedesmal wurden dabei ganze Büchereien an genetischem Informationsmaterial, das sich im Laufe von Millionen und Abermillionen Jahren angesammelt hatte, für immer ausgelöscht.[38] In einem Überblick über die verschiedenen Massenuntergänge vermuten Wissenschaftler, derartige ökologische Katastrophen seien alle 26 Millionen Jahre eingetreten. Ausgelöst worden seien sie von einem hypothetischen Zwillingsgestirn der Sonne, Nemesis, das zwei bis drei Lichtjahre von uns entfernt sei. Diese schleudere zyklisch Kometen aus ihren entsprechenden Bahnen in der Oortschen Wolke (von dem niederländischen Astronom Jan Hendrik Oort postulierte Wolke von Kometenkernen und kosmischen Gesteinstrümmern) und treibe sie in Richtung Sonne, wobei einige von ihnen mit der Erde zusammenstießen und gewaltige Verwüstungen der Biosphäre verursachten.[39]

Gaja mußte sich den neuen Verhältnissen von Angegriffen- und Dezimiertsein anpassen, baute sich dank der Überlebenden das genetische Erbe wieder auf, entwickelte andere, dauerhaftere Formen, blieb am Leben und setzte den Evolutionsprozeß fort.[40]

Registrierte Lebensarten gibt es gegenwärtig an die 1,4 Millionen. Biologen behaupten indes, nähme man die nichtregistrierten hinzu, müßten es zwischen 10 und 13 Millionen sein. Andere sprechen sogar von 100 Millionen. Doch sie alle stellen lediglich ein Prozent der

---

38) Vgl. Angaben dazu bei: Swimme, B./Berry, Th., The Universe Story. From the Primordial Flaring Forth to the Ecozois Era. A Celebration of the Unfolding of the Cosmos, San Francisco 1992, 118–120. Siehe auch: Massoud, Z., Terre vivante, Paris 1992, 27–30, 56.
39) Vgl. Margulis, L./Dorion, S., Microcosmos, New York 1986.
40) Vgl. Wilson, E. O., The diversity of life, Cambridge, Mass. 1992.

Milliarden Arten dar, welche die Erde seit Entstehen des Lebens (mit »Widder«, der ersten in ihrem Kern noch nicht gespaltenen Zelle vor 4 Milliarden Jahren) gesehen hat und welche infolge der verschiedenen Katastrophen dann wieder verschwanden. Alle diese kosmischen, geologischen und klimatischen Abbrüche konfrontieren uns mit der Frage der Gewalt in der Natur. Die Gewalt ist elementar. Besonders im Urknall zeigte sie sich mit unvorstellbarer Wucht, aber auch in den Explosionen der großen Sterne in den Supernovae und geht weiter auf allen Ebenen. Für lineares Denken bleibt sie ein Rätsel. Doch wie der Mensch *sapiens* und *demens* ist, so ist auch das Weltall: gewaltsam und kooperativ. Das globale Bestreben aller Wesen wie auch des gesamten Universums geht – wie Quantenphysiker wie Werner Heisenberg erkannt haben – dahin, ihre Fülle und Vollkommenheit zu realisieren. Auch die Gewalt, so rätselhaft sie auch bleibt, unterliegt dieser konstruktiven Logik.[41]

Wegen der gewaltigen Belastung durch Fluorchlorkohlenwasserstoff (FCKW) und andere umweltgefährdende Faktoren steht der Superorganismus Erde möglicherweise heute wieder unter dem Druck, neue Anpassungen zu erfinden. Für die Spezies Mensch dürften sie nicht unbedingt günstig sein. Womöglich bringen sie chronische Hungerperioden, ausgedehnte Dürrezeiten und für viele Arten eventuell sogar tödliche Katastrophen. Einigen Fachleuten zufolge ist nicht einmal die Hypothese von der Hand zu weisen, die ganze Spezies *homo* könne dabei untergehen. Nur mit schrecklichem Schmerz wird Gaja sie möglicherweise auslöschen, damit das globale Gleichgewicht erhalten bleibt, andere Arten überleben können und die kosmische Entwicklung weiter ihren Gang nehmen kann. Wenn Gaja im Laufe ihrer Biographie Tausende von Arten aufgeben mußte, wer garantiert, daß sie sich dann nicht auch mal gezwungen sehen wird, unsere aufzugeben? Immerhin ist der Mensch eine Bedrohung für alle anderen Arten, entwickelt eine fürchterliche Aggressivität und erweist sich als Erd- und Ökomörder, als regelrechter Satan der Erde.

Der bekannte Ökonom und Ökologe Nicolas Georgescu-Roegen argwöhnt, »das Los des Menschen« sei »vielleicht ein kurzes fieberhaftes, erregendes und extravagantes Leben, statt eines lan-

---

41) Vgl. dazu die ausgezeichneten Überlegungen von Swimme und Berry in: The Universe Story, a. a. O., 51–61.

gen, vegetativen und eintönigen. In diesem Fall würden andere Arten ohne geistige Prätentionen, wie Amöben zum Beispiel, eine Erde erben, die sich noch lange in der Fülle des Sonnenlichtes werde baden können.«[42] Die Erde würde ärmer dadurch. Aber wer weiß, vielleicht bricht nach Millionen und Abermillionen Jahren aus einem anderen komplexen Sein das Prinzip der Intelligibilität und der Liebe wieder hervor, das das Weltall in sich trug. So würden neue Menschen geboren werden, vielleicht mit mehr Bewußtsein und Gewissen und mehr Engagement im Sinne ihres kosmischen und evolutionären Auftrags, angesichts des Weltalls und unter den Augen ihres Schöpfers. Die Erde hätte dann wieder einen evolutionären Schub getan, den sie aufgrund der *hybris* (frevelhafter Übermut) der *species homo* nie mehr erlebt hätte.

Die Gaja-Hypothese hat manches für sich und wird auch sowohl in der Wissensschaft als auch im Bereich der Kultur mehr und mehr mit Zustimmung bedacht. Dank ihrer gewinnt eine der faszinierendsten Entdeckungen des 20. Jahrhunderts, daß das Universum eine tiefe, harmonische Einheit bildet, Anschaulichkeit und Plastizität. In der Quantenphysik besagt die einheitliche Feldtheorie, daß vier Kräfte (Gravitation, starke und schwache Wechselwirkung und Elektromagnetik) zusammenwirken. Auch in der Biologie spricht man von einem phylogenetischen Einheitsfeld, da ja alle Lebewesen ein und denselben genetischen Code haben. In einer großartigen Metapher bietet die Gaja-Hypothese dem ökologischen Diskurs seine grundlegende philosophisch-religiöse Weltsicht. Danach besteht das Weltall aus einem gewaltigen Netz von Beziehungen, in dem jedes Sein durch das andere, für das andere und mit dem anderen lebt, in dem sich der Mensch als ein Knäuel von Beziehungen in alle Richtungen erweist und in dem sich auch die Gottheit als eine panrelationale Wirklichkeit zu erkennen gibt. Wenn aber alles Beziehung ist und nichts außerhalb von Beziehungen existiert, dann heißt das universalste Gesetz: Synergie, Syntropie, Inter-relationalität, Zusammenarbeit, kosmische Solidarität, Gemeinschaft und Geschwisterlichkeit. Charles Darwins Gesetz der natürlichen Auswahl durch den Stärkeren muß ergänzt werden durch diese pan-ökologische und synergetische Sicht.[43] Die Inter-retro-Relation dessen, das sich am geeignetsten

---

42) Georgescu-Roegen, N., The Promethean Destiny of Mankinds Technology, Brighton 1987.
43) Vgl. Versch., Sinergetica. Saggi sulla coereneza e auto-organizzazione in natura, Rom 1988, 161–178.

erweist, um mit den anderen zu interagieren, ist die Erklärung dafür, daß sich nicht nur das einzelne mit seiner Kraft über die anderen durchsetzte, sondern daß ganze Arten überleben und sich überdies vervielfältigen konnten.

8. Das Weltall unter dem Bogen von Zeit und Evolution

Aus dem Boden dieses Verständnisses von Erde als Gaja mitsamt ihren Epochen erwächst der Begriff der Zeitlichkeit von Universum und Natur.[44] Geschichtlichkeit ist kein Merkmal ausschließlich von lebenden Wesen wie den Menschen. Die Natur ist kein Uhrwerk, das ein für allemal fertig wäre. Die Natur ist die Ernte eines Milliarden Jahre langen kosmischen Prozesses. Heute spricht man von Kosmogenese. Das »Uhrwerk« entstand erst nach und nach; zu Anfang waren die Dinge absolut einfach, auf ihnen aufbauend entwickelten sich dann immer komplexere Phänomene. Alle Faktoren, die zum Entstehen eines Ökosystems mit seinen Wesen und Organismen beitragen, haben ihre verborgene Seite ebenso wie ihre Werdegeschichte aus Urzeiten, bis sie dann irgendwann mal auftauchen. Und alle diese Naturprozesse sind fundamental unumkehrbar, wie das für geschichtliche Zeit konstitutiv ist.

Ilya Prigogine weist nach, daß offene Systeme – und Natur und Weltall sind offene Systeme – den klassischen Begriff von linearer Zeit, wie er in der Physik gilt, in Frage stellen. Zeit ist demnach nicht mehr bloß ein Parameter der Bewegung, sondern das Maß für die inneren Entwicklungen einer in ständiger Veränderung befindlichen Welt, die aus ihrem Ungleichgewicht in höhere Stufen des Gleichgewichts strebt.[45] Die Natur ist ein Prozeß der Selbsttranszendierung. Sie trägt in ihrem Schoß ein kosmogenetisches Prinzip, das ständig am Werk ist, um Dinge entstehen und in dem Maß, in dem diese komplexer werden, die Unerbittlichkeit der Entropie geschlossener Systeme überwinden zu lassen. Diese Sicht eröffnet nun aber die Möglichkeit eines neuen Dialogs zwischen Öko-kosmologie einerseits und Theologie andererseits; denn die Selbsttranszendierung der Natur weist möglicherweise hin auf das, was

44) Vgl. Freitas Mourão, R. R., Ecologia cósmica. Uma visão cósmica da ecologia, Rio de Janeiro 1992.
45) Prigogine, I., Entre le temps et l'éternité, Paris 1991.

Religionen und spirituelle Überlieferungen »Gott« nennen, das heißt: auf eine absolute Transzendenz bzw. eine Zukunft, die mehr ist als der »thermische Tod«, auf die höchste Verwirklichung von Ordnung, Harmonie und Leben.[46]

Damit aber ist die rigide Trennung zwischen Natur und Geschichte sowie zwischen Welt und Mensch – die dann zur Rechtfertigung und zur Untermauerung für zahlreiche weitere Dualismen wurde – als irreal entlarvt. Wie alle Wesen erwächst auch der Mensch mit Verstand, Kommunikationsfähigkeit und Liebe aus dem kosmischen Prozeß. Alle Energien und kosmischen Faktoren, die zur Ermöglichung seiner Existenz beitragen, haben dasselbe archaische Alter wie das Weltall. Schulter an Schulter steht der Mensch in einer Solidargemeinschaft des Woher und des Wohin mit allen übrigen Wesen des Alls. Er kann nicht losgelöst betrachtet werden aus der kosmogenetischen Dynamik, als wäre er irgendein erratisches Sein, das eine Gottheit auf die Erde geschickt hätte. Alles, was existiert, ist von der Gottheit gesandt, nicht allein der Mensch.

Wer den Menschen hineinnimmt in das Gesamt der Existenzen und ihn für den Ertrag eines kosmogenetischen Prozesses hält, kann keinen Anthropozentrismus mehr vertreten (der in Wirklichkeit jedoch Androzentrismus ist: Konzentration auf den Mann unter Vernachlässigung der Frau). Denn der Anthropozentrismus geht von einem zu engen und einseitigen Verständnis des Menschen aus und löst ihn aus dem Zusammenhang mit den anderen Wesen. Er behauptet, Sinnspitze der Evolution wie der Existenz der übrigen Wesen sei der Mensch – als Mann und Frau. Zugegeben: Das ganze All trägt zum Entstehen des Menschen bei. Aber nicht nur zum Entstehen des Menschen, sondern aller anderen Wesen auch. Alle hängen wir von den Sternen ab, weil die Sterne Wasserstoff in Helium umwandeln, und aus der Verbindung der beiden ergeben sich Sauerstoff, Kohlenstoff, Stickstoff, Phosphor und Kalium, ohne die es weder Aminosäuren noch Proteine gäbe, die ihrerseits unerläßlich sind für jedes Leben. Ohne die Strahlung der Sterne aufgrund dieses kosmischen Prozesses würden Millionen von Sternen erkalten, gäbe es vielleicht nicht einmal die Sonne und wäre Leben auf unserer Erde unmöglich. Hätte es alle diese Faktoren –

46) Vgl. Peacoke, A. R., Creation in the World of Science, Oxford 1979; Pannenberg, W., Toward a Theology of Nature. Essays on Science and Faith, 1993.

die sich im Laufe von Milliarden von Jahren gebildet haben und die das Leben nun einmal braucht –, einschließlich des Lebens in vormenschlichen Formen, nicht zuvor gegeben, hätte menschliches Leben nicht auftauchen können, und wären persönliche Einzelmenschen, die wir ja allesamt sind, nie auf die Bühne der Geschichte getreten. So stehen wir also vor einem perfekten Kreislauf: Das Weltall ist auf den Menschen ausgerichtet, wie der Mensch auf das Weltall, weil es ja seine Herkunft ist. Wir alle gehören zusammen: die Urelemente des Universums, die Energien, die seit dem Inflationsprozeß und dem Urknall am Werk sind, mitsamt allem, was sonst noch an Bausteinen zum Entstehen des Kosmos beigetragen hat, ebenso wie wir selbst, die wir als menschliche Spezies erst spät im Laufe der Evolution auf den Plan getreten sind. Hätten nicht alle diese Faktoren wirklich mitgespielt, hätte sich das Weltall nie entwickeln können. Wer wollte da noch daran zweifeln, daß wir fortan kosmozentrisch denken und ökozentrisch handeln müssen? Oder anders gesagt: Wir haben davon auszugehen, daß zur Konstituierung jedes Wesens das ganze All zusammengewirkt hat; unser Handeln muß von dem Bewußtsein bestimmt sein, daß alles, was existiert, in einem Inter-retro-Beziehungsnetz miteinander verbunden ist, in Ökosystemen und Arten, innerhalb deren das Individuum seinen Ort hat. Anthropozentrismus und Androzentrismus, die mit all ihren Varianten illusorisch, arrogant und überholt sind, haben als ökologische Todsünden angesehen zu werden.

Allerdings darf Anthropozentrismus nicht mit »Andropischem Prinzip« in einen Topf geworfen werden.[47] Die Begriffsbildung besagt folgendes: Zu den uns hier beschäftigenden Überlegungen sind wir nur dann imstande, wenn wir uns der einzigartigen Stellung des Menschen im Gesamt der Arten und Wesen bewußt sind. Weder Amöben noch Kolibris, weder Pferde noch sonst was machen sich Gedanken über den Kosmos. Allein der Mensch ist dieses reflektierten Diskurses fähig. Allein vom Ort (griechisch: *tópos*) des Menschen (griechisch: [neben *ánthropos*] *anér, andrós*) aus hat solch ein Diskurs über das Weltall und unsere Verbindung mit dem Ganzen Sinn. So begründet der Mensch einen Bezugspunkt, dessen Funktion das Erkennen der Dinge ist. Seine Einzigartigkeit besteht lediglich darin, daß er eine denkende und reflektierende Art ist;

---

47) Der Begriff geht zurück auf Brandon Carter, der ihn 1974 formuliert hat. Vgl. Alonso J. M., Introducción al principio andrópico, Madrid 1989.

aber sie bringt ihn nicht in einen Bruch zu den anderen Wesen, sondern verstärkt nur noch seine Bindung an sie. Denn das Prinzip des Verstehens, der Reflexion und der Kommunikation steckt zunächst im Universum, und dann erst, weil es im Universum steckt, kann es auf der Erde auftauchen und sich Schritt für Schritt in den verschiedenen komplexen Wesen und schließlich im komplexesten Wesen offenbaren, in den Söhnen und Töchtern der Erde, das heißt in den Menschen. Aber wenn es im Universum steckt, dann ist es auch in den anderen Wesen zu finden, in einer Form, wie es ihnen jeweils entspricht. Das heißt aber nicht, daß sich das Prinzip unterscheidet, nur die Grade seiner Gegenwart und Verwirklichung im Kosmos sind verschieden.

9. Komplexität: Merkmal eines neuen Paradigmas und einer nichtlinearen Logik

Unsere Überlegungen bringen eine für das neue Paradigma grundlegende Kategorie auf den Tisch: die der Komplexität.[48] Da die Wirklichkeit in ein Gewebe von Beziehungen eingespannt ist, ist sie von sich aus schon komplex. Tausende von Faktoren, Elementen, Energien und unumkehrbaren zeitlichen Konstellationen klingen und wirken zusammen, wenn sich ein konkretes Ökosystem mit seinen individuellen Zwischenformen bildet. Besonders dicht ist die Komplexität bei lebenden Organismen.[49] Lebende Organismen sind offene Systeme. Im Stadium dynamischen Ungleichgewichts, das sich aber immer wieder auszugleichen sucht, entwickeln lebende Organismen Selbstproduktion und Selbstorganisation. Je näher ein lebender Organismus an das totale Gleichgewicht herankommt, desto näher ist er dem Tode. Umgekehrt gesagt: Der Abstand zum Gleichgewicht, das heißt: die Situation des Chaos, schafft die Möglichkeit zu neuer Ordnung. Das Chaos hat also generative Kraft und ist das schöpferische Prinzip von Singularität und Neuartigkeit. Kraft der inneren Selbstorganisation schaffen, wie wir bereits sahen, lebende Wesen dissipative Strukturen (Ilya Prigogine) und ermöglichen damit Negentropie und Syntropie.

---

48) Vgl. Fogelman-Soulié, F. (Hrsg.), Théories de la Complexité, Paris 1991; Morin, E., La Methode 2: La vie de la vie, Paris 1980, 355–393; ders., Science avec Conscience, Paris 1990, 165–315.
49) Vgl. Wilson, E. O., The diversity of life, Cambridge, Mass. 1992.

Die Komplexität der Organismen zeigt sich im holographischen Prinzip[50], das in ihnen wirkt. »Holographisches Prinzip« heißt, daß in den Teilen das Ganze ist und im Ganzen die Teile sind. In jeder Zelle, so einfach sie auch sein mag, man denke nur an die Epidermis, befindet sich die gesamte genetische Information des Weltalls. Ganz besonders komplex ist der Mensch. Allein in der Hirnrinde hat er eine Milliarde Nervenzellen und im gesamten Körper eine weitere Billion. Allein in einer menschlichen Muskelzelle interagieren eine Billion Atome. Doch noch beeindruckender als diese Zahlen ist die Funktionalität all dieser Angaben. Ihnen allen liegt nämlich eine Logik des Hineinnehmens und der Inter-retro-Reaktion zugrunde, die von der Ordnung zur Unordnung führt – und von dort aus weiter zur Interaktion und zur Schaffung einer neuen Ordnung, wobei der gesamte Prozeß ein organisches Ganzes bildet. Und als ob das alles noch nicht genügte, dürfen wir darüber nicht vergessen, daß der Mensch außerdem, ökologisch gesehen, eine genetische, eine bio-sozio-kulturelle, eine zeitliche und eine transzendente Komponente in sich trägt.

Um die Komplexität verständlich zu machen, hat man die Theorien der Kybernetik und der (offenen und geschlossenen) Systeme formuliert. Mit Hilfe dieser Theorien versucht man, die Interdependenz aller Phänomene und ihre globale Funktionalität zu erfassen und zum Ausdruck zu bringen, daß das Ganze mehr ist als die Summe seiner Teile und daß sich auch in den Teilen das Ganze konkretisiert (Hologramm). So erstaunlich es scheint, in offenen Systemen ist Platz nicht nur für Ordnung, sondern auch für Unordnung, Antagonismus, Widerspruch und Konkurrenz. Alle diese Dinge machen Dimensionen der organisationellen Phänomene aus.

So also stellt sich uns das Komplexe dar. Im Komplexen laufen so viele verschiedenartige Interaktionen ab, daß Niels Bohr einmal staunend gesagt haben soll: »Die Interaktionen, die einen Hund am Leben halten, sind so viele, daß man ihn unmöglich *in vivo* untersuchen kann. Um ihn sachgerecht untersuchen zu können, müßte man ihn erst töten.«[51]

An dieser Stelle spätestens wird ersichtlich, wie unzulänglich das klassische wissenschaftliche Paradigma ist, das auf der Physik der

---

50) Vgl. Wilber, K. (Hrsg.), Das holographische Weltbild. Wissenschaft und Forschung auf dem Weg zu einem ganzheitlichen Weltverständnis, Bern u. a. 1988.
51) Vgl. Morin, E., Science avec Conscience, Paris 1990, 167.

unbelebten Körper und der Mathematik fußt. Demnach lassen sich belebte Wesen nur in leblosem Zustand, das heißt als tote Wesen, studieren. Aber was ist das für eine Wissenschaft, die, um Lebendiges untersuchen zu können, es erst liquidieren muß? Wir brauchen andere Methoden, auf der Höhe der Komplexität, die lebende Organismen am Leben lassen! Wir brauchen eine andere Logik, die der Komplexität der Dinge gerecht wird! Wir kennen fünf Arten von Logik (der Form, die Dinge des Universums miteinander in Verbindung und Beziehung zu bringen):

Da ist zunächst die Logik der *Identität*. In der Logik der Identität geht es um den Gegenstand an sich, unabhängig vom Spiel der Beziehungen ringsum, in das er eingespannt ist. Sie ist linear und einfach. Mit ihr operieren alle autoritären und diktatorischen Systeme, weil sie alle, die nicht sie selbst sind, hineinholen wollen in ihr Schema und in ihren Einflußbereich.

Zweitens ist die Logik des *Unterschieds* zu nennen. Diese geht von der Nicht-Identität aus, das heißt von der Andersartigkeit, daß sie ein Recht hat zu existieren, daß sie autonom und einzigartig ist. Die Logik des Unterschieds ist Voraussetzung für jeden persönlichen und interkulturellen Dialog wie für jedes politische System, das auf Partizipation und Integration des anderen Wert legt.

Drittens haben wir die *dialektische* Logik. Hier werden Identität und Unterschied ins Gespräch gebracht. Die dialektische Logik ist ein dynamischer Prozeß, in dem die Identität die These (Vorgabe) und der Unterschied die Antithese (Gegenposition) darstellt und beide – auf einer höheren und für neue Auseinandersetzungen und Integrationen offenen Ebene – die Synthese bilden. Jedes schöpferische Denken, jedes Kommunikationssystem, jede persönliche und politische Form menschlichen Zusammenlebens bedarf der dialektischen Logik. Auch die Gegner haben ihre garantierten Rechte und ihren unanfechtbaren Platz im Aufbau des dynamischen und organischen Ganzen. Widerspruch gehört dazu. Und die Gegenposition muß stets mitbedacht werden.

Viertens gibt es die Logik von *Komplementarität* und *Reziprozität*. Quantenphysiker der Kopenhagener Schule, die sich der äußersten Komplexität der subatomaren Welt bewußt geworden waren (Niels Bohr, Werner Heisenberg), entwarfen sie sozusagen als Verlängerung der kulturellen Anthropologie über die dialektische Logik hinaus. Grundlage ist die Erkenntnis, daß Materie und Antimaterie, Teilchen und Welle, Materie und Energie, positive und negative Ladung der Elementarteilchen ein einheitliches Kraftfeld bilden. Deshalb gelte es, weniger – wie in der dialektischen Logik – die Gegensätze in den Blick zu nehmen als vielmehr die Komplementaritäten und Wechselseitigkeiten, insofern diese nämlich immer dynamischere, komplexere und einheitlichere Bezugsfelder ausmachten. In diesem Zusammenhang tut Niels Bohr den berühmten Ausspruch, eine oberflächliche Wahrheit sei eine Aussage, deren Gegenteil falsch sei, eine tiefe Wahrheit hingegen eine Aussage, deren Gegenteil eine ebenso tiefe Wahrheit sei.[52] Die Logik von Komplementarität und Reziprozität funktioniert in allen Gruppen, die Wert auf Unterschied, dialektischen Gegensatz und aufmerksames Hinhören auf die verschiedenen Positionen legen und denen alles an Beiträgen willkommen ist, woher es auch stamme. Vermöge der Logik von Komplementarität und Reziprozität können sich kreative Beziehungen aufbauen zwischen Geschlechtern, Rassen, Ideologien und Religionen und können sich unterschiedliche Ökosysteme gelten lassen, in ein und derselben ökologischen Nische.

Zu nennen ist schließlich die *dialogische* oder *perichoretische* Logik. Mittels der dialogischen oder perichoretischen Logik bemühen wir uns um Dialog in alle Richtungen. Voraussetzung dafür ist eine Haltung, die möglichst viel und vieles mit ins Gespräch nehmen und möglichst wenig Opfer produzieren will. Die Logik des Weltalls ist dialogisch: Alles interagiert mit allem, überall und unter welchen Umständen auch immer. Die alten Griechen bezeichneten dieses umfassende Hin und Her mit dem Begriff »Perichorese«. Das Wort bedeutet philologisch: Zirkularität und Integration aller Beziehungen und aller in Beziehung miteinander stehenden Wesen.[53] In der christlichen Theologie wird mit »Perichorese« das Verhältnis wechselseitiger Gegenwart und Durchdringung zwischen Gott und Universum sowie zwischen den drei göttlichen Personen (Vater, Sohn und Heiliger Geist) untereinander und mit der ganzen Schöpfung beschrieben. Aus diesem Grund kann man auch von perichoretischer Logik sprechen. Die dialogische bzw. perichoretische Logik ist die komplexeste und vollkommenste Form von Logik überhaupt.

---

52) Vgl. Bohr, N., Atomtheorie und Naturbeschreibung, Berlin 1931.
53) Vgl. Boff, L., Der dreieinige Gott, Düsseldorf 1987, 157–172.

Die Komplexität der Dinge macht eine neue Art von Rationalität und Wissenschaft erforderlich. Das klassische Paradigma war gekennzeichnet durch Reduktion und Vereinfachung. Wichtig war, das betreffende Phänomen losgelöst von seinem Ökosystem zu betrachten und als in sich stehend zu untersuchen. Alles, was in das Umfeld gehörte, zeitbedingt war oder mit vorübergehenden Umständen zu tun hatte, wurde beiseite gelassen. Wissenschaft, hieß es, habe es mit dem Universalen zu tun, das heißt mit der Struktur der Verstehbarkeit des jeweiligen Phänomens und nicht mit dem Einzelfall. Deshalb müsse das Komplexe auf das Einfache zurückgeführt werden; denn das Einfache mache die Unabänderlichkeiten und Konstanten aus, die sich stets reproduzieren ließen. Alles unterliege dem Prinzip der Ordnung. Allein dieses sei rational und funktional. Was es an Unwägbarkeiten und Situationen dynamischen Ungleichgewichts gebe, spiele keine Rolle.

Darüber hinaus dürften sich Wissenschaftler und Wissenschaftlerinnen auch nicht vom Gegenstand ihrer Forschung berühren lassen; anderenfalls sei die Objektivität ihres Wissens gefährdet. In den Prozeß der erkenntnismäßigen Aufschlüsselung dürfe das Subjekt seine Probleme, Voraussetzungen und Vorentscheidungen nicht einfließen lassen. Damit ruht, wenn es die Wahrheit von Theorien und Wirklichkeiten zu entziffern gilt, das Vertrauen bedingungslos auf einer linearen und ursachenorientierten Logik. Eventuelle Widersprüche in diesem Prozeß, sagte man, gingen stets auf einen Grundirrtum zurück.

Auf ideale Weise wurde das Paradigma in der Physik und Mathematik umgesetzt. Es war die Mutter der Mechanik eines Isaac Newton und der von Albert Einstein in die Physik eingeführten Relativitätstheorie.In der Biologie zeigte es die physikalisch-chemische Zusammensetzung lebender Organismen. Die Reduzierung des Komplexen auf das Einfache lebte von dem Traum, ja von der Besessenheit, die Einstein bis zu seinem Tode verspürte, im tiefsten Grunde beruhe das Universum auf einer einzigen einfachen Formel, die alles erkläre und vermittels deren alles geschaffen worden sei.

Wer, gestützt auf die Geowissenschaften, ökologisch denkt, verweigert der reduzierenden und vereinfachenden Methode nicht ihre Verdienste, ist aber auch nicht blind für ihre deutlichen Grenzen. Es geht schlicht nicht, Wesen, Organismen und Phänomene aus dem Gesamt ihrer Inter-retro-Bezüge zu isolieren, die sie nun mal konkret konstituieren. Unterscheiden, ohne zu trennen, ist die

Maxime. Etwas kennen heißt: sein Ökosystem und sein Beziehungsnetz kennen. Den Teil im Ganzen und das Ganze in den Teilen wahrnehmen, das ist es. Alles, was es an Phänomen gibt, steht unter dem Bogen der Zeitlichkeit, mit anderen Worten: der Vergänglichkeit. Alles ist in Entwicklung: kommt aus der Vergangenheit, konkretisiert sich in der Gegenwart und öffnet sich für die Zukunft. Die Vergangenheit ist der Raum des Faktischen (realisierter Zukunft), die Gegenwart ist das Feld des Wirklichen (der sich realisierenden und bekundenden Zukunft), und die Zukunft ist der Horizont des Potentiellen (der Möglichkeit, die noch Wirklichkeit werden kann).[54]

Aufgrund der Evolution muß nicht nur die Universalität der Bewegung bedacht werden, sondern müssen auch die Singularität des je einzelnen Ereignisses ebenso wie die je örtlichen Gestaltwerdungen berücksichtigt werden; denn diese können ja der Punkt sein, an dem sich der ganze Sinn des Weltalls verdichtet und von dem aus der Sprung nach vorn erfolgt. Dem Phänomen wohnt eine Logik inne; und gerade die begründet die Logik der Komplexität, die nicht auf Vereinfachung verkürzt werden kann. Die Logik hält sich an folgenden Ablauf: Ordnung – Unordnung – Interaktion – Organisierung – Schöpfung. Die Reihenfolge muß von hinten nach vorn und von vorn nach hinten gedacht werden. Das Ergebnis sind stets organische Gesamtgrößen, sei es in der Mikro- oder Makrophysik (Atome, Sterne, Konglomerate von Galaxien), sei es im Bereich der Biologie (morphogenetische Felder), sei es auf der Ebene des Menschen (öko-bio-sozio-anthropologische Größen, Kulturen, Formen gesellschaftlicher Strukturierung).

Doch der Forscher bzw. die Forscherin steht nicht außerhalb dieser panrelationalen Wirklichkeit. Er bzw. sie ist ein Stück des Geschehens und der reflektierten Kenntnis davon. Die Dinge haben ihre relative Autonomie, aber immer in einem einschließenden und verbindenden Zusammenhang. Aus diesem Grund ist das Ideal strikter Objektivität, abgehoben von der Geschichte und den Interessen des untersuchenden Subjektes, eine Fiktion. Das Subjekt ist Teil des Objektes, und das Objekt ist eine Dimension des Subjektes. Klar, daß diese einschließende Logik der Komplexität einen spezifischen Stil des Denkens und Handelns erheischt: Die ver-

---

54) Vgl. Weizsäcker, C.F. von, Die Tragweite der Wissenschaft, Schöpfung und Weltentstehung I, Stuttgart 1964, 179 ff.; Picht, G., Die Zeit und die Modalitäten, in: Hier und Jetzt I, Stuttgart 1980, 362–374.

schiedenen relativen Wissensinhalte müssen zusammengebracht werden mit den verschiedenen Dimensionen der Realität; Darstellungsformen dürfen nie gepreßt werden, immer gilt, daß alles viele Dimensionen hat; Lokales ist mit Globalem zusammenzudenken, Ökosystem mit Geschichte, Gegenteiliges, ja Widersprechendes mit der umfassenderen Gesamtheit.

Auf der Suche nach der Logik, die dieser Erfahrung der ökologischen Wirklichkeit am besten entspricht, kommen wir an der dialogischen und perichoretischen Logik nicht vorbei. Mit ihrer Hilfe können wir aus allen Versuchen, wie Menschen mit der Natur umgehen wollten, nur lernen, ob es sich dabei um die fälschlicherweise als primitiv bezeichneten Annäherungen handelt, um Magie, Alchimie, Schamanismus oder um archaische oder religiöse Zugänge oder ob wir da an zeitgenössische Wege denken im Sinne empirischer, analytischer und epistemologischer Möglichkeiten. Hinter all diesen Annäherungen steht das Bemühen des Menschen, mit seiner Umwelt ins Gespräch zu kommen. Sie alle bezeugen eine Wahrheit. Und wir Menschen haben eine überraschende Landschaft ringsum zu bewundern und eine großartige Botschaft von überall her zu vernehmen.

10. Der Beitrag des Ökofeminismus

Was wir gerade zu Komplexität, Verwobensein aller Dinge unter sich und Mittelpunktstellung des Lebens sagten, läßt uns auch an das Thema »Frau« und an die Vorstellungen des Ökofeminismus denken.[55] Die Frau erfaßt und erlebt Komplexität und Ineinander-Verwobensein der Wirklichkeit vermittels eines sehr spezifischen Strukturiertseins instinktiv. Aufgrund ihrer Natur ist sie ganz nah an dem, was es an Komplexestem im Weltall gibt, am Leben. Schließlich erzeugt und gebiert sie es unmittelbar. Neun Monate trägt sie das Geheimnis des menschlichen Lebens in ihrem Leib und wiegt und wärmt es alle Jahre ihres Daseins, auch wenn sich die Frucht ihres Leibes entfernt haben, unziemlichen Wegen folgen

---

55) Vgl. Ruether, R. R., Gaia und Gott. Eine ökofeministische Theologie der Heilung, Luzern 1995; dies., Eco-feminism and Theology, in: Hallman, D. G. (Hrsg.), Ecotheology. Voices from South and North, New York 1994, 199–204; Primavesi, A., Wir sind nicht die Herren der Schöpfung. Ein ökologisches Denkmodell, Frankfurt am Main 1993.

oder gar gestorben sein sollte. Aus ihrem Herzen wird sie den Sohn oder die Tochter nie verbannen.

Nicht so sehr durch Arbeit als vielmehr durch hegende Sorge steht die Frau in Fühlung mit dem Leben. Hegen und Pflegen werden aus einer Ethik der Achtung geboren, wobei Achtung die Grundhaltung des Menschen im Angesicht des Heiligen ist. Hegende Sorge achtet auf jede Kleinigkeit und weiß jedes Zeichen zu werten, das von Leben spricht, von Geborenwerden und Freudehaben, von Krisen und Reifungsprozessen, von Entfaltung und Sterben. Wichtig ist die Ethik der Achtsamkeit vor allem für die Gestaltung des komplexen Alltagsleben einer Familie. Insbesondere hier kommt es auf die Logik des Komplexen an; denn hier wollen doch die Gegenteile, ja die Widersprüche, die beiden Geschlechter und die vielen Wünsche, all die Mentalitäten und Verhaltensmuster, die verschiedenen Lebensprojekte und Gott weiß was sonst noch mit möglichst wenig Reibungsverlust zusammenleben. Namentlich die Frau (wenn auch nicht allein sie) handhabt mit ihrer Gegenwart als Mutter, Gattin, Schwester, Weggefährtin und Ratgeberin diese Kunst und diese Technik des Komplexen, die ihrerseits auch, weise, die Technik und die Kunst des Evolutionsprozesses der Kosmogenese konstituiert.

Wollen wir ein neues Bündnis mit der Natur, das auf Integration und Harmonie baut, können wir uns von der Frau und vom Weiblichen (in Frau und Mann) inspirieren lassen. Die Frau läßt sich nicht nur vom Verstand leiten, sondern trägt auch, holistisch, Intuition und Herz, Emotion und das archetypische Universum des persönlichen, kollektiven und kosmischen Unbewußten in sich. Kraft ihres Körpers, zu dem sie – ganz anders als der Mann – ein intimes und integrales Verhältnis hat, hilft sie uns, jene Dualismen zu überwinden, welche die patriarchale, androzentrische Kultur zwischen Welt und Menschen, Geist und Körper, innerem Leben und Leistung aufgetan hat. Das Bewußtsein, das sie entwickelt hat, ist offener und rezeptiver als das des Mannes und vermag die Botschaft der Dinge zu erlauschen und die Anklänge von Werten und Bedeutungen, die über die einfache Entzifferung von Intelligibilitätsstrukturen hinausgehen, wahrzunehmen. Speziell die Frau hat einen Sinn für die Sakralität der Dinge, besonders derer, die mit dem Geheimnis von Leben, Liebe und Tod zu tun haben. Schließlich ist vor allem sie der Religion zugetan, weil sie eine spezifische Fähigkeit hat, alle Dinge zu und in einem dynamischen Ganzen zurück-zu-binden, was ja das Anliegen jeder Re-ligion ist.

Die Ganzheit der weiblichen Erfahrung deutet an, welche Haltung wir als Gemeinwesen entwickeln und entfalten müssen, wollen wir denn eine ökologische Ära in Harmonie und liebevoller Zuwendung zum ganzen Universum. Es ist Verdienst des Ökofeminismus, kritisch (das heißt gegen Rationalismus, Autoritarismus, Schubladendenken, Machtwillen und mancherlei geschichtlich gewachsene Formen von Androzentrismus und Patriarchenwesen) und konstruktiv das neue Modell unseres Verhaltens gegenüber der Natur im Horizont planetarischer und kosmischer Geschwisterlichkeit und Sakralität konzipiert zu haben.[56]

11. Spirituelle Tiefe des Weltalls

Im klassischen Paradigma war man davon ausgegangen, das Weltall habe eine phänomenbezogene (das heißt sicht- und beschreibbare) Seite, welche Gegenstand der Untersuchungen durch die verschiedenen sogenannten Naturwissenschaft sei. Natürlich habe es auch noch eine andere Seite, eine innere Dimension und eine spirituelle Tiefe, mit der sich die sogenannten Geisteswissenschaften befaßten. Zunächst liefen die beiden Annäherungen nebeneinanderher: Geisteswissenschaften auf der einen und Naturwissenschaften auf der anderen Seite. Aber die Philosophie und, mit Aufkommen der Quantenphysik, auch die Naturwissenschaft überzeugten sich davon, daß es sich nicht um zwei nebeneinanderher laufende Welten handelte, sondern um zwei Seiten ein und derselben Welt. Aus diesem Grund hieß es nunmehr, die Trennung zwischen Naturwissenschaft und Geisteswissenschaft, Materie und Geist, Leib und Seele könne nicht weiter behauptet werden. Denn der Geist gehöre zur Natur, und die Natur sei von Geist durchdrungen.

Im neuen Paradigma ist die Einheit der Perspektiven eine klare Sache.[57] In der Tat, im Sinne der Quantenphysik ist jeder Prozeß

---

56) Vgl. Merchant, C., Der Tod der Natur. Ökologie, Frauen und neuzeitliche Naturwissenschaft, München 1987.
57) Vgl. Capra, F., Wendezeit. Bausteine für ein neues Weltbild, Bern – München – Wien 1982; Sousa, W., O novo paradigma, São Paulo 1993, 47 – 70; Hedström, I., Somos parte de un gran equilibrio, San José, 7 – 14; Cummings, C., Eco-spirituality, Mahwah – New York 1991, 27 – 40.

unteilbar. Was immer geschieht, immer ist das ganze Weltall im Spiel, immer ist das ganze Weltall am Zustandekommen eines Prozesses beteiligt. Das Universum wie jedes einzelne Phänomen gelten als das Ergebnis einer Kosmogenese. Eines der Charakteristika der Kosmogenese ist die *autopoiesis*, wie sich einige Kosmologen ausdrücken.[58] *Autopoiesis* meint, daß dem All ebenso wie jedem einzelnen Sein, angefangen mit den fundamentalsten Elementen der Schöpfung, die Fähigkeit zur Selbstorganisation eignet. Ein Atom mit allem, was dazu gehört, ist ein autopoietisches, das heißt sich selbst organisierendes System genauso wie ein Stern, der Wasserstoff, Helium und andere Schwerelemente produziert, aber auch das Licht, das er aufgrund einer inneren, in ihm steckenden Dynamik ausstrahlt. Es ist also nicht damit getan, allein die physikalisch-chemischen Elemente zu bedenken, welche die Dinge konstituieren; darüber hinaus muß man auch die Art und Weise berücksichtigen, wie sie strukturiert sind, in welchem Verhältnis sie zueinander stehen und wie sie sich kundtun. Die Dinge haben ein Inneres, vermöge dessen die Formen, wie sie strukturiert sind und sich nach außen zeigen, Gestalt gewinnen. Selbst ein einfaches Atom entwickelt im Vollzug der Selbstmanifestation ein Quantum Spontaneität. Diese aber wächst in dem Maße, in dem auch die Komplexität wächst, bis daß sie in den komplexeren, in den sogenannten organischen Wesen zum entscheidenden Faktor wird.

Die Kategorie »Selbstorganisation« ist fundamental zum Verständnis des Lebens.[59] Wie wir bereits haben anklingen lassen, ist das Leben ein Zusammenspiel von Beziehungen und Interaktionen, die sich in der Weise selbst organisieren, daß die Syntropie (Energiehaushalt) die Entropie (Energieverbrauch) übersteigt. Nun stecken die Prinzipien der Relation und der Interaktion aber schon im Ursprung des Weltalls, als die Urenergien begannen, untereinander zu inter-retro-agieren und Kraftfelder und die allerersten komplexen Einheiten zu bilden. Hier, in der Relation und in der daraus resultierenden Komplexität, steht die Wiege sowohl des Lebens als auch des Geistes, wobei Geist das auf menschlicher Ebene seiner selbst bewußte Leben ist, mit einen erhöhten Grad an Selbstentwicklung und Innerlichkeit.

---

58) Vgl. Swimme, B./Berry, Th., The Universe Story, a. a. O., 75–76
59) Vgl. Dupuy, J.-P., L'auto-organisation: de la Physique au Politique, Paris 1983.

Biochemiker und Biophysiker wie Prigogine/Stengers und andere gewahrten und belegten, was Pierre Teilhard de Chardin schon in den dreißiger Jahren erkannt hatte: je weiter der Evolutionsprozeß voranschreitet, desto komplexer wird er; je komplexer er wird, desto innerlicher wird er; je innerlicher er wird, desto mehr gelangt er zu Bewußtsein; je mehr Bewußtsein er besitzt, desto mehr wird er sich seiner selbst bewußt. Wenn alles in Interaktion steht, hat es auch einen gewissen Grad an Leben und Geist. Die altertümlichsten Felsen, so die Erkenntnisse sowohl der Mikro- als auch der Makrophysik, unterstehen der Logik von Interaktion und Komplexität. Sie sind mehr als die physikalisch-chemischen Elemente, aus denen sie zusammengesetzt sind. Sie stehen in Kontakt mit der Atmosphäre und beeinflussen die Hydrosphäre. Sie wirken auf das Klima ein und berühren mithin die Biosphäre. Ihre Masse besteht aus einer nahezu unendlichen Zahl von Atomen, subatomaren Elementen und Kraftfeldern. Ein Dichter, der sich von der Großartigkeit eines felsigen Gebirges hinreißen läßt, schreibt ein geistinspiriertes Gedicht. Die Felsen wirken mit bei diesem Werk, ja sie sind Mit-Schöpfer an dem Opus. Auf ihre Weise leben sie, weil sie mit dem ganzen Universum, einschließlich der Phantasiewelt des Dichters, interagieren und rück-gebunden sind. Infolgedessen sind sie Träger von Geist und Leben. Und weil dem so ist, sind wir imstande, die Botschaft von der Größe, Feierlichkeit, Erhabenheit und Majestät zu erfassen, die sie für achtsame Geister unentwegt ausstrahlen, wie diese gerade unter unseren indianischen Ureinwohnern, unter Mystikern und Dichtern anzutreffen sind. Solche Menschen verstehen die Sprache der Dinge und entziffern mühelos die große Rede des Alls.[60] Stellvertretend für zahlreiche andere Zeugen sei hier nur William Blake zitiert, von dem der mystische Vers stammt: »Die Welt sehen in einem Sandkorn/und den Himmel in einer wilden Blume; / die Unendlichkeit halten mit der flachen Hand/und die Ewigkeit in einer Stunde ...«

Die Trennung zwischen biotischen und abiotischen, lebenden und leblosen Wesen resultiert also aus einem anderen Wirklichkeitsverständnis, das lediglich Gültigkeit hat in einem geschlossenen System scheinbar konsistenter und dauerhafter Dinge wie Sterne, Berge und physikalische Körper – im Gegensatz zu kom-

---

60) Vgl. dazu die herrlichen Gedanken von Daiseku Ikeda: La vita, misterio prezioso, Mailand 1991, 35 ff.

plexen, dynamischen und lebenden Wesen. Hier mag solch eine Trennung gelten. Sobald wir aber diese Grenze überschreiten und das allen Dingen zugrundeliegende Netz von Beziehungen und Interaktionen entdecken, wird uns klar, daß Konsistenz und Dauerhaftigkeit nicht von weit her sind. Auf was wir dann stoßen, ist ein offenes und alles andere als geschlossenes System. Alles, was existiert, gründet auf Inter-retro-Relationen, Energien und Kraftfeldern. In der verständlichen Sprache des Alltags sagen deshalb Quantenphysiker, einschließlich des berühmten Einstein: große Energiekonzentrationen manifestierten sich in der Form von Materie, kleine in der Form von einfacher Energie und von Kraftfeldern. Alles ist also Energie, in verschiedenen Konzentrations- und Stabilitätsgraden, in höchst komplexen Beziehungssystemen, in denen mit allem verwoben ist, so daß eine universale Symphonie von Gebirgen und Mikroorganismen, von Tieren und Menschen erklingen kann. Alles hat seine Innerlichkeit. Alles ist mithin geistig.

Leben und Geist lassen folglich immer komplexere und reichere Arten auftauchen. Auf dem gegenwärtigen Stand des kosmischen Evolutionsprozesses ist, soweit wir wissen, die dichteste und konsistenteste Art dieser »Auftauchungen« der Mensch. Im Mann wie in der Frau sind Innerlichkeit und Komplexität zur Ausdrucksform des Selbstbewußtseins gelangt. Beides hat also zu seiner eigenen Geschichte gefunden, zur Geschichte der Inhalte dieses Bewußtseins (Phänomenologie). Die Evolution beschreibt einen doppelten Bogen: den instinktiven Prozeß der Erzeugung unter der universalen Steuerungslogik, die alles, einschließlich des Menschen, vorantreibt; und innerhalb und kraft dieses Laufes beschreibt sie zweitens den Bogen der freien Selbstbewußtwerdung unter der Leitung des Bewußtseins, das die Fähigkeit hat, in den Prozeß der Erzeugung einzugreifen und sich als Feind ebenso wie als Beschützer seiner Umgebung zu erweisen.

Der Lauf der Selbstbewußtwerdung kommt zum Ausdruck im gewaltigen Werk der Zivilisierung, das die Menschen während der letzten 2 600 000 Jahre (seit Auftauchen des *homo habilis*) vollbracht haben. Aus der Kraft des kosmogenisch-schöpferischen Prinzips entwickelten sie auf geheimnisvolle Weise Kommunikationsformen, Sprachen und gewaltige Monumente. Mit der landwirtschaftlichen, industriellen und kybernetischen Revolution veränderten sie das chemische und physikalische Gleichgewicht des

Planeten. Um dem Weltall Sinn zu geben, entwarfen sie mächtige Symbole und Figuren, um ihren persönlichen und kollektiven Werdegang durch die Geschichte darzustellen. Sie erfanden eine Fülle von Bildern, mit denen sie Gott beschreiben als Motor und Kraft, die das ganze Universum belebt und anzieht, aber auch als inneres Feuer, das in jedem Bewußtsein brennt. So wie sie die Dimension des *sapiens* in jedem menschlichen Wesen zum Ausdruck brachten, gaben sie – in Bekundungen wie Krieg, Ökozid und Ethnozid, wie Brudermord und Mord schlechthin – auch der Dimension des *demens* freien Lauf. Das Prinzip von Leben und Vernunft, von schöpferischer Kraft und liebender Zuwendung konnte aber nur deshalb im Menschen auftauchen, weil es zuvor schon im Universum und im Planeten Erde wirkte. Es ist eine Gegebenheit unserer Galaxie, unserer Milchstraße, zu deren System auch wir gehören. Und unsere Galaxie verweist uns auf kosmische Ordnungen, die auch unserer Milchstraße noch vorgelagert sind

Die Fragen, welche die Menschen beschäftigen, sind nicht nur die unermeßliche Erhabenheit des Alls, die schwarzen Löcher (eine wahre kosmologische Hölle, weil sie jedwede Kommunikation unmöglich machen) und das unendlich Kleine der Mikrophysik bis hin zu seinem anfänglichen Nullpunkt im Urknall. Was den Menschen – abgründige Tiefe der Leidenschaften und abscheuliche Kloake der Erbärmlichkeiten, wie René Pascal sagen würde – umtreibt, sind auch die Bedürfnisse des Herzens, wo die großen Gefühle wohnen, welche ihrerseits bald die Landschaft dieser Welt in Trauer hüllen, bald die Existenz tragisch erscheinen lassen, bald das Leben mit Jubel erfüllen, bald auch die archaischsten Wünsche Wirklichkeit werden lassen. Wie können wir das Leid eines Unschuldigen zulassen?, wie mit der Einsamkeit leben?, wie zur eigenen Unscheinbarkeit stehen? Wohin steuern wir – zumal wir doch kaum wissen, woher wir stammen, und nur in Umrissen sehen, was wir sind? Diese und ähnliche Fragen lassen den Menschen nie zur Ruhe kommen. Die Antworten machen uns mutig oder feige, glücklich oder traurig, hoffnungsvoll oder gleichgültig.

Auf der Ebene des unmittelbaren Gefühls gibt mir die Unermeßlichkeit der Räume mit ihren Gravitonen, Quarks und Topquarks, Elektronen und Atomen wenig, wenn mein Herz nicht zufrieden ist, wenn ich den Sinn für Liebe verloren habe, wenn ich keinen Uterus finde, der mir, so wie ich nun mal bin, ein für allemal Geborgenheit gibt, das heißt: wenn ich mich von Gott nicht gefunden fühle und wenn ich auch selbst Gott nicht finde. Finde ich ihn aber, dann wird alles durchsichtig. Alles bindet sich zurück, weil Gefühl und Einfühlung ihre Wurzeln im Universum gefunden haben. Diese erweisen sich dann in uns als Triebfeder einer emotionalen Kraft, die genauso urwüchsig ist wie alle Urelemente zusammen. Dann verwandelt sich sogar ein Topquark in ein Sakrament, und das Firmament der Sterne und Milchstraßen wird zu einem himmlischen Tanz, in dem menschliche und göttliche Liebe sich vermählen. Jede Vibration vermittelt die unsägliche Botschaft, die jedes Sein zu verkünden hat und die anmutet wie eine auf tausend Instrumenten gespielte Symphonie. Was wir bei Liebes- und Freundschaftsriten beobachten können, geschieht auch im Universum: Jedes Ding hat seine Bedeutung, steht an der richtigen Stelle und schwingt ganz im Rhythmus von Fest und Begegnung. Das ganze All hat teil an Emotion, Kommunikation und Ekstase, die das Innen und das Außen, das Kleinste und das Größte zu einer Einheit verbinden. Erfahren kann das aber nur, wer in die geistig-geistliche Tiefe des Universums eintaucht.

Diese Dimension gehört zum Evolutionsprozeß. Der Evolutionsprozeß kennt seinen gegenwärtigen Stand, trägt zugleich aber auch die Verheißungen neuer Entfaltungen in der Zukunft in sich. Alles hat Zukunft. Fünfzehn Milliarden Jahre Weges mußte das All zurücklegen, bis jene Erschütterung passierte, daß die kosmische Liturgie in die Hände des makromikrokosmischen Wesens mit seinen Möglichkeiten gelegt wurde, das heißt des Menschen, der Mann und Frau ist. Der Planet Erde ist der Raum und die Zeit zur Feier der Gegenwart, in dem Maße, in dem er sie schon verwirklicht sieht; er ist aber auch die Zeit und der Raum zur Feier der Zukunft, die als Samenkorn bereits in der Fülle der Verheißungen liegt, welche ihrerseits der Dynamik jedes Seins, jeder Art und des gesamten Weltalls innewohnen.

12. Schluß: Kennzeichen des entstehenden Paradigmas

Ohne detaillierte Vermittlungen folgen nun noch, als Schlußfolgerung, einige Begriffe und Gedankengänge, die das neue, gerade erst im Entstehen begriffene Paradigma kennzeichnen:

1. *Gesamtheit – Verschiedenartigkeit:* Das Universum und das System »Erde« wie auch das Phänomen »Mensch« sind organische,

dynamische Gesamtheiten. Um sachgerecht an die Gesamtheit heranzukommen, brauchen wir nicht nur die Analyse, die auseinandernimmt, vereinfacht und verallgemeinert, sondern auch die Synthese. Holismus ist die Haltung, aus der heraus wir der Gesamtheit begegnen. Doch Holismus heißt weder Addition noch Summe, Holismus ist Achtung vor der Gesamtheit aus organisch aufeinander abgestimmter Verschiedenartigkeit.

2. *Interdependenz – Rück-bindung – relative Autonomie:* Alles, was existiert, ist untereinander verbunden und mithin auch aneinander rück-gebunden. Jedes Sein, will es existieren, braucht das andere Sein. Aus diesem Grund herrscht im Kosmos eine fundamentale Solidarität. Gleichwohl eignet jedem Sein relative Autonomie, und jedes Sein besitzt Sinn und Wert in sich.

3. *Beziehung – Kraftfelder:* Alle Wesen existieren in einem Gewebe von Beziehungen. Ohne Beziehung kann nichts existieren. Deshalb geht es darum, die Dinge nicht so sehr in sich selbst zu erfassen als vielmehr in ihren Beziehungen zueinander. Von daher lassen sich die Wesen nur als Wesen in Bezug verstehen. Die Frage lautet: Wie trägt jedes einzelne Sein zur Begründung des Alls bei? Umgekehrt ist alles angesiedelt in energetischen und morphogenetischen Feldern, aufgrund derer, wie gesagt, alles mit allem zu tun hat, in jeder Hinsicht und zu jeder Zeit.

4. *Komplexität – Innerlichkeit:* Alles steckt voller Energien, in verschiedenen Graden der Verdichtung und der Interaktion. Hoch verdichtete und stabilisierte Energie erweist sich als Materie – weniger stabilisierte einfach als Kraftfeld. Dies führt zu einer immer größeren Komplexität in den Dingen, die mit einer Fülle von Informationen angereichert sind, besonders was die höheren lebenden Wesen angeht. Dieses evolutive Phänomen ist ein Hinweis darauf, daß das All auf immer komplexere Innerlichkeit und immer komplexeres Bewußtsein ausgerichtet ist. Infolgedessen läßt sich das Universum als ein intelligentes und sich selbst organisierendes Ganzes betrachten. Genau genommen kann man also nicht von einer Innen- und einer Außenseite sprechen. Unter dem Gesichtspunkt der Quantentheorie ist der Prozeß unteilbar und spielt sich stets im Rahmen der Kosmogenese ab, als eines globalen Geschehens, das die Dinge erst entstehen läßt. Dieses Verständnis ermöglicht nun die Frage nach einem roten Faden, nach einem leitenden Impulsgeber, der das Gesamt des kosmischen Prozesses durchzieht, oder nach einem gemeinsamen Nenner, der alles eint,

der das Chaos mit generativen Kräften ausstattet und der die Ordnung fortwährend für neue Interaktionen (dissipative Strukturen) offenhält. Die Kategorie »Gott« könnte hermeneutisch diese Bedeutung erfüllen.

5. *Komplementarität – Reziprozität – Chaos:* Die ganze Wirklichkeit besteht aus Teilchen und Wellen, aus Energie und Materie, Ordnung und Unordnung, Chaos und Kosmos und, auf der Ebene des Menschen, aus Beispielen des *sapiens* (intelligent) und des *demens* (töricht). Das eine wie das andere sind Dimensionen ein und derselben Wirklichkeit. Sie sind komplementär und reziprok. Das Komplementaritäts-/Reziprozitäts-Prinzip bildet die Grundlage der Entstehungsdynamik des Alls und geht davon aus, daß vor dem Kosmos erst das Chaos kommt.

6. *Pfeil der Zeit – Entropie:* Alles, was existiert, prä-existiert und ko-existiert. Daraus folgt, daß der Pfeil der Zeit sämtliche Beziehungen und Systeme prägt und ihnen das Merkmal der Unumkehrbarkeit verleiht. Und diese Kennzeichen haften an jedem Teilchen und Kraftfeld, so elementar sie auch sein mögen. Das heißt: Nichts läßt sich verstehen, wenn es nicht in den Rahmen seiner Beziehungsgeschichte und in den Lauf seines geschichtlichen Werdegangs gestellt wird. Doch die Geschichte ist offen für die Zukunft. Deshalb ist nichts fertig und am Ziel angekommen; alles trägt Möglichkeiten in sich, die nach Verwirklichung streben. Gott ist mit seinem Werk noch nicht fertig und mit seiner Schöpfung noch nicht am Ende. Deshalb müssen wir dem Universum mit Toleranz begegnen und uns selbst mit Geduld. Das abschließende Wort: »Und Gott sah, daß alles gut war«, ist in Wirklichkeit noch nicht gesprochen. Erst am Ende des Evolutionsprozesses werden wir es zu hören bekommen. Uneingeschränkte Harmonie ist Verheißung für die Zukunft und kein Anlaß zu feiern in der Gegenwart. Die universale Geschichte unterliegt dem thermodynamischen Pfeil der Zeit – oder anders gesagt: kann nur gesehen werden, wenn wir in den geschlossenen oder für sich selbst genommenen Systemen nicht nur die zeitliche Evolution, sondern auch die Entropie berücksichtigen (die Begrenzung der irdischen Ressourcen, die Sonnenzeit usw.). Die Energien zerstreuen sich unaufhaltsam, und niemand vermag gegen sie etwas auszurichten. Allein, der Mensch ist imstande, ihre Wirkungen zu verlängern und sich – kraft des Geistes – dem Geheimnis über den thermischen Tod des Systems

hinaus zu öffnen, weil ja das Universum als ein Ganzes ein offenes System ist, das sich selbst organisiert und ständig übersteigt in Richtung auf neue, höhere Lebens- und Ordnungsebenen, die nicht der Entropie unterliegen und es öffnen eben für Syntropie und Synergie, aber auch für die Dimension eines absolut dynamischen Lebens der Negentropie.

7. *Gemeinsames Schicksal – persönliches Schicksal:* Dank der Tatsache, daß wir einen gemeinsamen Ursprung haben und alle miteinander zusammenhängen, haben wir auch alle ein gemeinsames Schicksal, in einer offenen, gleichfalls gemeinsamen Zukunft. Darin haben wir uns denn auch das persönliche Schicksal eines jeden Seins vorzustellen, weil die Wesen ja nicht in sich isoliert zu verstehen sind, unabhängig von ihrem jeweiligen Ökosystem, von den anderen Arten, die mit ihnen interagieren, und den übrigen Individuen derselben Spezies. Unbeschadet der Interdependenz ist jedes einzelne Sein aber etwas Einzigartiges, und Millionen und Abermillionen von Jahren schöpferischer Arbeit des Weltalls kommen in ihm zu ihrem Gipfel.

8. *Gemeinwohl des Kosmos – partikuläres Gemeinwohl:* Das Gemeinwohl geht nicht nur den Menschen an, sondern die ganze Gemeinschaft des Kosmos. Alles, was existiert und lebt, verdient zu leben und mit anderen zusammenzuleben. Partikuläres Gemeinwohl wird getragen von der Syntonie und Synergie mit der Dynamik des planetarischen und universalen Gemeinwohls.

9. *Kreativität – Destruktivität:* Im Gesamt der Interaktionen und der in Beziehung zueinander stehenden Wesen besitzt der Mensch, als Mann wie als Frau, seine Unverwechselbarkeit. Der Mensch ist ein ausgesprochen komplexes und, insofern er in die Schöpfung eingreifen kann, mit-schöpferisches Wesen. Als Beobachter steht er ununterbrochen in Interaktion mit allem, was um ihn herum existiert, und setzt die Funktion der Welle, die sich zu einem materiellen Teilchen verdichtet, außer Kraft (Werner Heisenbergs Unbestimmbarkeitsprinzip). Er trägt zur Konstituierung der Welt bei, insofern er sich als Verwirklichung quantischer Möglichkeiten (Teilchen – Welle) erweist. Aber er ist auch ein ethisches Wesen, weil er das Für und Wider abzuwägen und über die Logik des Eigeninteresses hinaus zugunsten schwächerer Wesen zu handeln vermag, wie er auch die Natur attackieren und die Arten dezimieren – Stichwort »Destruktivität«! –, aber auch umgekehrt seine latenten Möglichkeiten steigern und das System Erde erhalten und

fördern kann. Ja, er ist imstande, bewußt zusammen mit ihr zu evoluieren.

10. *Holistisch-ökologische Haltung – Absage an den Anthropozentrismus:* Die Haltung der Offenheit und des unbedingten Hineinnehmen-Wollens weckt eine radikal ökologische Weltsicht (der Panrelationalität und der Rück-bindung aller Dinge). Sie hilft uns, uns vom geschichtlich gewordenen Anthropozentrismus zu verabschieden. Sie profiliert zunehmend unsere Unverwechselbarkeit, läßt zugleich aber auch unsere Solidarität, unsere Fähigkeit, einander zu ergänzen, und unsere schöpferische Kraft mehr und mehr erstarken. So stehen wir mit dem ganzen Universum in Synergie. Deshalb kündigt es sich in uns an, strebt mit uns nach vorn und bleibt dennoch stets offen für ungeahnt Neues, auf dem Weg zu einer Wirklichkeit, die sich noch im geheimnisvollen Schleier des menschlich Unmöglichen verbirgt. Wie gesagt: Das Mögliche wiederholt sich, das Unmögliche geschieht. Gott, der Magnet, zieht alles an; Gott, der Motor, bewegt alles; Gott, die Leidenschaft, vermag alles.

II. Ein ökologisches Weltverständnis: Das Epos der Gegenwart

Jede Kultur hat ihr Weltbild, jede große Wende im Strom der Geschichte zeitigt ein neues Weltverständnis. Auch das neue, ökologische Paradigma gebiert seine Kosmologie. Unter Kosmologie verstehen wir das Bild, das sich eine Gesellschaft – als Frucht ihrer *ars combinatoria* aus den verschiedensten Wissenszweigen, Überlieferungen und Intuitionen – von der Welt zurechtlegt. Dieses Bild dient dem Gemeinwesen als allgemeine Rück-bindung und verleiht ihm die notwendige Harmonie, ohne welche die einzelnen Initiativen und Taten, im Horizont eines größeren Sinns, ihren Sinn verlören. So soll die Kosmologie alles, was anfällt, aneinander rückbinden und sozusagen eine allesumfassende Landkarte aufschlagen. Wo das aber in der Regel geschieht, ist in den großen kosmologischen Erzählungen.

1. Erzählungen der Menschheit: vom Sinn des Kosmos zur Kosmogenese

Jede kulturelle Gruppe, und mag sie – wie zum Beispiel die von Ausrottung bedrohten Kaiapó-Ureinwohner im brasilianischen Amazonasbecken – noch so klein sein, besitzt ihre große Erzählung. Mittels solcher Epen vergegenwärtigen sich die Menschen den Ursprung des Alls, ihren Ort im Kosmos, den Sinn des Weges, den sie zu gehen haben, inwiefern die Gegenwart die Zukunft der Vergangenheit darstelle; wohin die Menschheit unterwegs und wie alles an die Gottheit rück-gebunden sei. Mit Hilfe solcher Geschichten schaffen sich die Menschen den notwendigen Sinn, ohne den sie überhaupt nicht leben könnten, überwinden das Chaos, in das sie gescheiterte Erfahrungen gestürzt haben, und malen sich das Bild aus, wie sie sich das Ende des Universums vorzustellen haben. Die Erzählung soll Sicherheit und Ordnung in das menschliche Leben bringen.

Derartige Erzählungen gibt es viele. In der Regel bedienen sie sich der mythischen und symbolischen Sprache der Phantasie und folgen der Logik des kollektiven Unbewußten. Drei Beispiele mögen genügen.

Das in unserem Kulturkreis bekannteste Epos dieser Art ist die biblische Erzählung im Buch Genesis: Gott erschafft die Welt. Die Geschichte wird in zwei Versionen überliefert, die sich in Form und Inhalt deutlich voneinander unterscheiden. Die ältere ist die jahwistische Tradition; sie heißt so, weil sie Gott »Jahwe« nennt, stammt aus dem zehnten vorchristlichen Jahrhundert (950 v. Chr.) und findet sich in Gen 2. Die andere, die vier- bis fünfhundert Jahre jünger ist, ist Teil der Priesterschrift, gliedert das Geschehen in sieben Tage und spiegelt die Liturgie des Tempels wider; sie steht in Gen 1.[1] Trotz aller Unterschiede wollen beide, in ihrem jeweiligen Kontext, gläubig bekennen, wie gut das Weltall doch ist. Dank der Tatsache, daß die Welt das Werk Gottes ist, hat sie Sinn, und ihr Wert übertrifft alle Mechanismen von Zerstörung und Tod, die Menschen nun einmal Tag für Tag erfahren. Kraft des Glaubens an die gute Schöpfung können die Menschen sichergehen, daß der Kosmos stärker ist als das Chaos, weil Gott der Schöpfer Herr ist über Absurdum und Tod. Dieses Anliegen ist nun (wie in der Genesis) in eine Form von Erzählung gekleidet, die den Eindruck einer Kosmogenesis erwecken kann, als sollte zu verstehen gegeben werden, wie Gott die Welt geschaffen hat. Doch die Geschichte ist einfach das erzählerische Material zur Vermittlung der primären Intention: In jedem Ding, angefangen mit den Sternen, über Pflanzen und Tiere bis hin zum Menschen, stecken Würde und Sinn; denn an allem haftet das Markenzeichen Gottes. Aus diesem Grund wiederholt der Text denn auch am Ende jedes Schöpfungstages refrainartig: »Und Gott sah, daß es gut war.«

Wenn der jahwistische Autor vor allem in Gen 3 vom »Sündenfall« spricht, geht es ihm nicht um Vergangenes, wie sich dies und das abgespielt habe. Vor uns liegt kein historischer Bericht, sondern eine prophetisch-weisheitliche Reflexion über das Drama der menschlichen Existenz. Sie will die vorfindliche Situation anklagen, so habe Gott die Dinge nicht gewollt. Mann und Frau – Adam und Eva – seien immer Sünder gewesen, gestern wie heute. Worum es geht, ist vielmehr, den Menschen zu ermutigen, mit der Situation Schluß zu machen und zusammen mit Gott ein Paradies

---

1) Vgl. den grandiosen Kommentar dazu von Claus Westermann, Genesis, 1. Teilband (Genesis 1–11), Neukirchen–Vluyn 1974.

zu schaffen. Es mit der gegenwärtigen Lage bewenden zu lassen, widerspräche dem Willen Gottes. Gestützt auf Carlos Mesters Buch »Das irdische Paradies – Hoffnung oder Nostalgie?«[2], möchten wir das nun etwas eingehender betrachten. Der Jahwist geht von den Übeln aus, mit denen Menschen auch in seiner Zeit zu kämpfen haben, und fragt sich, wie auch wir uns noch heute fragen: Warum?

Gen 3,16 – Zwiespältigkeit der menschlichen Liebe: Die Frau fühlt sich vom Mann angezogen, dieser aber wird über sie herrschen. Warum?

Gen 3,16 – Ambivalenz der Mutterschaft: Mutterschaft ist ein Segen, aber die Entbindung bringt große Schmerzen mit sich. Warum?

Gen 3,19 – Doppeldeutigkeit des Lebens: Der Mensch lebt, aber er wird wieder zu Staub werden, wie er auch vom Staub genommen ist. Warum?

Gen 3,17–19 – Ambivalenz der Erde: Zwar soll die Erde gute und wohlschmeckende Früchte hervorbringen, aber was auf ihr wächst, sind Dornen und Disteln. Warum?

Gen 3,14–15 – Doppelwertigkeit der Fauna: Das Tier hat denselben Ursprung wie der Mensch, so daß beide geschwisterliche Geschöpfe sind. Warum dann aber die tödliche Feindschaft zwischen Leben und Leben, zwischen Mensch und Tier, zwischen Mensch und Schlange. Warum?

Gen 3,10 – Zwiespältigkeit der Religion: Der Mensch lebt in der Gegenwart Gottes, aber verschämt versteckt er sich vor ihm und flieht. Warum?

Angesichts so vieler Fragen vertritt der Verfasser die These: Gott ist nicht verantwortlich für das Böse. Verantwortlich ist der Mensch. Gott will das Gute für den Menschen. Das irdische Paradies ist der Plan, den Gott hat, und das Kontrastbild der aktuellen Wirklichkeit, das alle Übel als überwunden darstellt. Deshalb bietet er auch Antworten auf all die Fragen:

Hinsichtlich der Beziehung Mann – Frau: Beide sollen *ein* Fleisch werden (Gen 2,23) – und Partner, die sich unterhalten und sich gegenseitig unterstützen.

Bezüglich Leben und Tod: Der Tod wird ein Ende haben. Gott wird den Baum des Lebens sprießen lassen. Und wer davon ißt, wird ewig leben (Gen 3,22).

---

2) Mesters, C., Paraíso terrestre; esperança ou saudade?, Petrópolis 1978, 32–46.

Im Blick auf die Fruchtbarkeit der Erde: Im Garten wird alles nur Mögliche an guten, geschmackvollen Früchten wachsen (Gen 2,9). Zwar wurde der Mensch nicht im Paradies geboren, aber Gott hat ihn dort hineingesetzt (Gen 2,8–15). In bezug auf die menschliche Arbeit: Mit der Arbeit, die zum Leben dazugehört, verdient der Mensch seinen Unterhalt. Aber sie ist leicht und eine schöpferische Angelegenheit, als wenn man einen Obstgarten anlegt (Gen 2,15). Hinsichtlich des Verhältnisses zu den Tieren: Der Mensch gibt ihnen ihre Namen, was bedeutet, daß er familiären Umgang mit ihnen pflegen will (Gen 2,20).

Im Verhältnis zu Gott: Gott geht im Garten spazieren, und der Mensch lebt in der größten Intimität mit ihm zusammen, ohne vor seiner Anwesenheit zu erschrecken (Gen 3,8–10).

So also stellt sich der jahwistische Autor vor, daß sich Gott die Zukunft des Menschen wünsche. Das Ganze hat also nichts mit Vergangenheit zu tun, sondern ist ein Entwurf für die Zukunft. Das Paradies ist eine Prophetie für die Zukunft, die aber zurückprojiziert ist in die Vergangenheit. Treffend sagt Mesters: »Das Paradies ist sozusagen ein Modell der Welt. Das Paradies ist der Bauplan in der Hand des Poliers, das heißt des Menschen, der Mann und Frau ist. Das Paradies ist ein Projekt, das Glauben und Mut des Menschen ständig herausfordert. Die Erzählung eröffnet die Bibel, weil man – bevor man sich ans Werk macht – natürlich wissen muß, was man überhaupt will, und einen machbaren Plan in der Hand haben muß, den es dann auszuführen gilt. Die Beschreibung des Paradieses nimmt die volle Verwirklichung der Welt voraus, in Bildern und Symbolen, die den Menschen damals vertraut waren. Sie soll ihnen als Orientierung und Anregung dienen, damit sie sich ans Werk machen.«[3]

In der vorliegenden Darstellung sehen sich alle in einer menschlich gefallenen Situation, anerkennen aber auch, daß sie willens sind, daraus wieder herauszukommen. Gott setzt auf den Entschluß der Menschen. Er zeigt, daß, wer sein Gesetz befolgt, in seiner Gegenwart wandelt und sich als sein Freund bzw. seine Freundin erweist, sich an alles rück-bindet und zusammen mit ihm – dem Schöpfer – an dem schafft, was ihn erlöst: das innig ersehnte Paradies.

---

3) Mesters, C., Paraíso terrestre, a. a. O., 47–48.

Der biblische Bericht stellt nun aber eigentlich keine Weltsicht dar, sondern eine Erzählung, die die transzendente Bedeutung des Weltalls, einschließlich des Ortes des Menschen darin, eine Deutung seiner widersprüchlichen Lage und eine Andeutung der Zukunft erahnen läßt. Dessen ungeachtet beinhaltet – so auch Émile Durkheim in der Zusammenfassung seines berühmten Werkes »Die elementaren Formen des religiösen Lebens«[4] – die religiöse Urerfahrung auch einen Diskurs über die Welt und mithin eine gewisse Kosmologie, allerdings mit einer gezielten Sinnspitze: er soll zeigen, daß alles an die Gottheit rück-gebunden ist, daß es aus ihr stammt und auch im Letzten zu ihr zurückstrebt.

Eine weitere großartige Erzählung bietet uns das Epos der Mayas in Guatemala. Unter dem Titel »Popol Vuh« in der Quiché-Sprache 1544 aufgeschrieben, wurde es dem spanischen Dominikaner Fray Francisco Ximenez zu Beginn des 18. Jahrhunderts in Chichacastenango vorgelegt. Der Geistliche schrieb es in einer ersten Spalte in Quiché ab und stellte in einer zweiten Spalte seine spanische Übersetzung daneben. »Popol Vuh. Die Erschaffung der Welt, der Tiere, der Pflanzen und der Menschen«[5] weist überraschende Parallelen zur Bibel auf.

Zu Beginn heißt es dort: »Noch war der Erde Antlitz nicht enthüllt. Nur das sanfte Meer war da und des Himmels weiter Raum. . . . Noch gab es nichts Aufrechtes. Nur die ruhenden Wasser, das sanfte Meer, einsam und still. Nichts anderes. Unbeweglich und stumm war die Nacht, die Finsternis.« Da beginnt Gott sein schöpferisches Werk. Für die Maya-Quichés ist Gott eine Dreifaltigkeit: Cahulká, der Blitz; Chipí Cahulká, der Donner; und Raxa Cahulká, der Widerschein. »Diese drei bilden das Herz des Himmels.« Sie schaffen alles mit Hilfe des Wortes: »Es geschehe!« So sagen sie: »›Es geschehe! Es fülle sich die Leere! Weichet zurück, ihr Wasser, und gebet Raum, daß die Erde aufsteige und sich festige!‹ So sprachen sie. ›Es werde Licht! Daß Himmel und Erde sich erhellen! Nicht Ruhm noch Größe wird sein, bis der Mensch erscheint, bis der Mensch geschaffen.‹ So sprachen sie.«

Sodann erschaffen die drei die Erde. Wörtlich: »Darauf schufen sie die Erde. Die Wahrheit ist, daß sie die Erde schufen. ›Erde!‹

4) Durkheim, É., Die elementaren Formen des religiösen Lebens, Frankfurt am Main 1981.
5) Popol Vuh. Das Buch des Rates. Mythos und Geschichte der Maya. Aus dem Quiché übertragen und erläutert von Wolfgang Cordan (Diederichs Gelbe Reihe), München [8]1993.

sagten sie, und im Augenblick war sie geschaffen.«[6] Kaum eine Erzählung, die wir kennen, erhebt den Menschen so sehr wie das »Popol Vuh«-Epos der Maya-Quichés. Himmel und Erde öffnen sich, um mitzubekommen, wie der Mensch zur Welt kommt. Im teleologischen Denken der guatemaltekischen Ureinwohner stellt er die Herrlichkeit und die Größe der ganzen Schöpfung dar. So erklärt sich, daß Männern und Frauen bei den Maya-Quichés eine exzellente Würde eignete, was sich noch heute an ihrem großartigen zivilisatorischen Werk in Städtebau, Pyramidenkonstruktion, Dichtung und Theater ablesen läßt.

Schließlich möchten wir eine moderne Erzählung beibringen, die zum einen auf der Bibel fußt, zum anderen aber auch mit Materialien operiert, wie wir sie aus unserem Bemühen um Integration und Bewahrung der Erde kennen. Ihr Verfasser, Robert Muller, ist bekannt als »Weltbürger« und »Vater der globalen Erziehung«. Vierzig Jahre lang arbeitete er bei der UNO, bis er Assistent des Generalsekretärs wurde. Er war einer der Hauptverantwortlichen für das institutionelle System der UNO. Heute ist er emeritierter Kanzler der – 1980 von der UNO in Costa Rica gegründeten – Friedensuniversität. Von dort aus widmet er sich Fragen des Friedens und der Spiritualität. Seine Erzählung trägt die Überschrift ›Die neue Genesis‹.[7] Darin lesen wir:

»Und Gott sah, daß alle Nationen der Erde, schwarze und weiße, arme und reiche, aus dem Norden wie aus dem Süden, aus dem Osten wie aus dem Westen ebenso wie aller Glaubensbekenntnisse, ihre Delegierten in ein großes Gebäude aus Kristall am Ufer der Aufgehenden Sonne, auf die Insel Manhattan, schickten. Dort sollten sie gemeinsam untersuchen, gemeinsam nachdenken und sich gemeinsam um die Welt und alle Völker auf der Erde kümmern.

Und Gott sagte: ›Gut so‹.

Und dies war der erste Tag in der Neuen Zeit der Erde.

Und Gott sah, daß die Friedenssoldaten die Kämpfer der kriegführenden Nationen voneinander trennten, daß die Differenzen auf Verhandlungs- und Vernunftwegen gelöst wurden und nicht mehr mit Waffen und daß die Chefs der Nationen sich trafen, Ideen aus-

---

6) Popol Vuh, a. a. O., 29–30.
7) Muller, R., O nascimento de um civilização global, São Paulo 1993, 169–171 (Original: The Birth of a Global Civilization).

tauschten und ihre Herzen, Geister, Seelen und Kräfte zusammentaten zum Wohle der ganzen Menschheit.

Und Gott sagte: ›Gut so‹.

Und dies war der zweite Tag auf dem Planeten des Friedens.

Und Gott sah, daß die Menschen das Ganze der Schöpfung liebten, die Sterne und die Sonne, den Tag und die Nacht, die Luft und die Ozeane, das Land und das Wasser, die Fische und die Vögel, die Blumen und die Pflanzen und all ihre menschlichen Brüder und Schwestern.

Und Gott sagte: ›Gut so‹.

Und dies war der dritte Tag auf dem Planeten des Glücks.

Und Gott sah, daß die Menschen den Hunger abschafften – und die Krankheit, Unwissenheit und Leid, auf dem ganzen Globus, und daß sie damit jedem Menschen ein würdiges, bewußtes und glückliches Leben ermöglichten, weil damit ja Habgier, Gewalt und Reichtum in der Hand einiger weniger in die Schranken verwiesen wurden.

Und Gott sagte: ›Gut so‹.

Und dies war der vierte Tag auf dem Planeten der Gerechtigkeit.

Und Gott sah, daß die Menschen in Harmonie lebten mit ihrem Planeten und in Frieden mit den anderen, daß sie mit ihren Ressourcen weise umgingen, Verschwendung vermieden und Liebe pflegten statt Haß, Bescheidenheit statt Habgier, Demut statt Überheblichkeit, Zusammenarbeit statt Spaltung und Verständnis statt Verdacht.

Und Gott sagte: ›Gut so‹.

Und dies war der fünfte Tag auf dem Planeten des Goldes.

Und Gott sah, daß die Völker ihre Waffen einschmolzen, ihre Bomben und Geschosse, ihre Kriegsschiffe und Kampfflugzeuge, daß sie ihre Basen abbauten und ihre Armeen auflösten und daß sie lediglich noch eine Friedenspolizei behielten, welche die Guten vor den Bösen und die Normalen vor den Chaoten schützen sollte.

Und Gott sagte: ›Gut so‹.

Und dies war der sechste Tag auf dem Planeten der Vernunft.

Und Gott sah, daß die Menschen Gott und der menschlichen Person wieder zu ihrer Geltung verhalfen als dem Alpha und Omega, indem sie Institutionen und Glaubensgemeinschaften, politische Parteien und Regierungen, und was es sonst noch an menschlichen Einrichtungen so gibt, wieder zu reinen Dienern Gottes und der Völker machten. Und Gott hörte sie als ihr oberstes

Gesetz verkünden: ›Du sollst den Gott des Weltalls lieben mit ganzem Herzen und mit ganzer Seele, mit all deinen Gedanken und all deiner Kraft. Du sollst deinen schönen, wunderbaren Planeten lieben und ihn unendlich achtsam behandeln. Du sollst deine menschlichen Brüder und Schwestern lieben, wie du dich selbst liebst. Es gibt kein größeres Gebot als dieses.‹

Und Gott sagte: ›Gut so‹.

Und dies war der siebte Tag auf dem Planeten Gottes.«

Eine Erzählung, soll sie denn gewinnend wirken, muß schön sein, Verweiskraft haben und imstande sein, die wahrsten und tiefsten Sehnsüchte der Menschen zum Schwingen zu bringen. Nur so erfüllt sie ihre Aufgabe, einen höchsten Sinn, der zur Verwirklichung der menschlichen Existenz beiträgt, zum Ausdruck zu bringen. Die Erzählung von Robert Muller erfüllt ohne Zweifel diese Bedingungen.

Betrachten wir also ein wenig näher unsere moderne ökologische Geschichte! Dank den Geowissenschaften können wir sie aus dem Blickwinkel der empirischen Beobachtung angehen. Das Werden des Kosmos kann erzählt werden durch verschiedene Etappen der Entwicklung/Komplexifizierung/Verinnerlichung hindurch, in deren Verlauf nach und nach die Kette der Wesen entstand, angefangen mit den Ursternen, über die Galaxien und die Erde bis hin zur gegenwärtigen Gemeinschaft der Menschen. Wie gesagt, was uns interessiert, ist weniger der Sinn des Kosmos als vielmehr der Sinn der Kosmogenese, das heißt der evolutiven Werdegeschichte des Kosmos. Im Kosmos ist unentwegt ein kosmogenisches Prinzip am Werk, kraft dessen alle Dinge ins Sein treten, von den einfachsten bis hin zu den komplexesten.

Natürlich bedenken wir unsere ökologische Kosmologie im Horizont der westlichen Erfahrung, in dem wir nun einmal zu Hause sind.

Das antike Weltbild unserer abendländischen Kultur sah wie eine gewaltige *Pyramide* aus. Die Dinge waren hierarchisch geordnet, von den einfachsten bis hinauf zu den komplexesten (Steine, Pflanzen, Tiere, Menschen und Engel/Dämonen), bis sie schließlich zu ihrem Höhepunkt in Gott gelangten.

Auf der Grundlage der modernen Physik und Mathematik verglich dann die klassische Kosmologie die Welt mit einer Maschine, näherhin mit einem ausgeklügelten *Uhrwerk*. Danach wird alles nach deterministischen Gesetzen gesteuert; diese greifen alle genau ineinander und machen das Universum zu einer harmonischen Symphonie. Daß das ganze architektonische Werk in Gang kam, ist Gottes Initiative zu verdanken. Aber darüber hinaus braucht Gott nicht weiter einzugreifen; es funktioniert ein für allemal. Gegenwärtig setzt sich ein drittes Weltbild durch. Demnach ist der Kosmos ein *Spiel*, ein *Tanz* oder eine *Arena*. Die Vorstellung basiert auf dem Zusammenwirken vieler Wissensgebiete, die für die heutige Weltsicht maßgeblich sind. Inspiriert von der Quantenphysik, der mit der Thermodynamik kombinierten Biologie, der transpersonalen Psychologie, vom Gesamt der durch die Geowissenschaften ermöglichten Erkenntnisse sowie von der Ökologie, betrachten wir heute die Wirklichkeit des Kosmos als ein höchst komplexes Netz von Energien, die sich verdichten und als solche Materie heißen oder sich als reine Energie darstellen und dann energetische und morphische Felder bilden. Wie beim Tanzen oder beim Spielen, so stehen alle in Inter-retro-Relation und machen die universale Rück-bindung aus.

In jeder Kosmologie stellt sich aber auch die Frage nach dem letzten Fundament, nach der alles entscheidenden Vergleichsgröße bzw. nach dem Band, das alles zusammenhält und miteinander in Einklang bringt. Thomas von Aquin würde sagen: »Et hoc dicitur Deus – Und das nennen wir Gott«. Und tatsächlich geben die Religionen dieser unaussprechlichen Wirklichkeit den Namen »Gott«. Darüber hinaus haben sie für diese wesentliche Größe, die alles aneinander rück-bindet, aber noch tausend andere Bezeichnungen.

In der Kosmologie der Weltenpyramide trägt Gott die Züge eines höchsten Wesens. Als man die Welt mit einem Uhrwerk verglich, stellte man sich Gott als den großen Erfinder vor, als Schöpfer des Uhrwerks oder als die Feder, welche das Uhrwerk in Gang hält. Und in unserem, im jüngsten Weltbild, nach dem die Welt ein Spiel oder ein Tanz ist, wie haben wir uns Gott da zu denken? Ohne Zweifel haben wir den Versuch zu wagen, uns die Gottheit mit solchen Konturen zu vergegenwärtigen, daß sie zu unserer Kosmologie passen und zugleich auch mit der spirituellen Geschichte der Menschheit und unserer Kultur in Einklang zu bringen sind. Darum soll es präzis in den abschließenden Kapiteln dieses Buches gehen.

2. Ökologie: treibende Kraft der Kosmogenese

Die Ökologie, so wie wir sie im ersten Kapitel beschrieben haben, umfaßt die Erkenntnisse der Gegenwart und verbindet sie miteinander, setzt menschlichem Tun und Denken neue Prioritäten und eröffnet die Möglichkeit für ein neues Bündnis des Menschen mit seiner gesellschaftlichen, erdebezogenen und kosmischen Umwelt. Deshalb gehen wir davon aus, daß die Ökologie die Basis ist, auf der die neue Kosmologie in der Gestalt der Kosmogenese aufbaut. Was wir vorlegen, ist nichts mehr als eine – zugegeben: fragmentarische – Einführung in die globale Sehweise. Das Ganze bietet weniger Antworten auf virulente Probleme, als daß es die universale Frage der Rück-bindung aufwerfen und neue Perspektiven eröffnen will, die uns dazu zwingen, über unsere Verantwortung für die Bewahrung unseres Planeten Erde nachzudenken und größere Klarheit darüber zu gewinnen.

Ökologie, als Paradigma verstanden, setzt eine Grundeinstellung voraus: immer holistisch zu denken, das heißt, fortwährend das Ganze im Blick zu haben. Das Ganze besteht aber nicht in der Summe der Teile, sondern in der organischen Interdependenz aller Elemente. Damit verabschieden wir uns vom rein analytischen Denken der Moderne, das die Dinge atomisiert und mit Rück-bindung aneinander nichts anzufangen weiß.

Ökologie ist entweder holistisch oder sie hört auf, Ökologie zu sein. Der Begriff »Holismus« (vom griechischen *hólos* = ganz), den der südafrikanische Philosoph Jan Smuts 1926 ins Gespräch gebracht hat, bedeutet, daß sich das Ganze in den Teilen verbirgt, wie die Teile im Ganzen stecken, so daß wir es stets mit einer Synthese zu tun haben, die die Teile zu einem Ganzen steuert, strukturiert, reguliert und abschließt und jedes Ganze wiederum in ein neuerliches Gesamt führt, das noch einmal größer ist. Die holistische Ökologie ist eine Praxis und eine Konzeption, die alle Wesen in sich einschließen und miteinander und mit der jeweiligen Umwelt in Verbindung bringen. Die holistische Ökologie achtet das unendlich Kleine der Energien und Elementarteilchen, das unendlich Große der kosmischen Räume, das unendlich Komplexe des Lebens, das unendlich Tiefe des menschlichen Herzens und das unendlich Geheimnisvolle, das bis vor den Urknall, jenen grenzenlosen Ozean an Energie, zurückreicht und aus dem alles hervorgegangen ist (Quantenvakuum, Symbol für Gott den Schöpfer).

Eine Kosmologie, die auf der Ökologie aufbaut, hilft uns aus dem Engpaß herauszukommen, in den das moderne Weltverständnis aufgrund seiner Argumentation mit Physik und Mathematik geraten ist. Denn dieses konnte mit Innerlichkeit, Leben und menschlichen Erscheinungsformen nichts anfangen und nahm sie allenfalls so weit in den Blick, als ihre physikalisch-mathematische Dimension es erforderlich machte. Die Ökologie hat uns gelehrt, den kosmischen Prozeß als eine Einheit zu betrachten, vom Urknall bis hin zu Popmusik oder elektronischem Rechner, und wahrzunehmen, daß die Natur nicht nur etwas außerhalb, sondern vor allem innerhalb des Menschen ist. Die Ökologie hat uns geholfen, Fragen zu stellen wie die folgende: Wie müssen der globale Evolutionsprozeß und die Grundorientierung der Urenergien im Moment des Urknalls angelegt gewesen sein, daß Blumen sprießen und Kolibris schlüpfen konnten, daß Antonio Vivaldi seine Musik schreiben und Martin Luther King seine prophetische Kraft entwickeln konnte oder daß Dom Hélder Câmara, Desmond Tutu und Dom Pedro Casaldáliga von solch einer befreienden Mystik beseelt sein konnten? Wie kam es, daß der Pfeil der Zeit von Anfang an auf den Menschen hinzeigte, auf den Menschen mit seinem Vermögen, in den Rhythmus der Erde einzugreifen, ja, mit einem industriellen Überfall eine eventuelle biologische Katastrophe zu provozieren?

So erhellt, daß unsere Kosmologie, die aber eher eine Kosmogenese ist, alle Elemente, einschließlich des Lebens und des Menschen, sei er *sapiens*, sei er *demens*, zusammennehmen und alles auf dem Weg der Hoffnung und der Zukunft für alle sehen will.

3. Unser Ur-mutterschoß: das generative Chaos vor Milliarden von Jahren

Wie läßt sich begründen, daß alles an alles rück-gebunden ist? Wieso hat die Schnecke auf dem Weg zu tun mit der entferntesten Milchstraße am Himmel? Zur Beantwortung solcher Fragen müssen wir uns zunächst mit der physikalischen Basis dieser Zuordnungen befassen.

Im Jahre 1924 gelang es dem US-amerikanischen Astronom Edwin Powel Hubble (1889–1943) nachzuweisen, daß das Universum expandiert. In den Spektrallinien der Spektren entfernter Galaxien stellte er eine Rotverschiebung fest. Das hängt damit zusammen, daß das Licht bei wachsender Entfernung an Energie verliert; die Wellen werden größer und färben sich rot. Nun drückt Rot aber die Entfernung zwischen einem bestimmten Körper und einem anderen aus. Daraus folgt: Die am weitesten entfernten Milchstraßen führen also eine von uns weggerichtete Fluchtbewegung aus, und zwar nahezu mit Lichtgeschwindigkeit.

Um das Faktum besser erklären zu können, entwickelte der belgische Astronom und Priester Georges Lemaître (1884–1966) 1927 die Theorie vom Urknall. Als Albert Einstein 1932 im Mount Wilson Observatory in Kalifornien Lemaître seine Theorie vortragen hörte, war er begeistert. Diese wurde durch die Theorie des inflationären Universums vervollständigt, mit der der US-Amerikaner Alan Guth 1980 aufwartete. Das bedeutet, daß die Expansion, ausgehend von einem winzigen Raum, eines Tages begonnen hat und bis heute in Gang ist.

Erhärtet wurde die Urknalltheorie 1965 durch die Astrophysiker Arno Penzias und Robert William und dann noch einmal 1992 durch George Smooth, als sie entdeckten und bewiesen, daß eine kosmische Hintergrundstrahlung aus allen Richtungen mit der gleichen Intensität auf die Erde einfällt. Die kosmische Hintergrundstrahlung wird als Echo und Relikt der hypothetischen Urexplosion bzw. Urexpansion vor 15 Milliarden Jahren gedeutet. Alle Elemente, die die verschiedensten Wesen des Weltalls bilden, waren da zusammen, in jenem sehr kleinen, mit unvorstellbarer Energie geladenen Punkt. So weit die einzelnen Dinge auch voneinander entfernt sein mögen, die Gravitationskraft hält sie in Bezug und Verbindung. Schon Isaac Newton (1643–1727) hatte die intellektuelle Welt von der Interaktion der Gravitationskraft überzeugt.

Wie haben wir uns das Schicksal des Alls vorzustellen? Endlose Expansion bis zur totalen Verdünnung? Oder nach der Expansion Rückentwicklung und Konzentration des Universums auf sich selbst, bis daß es zu einem Ausgangspunkt unvorstellbar verdichteter Materie/Energie zurückfindet? Hier gehen die Ansichten auseinander, weil auch die wissenschaftlichen Erkenntnisse über die Gesamtmasse des Weltalls und das Zusammenspiel zwischen Expansionsenergie und Attraktionskraft der Gravitation noch unzureichend sind. Drei Positionen zeichnen sich ab:

– Sollten sich Gravitation und Expansionsenergie in ihrer jeweiligen Kraft irgendwann mal ausgleichen, käme es zu einem

Gleichgewicht. Fachleute reden da vom »kritischen Wert« oder von der »kritischen Dichte« des Universums. Demnach käme es eines Tages zu einem totalen Unentschieden zwischen den Kräften und einer absoluten Stabilität und Unveränderlichkeit.

– Für den Fall, daß die Expansion stärker bleibt als die Gravitation, würde die Expansion unendlich weitergehen. Ein Zurück gäbe es nicht mehr.

– Sollte die Gravitation aber größer sein als die Expansionsenergie, würde diese irgendwann stoppen, und es würde ein Prozeß der Rekonzentration einsetzen, bis das All in sich versinkt und auf einen unendlich kleinen, aber mit unendlich großer Energie geladenen Punkt reduziert wird. Dem Urknall *(big bang)* entspräche sozusagen der Urbums *(big crunch)*.

Beim gegenwärtigen Kenntnisstand nehmen manche an, die Materie sei nahe dem »kritischen Wert«. Aber es fehlt an Daten, zu entscheiden, welche der drei Möglichkeiten die wahrscheinliche sei. Auf jeden Fall ist das Universum, seit seinem ersten Moment, etwas Dynamisches. Seine natürliche Befindlichkeit ist die Evolution und nicht die Stabilität, die Veränderung und nicht die Unveränderlichkeit. Wahrscheinlich überwiegt diese Logik, und zwar sowohl nach vorn im Sinne von Expansion als auch nach hinten im Sinne von Rückkehr zu sich selbst. Das All hat eine Fähigkeit zur Selbstorganisation. Statt des thermischen Todes hätten wir mehr Leben als Tod, mehr Organisation als Unordnung; und es tauchten Strukturen und Prozesse auf, die sich entfalteten wie die Knospe einer Blüte. Auf der Grundlage solcher Daten, über die unter den Wissenschaftlern weithin Einmütigkeit herrscht, stellen Kosmologen den Ursprung des in Expansion befindlichen Universums heute wie folgt dar:

Am Anfang, in der Zeit Null (Grenze der Planck-Zeit) existierte ein mikroskopisch winziger Raum von 10^{-33} cm, man denke nur: billionenfach kleiner als ein Nadelkopf. Darin herrschte die unbeschreibliche Temperatur von 10^{-32} Zentigraden, was eine unvorstellbare Energieverdichtung bedeutet. Während dieser Phase bildeten die vier grundlegenden Interaktionen des Universums (Gravitation, Elektromagnetik, starke und schwache Atomkraft) eine einzige undifferenzierte kosmische Kraft.

Die Elementarteilchen – Ahnen der Teilchen, die heute die kleinsten der Kleinen sind (die sechs Arten von Quarks, deren kleinste wiederum das Topquark ist) – bilden einen Brei, der virtuell schon alles enthält: Milchstraßen und Sterne, Mikroben und Bäume, Tiere und Menschen, ja sogar den Stift, mit dem ich diesen Text schreibe. Steven Weinberg[8] und Stephen William Hawking[9] versuchen, mit raffiniertesten Berechnungen die Folge der Zeit in Milliardsteln einer Sekunde zu rekonstruieren.

Unmittelbar nach der Schöpfung (so die Rede von Astrophysikern, unabhängig davon, ob sie glauben oder nicht), in 10^{-43} Sekunden (soweit reichen inzwischen Rückberechnungen: Grenze der Planck-Zeit) kam es zur ersten großen Singularität: Zuerst erfuhr die Ursphäre eine Expansion bzw. Inflation, die aber nur eine winzige Zeit dauerte: maximal 10^{-32} Sekunden. Und dann kam die große Explosion, der Urknall.

Der anfängliche ›mathematische‹ Punkt wächst bis zur Größe eines Atomkerns, mit einem Durchmesser von 10^{-13} cm. Doch die Expansion geht weiter und erreicht schließlich das Volumen eines Apfels mit seinen 10 cm Durchmesser. In dieser Zeit von 10^{-32} Sekunden existiert allein das Teilchen X, das indes ein reines Kraftfeld ist, ehe es sich zu Materie konstituiert.

Im folgenden Moment, 10^{-31}, werden aus dem Teilchen X die materiellen Urteilchen, die Topquarks wie auch die übrigen Arten von Quarks: Elektronen, Positronen, Neutrinos und Photonen mit ihren entsprechenden Antiquarks. In dem Milliardstel einer Sekunde danach treten die Elementarteilchen in Interaktion und expandieren weiter, so daß sie mittlerweile den Umfang eines größeren Balls erreichen. Ihre Dichtegrade unterscheiden sich bereits und schaffen hierdurch die Basis für die verschiedenen Arten von Himmels- und Erdenkörpern, die nach und nach entstehen.

Zwischen 10^{-11} und 10^{-5} Sekunden löst sich die große Mehrzahl der Antiteilchen (die Antimaterie) in Licht auf. Nach dieser phantastischen, mysteriösen Vernichtung bleibt nur ein Milliardstel der anfänglichen Masse, das heißt die Elementarteilchen, aus denen sich dann das ganze Universum, einschließlich unserer selbst, aufbauen wird. Die sechs bisher nachgewiesenen bzw. vermuteten Quark-Arten, die immer zu je dreien auftreten (und sozusagen die Bausteine darstellen, aus denen alles Existierende besteht), stabilisieren sich, gehen Verbindungen ein und konstituieren Atomkerne (Neutronen und Protonen). Nachdem sich die Teilchen schließlich

8) Weinberg, S., Die ersten drei Minuten. Der Ursprung des Universums, München ³1982.
9) Hawking, St. W., Eine kurze Geschichte der Zeit. Die Suche nach der Urkraft des Universums, Reinbek bei Hamburg 1988.

alle stabilisiert haben, fangen die dauernden Rück-bindungen untereinander an. Anderenfalls hätte es das Universum nie geben können.

Was zuvor totale Unbestimmtheit war, erweist sich jetzt als Symmetrie und Struktur in den Interaktionen der Teilchen, und es kommt zu den vier ur-sprünglichen Rück-bindungen: Gravitation, Elektromagnetik und starke und schwache Kernkraft. Diese Energien der Inter-retro-Rück-bindung, deren Erklärung der Wissenschaft noch nicht gelungen ist, sind wahrscheinlich zu verstehen als ur-sprüngliche Aktionsmodi, nach denen das Universum agiert, in Interaktion tritt mit seinen Elementen und sich selbst reguliert. Zusammenfassend halten wir fest: Was wir hier betrachten, ist das kosmogenische Prinzip, das heißt: die Genesis des Kosmos mittels ständiger Rück-bindungen, die alle offenbar einer Zielrichtung folgen und von einer Vernunft gesteuert zu sein scheinen.

Das Weltall setzt seinen Weg der Inflation fort und kühlt weiter ab. Zweihundert Sekunden nach der Urexplosion produzieren die miteinander interagierenden Elementarteilchen Wasserstoff und Helium, welche die einfachsten, zugleich aber auch die häufigsten Elemente der Schöpfung und des Weltalls sind.

Nach den drei ersten Minuten nach der großen Explosion bilden sich riesige Wolken von Wasserstoff, durchdrungen von gewaltigen Strahlungen. Die Wolken glühen nach wie vor, kühlen aber in einem Prozeß von vermutlich zwei bis drei Milliarden Jahren ab.

Allmählich jedoch verdichten sich die Wolken, wärmen sich wieder auf und bilden die ersten Sterne von gigantischer Größe. So geschehen vor zehn bis zwölf Milliarden Jahren vor unserer Zeit. Innerhalb der Gestirne erfolgen unvorstellbare nukleare Reaktionen, die zu immer schwereren atomaren Elementen führen. Und diese liefern die Komponenten, aus denen sich dann die Materie des gegenwärtigen Weltalls entwickeln kann.

Nach Ablauf von Millionen von Jahren gipfeln die Reaktionen in einer enormen Explosion, in der der Stern zu einer Supernova wird. Die schweren Elemente fliegen durch den interstellaren Raum und bilden Sterne der zweiten Generation, wie zum Beispiel unsere Sonne, nach einer Vorform in einem gewaltigen Stern, den die Astronomen Tiamat (die Große Mutter, die – der assyrisch-babylonischen Mythologie zufolge – alles Seiende zur Welt bringt) nennen. Als Folge daraus entstehen auch die Planeten mit allen atomaren Elemente, die den Kosmos irgendwo besiedeln, die Sterne mit ihren Satelliten, die hundert verschiedenen Atome mit ihren unterschiedlichen Gewichten, aus denen alles Materielle im All gebaut ist.

Wir Menschen sind Teil des Universums. Als solche sind wir alle Brüder und Schwestern – der Elementarteilchen und der Quarks, der Sterne und der Milchstraßen, der Steine und der Schnecken, der Tiere und der Menschen. Wenn es auch lange her ist: wir waren alle einmal beisammen, in der Gestalt von Energie und Urteilchen, zunächst in der Ursphäre, dann in den gewaltigen roten Sternen, weiter in unserer Milchstraße und schließlich in der Sonne und in der Erde. Wir alle sind aus denselben Elementen gemacht. Und als lebende Wesen besitzen wir denselben genetischen Code wie die anderen Lebewesen, ob Amöben oder Dinosaurier, ob Haie oder Goldäffchen in den Wäldern Amazoniens, ob Australopithecus oder *homo sapiens-demens* der Gegenwart. Ein objektives Band der Geschwisterlichkeit eint uns alle, was übrigens Franz von Assisi schon im 13. Jahrhundert auf mystische Weise spürte. Wir bilden die große kosmische Gemeinschaft. Wir haben ein gemeinsames Woher und bestimmt auch ein gemeinsames Wohin.

4. Unsere kosmische Heimat: die Milchstraße, unsere Galaxie

Die Urmaterie, die bei der Urexplosion freigesetzt wurde, wie auch die der großen Sterne verdichtete sich zu Milchstraßen. Diese hat man sich als enorme Konglomerate von jeweils Milliarden Sternen vorzustellen. In einer Grenzentfernung von 3×10^{33} km lassen sich 10^8 Galaxien und 10^4 Quasare (*quasi stellar objects* [Quasi-stellare Objekte], die sich mit phantastischer Geschwindigkeit von uns weg bewegen) ausmachen. Unsere Galaxie, die die Form einer Spirale hat, heißt Milchstraße und ist zehn bis zwölf Milliarden Jahre alt. Sie hat einen Durchmesser von 100 000 Lichtjahren (ein Lichtjahr entspricht 10 000 Milliarden Kilometern) und eine Stärke von 10 000 Lichtjahren und umfaßt an die 200 Milliarden Sterne. Um einmal um sich selbst zu kreisen, braucht unsere Milchstraße 200 Millionen Jahre. Die beiden Galaxien, die der unseren am nächsten kommen, sind die beiden Magellanschen Wolken in einer Entfernung von 300 000 Lichtjahren und der Andromedanebel, bis zu dem es 1 700 000 Lichtjahre sind. Bis zur am weitesten entfernten Galaxie, von der man bisher erfahren hat, sind es 14 Milliarden Lichtjahre.

Doch die Galaxien schiffen nicht allein durch das Universum. Sie bilden Konglomerate von Galaxien. Unsere lokale Gruppe umfaßt etwa hundert Systeme von Milchstraßen. Andere Konglomerate addieren sich zusammen aus Tausenden von Galaxien. Man nimmt an, daß die Konglomerate noch einmal zu anderen, noch größeren Konglomeraten gehören. Wir auf der Erde kreisen um die Sonne. Die Sonne kreist um das Zentrum der Milchstraße. Die Milchstraße bewegt sich ihrerseits mit einer Geschwindigkeit von 600 Kilometern in der Sekunde in Richtung auf die Konstellation des Schlangenträgers (Ophiuchus). Und die wohin? Die Antwort kann noch niemand geben.

Unabhängig voneinander postulierten nordamerikanische und russische Fachleute ein »inflationäres Weltall«. Nach dieser Hypothese wäre unser Universum eine Art gewaltiger Blase, in der sich die Galaxien mit Millionen und Abermillionen von Sternen befänden. Darüber hinaus gäbe es aber noch weitere Blasen, das heißt weitere Universa, die für uns jedoch praktisch unerreichbar wären. Stünden diese Universa dann in Kommunikation miteinander? Fragen dieser Art müssen völlig offen bleiben, auch wenn sie für ein religiös-theologisches Verständnis der Schöpfung und des Schöpfer-Gottes alles andere als belanglos sind.

So dürfen wir die Milchstraße als unsere kosmische Heimat innerhalb eines galaktischen Kontinents betrachten.

5. Unsere kosmische Stadt: das Sonnensystem

Ein mittelgroßer Stern (Durchmesser: 1 392 000 km; im Vergleich dazu mißt der Diameter der Erde lediglich 12 800 km), der vom Mittelpunkt unserer Milchstraße 27 000 Lichtjahre entfernt und im inneren Teil eines Arms der Spirale zu finden ist, geht uns ganz besonders an: die Sonne. Vor fünf Milliarden Jahren bewegte sich eine Wolke in der Form einer Scheibe in einen Arm des Orion, innerhalb der Milchstraße. Sie kondensierte und bildete einen enormen Stern namens Tiamat. Vor mehr oder weniger 4,6 Milliarden Jahren vor der Gegenwart explodierte sie und wurde zu einer Supernova. Aus ihren Materialien bildete sich dann, vor 4,5 Milliarden Jahren, die Sonne. In der Folge wurden dann auch wenig später, vor etwa 4,45 Milliarden Jahren, die Planeten geboren.

Untersuchungen anhand aus der Sonne stammender radioaktiver Elemente mit langer Halbwertzeit wie dem Rubidium 87, das in Strontium 76 zerfällt, haben gezeigt, daß das Sonnensystem mit seinen Planeten ein Alter von ca. 4,5 Milliarden Jahren hat. Allein die Sonne enthält 99,9 % der ganzen Materie des Sonnensystems.

Stellen wir uns die Sonne wie eine mit 150 Millionen Grad heißem Gas gefüllte Blase vor! In dieser Blase kommt es zu Reaktionen thermonuklearer Fusion (von der Art unserer Wasserstoffbomben), die Wasserstoff in Helium verwandeln, das heißt in ein Gas, das einen stabilisierten Zustand der Materie darstellt und infolgedessen außerstande ist, Verbindungen mit anderen Atomen einzugehen.

In den kommenden zehn Millionen Jahren wird sich der Wasserstoff nahezu zur Gänze in Helium verwandeln und eine zunehmend dichtere Kruste bilden. Die nuklearen Reaktionen werden Elemente, die schwerer als das Helium sind, zersetzen. Dadurch nehmen Umfang und Temperatur der Sonne beträchtlich zu. Die Sonne strahlt wie nie zuvor. Merkur, Venus und die Erde werden pulverisiert. Zwei Millionen Jahre darauf aber wird das Volumen der Sonne auf das eine oder andere Hundertstel geschrumpft sein. Die Sonne wird immer kälter, bis sie schließlich nur noch in der Form eines zwergenhaften weißen Sterns zu sehen ist. Und noch einmal ein paar Millionen Jahre, und die Sonne ist nur noch ein schwarzer, kalter Zwerg, wie das sie umgebende interstellare Vakuum.[10]

Doch ungeachtet dieses alles andere als rosigen Schicksals ist das Sonnensystem vorläufig unsere kosmische Stadt. Die ganze Vielfalt, die wir an Dingen, Lebensformen und Lebensarten besitzen, haben wir der Wärme und dem Licht der Sonne zu verdanken. Ohne Sonne hätten wir weder unser Bewußtsein noch unsere Lebensfreude, weder unsere Trauer über das Leben noch unseren unersättlichen Tropismus in Richtung auf das Unendliche, in all seinen Erscheinungsformen im Großen wie im Kleinen, im Komplexen wie im Tiefen.

---

10) Vgl. Sagan, C., Cosmos, New York 1980, 188.

6. Unser Haus: die Große Mutter Erde

Die Erde ist ein Satellit der Sonne, entstanden vor 4,45 Milliarden Jahren. Zusammen mit dem Mond bildet sie einen Doppelplaneten. Von der Sonne ist sie ungefähr 150 Millionen Kilometer entfernt. Das Sonnenlicht, das sich mit einer Geschwindigkeit von 300 000 Kilometern in der Sekunde fortbewegt, braucht zur Erde acht Minuten. Ihr Radius beträgt 6 400 km und ihr Umfang 40 000 km. Was sie am Leben hält, ist die berühmte Sonnenenergie, die in Form elektromagnetischer Strahlungen zu uns kommt: 1,95 Kalorien pro Quadratmeter und Minute bzw. 1 360 Watt pro Quadratmeter. Damit ließen sich dreizehn Hundert-Watt-Glühlampen pro Quadratmeter anzünden.

Was hat die Erde, was andere Planeten nicht haben? Die Erde besitzt einige besondere Eigenschaften, die die Gravitationskraft und die elektromagnetische Kraft ins Gleichgewicht bringen. Hinzu kommt, daß sie sich gegenüber der Sonne in einer günstigen Lage befindet, so daß auf ihr solche Temperaturen herrschen, in denen sich komplexe Moleküle und damit auch Leben entwickeln können. Während einiger hundert Millionen Jahre erlebte sie phantastische Kollisionen mit Meteoren und Planetoiden.

Über Milliarden Jahre hin war sie, als Folge der Erhitzung durch die Sonne, von einem gewaltigen Meer flüssiger Lava überzogen. Dämpfe und Gase stiegen von ihr auf und bildeten enorme Wolken. Diese verdichteten sich allmählich. So entstand die erste Erdatmosphäre, bestehend aus Kohlenstoff, Ammoniak, Kohlenmonoxyd, Stickstoff und Wasserstoff. Einige Millionen Jahre später begann sie zu erkalten. Die Lava wurde hart, und es entstand der erste Erdboden. Die atmosphärischen Wolken kondensierten weiter. Jetzt fielen auch die ersten – sturzbachartigen – Regen, bestehend aus den verschiedensten Flüssigkeiten. Zum Teil sikkerten sie in den Untergrund ab, zum Teil verdampften sie, um die Atmosphäre zu speisen und erneut auf den Erdboden zu fallen. So regnete es Jahrhunderte lang, ununterbrochen. Die Wassermassen bildeten die Weltmeere, die großen Binnenseen, die Flüsse und jede Art von Wasserreservoirs. Schwerste elektrische Gewitter mit gewaltigen Blitzen zuckten Millionen von Jahren am Himmel und trafen überall die Erde. Nach und nach strukturierten sich die chemischen Zusammensetzungen, und die Kosmogenese konnte weitergehen.

Unter der Einwirkung ungeheuerlicher Gewitterstrahlen und kosmischer Elemente, die vor allem von Tiamat stammen, aber auch von der Sonne im Zusammenwirken mit der Geochemie, so wie sie sich im Lauf der Zeit gebildet hat, ist, nach vier Milliarden Jahren, in den Ozeanen die Komplexität der leblosen Formen erschöpft. Eine Grenze, die bisher noch nie überschritten worden war, bricht: Es strukturieren sich an die zwanzig Aminosäuren. Diese sind miteinander verbundene Moleküle, Grundbausteine sozusagen des Lebensgebäudes. Plötzlich, wie ein immenser Blitz, der auf das Meer niederfährt, ist die erste lebende Zelle da. Das Kind, das da geboren wird, heißt »Widder« (erstes Sternbild im Tierkreis, das für die zwischen dem 21. März und 19. April Geborenen steht; der »Widder« ist ein mythologischer Bock, der zum Opfer verurteilte Kinder rettete). Ein qualitativer Sprung ist getan, auf unserem Raum-Zeit-Bogen, in einer Ecke unserer Milchstraße, auf einer Nebensonne, auf einem Planeten, der kaum mehr ist als eine *quantité négligeable*! Auf der Erde ist ein einzigartiges kosmisches Novum aufgetaucht: das Leben. »Widder« ist der Urahn aller lebenden Wesen, die wir kennen.

Im folgenden erscheinen die Bakterien (von welchen lebende Organismen bevölkert sind und von welchen es etliche Milliarden Arten gibt; allein ein Löffel voll Erde enthält an die 50 Milliarden Bakterien), die Mikroben und eine ganze unbeschreibliche Fülle verschiedenster Formen von Leben: Pflanzen, Tiere und Menschen. Doch die Erde braucht noch Millionen von Jahren, um sich zu festigen und zu gewährleisten, daß – trotz aller kosmischen Überfälle und trotz aller auslöschenden Katastrophen, die über sie herkommen können – das Leben dennoch weitergeht. Sobald sie ihre Identität erlangt hat, wird sie Widerstand leisten und das kosmogenische Prinzip weiterführen können.

In der Erdsphäre können wir fünf Untersphären unterscheiden:

Die *Lithosphäre* (Steine) wird vom Magma gebildet, das heißt von Gestein im Innern der Erde, das bei 1 250 °C schmilzt, sowie von der felsigen Erdkruste.

Die *Hydrosphäre* (Wasser) bedeckt drei Viertel der Oberfläche der Erde, von denen 97 % Ozeane und Meere sind.

Die *Atmosphäre* (Luft) umhüllt den ganzen Planeten bis zu einer Höhe von tausend Kilometern (Exosphäre) und besteht u. a. aus Wasserstoff, Sauerstoff, Kohlenstoff, Stickstoff und Argon, in immer feineren Schichten. Diese funktionieren wie ein Regenschirm.

Sie schützen die Erde vor Regen kosmischer Teilchen (einer Energie von 10^{20} Elektrovolt) und filtern Sonnenstrahlungen aus, die für das Leben schädlich sind: ultraviolette Strahlen im Ozon und ultrarote im Kohlengas.

Die *Biosphäre* (Leben) wird von allen jenen Gebieten umschrieben, die Leben möglich machen: bis einige Zentimeter in die Lithosphäre hinein, bis in eine Tiefe von 8 000 m in der Hydrosphäre und bis zu einer Höhe von 4 000 m in der Atmosphäre. Es geht um Millionen von verschiedenen Lebensarten (viele sind bestimmt noch unbekannt) in Hunderten von klimatischen Räumen und Biotopen (Stellen, die sich für Leben eignen). Sie alle brauchen Wasser, Sauerstoff und Energie, in der Gestalt von Proteinen, Lipiden und Kohlehydraten, um das System des Lebens produzieren und reproduzieren zu können.

Die *Noosphäre*: Nicht wenige Autoren postulieren eine neue Subsphäre: die Noosphäre, die Sphäre des Geistes. Die Komplexität des menschlichen Gehirns, seine wachsende numerische Quantität, das sich verdichtende Beziehungsnetz zwischen Menschen, Erdteilen und Kulturen vermittels sämtlicher nur möglicher Medien machen die Hypothese wahrscheinlich, daß wir dabei sind, an einem kollektiven Bewußtsein in den Dimensionen der Erde zu arbeiten. Dieses wäre so etwas wie das Gehirn der Erde.

Wie wir bereits eingehend im ersten Kapitel bedacht haben, vertreten etliche Fachleute, vor allem aus dem Bereich der Geowissenschaften und da insbesondere aus Biologie und Astronomie, die Theorie, die Erde bilde ein einziges System, einen lebendigen Superorganismus, den sie Gaja nennen. Alle belebten wie unbelebten Elemente seien miteinander verbunden und konstituierten ein organisches, dynamisch ausgeglichenes Ganzes, das lebendige Megawesen, die Erde.[11] Und in der Tat: Unsere Erde ist, wie naive Völker und Mystiker sie immer genannt haben, die große gute Mutter, die Nana bzw. die Pacha-Mama.

Schauen wir jetzt noch einmal rasch zurück! Wenn wir genau hinsehen, macht uns das Universum mit seiner Größe Angst. Welch unvorstellbare Dimensionen! Doch da gibt es Leute, die offensichtlich die Maßstäbe verwechselt haben und sich das All in weniger furchterregenden Ausmaßen vorstellen wollten. Sie sagen:

---

11) Vgl. Lovelock, J.E., Unsere Erde wird überleben. Gaia – Eine optimistische Ökologie, München–Zürich 1982; ders., Das Gaia-Prinzip. Die Biographie unseres Planeten, München–Zürich 1991.

Statt einer Entfernung von einer Millionen Lichtjahren sollten wir ein Millimeter nehmen. Dann verkleinert sich das Weltall natürlich gewaltig. Es mißt höchstens noch 20 m in Länge, Breite und Höhe: eine mittlere Halle, ungefähr. In solche Proportionen umgeschrieben, ist unsere Milchstraße kaum noch zu sehen und hat gerade noch die Größe eines Sandkorns, 0,1 mm im Durchmesser. Aber wir müssen daran festhalten, daß in dieser Milchstraße von gerade einem Zehntel Millimeter 100 Milliarden Sonnen stecken, von denen eine – mittelgroße – unsere Sonne ist, gewissermaßen eine Vorstadtsonne, um die herum die Erde kreist, von der aber nun wirklich nichts mehr zu erkennen ist. Die einzelnen Menschen könnten überhaupt nicht mehr dargestellt werden. Mit solch einer Mathematik können wir uns zwar den Makrokosmos vergegenwärtigen, verlieren dafür aber total die Wahrnehmung des uns umgebenden Kosmos. Von den Körpern, Ozeanen und Wäldern der Erde und erst recht von der mikroskopischen Welt ganz zu schweigen.

Genauso wie mit dem Raum könnten wir auch mit der Kategorie Zeit verfahren. Wir könnten sie so verkürzen, daß uns die Wirklichkeit des Universums leichter ausmalbar würde. Aus einer Million Jahren könnten wir eine Sekunde machen. Dann würde die Geschichte des Weltalls fünfeinhalb Stunden dauern; die Geschichte der Erde gerade 4,7 Sekunden; die Geschichte der Menschheit sage und schreibe noch eine Sekunde. Unser persönliches Leben ließe sich zeitmäßig überhaupt nicht mehr berechnen, es wäre schlicht insignifikant. Und dennoch: So unbedeutend wir auch sein mögen, wir stehen hier, um alles dies über uns und unser ganzes Universum zu erwägen und zu sagen, in Einklang mit dem andropischen Prinzip, von dem ja bereits die Rede war.

Wenn es das unendlich Kleine und das unendlich Große gibt, dann gibt es auch das unendlich Komplexe. Wir stehen vor dem Phänomen des Lebens.

7. Leben – Materie, die sich selbst organisiert

Wenn wir alle denselben Ursprung haben, bedeutet das nicht, daß wir auch alle gleich sind. In dem Maße, in dem der Expansionsprozeß fortschreitet, geht die Tendenz von Materie und Energie des Alls dahin, immer komplexer zu werden. Mit anderen Worten: Wir sind in Systeme eingespannt, die immer offen sind und deren Strukturen es möglich machen, nach höheren Ebenen der Komplexität zu streben. Das bedeutet: Jedes System befindet sich in einem Spiel von Interaktionen, in einem Tanz, in dem sich Materie und Energie austauschen, in einem ständigen Dialog mit seiner Umwelt, so daß es Informationen bekommt, ansammelt und weitergibt. Systeme sind nie ein für allemal fertig, Systeme sind etwas Fließendes.

Biologen und Biochemiker, wie einer der größten von ihnen, der Nobelpreisträger für Chemie des Jahres 1977, Ilya Prigogine, gehen davon aus, daß zwischen abiotischen und biotischen Wesen, das heißt zwischen lebenden und inerten Wesen Kontinuität herrscht. Wir brauchen nicht auf ein transzendentes, äußeres Prinzip zurückzugreifen, um das Entstehen des Lebens zu erklären, wie das in der Regel die Religionen und auch die klassische Kosmologie tun. Es genügt, daß das Prinzip der Komplexifizierung und der Organisierung aller Dinge, einschließlich des Lebens, – Fachleute sprechen vom »kosmogenischen Prinzip« – in der kleinsten Ursphäre enthalten ist. Diese wurde dann aber doch von einer höchsten Intelligenz, einer unendlichen Liebe und einer ewigen Leidenschaft geschaffen.

In der Tat, das kosmogenische Prinzip beginnt schon im allerersten Moment nach der großen Explosion, in der inflationären Phase sein Werk: Von Anfang an ist alles in Interaktion und führt einen schöpferischen Dialog mit allem ringsum. Dank der Urenergie und der Urmaterie schafft sich und differenziert sich das Universum, in dem Rhythmus, in dem es sich entfaltet. Wir sagten es bereits mehr als einmal: Das Universum steht fortwährend unter der Wirkung des kosmogenischen Prinzips und der *Autopoiesis* (Selbstorganisation), denen wir die Evolution und das Auftauchen sämtlicher existierender Wesen zu verdanken haben.

So gesehen, ist Leben die Verwirklichung einer Möglichkeit, die Urmaterie und Urenergie bereits in sich tragen. Kaum zu glauben: Solch ein wunderbares Ereignis, wie es das Entstehen des Lebens nun mal ist, passierte auf einem winzigen Planeten des Sonnensystems, auf unserer noch jungen Erde!

Wir erwähnten schon, wie die erste lebende Zelle, »Widder« genannt, auftauchte, auf der Grundlage von zwanzig Aminosäuren, die das Meer bereithielt. Diese verbinden sich zu stabilen Strukturen und bilden Proteine, Kohlenhydrate, Lipide und Nukleinsäuren, welche ihrerseits die wichtigsten Bausteine für lebende Organismen ausmachen.

Aus dem Code der Nukleinsäure entwickelt sich das DNS-Molekül, das sowohl Duplikate von sich als auch die RNS produziert, welche – abgesehen davon, daß sie sich selbst reproduziert – vor allem die Funktion hat, genetische Informationen zu übermitteln; und genetische Informationen sind konstitutiv für die Herstellung von Proteinen, die jedes Leben braucht, um sich ernähren zu können. Die chemischen Elemente stabilisieren sich, agglutinieren und bilden im Wasser größere Moleküle. Aus diesen entwickeln sich Kolloide (eine Art mehr oder minder zäher Gele), die organische Moleküle aus ihrer Umgebung absorbieren. In ihrem Innern speichern sie Energie und schaffen sich eine Membrane, mittels deren sie sich vor dem Ambiente schützen und Materialien selektieren, die sie zum Erhalt ihres Gleichgewichts brauchen.

Woher das Leben kommt, ist nach wie vor ein Geheimnis; denn zum Entstehen des Lebens tragen gleichzeitig Zufall und Notwendigkeit (so der Titel eines bekannten Buches von Jacques Monod) bei, wie auch die Logik der Komplexifizierung und die Dynamik der Evolution, allesamt unter der Steuerung des kosmogenischen Prinzips.

Einerseits besteht auf physikalisch-chemischer Ebene ein komplexes Kontinuum. Dieses aber wird andererseits unterbrochen durch Sprünge, wie wir sie bereits beschrieben haben, zum Beispiel durch die Trennung zwischen Innen- und Außenraum, durch den Austausch von Energien und insbesondere durch den Sprung von einer chemischen Struktur zu einer Auto-öko-neu-organisation, in Verbindung mit Informationen (DNS-Kette), die es dieser gestatten, sich unentwegt selbst zu organisieren, selbst wiederherzustellen und selbst zu reproduzieren, im Dialog mit der Umwelt.[12]

Alles scheint die Hypothese zu stützen, das Leben sei das Ergebnis eines höchst komplexen Evolutionsprozesses, der zu der großen Wahrscheinlichkeit geführt habe, daß – im Zusammentreffen mit einer Fülle von Zufällen – dieses einzigartige Ereignis passieren konnte. Einer der Entdecker der DNS/RNS-Kette, Francis Crick, stellte sogar die Hypothese auf, das Leben sei außerirdischen Ursprungs. Die Mikrowellenastronomie kann es sich

---

12) Vgl. Morin, E., Terre-Patrie, Paris 1993, 53; Jantsch, E., Die Selbstorganisation des Universums. Vom Urknall zum menschlichen Geist, München ²1984.

als Verdienst anrechnen, im interstellaren Gas, vor allem in den aus
Staub bestehenden flachen Scheiben um die jungen Sterne herum
mehr als sechzig Arten verschiedener Moleküle identifiziert zu haben. Sie reichen von den einfachsten ihrer Art, wie denen aus Wasserstoff und Kohlendioxyd, bis hin zu den komplexesten wie
Äthanol und den langen Acetylenketten. Unter den identifizierten
Molekülen befindet sich alles, was – so die Annahme – notwendig
ist, damit der Prozeß der biologischen Synthese in Gang kommen
kann.[13] Aminosäuren, die sich in Meteoriten befinden, sind die
eventuellen Träger der Archebakterien des Lebens. Wahrscheinlich
hat das Leben sogar mehr als einen Ansatz versucht, ging aber immer wieder ein, bis es sich dann doch noch endgültig durchsetzen
konnte.

Vermutlich gehen die verschiedensten Formen von Leben alle
auf ein einziges Lebewesen zurück, auf »Widder«, vor vier Milliarden Jahren. »Widder« vermehrte, verwandelte und verbreitete sich
überall hin und paßte sich den unterschiedlichsten Ökosystemen
an, im Wasser, in der Erde, in der Luft. Vor ungefähr 600 Millionen
Jahren diversifizierte er sich dann in eine atemberaubende Fülle von
Lebensformen, in die Pflanzen, in Weich- und Wirbeltiere, in
Kriech- und Säugetiere.[14] Mit den Säugetieren tritt eine neue Qualität von Leben auf den Plan: das Gefühlsleben, in der sexuellen
Beziehung ebenso wie im Verhältnis Mutter-Kind. Sensibilität und
Emotionalität prägen die psychische Struktur der Lebenden mit
ihrem zentralen Nervensystem ein für allemal. Im Katalog der
Säugetiere ragen vor vielleicht 70 Millionen Jahren dann die Primaten heraus und in der Folge, vor etwa 35 Millionen Jahren, die
höheren Primaten, unsere genealogischen Großeltern. Vor 17 Millionen Jahren tauchen die Hominiden auf, und vor acht bis zehn
Millionen Jahren schließlich wird – in Afrika – der Mensch geboren, der Australopithecus.

Als Mann und Frau ist der Mensch der letzte Sproß am Baum
des Lebens, der komplexeste Ausdruck der Biosphäre, die ihrerseits
die Gestaltwerdung der Hydrosphäre und der Geosphäre ist,
ebenso wie der Geschichte der Erde und der Geschichte des Universums. Wir leben also nicht einfach auf der Erde. Wir sind Söhne
und Töchter der Erde, aber auch Glieder des unermeßlichen Kos-

---

13) Vgl. Longair, M., As origens do nosso universo, Rio de Janeiro 1994.
14) Vgl. Wilson, E. O., The diversity of life, Cambridge, Mass. 1992.

mos. Die Milliarden Teilchen, die zur Konstituierung unserer Identität beitragen, entstanden vor 15 Millionen Jahren; andere wanderten Millionen von Jahren durch das All, nachdem sie von den entferntesten Sternen gekommen waren; die Kohlenstoffatome, ohne die jedes Leben auf der Erde unmöglich ist, bildeten sich im wirbelnden Feuerofen von Sonnen, die erst noch Vorfahren unserer Sonne waren. Der *homo sapiens / demens* endlich, den wir unmittelbar beerben, tauchte vor 50 000 Jahren auf, mit der viele milliardenjährigen Geschichte des Weltalls im Gewebe seines Körpers und in den Prägungen seiner Seele.

Was Leben ausmacht, ist Selbstorganisation, Autonomie, Anpassungsfähigkeit, Reproduktion und Selbsttranszendenz. *Selbstorganisation:* Die Teile haben ihren Ort in einem organischen Ganzen, und die Funktionen sind differenziert und komplementär. *Autonomie:* Jedes Sein existiert in sich, zugleich aber existiert es dank der anderen und für die anderen; es erfreut sich also keiner Unabhängigkeit, sondern steht unentwegt in Interaktion mit seiner Umgebung. *Anpassungsfähigkeit:* Leben hat das Vermögen, sich seiner Umgebung anzupassen. Aufgrund dieser Fähigkeit kann es sich in seinem zerbrechlichen Gleichgewicht halten, überleben und das System expandieren. *Reproduktion:* Sich fortpflanzen zu können, das ist die ureigenste Qualität des Lebens; Leben gibt sich, innerhalb derselben Art, identisch weiter. Und schließlich *Selbsttranszendenz:* Leben ist immer offen für neue Ausdrucksformen und neue Ebenen der Evolution.

Ilya Prigogine beschreibt lebende Wesen als »dissipative Strukturen«. Mit dem Begriff will der russisch-belgische Physiochemiker, wie bereits erläutert, ihren dynamischen Charakter unterstreichen. Lebewesen sind offene Strukturen, die sich im Gleichgewicht befinden. Nur, an ihrem Gleichgewicht müssen sie ständig arbeiten, vermittels der Selbstorganisation und auf einer immer höheren Ebene innerer Ordnung. Lebewesen entnehmen der Umwelt Energie und provozieren damit Entropie, wie sie aber auch dank ihrer inneren Ordnung und Selbstregulierung (nach dem Gesetz der Thermodynamik) in gewisser Weise der Entropie entgehen. Sie zerstreuen und verschwenden Kräfte, was zu einer wachsenden Unordnung führt (lateinisch *dissipare* = zerstreuen, verschleudern; daher der Ausdruck »dissipative Strukturen«), bis hin zum totalen Chaos. Lebende Wesen neigen dazu, immer geordneter und schöpferischer und mithin antientropisch zu werden.

Denn Unordnung ist als solche schon ein Anzeiger für eine neue Ordnung, die sich anbahnt. Das Chaos ist generativ. [15] Wer eine Sensibilität für Leben hat, wird die Materie kaum für eine inerte Masse halten. Jedes Teilchen, das zur Konstituierung des Lebens beiträgt, hat ja eine Geschichte (daher die Wichtigkeit der Zeit, zusammen mit den vier Grundenergien und den übrigen kosmogenischen Konstanten des Universums), in der sich wiederum alle seine Interaktionen mit anderen Teilchen wie auch alle unumkehrbaren Veränderungen widerspiegeln. Aus diesem Grund eignet auch der Materie Innerlichkeit und Leben.

Das Leben ist kein *bloßes* Ergebnis des Zufalls.[16] Biochemiker und Molekularbiologen haben (mit Hilfe von Rechnern auf der Grundlage aleatorischer Zahlen) gezeigt, daß ein reiner Zufall mathematisch unmöglich ist. Damit sich die Aminosäuren und die zweitausend ihnen zugrundeliegenden Enzyme hätten annähern, eine regulierte Sequenz hätten konstituieren und eine lebende Zelle hätten bilden können, wäre eine längere Zeit – Billionen und Aberbillionen Jahre! – notwendig gewesen, als das gegenwärtige Universum überhaupt alt ist. Die Möglichkeit ist 10^{1000} zu eins. Sollte der Zufall irgendeine Bedeutung haben, dann im Sinn des Unbestimmbarkeitsprinzips, wie Werner Heisenberg es in die Quantenphysik eingeführt hat.

Das Leben steckt also bereits in den Möglichkeiten von Urmaterie und Urenergie. Treffend sagt der Philosoph Jean Guitton: Was wir Zufall nennen, ist nichts anderes als unsere Unfähigkeit, einen höheren Grad an Ordnung zu verstehen, wie er im Phänomen Leben zum Ausdruck kommt.[17]

8. Bewußtsein ist kosmisch und persönlich

Bewußtsein ist die höchste Form von Leben. Wie das Weltall, so haben auch das Leben und jedes Ding seine jeweilige Genealogie. Das Bewußtsein hat seinen Ort innerhalb des Universums und ist Ausdruck der Beziehungen zwischen Urmaterie und Urenergie, in

15) »Order out of Chaos« lautet der Titel eines bedeutenden Buches von Ilya Prigogine.
16) Gegen: Monod, J., Zufall und Notwendigkeit. Philosophische Fragen der modernen Biologie, München 9 1991.
17) Guitton, J. / Bogdanov, G. / Bogdanov, I., Dieu et la science. Vers le métaréalisme, Paris 1992; deutsch: Gott und die Wissenschaft, München 1993 (= dtv, München 1996).

einem Dichtegrad, wie Komplexität und Relationalität nur dicht sein können. In diesem Sinn ist das Leben, wie wir sehen werden, genau so alt wie der Kosmos.

Denker und Denkerinnen, die von der neuen Physik her kommen und die verschiedenen Erkenntnisse der modernen Kosmologie wie auch der philosophischen Tradition der Menschheit miteinander verbinden, wie etwa David Bohm, Herbert Fröhlich, J. Crook, I. N. Marshall, Danah Zohar und andere, vertreten die These, Bewußtsein stelle ein Quantenphänomen dar. Deshalb seien wir – mit Bewußtsein begabte Menschen – konstitutiver Bestandteil des Alls und keine erratische Größe, die von irgendwoher außerhalb unseres Kosmos stammte. Ebenso müßten wir einsehen, daß die Wurzeln unseres geistigen Seins bis in die Elementarteilchen reichten. Im folgenden soll dieses Verständnis von Bewußtsein rasch erläutert werden.

Die (mechanische) Quantenphysik ist eine zu Beginn des 20. Jahrhunderts erarbeitete wissenschaftliche Theorie, die über die klassische Betrachtungsweise des Atoms (als des letzten teilbaren Teilchens der Materie) hinausgeht und sich mit den Bausteinen des Atoms beschäftigt: mit den Elementarteilchen (mit dem Kern, der aus Protonen und Neutronen besteht, die ihrerseits noch einmal aus Quarks und weiteren an die hundert Subteilchen wie den Topquarks aufgebaut sind; letztere sind in der Tat die kleinsten aller Subteilchen; das Gesamt der Teilchen heißt Hadronen) und mit den Elektronen, die um den Kern herum zucken.

Doch in der Quantentheorie blieb man nicht bei den Teilchen stehen, sondern wandte sich den Energiewellen zu, insofern Teilchen ja verdichtete Energie sind. Diese nannte man *Quantum* (= endliche »Stückchen« emittierter Strahlungsenergie). Was existiert, ist ein Energiefeld (relativistische Quantenfeldtheorie). Dieses stellt eine Art Rahmen dar, der markiert wird durch das ständige Interagieren der Teilchen unter sich. Die Teilchen existieren aber nie in sich, sondern immer nur in Beziehung zu einander. Was bei diesem fortwährenden Netz von Beziehungen herauskommt, ist das genannte Feld.

Will man die Dimension »Energie« (Welle) des Feldes betonen, spricht man von »Bosonen«; soll der Akzent auf der Dimension »Materie« (Teilchen) desselben Feldes liegen, lautet der Begriff »Fermionen«. »Boson« steht für Beziehung, »Fermion« (oder Fermi-Teilchen) für das in Beziehung befindliche Ding. Alles, einschließlich des Menschen, besteht aus Bosonen und Fermionen. Fermion in uns ist unsere Dimension als Individuum und als Körper, Boson unsere Existenz als in Beziehung stehendes, geistiges Wesen.

Das Novum an der relativistischen Quantenfeldtheorie besteht darin, zu sagen, alle phänomenische Wirklichkeit sei quantische Wirklichkeit. Diese stellt sich immer zugleich unter zwei Aspekten dar: als Welle und als Teilchen. Doch Teilchen und Welle (Feld) rühren von einer noch grundlegenderen Realität her, die sich zwar mit keinem Instrument feststellen läßt, auf die aber aus der Dynamik des Feldes schlußgefolgert wird, weil dieses fortwährend auf etwas noch Fundamentaleres verweist, als es selbst ist. Ziemlich unpassend spricht man da von »Quantenvakuum«. Doch es geht wahrlich nicht um eine Leere, wie das Wort »Vakuum« nahelegt. Wir werden noch sehen, daß es sich vielmehr um das Feld der Felder handelt, um den Abgrund von Energie, den Ozean der Kräfte, in dem alles passiert und von dem her alles nach außen hin auftaucht. Was da auftaucht, erweist sich bald als Energiewelle, bald als materielles Teilchen, bald als Welle und Teilchen in einem und komplementär. Alles geht aus dem Quantenvakuum hervor, und alles kehrt dahinein auch zurück.

Albert Einsteins Relativitätstheorie hat gezeigt, daß Masse und Energie konvertibel sind. Energie kann zu Materie werden und Materie zu Energie. Treffender noch: Materie ist verdichtete und stabilisierte Energie, die sich aber auch zurückverwandeln kann in Energie. So setzt zum Beispiel die Konversion eines einzigen Grammes Materie in reine Energie Wärme in solcher Menge frei, daß sich damit 34 Milliarden Gramm bzw. 34 Millionen Liter Wasser verdampfen lassen.

Und wie entsteht innerhalb dieses Verständnisses von Wirklichkeit, die ja immer ein Kompositum aus Teilchen und Wellen ist, Bewußtsein?

Bevor wir uns an die Beantwortung dieser Frage machen, müssen wir jedoch erst noch klären, was wir denn unter Bewußtsein verstehen. Im Zusammenhang der Quantentheorie wird Bewußtsein im weitest- und umfassendstmöglichen Sinn genommen. Bewußtsein stellt, wie es heißt, einen relationalen Holismus dar. Was heißt das? Im Kern ist das Bewußtsein ein bleibendes, unteilbares Ganzes, eine zusammenhängende Einheit, die aus dem Gesamt der Beziehungen erwächst (deshalb der Terminus »Holismus«: Einheit in der Vielfalt und Vielfalt in der Einheit), die mit allem um sich herum Beziehung aufnimmt, die aus der Vergangenheit kommt und sich in die Zukunft hin anmeldet. Bewußtsein ist wesentlich Beziehung nach allen Seiten und in alle Richtungen (wie schon die Philosophie in den verschiedenen Kulturen und zumal in der westlichen feststellte, gerade indem sie definierte, Person heiße Sein-in-Beziehung).

Auf relationale Strukturen treffen wir aber schon, wie gesagt, im allerersten Augenblick der Urexpansion bzw. der Urexplosion. Wenn sich zwei Protonen, so primitiv das auch geschehen mag, in Beziehung setzen, sich überlagern und teilhaben am selben Feld, konstituieren sie eine Mindesteinheit. Und sie erweisen sich damit zugleich auch als Bosonen (Bezugsteilchen).

Die evolutionäre Expansion der Materie bzw. der Energie besteht darin, daß sie die Beziehungen exponential ausweitet und immer komplexere Einheiten schafft. Damit ist aber das, was die Grundstruktur des Bewußtseins ausmacht: Beziehung und Schaffung von Einheit, bereits in den Ursprüngen des Universums angelegt.

Man hat beobachtet, daß – sobald als Folge einer größeren Überlagerung von Wellen (Bosonen) diese Einheit einen bestimmten sehr hohen Komplexitätsgrad erreicht – lebende Materie auftritt. In der Quantenphysik heißt dieses Phänomen einer lebenden Einheit »Bose-Einstein-Kondensat«. Sobald die lebende Materie mit dem Auftreten des Gehirns dann ihrerseits auch beträchtlich komplexer wird, läßt sich ab einem bestimmten Moment feststellen, daß die materiellen Komponenten des Nervengewebes (Neuronen) anfangen, gleichförmig zu schwingen. Nicht, daß sie sich bloß wie ein Ganzes verhielten, sie bilden tatsächlich ein Ganzes, vergleichbar den vielen Instrumenten eines Orchesters, die unisono denselben Ton spielen.

Mit anderen Worten, die in Beziehung stehenden Bosonen überlagern sich vollkommen und bilden ein stabiles Einheitsfeld. Die relationierte holistische Einheit steht nun in Kontakt mit ihrer Umgebung, empfängt alle nur möglichen Informationen und baut sie in ihre Basiseinheit ein. Das ist der Augenblick, in dem das menschliche Bewußtsein geboren wird. In der technischen Sprache der Quantenphysik heißt das: Es entsteht ein Bose-Einstein-Kondensat vom Typ Fröhlich (Herbert Fröhlich, britischer Physiker deutscher Herkunft, der vor gut zwanzig Jahren die Schwingungen in den Neuronen entdeckte).

So gesehen, läßt sich das Bewußtsein mit einer unbeschriebenen Tafel vergleichen. Da es in Interaktion mit seiner Umwelt steht, sammelt es Informationen, hält sie auf der Tafel fest, verarbeitet sie und bereichert auf diese Weise seine Basiseinheit. Wie Prigogine nachgewiesen hat, sind alle lebenden Systeme offene Systeme, nehmen unstrukturierte Materie aus ihrer Umgebung auf, treten mit ihr in dialogische Aktion und schaffen, vermöge ihrer Fähigkeit zur Selbstorganisation, wie alle lebenden Wesen sie haben, eine neue, höhere Ordnung. In dieser Ordnung realisiert die Materie die ihr innewohnenden Möglichkeiten, die sich aber nur auf der Ebene der lebenden und der bewußten Wesen konkretisieren (Prigogine-System vom Typ Fröhlich).

Der Unterschied zwischen lebenden und »inerten« Wesen besteht im Grad der Verdichtung ihrer Beziehungen. In »inerten« Wesen sind die Bosonen nicht so konglomeriert; was vorherrscht, sind die Fermionen (Dinge an sich, auch wenn sie stets in ein Beziehungsgeflecht eingesponnen sind). In lebenden Wesen hingegen verdichten sich vor allem die Bosonen und bilden Bose-Einstein-Kondensate, bis hin zur größten Konzentration vom Typ Fröhlich, das heißt: einer unteilbaren, symphonischen Einheit, dem menschlichen Bewußtsein. Der Unterschied zwischen dem einen und dem anderen ist also nicht prinzipieller, sondern gradueller Art. Das Prinzip der Beziehung und der Fähigkeit zur Einheitsbildung gehört zur Schöpfung. Und es ist am Werk von Anfang an.

Das Bewußtsein hat also seine weit zurückreichende Ahnentafel, mit kosmischen Tiefendimensionen. In seiner rudimentärsten Form begann es mit der Ureinheit der ersten beiden Elementarteilchen, die interagierten und in Beziehung miteinander traten. In dem Rhythmus, in dem sich der Fächer der Beziehungen öffnete, wuchs es, in dynamischem Dialog mit seiner Umgebung (mit den Fermionen), bis es dann – im reflexen Bewußtsein – den höchsten Komplexitätsgrad erreichte. Seither stehen das Feld des Bewußtseins (Bosonen) und das Feld der Materie (Fermionen) in ständigem Dialog und schaffen auf sämtlichen Gebieten der Kultur, der Gesellschaft, der Religionen wie der ganzen Menschheit immer reichere, immer offenere und immer schnellere Ordnungen.

Das Bewußtsein treibt das All unentwegt dazu, den Rhythmus der Evolution zu beschleunigen, die Ordnung zu verfeinern und die Zielrichtung zu präzisieren – unbeschadet der Tatsache, daß das Ganze bisweilen mit negativem Vorzeichen versehen ist, denn auch der Charakter des Menschen als *demens* tut sein böses Werk. Aber die Tendenz geht aufwärts und nicht abwärts. Jedesmal wenn das Bewußtsein zu einem Akt der Gemeinschaft mit dem Ganzen und der liebenden Zuwendung zu jeder Form von Sein wird, findet das Weltall zu sich selbst und verwirklicht sich rundum. Das ökologische Bündnis der Integration und der Versöhnung ist geschlossen.

Bewußtsein ist also keine Qualität der Materie, sondern Beziehung zwischen Elementarteilchen (unter ihrem Aspekt als Welle), die aber so komplex und so intensiv ist, daß sich alle Teilchen überlagern und ein stabiles einheitliches Ganzes bilden.

Wir sind mithin aus demselben Material gemacht wie das ganze All und Frucht derselben kosmogenischen Dynamik, wie sie das ganze Universum durchdringt. Bewußtsein ist eine besondere Qualität von Beziehung, wobei Beziehung eben alles im Kosmos ausmacht. Auch mit seinem Bewußtsein fügt sich der Mensch ganz und gar in das allgemeine System der Dinge ein. Der Mensch steht nicht außerhalb des – sich aufwärts bewegenden – Weltalls. Er steht ganz drin, als Teil und Teilhaber, mit dem Unterschied indes, daß er imstande ist, von sich und von den anderen zu wissen, sie zu fühlen und sie zu lieben.

9. Die Menschen – Mit-Schöpfer am Kosmos

Die grundlegende Entdeckung der neuen Physik – das heißt der physikalischen Forschung, die auf die modernen Erkenntnisse eines Isaac Newton und eines Galileo Galilei folgt – besteht in der Feststellung, daß alles Materie und Energie sein kann, daß Energie und Materie konvertierbar sind (Albert Einstein); oder anders gesagt, daß die Materie immer weiter verfeinert werden kann, von den physischen Dingen, die wir spüren, kommen wir zum Atom, vom Atom zu den Elementarteilchen, von den Elementarteilchen zu den Quarks, welche die kleinsten unter den kleinsten der Teilchen sind (das Topquark ist das allerkleinste von allen), bis wir auf Energiefelder stoßen, die ein ineinander greifendes Spiel von Teilchen und Energie sind, und schließlich das Quantenvakuum vor uns haben, den letzten Mutterschoß, aus dem alles hervorgeht und in den alles zurückströmt. Das Quantenvakuum hat den Charakter des Unnennbaren. Vor ihm verstummt alles Sprechen. Das Sprechen kommt erst danach. Sprechen kann man nicht von dem, was vor dem Sprechen ist. Wer so redet, sind keine Theologen, sondern moderne Wissenschaftler, Astrophysiker und Kosmologen.

Eine weitere Entdeckung der neuen Physik besagt, daß alle subatomare und elementare Wirklichkeit, aus der unser ganzes Universum, einschließlich unserer selbst, gemacht ist, sich immer in der Form von Energiewelle und Materialteilchen darstellt (Quantentheorie von Niels Bohr und Max Planck).

Außerdem lassen sich die Elementareinheiten beschreiben sowohl als feste Teilchen (von der Größe des einen oder anderen Milliardstel eines Millimeters bis hin zu nicht mehr meßbaren Teilchen, die nur noch an ihrer Wirkung zu erkennen sind) wie auch als Wellen, vergleichbar denen des Meeres (die Wellen treten in Paketen auf und werden als Energie-*Quantum* bezeichnet). Nur, keine Beschreibung, allein für sich genommen, ist vollständig; immer müssen die beiden Gesichtspunkte zusammen gedacht werden. In der Wirklichkeit steckt eine grundlegende Dualität, die freilich mit Dualismus nicht verwechselt werden darf, weil sich die beiden Pole der Dualität ergänzen. Materie manifestiert sich also vermittels der Dualität zwischen Teilchen und Welle. Sie ist die Dualität.

So läßt sich Licht zum Beispiel entweder als materielles Teilchen (Photon) oder auch als Energie beschreiben. Trotzdem ist das Phänomen Licht nur dann sachgerecht zu begreifen, wenn die beiden Möglichkeiten Teilchen und Welle zusammen ins Spiel gebracht werden. Zum Vergleich denke man etwa daran, daß der Mensch Leib ist und daß er Geist ist. Aber wir verstehen den Menschen nur dann im umfassenden Sinn, wenn wir Leib und Geist als wechselseitige, komplementäre Realitäten begreifen. Erst die beiden Wirklichkeiten zusammen machen den einen, einzigartigen Menschen aus.

Atomphysiker, die der Sache noch gründlicher nachgingen, konnten feststellen, daß die Elementareinheiten weder voll und ganz Welle noch voll und ganz Teilchen, sondern eine Mischung aus beiden sind. Das Teilchen hat seine Dimension von Welle und die Welle ihre Dimension von Teilchen. Aus diesem Grund treten Welle und Teilchen immer zusammen auf und vervollständigen sich. Bald überwiegt die Dimension Teilchen in der Welle, dann sprechen wir von Teilchen; bald die Dimension Welle im Teilchen, und dann sprechen wir von Welle.

Auch wenn man an ihnen nicht vorbeikommt, will man ein vollständiges Bild der Wirklichkeit, lassen sich Teilchen und Wellen nicht gleichzeitig analysieren. Entweder mißt man die genaue Stellung des materiellen Teilchens und verpaßt dabei die Geschwindigkeit der Welle, oder man mißt die Welle und bekommt dabei die genaue Position des Teilchens nicht in den Blick. Werner Heisenberg formulierte 1927 das sogenannte Unbestimmbarkeitsprinzip

Die Situation ist so, nicht weil uns feinere analytische Werkzeuge fehlten, sondern weil die Wirklichkeit selber unbestimmbar ist und einen Wahrscheinlichkeitscharakter hat. Alles, was passiert, kann so passieren, aber auch anders – und noch einmal anders. Voraussagen lassen sich nur auf der Grundlage dessen machen, was wahrscheinlicher ist; immerhin ist die Wirklichkeit ja in einen gewissen globalen Bedingungsrahmen eingespannt.

Jetzt aber stellt sich die Frage: Wenn die Dinge so sind, daß sich alles auf der Basis der Unbestimmbarkeit abspielt, wer hat dann bestimmt, daß wir nicht weiter nur wahrscheinlich geblieben, sondern in die reale Existenz getreten sind? –: die Berge und das Meer, die Bäume und die Menschen. Wie kommt es, daß überhaupt etwas existiert?

Hier nun spielt das Bewußtsein eine entscheidende Rolle. Es kann nämlich, wie Danah Zohar in ihrem bekannten Buch »The quantum self«[18] zu zeigen versucht hat, die Brücke schlagen zwischen der Welt der Elementarteilchen und der Welt unseres Alltags. Das Bewußtsein, wie wir es gerade dargestellt haben, erweist sich als Mit-Schöpfer am All. Je mehr Bewußtsein, desto mehr Schöpfung, desto raschere Entwicklung und desto mehr Ordnung im ansteigenden Sinn. Und zwar vom Urknall an.

Heisenberg hat überzeugend nachgewiesen, daß die beobachtende Person immer mit eingeht in die Bestimmung des beobachteten Gegenstandes. Wenn ich Teilchen erfassen will und dazu die Geräte aufbaue, erfasse ich die Wirklichkeit des Teilchens. Will ich dagegen Wellen registrieren und stelle die Geräte auf Wellen ein, werde ich auch Wellen beobachten. Mit anderen Worten: Die subatomare Welt läßt sich nur definieren, wenn man mit einem entsprechenden Meßgerät an sie herangeht. Vorher ist sie unbestimmt und wahrscheinlich und kann sowohl Welle als auch Teilchen sein.

Solange niemand die elementare Wirklichkeit in Augenschein nimmt, ist sie offen für alle Wahrscheinlichkeiten und Optionen.

18) Zohar, D., The quantum self. Human nature and consciousness defined by the new physics, New York 1990.

Die Welt bekommt ihre konkrete Gestalt erst im letzten Augenblick, in dem Moment, in dem das Augenmerk des Beobachtenden auf sie fällt. Vorher ist sie gar nicht real. Erst aufgrund des Dialogs mit dem Beobachtenden begründet sie unsere Wirklichkeit. Und warum ist das so? Weil wir ein organisch verflochtenes und rück-gebundenes Ganzes bilden. Kein Sein ist vom anderen abgekoppelt. Der Beobachter bildet – auch wenn er sich dessen gar nicht bewußt ist – mit dem beobachteten Gegenstand eine Einheit. Und der beobachtete Gegenstand kommt nicht los vom Beobachter. Beide stehen in Interaktion miteinander und führen eine schöpferische Dialog-a[k]tion. Eine Rück-bindung erfolgt. Und dies also ist der Weg, auf dem alle Wirklichkeit in ihre Existenz kommt.

Einstein machte sich anfangs lustig über diese Sicht der Dinge: »Gott würfelt nicht!« Doch er bekam die geziemende Antwort: »Einstein möge es unterlassen, Gott Ratschläge zu erteilen! Tatsächlich werfen Gott und das Bewußtsein sehr wohl Würfel. Diese fallen allerdings in Positionen, die ständig wahrscheinlicher werden.« Oder noch einmal: »Gott würfelt, wo wir es nicht sehen können.«[19]

Wenn wir hier von Beobachter sprechen, dann denken wir nicht nur an den Menschen, der die Dinge beobachtet und untersucht. Beobachter ist ein epistemologischer Begriff, das heißt ein Instrument zur Verständigung, das es uns ermöglicht, die Interdependenz der kosmischen Phänomene zu begreifen und zu erklären. Beobachter ist jedes Wesen, das mit einem anderen Wesen in Dialog und Interaktion steht. So interagiert ein Proton mit einem anderen Proton, beide tauschen gegenseitig Energien aus und schaffen gemeinsam ein Beziehungssystem, das sie umspannt. Das eine bleibt nicht ohne das andere. Beide behalten Informationen von der Begegnung. So groß die Entfernung zwischen ihnen auch sein mag – sei es in der subatomaren Welt, sei es im Makrokosmos –, sie bilden ein einziges System. Die Informationen werden durch die Zeit weitergegeben (Ilya Prigogine hat den Charakter der Unumkehrbarkeit der Zeit bzw. der Begegnung eingehend untersucht), fließen mit in andere Begegnungen ein und qualifizieren die Dinge mit den angesammelten Erfahrungen. So herrscht also überall ein Dialog zwischen den Wesen, eine Rück-bindung und ein

---

19) Vgl. Weidemann, V., Das inflationäre Universum. Die Entstehung der Welt aus dem Nichts, in: Müller, H. A. u. a., Naturwissenschaft und Glaube, Bern 1988, 360 (Rückübersetzung, H. G.).

Bündnis des Austausches. Und genauso befragt auch eine Bakterie die Welt und entziffert die chemischen Signale, anhand deren sie sich selbst orientiert. Sowohl die Bakterie als auch die Protonen sind in diesem epistemologischen Sinn beide Beobachter.

Wir sagten, sobald es zur ersten Begegnung zwischen zwei oder mehr Elementargrößen komme, baue sich eine Mindesteinheit auf bzw. das, was wir eine niedere Stufe des Bewußtseins nannten. Je intensiver allerdings die Begegnung, desto komplexer die Wirklichkeit und desto transparenter der Grad des Bewußtseins. Alle diese Beziehungsprozesse bedeuten »Beobachter« und »Bewußtsein«, und zwar sowohl in der materiellen als auch in der vegetativen Ordnung, in der tierischen wie in der menschlichen Welt. Auch die Steine, die Pflanzen und die Tiere sind in dem Maße, in dem sie eingespannt sind in das Netz der Interaktionen, Mit-Schöpfer am Universum.

Was am Anfang also im Grunde existiert, ist eine unbestimmte Zahl von Wahrscheinlichkeiten an Wesen. Quantenphysiker sprechen von »Wellenpaketen«, wobei jedes Paket seine Geschwindigkeit, seine Position und seinen Weg hat. Sobald es beobachtet wird, kommt es zu einem »Kollaps der Wellenfunktion«. Mit anderen Worten: Einzig das Teilchen, das beobachtet wird, materialisiert sich und wird existent. Alle anderen Wahrscheinlichkeiten kollabieren, verschwinden und kehren ins Quantenvakuum zurück.

Dann aber war unsere erdenhafte Wirklichkeit auch Gegenstand einer Beobachtung (einer Begegnung, eines Dialogs, einer Interaktion). Und wer hat sie beobachtet? Aufgrund der Daten, die wir bislang gesammelt haben, sind wir imstande zu antworten: Wer unsere erdenhafte Realität beobachtet hat, war das – seit dem Moment der Schöpfung existierende – Bewußtsein, und zwar das Bewußtsein, das auch das menschliche Bewußtsein konstituiert. Das Universum, so erkannte der große Physiker John Weehler treffend, ist partizipatorisch, das heißt: ist ein äußerst dicht gesponnenes Netz von Beziehungen, in das alles und alle und gerade auch die Menschen eingewoben sind.

Und schließlich noch eine letzte Frage: Ist denn das Universum als Ganzes nicht auch beobachtet worden? Da gab es zunächst eine universale Welle. Aufgrund der Tatsache, daß sie von außen beobachtet wurde, kollabierte sie, und zwar ebenfalls im universalen Sinn. Ergebnis daraus ist dieses konkrete Weltall, das wir gegenwärtig haben und von dem wir ein Teil sind – Ergebnis also eines universalen Kollapses der universalen Welle.

Wer aber soll denn dieser äußere absolute Beobachter gewesen sein, der die universale Welle kollabieren und damit das immense All entstehen ließ? Wer ist das? Im siebten Kapitel werden wir versuchen, eine Antwort darauf zu stammeln. Seinen Namen dürfen wir nur mit größter Hochachtung aussprechen. Denn das Wesen selbst ist unaussprechlich und paßt in keinen Begriff. Sein namenloser Name ist Gott das Geheimnis.

Zuvor jedoch müssen wir erst noch über die Einzigartigkeit jedes persönlichen bewußten Individuums nachdenken, das ein Kollaps einer absolut singulären Welle ist.

10. Die Unaustauschbarkeit jedes Menschen

So wahr es ist, daß wir ein Teil des Universums (der kollabierten universalen Welle) und ein Glied in der gewaltigen Kette der Wesen und Lebewesen sind, so wahr ist es aber auch, daß jeder einzelne Mensch – Ursula, Thomas, Franz und Anna – seine unaustauschbare Einzigartigkeit besitzt. Zugegeben, jedes Sein hat seine Singularität, aber beim Menschen ist diese Singularität doppelter Art. Der Mensch ist singulär, und er ist sich seiner Singularität bewußt. Jeder Mensch habe seine *haecceitas*, wie der mittelalterliche Philosoph und Theologe Johannes Duns Skotus († 1346) sagte. *Haecceitas* (lateinisch *haec* [Femininum] = diese hier; »Dies-haftigkeit« heißt so viel wie »diese ganz bestimmte Konkretisierung hier«.

Individualität ist keine Nummer. Individualität bestreitet gerade, eine Nummer zu sein, weil es um den Menschen in seiner bewußten Einzigartigkeit und Unwiederholbarkeit geht. Jeder Mensch ist er, ist sie selbst (Selbigkeit, Dieshaftigkeit), in einer originalen, nie zuvor dagewesenen und auch nie mehr wiederholbaren Form. Selbstverständlich hat auch der Mensch eine allgemeine Infrastruktur, bestehend aus den Elementen des Weltalls: Sauerstoff (65 %), Kohlenstoff (18 %), Wasserstoff (10 %), Stickstoff (3,3 %) und anderen Elementen mehr, die – abgesehen vom Wasserstoff – allesamt vor Milliarden von Jahren auf und von Sternen produziert worden sind, mit demselben genetischen Code wie alle lebenden Wesen. Und von dieser einen bio-sozio-anthropologischen Prägung rührt ja auch unser kosmisches Bruder- und Schwestersein.

In der schematierenden Sprache der Klassifizierung können wir festhalten: Der Mensch ist ein Exemplar der Klasse der Säugetiere, der Ordnung der Primaten, der Familie der Hominiden, der Gattung *homo*, der Spezies *sapiens/demens*, er ist ausgestattet mit einem Körper, der aus 30 Milliarden Zellen besteht und ermöglicht und gesteuert wird durch ein genetisches System, das sich im Laufe von 4,5 Milliarden Jahren gebildet hat; die Psyche des Menschen, die übrigens genauso alt ist wie der Körper, ist imstande, globale Visionen und detaillierte Analysen zu entwickeln und – aufgrund von gleichmäßigen Schwingungen von etwa zehn Millionen der zehn Milliarden Neuronien des Gehirns – unteilbare Einheiten zu bilden; diese Fähigkeit macht es ihm möglich, sich das Universum in Symbolen zu vergegenwärtigen und neu zu schaffen und darin dann einen letzten und allesumfassenden Sinn zu entziffern.

Jeder Mensch trägt bewußt und unbewußt diesen Reichtum an Natur und Kultur in sich – aber immer auf seine singuläre, unwiederholbare Weise, *sui generis*. Jeder Mensch macht sich seine Synthese vom Gesamt der Dinge. Jeder Mensch hat das Zeug dazu, die Fülle seiner Erfahrungen und Erkenntnisse auf seine Weise umzusetzen in einen Akt der Liebe, das heißt in einen Akt der Annahme und der Bestätigung des Universums, in einer absichtsfreien Hingabe an den Mitmenschen wie in einer bedingungslosen Offenheit für das Geheimnis, das in den Religionen üblicherweise Gott heißt. Umgekehrt kann sich der Mensch aber auch diesem allen verschließen, gegen den Sinn des Weltalls rebellieren und sich an Entwürfe zu Abkapslung und Ausgrenzung halten. Das also sind Größe und Tragik des Menschen.

Unsere Überlegungen haben nichts zu tun mit Zahlen und Mengen. Es geht um eine neue Qualität der Schöpfung, die sich beim Menschen manifestiert in *Pathos* (Affektivität) und *Logos* (Vernunft), in *Eros* (Leidenschaft) und *Nomos* (Gesetz), in *Daimon* (innere Stimme) und *Ethos* (Ethik). Nur auf dieser Ebene gibt es Tragödie und Selbstverwirklichung, das Gefühl der Frustration und das Glück der Seligkeit, je nachdem, ob der Mensch seinen Platz in der komplexen Gesamtwirklichkeit findet oder ob er damit nichts zu tun haben will und auf Irrwege kommt.

Die einzelne Person, das heißt ein unaustauschbares Sein (Individuum), das gleichwohl stets in Kommunikation ist (Person), stellt im Weltall ein Wunder und ein unauslotbares Geheimnis dar. Die angemessenste und sachgerechteste Haltung der Individuum-Person – als Wunder wie als Geheimnis – gegenüber ist Bewunderung und Verehrung, Offenheit und Hinhören, die ihre Botschaft und das einzigartiges Novum daran wahrnehmen wollen. So erhellt, daß jeder Mensch als Individuum und als Person unmittelbar vor Gott steht; allein Gott gegenüber ist der Mensch letztlich verantwortlich. Mit seiner ganzen Existenz stellt dieser Mensch dann die radikale Frage nach dem Universum und nach seinem Sinn, nach seinem Woher und seinem Wohin. Dieser Mensch will wissen, welche Bedeutung wir haben, mit unserem Wissensdrang und unserem unausrottbaren Streben nach dem Absoluten. Und in diesem Hintergrund stellt der Mensch dann schließlich auch die Frage nach Gott – auf die wir aber erst weiter unten eingehen können.

Vor Schrecken erstarrt, sieht sich der Mensch heute mit der großen Bedrohung konfrontiert, die auf dem ganzen System Erde lastet. Dahin ist der Faden, der alles miteinander verband und aneinander rück-band, der alles in einer Sinn- und Lebenseinheit – eben im Uni-versum – zusammenhielt. Um diese *Quaestio magna* soll es im folgenden gehen.

III. Die ökologische Krise: Verlust der Rück-bindung

Die gegenwärtige ökologische Krise schreit nach sachgerechten, an die Wurzel rührenden, überzeugenden Erklärungen. Wie bei einer Krankheit müssen die Ursachen diagnostiziert werden. Nur wenn der Arzt an die Ursachen und nicht bloß an die Symptome herankommt, wird er die Krankheit heilen können. Dasselbe gilt für die Erde, die schwer krank darniederliegt. In welches Krankenhaus ist sie zu bringen? Zu welchem Facharzt? Wie läßt sie sich heilen? Welche Medikamente müssen ihr verschrieben werden? Offensichtlich sind das Krankenhaus und der Facharzt, möglicherweise auch die Fachärztin die Gemeinschaft der Menschheit. Die notwendigen Medikamente trägt Gaja in sich selbst. Und die Behandlung hängt ab von der Sorgfalt, mit der jedes Glied der menschlichen Gattung wie die Menschheit als ganze mit Gaja umgehen.[1] Wenn wir uns jetzt um die Ursachen der ökologischen Krise bemühen, dann hat das absolut nichts mit historischer Neugierde zu tun, sondern dient der Diagnose im Blick auf die Therapie.

Doch vor jeder Analyse haben wir ohne appellatives Pathos die Frage zu stellen: Wie konnte es überhaupt zum gegenwärtigen Stand eines erklärten Krieges zwischen Mensch und Natur kommen? Offenbar hat es ein tiefes Mißverständnis und eine gründliche Fehlentwicklung gegeben – in Kulturen und Religionen, in spirituellen Überlieferungen und pädagogischen Prozessen, welche die Menschheit in dem Sinn sozialisiert haben, daß sie unfähig wurde, den aktuellen dramatischen Zustand zu verhindern.[2]

So geht das Christentum mitsamt seinen jüdischen Wurzeln zum Beispiel davon aus, daß der Mensch geschaffen worden sei, um die Erde in der Gestalt des Garten Eden zu pflegen. Es kündigt einen Gott an, der es gegenüber den Unterdrückten nicht an Zärtlichkeit werde fehlen lassen. Es bekennt sich sowohl zur Heiterkeit des

---

1) Vgl. Versch., Cuidando do planeta Terra. Uma estratégia para o futuro da vida, São Paulo 1991.
2) Vgl. das geradezu als Anklageschrift zu bezeichnende Buch von Drewermann, E., Der tödliche Fortschritt. Von der Zerstörung der Erde und des Menschen im Erbe des Christentums, Regensburg ⁶1990 = Freiburg im Breisgau – Basel – Wien 1991.

Wortes, das sich das menschliche Fleisch in seiner äußersten Hinfälligkeit und dadurch auch den ganzen Kosmos zu eigen gemacht habe, als auch zur Kraft des Geistes, der mit seinen Kräften das ganze Universum bewohne. Viele Christinnen und Christen verstanden und verstehen sich als geistliche Erben und Erbinnen des heiligen Franz von Assisi, der sich als Bruder jedes Geschöpfes fühlte, des entferntesten Sternes ebenso wie der Schnecke am Wege. Wenn aber das Christentum so viele Ideale hat und über so kostbare Werte verfügt, warum hat es es dann nicht vermocht, die Menschheit entsprechend zu erziehen und den gegenwärtigen kritischen Zustand zu verhindern?[3] Ganz im Gegenteil, es hat den Leuten das gute Gewissen eingeredet, wenn sie die Erde beherrschten und ausbeuteten, erfüllten sie ein göttliches Gebot. Und die perversen Folgen des *dominium terrae* rechneten sie eher der göttlichen Vorsehung als der menschlichen Verantwortungslosigkeit an.[4]

Warum erweisen sich die verschiedenen Gruppen von Urbevölkerung – wie die Yanomamis, die Apapocuva-Guaranís und die Bororós in Brasilien, die Cunas in Panama oder die Pueblo- und Siouxindianer in den Vereinigten Staaten und viele andere – als viel zivilisierter denn wir selbst? Sie alle gehen davon aus, daß der Mensch Teil eines umfassenden Alls ist, und pflegen einen harmonischeren Umgang mit den archetypischen Kräften des kollektiven Unbewußten als wir Zeitgenossen mit all unseren modernen Wegen der Individuation (Spiritualisierung). Und warum sind wir eher auf dem Wege des Rückschritts als des Fortschritts in Richtung auf unser eigenes Herz, im Gleichklang mit dem Herzen aller Dinge?[5] Von Franziskanermissionaren während der Frühzeit der Evangelisierung bzw. Eroberung Mexikos haben wir Zeugnisse, daß die Olmeken und Tolteken einen solchen Grad an Weisheit hatten, daß sie imstande waren, den Schlag ihres eigenen Herzens zu hören.[6]

3) Vgl. Amery, C., Das Ende der Vorsehung. Die gnadenlosen Folgen des Christentums, Reinbek 1972.
4) Vgl. Link, C., Schöpfung: Schöpfungstheologie angesichts der Herausforderungen des 20. Jahrhunderts (Handbuch Systematischer Theologie 7/2), Gütersloh 1991, 400–446.
5) Vgl. McGaa, E., Eagle Man, Mother Earth Spirituality: Native American Paths to Healing Ourselves and Our World, New York 1990; McDaniel, J.B., With Roots and Wings, Christianity in an Age of Ecology and Dialogue, Maryknoll 1955; Paciornik, M., Aprenda a viver com os indios, Rio de Janeiro 1987.
6) Vgl. Phelan, J.L., The Millennian Kingdom of the Franciscans in the New World, Berkeley 1956. Siehe auch: Bey, H. von der (Hrsg.), »Auch wir sind Menschen so wie ihr!« Franziskanische Dokumente des 16. Jahrhunderts zur Eroberung Mexikos, Paderborn – München – Wien – Zürich 1995.

In diesem Prozeß der Feindschaft zwischen Mensch und Erde kommen wir nicht umhin, von Schuld und Sünde zu sprechen. Sollte diese Tatsache nicht anerkannt werden und sollten sich nicht alle auf den Weg der Besserung machen, werden wir nie Versöhnung oder dauerhaften Frieden bekommen.

1. Ursachen und Entschuldigungsmechanismen

Beim Suchen nach den Ursachen müssen wir uns klar sein, daß individuelle wie kollektive Psychologie häufig zum Mechanismus der Selbstentschuldigung greift. Niemand läßt Schuld und Verantwortung gern auf sich sitzen. Viele bemühen sich, zu zeigen, die Zerrüttung der Erde sei doch eigentlich eine unvermeidbare und zwangsläufige Sache gewesen. In Wahrheit jedoch haben viele Umstände zu der mißlichen Lage unseres Planeten beigetragen. Einige davon möchten wir im folgenden auflisten, ohne allerdings in die notwendige Tiefe gehen zu können. Aber immer möchten wir dabei die wechselseitige Verknüpfung im Auge haben, bis wir schließlich an den springenden Punkt der Frage herkommen, an die letzten Mechanismen, die zu der gegenwärtigen Lage geführt haben.

a. Technologie und Ökologie:
Das Virus, das uns angreift, kann uns nicht auch heilen
Als erste, unmittelbare Ursache für das Ungleichgewicht des Systems Erde wird die *Technologie* angeführt, und zwar in ihrer noch rudimentären, aggressiven und umweltverschmutzenden Form. Selbstverständlich hat die heute übliche Technologie einen großen Anteil an der ökologischen Verheerung. Denn sie beutet systematisch die natürlichen Ressourcen aus, vergiftet die Böden, holzt die Wälder ab, verschmutzt die Atmosphäre und stopft die Nahrung mit Chemikalien voll.[7]
In der Tat: Die klassische Technologie verschlingt zu viel Energie, ist dreckig und ruiniert das ökologische Gleichgewicht. Hochtechnisierte Länder setzen sie denn auch auf ihren Gebieten immer weniger ein und verkaufen sie dafür an die Länder am Rande des

---

7) Vgl. aus lateinamerikanischer Sicht dazu: Hedström, E., Volverán las golondrinas?, San José de Costa Rica 1988.

Systems. Doch in letzter Zeit hat man fortgeschrittenere, weniger zerstörerische Technologien entwickeln können, die sich die reichen Länder aber praktisch für sich vorbehalten. Im heutigen weltweit integrierten System ist die Technologie sozial, aber eben nicht integriert, das heißt: die von ihr erwirtschafteten Vorteile kommen nicht allen Gesellschaften zugute, sondern nur denen, die über die technisch-wissenschaftlichen Produktionsmittel verfügen; sie lassen die anderen draußen vor oder gewähren ihnen die entsprechenden Informationen nur gegen hohe Lizenzgebühren. Aber auch unter ökologischem Gesichtspunkt eignet sich diese Technologie nicht, denn sie belastet in bestimmtem Maße die Ökosysteme und bietet keine Gewähr, daß diese sich für die kommenden Generationen reproduzieren können. Gleichwohl zeigen nicht wenige angesichts des Verhältnisses zwischen Technik und Ökologie einen gewissen Optimismus. Sie argumentieren: Wenn die Technik ökologische Probleme mit sich gebracht habe, dann sei sie auch imstande, diese mit neuen Technologien zu lösen. Und verwiesen wird dann auf Gentechnik, Strahlentechnik – Laserstrahlen u. a. –, Informatik und vieles mehr.[8] Aber ist es nicht eine Illusion, zu glauben, das Virus, das uns angreift, könne der Beginn auch unserer Heilung sein?

Schließlich müssen wir uns der Tatsache bewußt werden, daß die Technologie weder in sich noch für sich besteht. So groß der technologische Fortschritt, den wir erreichen können, auch sein mag, Technologie paßt immer nur in ein bestimmtes Entwicklungsmodell. Und eben das muß auf den Prüfstand.

b. Entwicklung und Ökologie:
der Widerspruch der zukunftsfähigen Entwicklung
So kommen wir denn zu einer zweiten Ursache: Verantwortung für die ökologische Krise trägt auch das geltende Modell von *Entwicklung*. Seit vierhundert Jahren sind alle Weltgesellschaften Geiseln eines Mythos: des Mythos ununterbrochenen und unbegrenzten Fortschritts und Wachstums. Jedes Land muß jahrein, jahraus in der Produktion von Gütern und Dienstleistungen Wachstumsraten vorweisen können. Daran wird nach den heute noch geltenden Maßstäben gemessen, ob eine Gesellschaft entwickelt, unterentwickelt oder schlicht und einfach rückständig ist.

---

8) Vgl. Huber, J., Die verlorene Unschuld der Ökologie, Frankfurt/M 1982; Maddon, J., Unsere Zukunft hat noch Zukunft. Der jüngste Tag findet nicht statt, Stuttgart 1973.

Diese Art von Fortschritt gehorcht dem eisernen Gesetz der Gewinnmaximierung bei gleichzeitiger Kosten- und Zeitminimierung. Zur Erreichung dieses Ziels wurde eine wahrlich phantastische industriell-produktive Maschinerie aufgebaut. Sämtliche Produktivkräfte wurden in Bewegung gesetzt, um der Erde zu entnehmen, was sie nur zu bieten hat. Man preßte sie regelrecht in ein Prokrustes-Bett und untersuchte, folterte und durchbohrte sie, um ihr alle Geheimnisse zu entringen. Systematische Überfälle auf ihre Schätze im Boden wie im Erdinnern, im Wasser wie auf dem Meeresboden, in der Luft wie in der äußeren Atmosphäre fanden statt. Ja, an allen Fronten wurde Krieg gegen sie geführt. Die Opfer, die dabei produziert werden, sind unerhört: Die Arbeiterklasse wird weltweit unterdrückt, Nationen am Rande des Systems werden ausgebeutet, die allgemeine Lebensqualität gerät unter die Räder, und die Natur kann nur noch stöhnen.

Aus der Perspektive der Ökologie betrachtet, bedeutet der Traum vom grenzenlosen Wachstum, daß man zerstörerische (und nicht produktive) Kräfte erfunden und die Erde, einschließlich ihrer Arten und all ihrer Bausteine, historisch-sozial mit Krankheit und Tod infiziert hat.[9]

Heute geht es nicht mehr um Arbeit als (mühsames) Herstellen dessen, was ausreicht, die gesellschaftlichen Bedürfnisse zu befriedigen, wobei ein gewisser Überschuß der Erholung der Menschen dient. Heute geht es um Produktion im Sinne höchster Effizienzsteigerung der Arbeit, um der Nachfrage am Markt nachzukommen und Gewinne zu erwirtschaften. Worum sich das Ganze dreht, ist nicht mehr das Werk, sondern die Ware, insofern diese – in den Kreislauf des örtlichen, regionalen und weltweiten Marktes geworfen – möglichst großen Gewinn und Verdienst bringen soll.

Zwar konzipierte man aufgrund der Veröffentlichung des Brundtland-Berichtes der UNO im Jahre 1987 (»Unsere gemeinsame Zukunft«: Forschungsbericht zur ökologischen Lage der Erde – 1983–1987[10]) das Ideal der »nachhaltigen« bzw. »zukunftsfähigen Entwicklung«. Darunter verstand man »einen Veränderungsprozeß, in dem die Ausbeutung der Ressourcen, die Orientierung der Investitionen, die Richtung der technologischen

---

9) Vgl. McKibben, B., Das Ende der Natur, München 1990.
10) Hauff, V. (Hrsg.), Unsere gemeinsame Zukunft. Forschungsbericht zur ökologischen Lage der Erde 1983–1987. Der Brundtland-Bericht, Greven 1987.

Entwicklung und die Veränderung der Institutionen in Einklang stehen mit den gegenwärtigen und zukünftigen Bedürfnissen«. Die ökologische Vernunft wird darin nicht ausgespart. Aber allein schon die Begrifflichkeit macht deutlich, daß man immer noch Gefangener eines Paradigmas ist, in dem Entwicklung bzw. Wachstum als Wert in sich gelten. Mag man diese Art von Entwicklung mit noch so vielen Attributen versehen – wie »selbsttragend« oder gar »autogen« –, nie kommt sie von ihrer ökonomischen Matrix von Produktionssteigerung, Akkumulation und technologischer Erneuerung los.

Der Bericht geht von der Voraussetzung aus, der auch die meisten kritischen Forscher und Forscherinnen in der Ersten und Dritten Welt beipflichten: daß sich Armut und ökologische Verwüstung bedingen und gegenseitig verursachen. Was Dreck macht, so die Annahme, sei das Elend. Je mehr Entwicklung, desto weniger Not also; und je weniger Not, desto weniger Umweltverschmutzung und desto mehr Ökologie mithin. So komme es also darauf an, den Entwicklungsprozeß zu beschleunigen, wolle man ein Optimum an ökologischem Gleichgewicht gewährleistet sehen.

Doch in dem Gedankengang steckt ein schwerer Irrtum. Die wirklichen Ursachen der Armut und der Umweltzerstörung kommen nicht auf den Tisch. Not und ökologische Verwüstung rühren nämlich genau von dem Modell von Entwicklung her, das da praktiziert wird und das gezielt auf Konzentration, Ausnutzung von Menschen und Ausbeutung der Möglichkeiten der Natur abgestellt ist. Daraus folgt: Je intensiver diese Art von Entwicklung zugunsten einiger weniger gehandhabt wird, desto mehr Elend und Zerstörung wird sie für die große Mehrheit produzieren. In der Tat, so stellt sich denn auch die Lage weltweit dar: Ganz wenige Länder mit groß angehäuften Gütern und Dienstleistungen leben auf Kosten von zwei Dritteln von an den Rand Gedrängten bzw. Ausgeschlossenen. Wo es zu Konflikten kommt zwischen Ökologie und Entwicklung, werden – so die Regel – Lösungen immer zugunsten des Wachstums und gegen die Argumente einer nachhaltigen, zukunftsfähigen Ökologie gesucht. Ökologen und Biologen haben den Begriff »sustentability« – zu deutsch: »Nachhaltigkeit« oder vielleicht besser »Zukunftsfähigkeit« – geprägt, um das Bestreben der Ökosysteme nach Ausgeglichenheit zum Ausdruck zu bringen, das seinerseits auf einem Netz von Interdependenzen und Komplementaritäten innerhalb der Ökosysteme beruht.

Läßt sich das Kriterium »Zukunftsfähigkeit« auf die Art von moderner Entwicklung/modernem Wachstum anwenden, deren Logik auf Plünderung der Erde und Ausbeutung der Arbeitskraft beruht? Wäre die Antwort positiv, könnte das Ganze nichts anderes als eine *contradictio in adiecto* sein: ein Widerspruch allein schon zwischen Hauptbegriff und beigefügtem Attribut. Dies gilt namentlich für den Kapitalismus, der auf der privaten Aneignung der Natur und ihrer Ressourcen fußt. Der Kapitalismus ist ein spezieller Feind der Natur.[11]

So kaschiert der Ausdruck »zukunftsfähige Entwicklung« das moderne Paradigma, das sowohl hinter dem Kapitalismus als auch hinter dem Sozialismus steckt. Selbst wenn sich der eine wie der andere ein grünes Etikett aufkleben, unterliegen sie beide nach wie vor der gefräßigen Logik des Wachstumsparadigmas. Treffend sagt die scharfe brasilianische Analytikerin Selene Carvalho Herculano: »Der Ausdruck ›nachhaltige Entwicklung‹ verwischt die neue Form, sich die Welt zu denken; ein Symbol dafür ist er nicht.«[12]

Wir schlagen vor, nicht mehr von Entwicklung zu sprechen, sondern nur noch von Wachstum, und zwar als Selbstzweck, im Rahmen eines quantitativen und linearen Modells. Denn mit einer Entwicklung im Sinne einer Potenzierung der menschlichen Möglichkeiten in ihren verschiedenen Dimensionen, insbesondere der geistigen Dimension des *homo sapiens/demens*, der seinerseits unentwegt eingebunden ist in globale Interaktionen zwischen ihm zum einen und Kosmos und Erde mitsamt ihrer unendlichen Vielfalt und ihrem dynamischem Gleichgewicht zum anderen –, damit hat das alles nichts zu tun. Was interessiert, sind allein die Möglichkeiten, die das Interesse an Gewinn füttern. Aus diesem Grund erweist sich Entwicklung im Rahmen dieses Modells nur als ein materielles und eindimensionales Ansinnen und damit als nichts weiter denn als Wachstum. Nachhaltigkeit und Zukunftsfähigkeit sind eine rein rhetorische und illusorische Angelegenheit.

---

11) Vgl. Duclos, D., La nature: principale contradiction culturelle du capitalisme?, in: Versch., L'écologie, ce matérialisme historique, Paris 1992, 41–58.
12) Herculano, S. Carvalho, Como passar do insuportável ao sofrível, in: tempo e presença Nr. 261, 1992, 14.

c. Gesellschaft und Ökologie:
Ökokapitalismus/Ökosozialismus

Andererseits darf man aber auch nicht so tun, als existierte Entwicklung in sich. Entwicklung hängt nämlich an einem *Modell einer Gesellschaft,,* welche sich die Art von Entwicklung gibt, die sie will. Methodisch haben wir also so vorzugehen, daß wir uns zunächst rasch mit dem Modell von Gesellschaft befassen, unter dem wir alle ökologisch zu leiden haben.

Es geht um den dritten Ursachenmechanismus, der die Erde in ihre gegenwärtige prekäre Lage gebracht hat. Tatsächlich verschlingen alle Gesellschaftsformen, die die Geschichte zumindest seit der Jungsteinzeit (12 000 Jahre v. Chr.) gesehen hat, Energie; alle entnehmen der Natur systematisch und in wachsendem Maße ihre Kräfte. Das gilt insbesondere für das moderne Modell von Gemeinwesen, dessen tragende Säule ja die Wirtschaft ist; und Wirtschaft wird heute bekanntlich verstanden als Kunst und Technik, durch Ausbeutung der natürlichen Ressourcen und durch die Erfindungsgabe der Menschen grenzenlosen Reichtum zu produzieren. Die Folge ist, daß Wirtschaft in modernen Gesellschaften nicht mehr in ihrem ursprünglichen Sinn – als vernünftige Verwaltung von Knappheit – begriffen wird. Ökonomie ist zur Wissenschaft vom unbegrenzten Wachstum geworden.

Die ganze Moderne – ob liberal-kapitalistischen oder sozialistisch-marxistischen Zuschnitts – lebt aus dieser gemeinsamen Voraussetzung: Die Maxime lautet Wachstum, Expansion und Überschwemmung der Märkte mit Gütern und Dienstleistungen. Es gibt nur einen folgenschweren Unterschied: Während in der liberal-kapitalistischen Gesellschaft die Waren und Dienstleistungen einer Elite von Ländern oder von Gesellschaftsgruppen in den Ländern zur Verfügung stehen, bemüht man sich in der sozialistischen Gesellschaft, die Errungenschaften des ökonomischen Wachstums, die ja der Ertrag der Arbeit aller sind, möglichst breit zu verteilen. So wenigstens das Ideal des Sozialismus.

Dieser Unterschied erklärt sich aus der Tatsache, daß sich die Produktionsformen in den beiden Gesellschaftsmodellen gründlich unterscheiden. Im Mittelpunkt des liberal-kapitalistischen Gemeinwesens stehen Privateigentum und Überbewertung des einzelnen. Wie sich die gesellschaftlichen Beziehungen strukturieren, liegt überwiegend in den Händen der Kapitaleigner (Besitzer der Produktionsmittel, wie Technologie, Fabriken, Grund und Boden,

Geld), die sich die anderen, die allein von der Arbeitskraft – ihres Armes oder ihres Verstandes – leben, unterwerfen. Der Motor der Produktionsmaschine ist der Gewinn, je nach Produktivität und Konkurrenzfähigkeit. Dagegen beruht die sozialistische Gesellschaft auf dem Volkseigentum, das – mit Hilfe der Einheitspartei (so im realexistierenden Sozialismus marxistisch-leninistischen Zuschnitts) als dem alleinigen Eigner und Träger des Gemeinwohls – vom Staat verwaltet wird. Auch Grund und Boden werden vergesellschaftet, zugleich aber auch jeden Zaubers entkleidet und reduziert auf ursprüngliches Kapital.[13]

Was insgesamt festzustellen ist, ist, daß wirtschaftliches Wachstum im einen wie im anderen Gesellschaftsmodell keine soziale Entwicklung gebracht hat.[14] Im ersten – liberal-kapitalistischen – Modell kam es zu einer großen sozialen Ungleichgewichtigkeit, zu Klassenkämpfen, zu Geschlechter- und Generationenkonflikten, zu Ungerechtigkeit ebenso wie zu einer schlechten Lebensqualität im umfassenden Sinn. Im zweiten – sozialistischen – Modell hingegen zeigten sich Vermassung und Autoritarismus, während Partizipation und schöpferische Gestaltungskraft seitens der Bürger und Bürgerinnen nicht zum Zuge kamen. Möglicherweise schafft der sozialistische Staat bescheidenen Wohlstand, was er aber nicht schafft, ist Mitsprache und Mitbeteiligung. Auch wenn er die Frau in die Welt der Arbeit hineingeholt hat, mit der machistisch-patriarchalen Kultur Schluß zu machen, ist ihm nicht gelungen. Der realexistierende Sozialismus hat die Produktionsmittel, nicht aber die Machtmittel (Demokratie) sozialisiert. Und schließlich möchte der Mensch nicht nur die Dinge entgegennehmen, sondern auch etwas geben und mitarbeiten beim Aufbau des Gemeinwesens; denn es gehört nun einmal zu seiner Natur, schöpferisch zu sein und sich als Mit-Schöpfer zu betätigen, Dankbarkeit zu empfinden und Liebesfähigkeit zu entfalten.

Beide Gesellschaftsmodelle haben die Erde kaputt gemacht. Sie haben sie zum Rohstofflager oder Ressourcenvorrat entwürdigt – und die Menschen zu »menschlichen Ressourcen« oder »Humankapital«. Dieses bildet die große Reservearmee, die den Herren der Produktionsmittel – das heißt einmal dem Staat und das andere Mal dem Kapital – zur Verfügung steht. Für die Erde und die Ge-

---

13) Vgl. Benton, T., Marxisme et limites naturelles: critique et reconstruction écologiques, in: Versch., L'écologie, ce matérialisme historique, a. a. O., 59–95.

14) Vgl. Schmitz, P., Ist die Schöpfung noch zu retten?, Würzburg 1985, 21–30.

meinschaft des Kosmos mit ihren tausend Stimmen und Sprachen hat niemand mehr ein Ohr. Der Code zur Entzifferung ihrer symbolischen und sakramentalen Botschaft ist verloren gegangen. Der komplexe Superorganismus Gaja gilt als inerte Maschine aus Hunderten von physikalisch-chemischen Elementen, die das technischwissenschaftliche Projekt nur noch auszuschlachten braucht. Kein Wesen der Natur findet mehr Achtung ob seines inneren Wertes, seiner relativen Autonomie und seines Alters, das das des Menschen um etliches übertrifft, denn immerhin reihte sich der Mensch erst als letzter in die Kette der Geschöpfe ein.

Der einen wie der anderen Vorstellung von Gesellschaft liegen tiefgreifende Dualismen zugrunde. Beide haben Kapital und Arbeit auseinandergenommen, Arbeit und Freizeit, Mensch und Natur, Mann und Frau, Körper und Geist, Sex und Zärtlichkeit, Leistung und Poesie, Bewunderung und Struktur, Gott und Welt. Der eine Pol hat sich zum Herrn über den anderen aufgeschwungen. Und so kam es zu Anthropozentrismus und Kapitalismus, zu Materialismus und Patriarchat, zu Männlichkeitswahn und Performanzismus (Fordismus, Taylorismus), zu Säkularismus und monarchischem, will sagen: zu dreifaltigkeitsvergessenem Monotheismus. Und noch etwas Schlimmeres passierte: Der Mensch isolierte sich von der kosmischen Gemeinschaft und vergaß das Netz der Interdependenzen und Synergien aller kosmischen Elemente, dank dessen er im Laufe des Evolutionsprozesses erst auftauchen konnte.[15] Der Mensch kapselte sich in sich ein. Und damit entfremdete er sich seiner Würde und Aufgabe in diesem fortgeschrittenen Stadium des kosmischen Prozesses.

Die derzeit geltende Art von Gesellschaft ist ohne jeden Zweifel zutiefst ökologiefeindlich. Sie ist einer der Faktoren, die die gegenwärtige Verwüstung des Systems Erde erklären. Aber auch sie verweist uns ihrerseits weiter an noch tieferliegende Gründe.

d. Anthropozentrismus: der Mensch – Satan der Erde?
Von der Gesellschaft richtet sich unser Blick auf den *Menschen.* Was für ein Menschenbild liegt den gerade angedeuteten Formen von Gesellschaft zugrunde? Hängt der gegenwärtige *status terrae corruptae* möglicherweise vorrangig vom Menschenbild ab? Man

---

15) Vgl. Schwarz, W./Schwarz D., Ecologia: alternativa para o futuro, Rio de Janeiro 1990, 163–174.

beschuldigt den Menschen, Satan der Erde zu sein. Besteht der Vorwurf zu Recht, oder dreht es sich dabei wieder bloß um einen Mechanismus der Entschuldigung?

Die Vorstellung, die der Mensch (im persönlichen wie im kollektiven Sinn) von sich selbst hat, ist entscheidend für die Definition seines Verhältnisses zur Natur, zur Erde als ganzer wie auch zu seinem eigenen Schicksal.

In den modernen Gesellschaften hat sich der Mensch unbestreitbar in den Mittelpunkt des Ganzen gesetzt. Alles hat von ihm auszugehen und zu ihm zurückzukehren. Er fühlt sich als Prometheus, der vermöge seiner Geistesschärfe und seiner Kraft mit allen Hindernissen, die sich seinem Ansinnen in den Weg stellen, fertigzuwerden imstande ist.

Worum es dem Menschen geht, ist das *dominium terrae*, das heißt Eroberung und Beherrschung der Erde. Friedrich Nietzsche bringt die Sache auf den Punkt, wenn er sagt, der Wille zu Macht und Herrschaft bestimme das Profil des Menschen in der modernen Gesellschaft.[16]

Doch bis zu Nietzsche – diesem Propheten und Propagandisten der Kultur des Hochmuts! – brachte kein Text der westlichen kulturellen Tradition den Willen zu Eroberung und Unterwerfung besser zum Ausdruck als jene päpstlichen Bullen, welche die iberischen imperialen Mächte an der Wende vom 15. zum 16. Jahrhundert legitimierten, sich dem Abenteuer zu verschreiben, eine Weltkultur zu schaffen (was sie dann ja auch tatsächlich zuwege brachten), mit anderen Worten: Meere zu durchkreuzen, die bis dahin kein Schiff befahren hatte, Länder zu erobern, sich Völker zu unterwerfen und Kulturen, die bislang kein Mensch kannte, im Namen Gottes und der Kirche dem Erdboden gleich zu machen.

In seiner Bulle »Romanus Pontifex« sagt Papst Nikolaus V. (1447–1455) den portugiesischen Königen die Herrschaft über die Welt mit folgendem Text zu: »Nachdem wir mit der gebührenden Achtsamkeit jede einzelne der angesprochenen Fragen bedacht haben, gestehen wir [ihnen] die volle, freie Berechtigung zu, in die Gebiete jedweder Sarazenen, Heiden und anderer Feinde Christi einzudringen, sie zu erobern, zu bekriegen, zu besiegen und zu unterwerfen, wo immer sie sich befinden, einschließlich der Kö-

---

16) Nietzsche, F., Der Wille zur Macht. Versuch einer Umwertung aller Werte (1887), Stuttgart 1964.

nigreiche, Herzogtümer, Fürstentümer, Herrschaften, Besitzungen und beweglicher wie unbeweglicher Güter, die sie haben und besitzen; die Personen derselben in ewige Sklaverei zu unterwerfen und ihre Königreiche, Herzogtümer, Grafschaften, Fürstentümer, Herrschaften und Besitzungen für sich und ihre Nachfolger zu bestimmen, sich anzueignen und für den eigenen und ihrer Nachfolger Gebrauch und Nutzen anzuwenden. Aufgrund dessen, daß König Alfons diese Berechtigung erhält, besitzt er mithin gerechter- und berechtigterweise die Inseln, Länder, Häfen und Meere, die kraft des Rechtes König Alfons selbst, aber auch seinen Nachfolgern zustehen und gehören.«[17]

Noch arroganter ist die Art und Weise, wie Papst Alexander VI. (1492–1503) »aus der Fülle« seiner »apostolischen Machtbefugnis, die durch den allmächtigen Gott, durch die Vermittlung St. Petri« ihm »übertragen worden ist«, dieselben Rechte auf »alle aufgefundenen oder aufzufindenden, alle entdeckten oder zu entdeckenden Inseln und Festländer« den Königen von Kastilien und León gewährt.[18] Die beiden Texte sprechen für sich. Jede Exegese erübrigt sich. Die Absicht der Weltherrschaft steckt tief drin im kollektiven Unbewußten der westlichen Kultur, die heute weltweit den Ton angibt, ob sie im Namen Gottes daherkommt oder der christlichen Kultur, der aufgeklärten Vernunft oder von Wissenschaft und Technik, der Gesellschaft der Erkenntnis oder der Demokratie. Immer geht es darum, alle Welt – zumal die anderen und die Andersgearteten – sich zu unterwerfen und einzuordnen in die Befehlsstrukturen des westlichen Macht- und Herrschaftsparadigmas. Doch im Augenblick geht es nicht mehr allein darum, die Erde zu erobern, sondern auch den äußeren Welt- und Sternenraum. Der moderne Herrschaftsdrang ist zutiefst naturfeindlich.[19]

Die imperiale und antiökologische Anthropologie, so wie sie sich uns heute in Träumen, Projekten, Idealen, Institutionen und Werten aufdrängt, läßt sich in einem Wort zusammenfassen: *Anthropozentrismus*. Und was heißt Anthropozentrismus? Alles, was die Geschichte im Laufe von fünfzehn Milliarden Jahren hervor-

---

17) Vgl. den vollständigen Text – in portugiesischer Sprache – in: Suess, P., A conquista espiritual, Petrópolis 1992, 227.
18) Vgl. den vollständigen Text der Bulle in: Delgado, M. (Hrsg.) unter Mitarbeit von Pockrandt, B., und Goldstein, H., Gott in Lateinamerika. Texte aus fünf Jahrhunderten. Ein Lesebuch zur Geschichte, Düsseldorf 1991, 68–72.
19) Vgl. Turner, F., Beyond geography. The western spirit against the wilderness, New Brunswick u. a. 1990.

gebracht hat, steht allein in Funktion des Menschen, ob Mann, ob Frau. Alles gelangt im Menschen zu seinem Höhepunkt. Nichts hat einen Wert an sich, als Gegenüber zum Menschen oder ohne den Menschen. Alles, was existiert, steht dem Menschen zur Verfügung und dient dazu, seine Wünsche und Pläne Wirklichkeit werden zu lassen. Alles ist Eigentum und Verfügungsmasse des Menschen. Der Mensch fühlt sich *über* den Dingen und nicht *mit* ihnen und *in derselben Reihe* wie sie. Er versteht sich als isolierten und allein-gültigen Punkt, außerhalb und oberhalb der Natur. Der Gedanke, der Schöpfung mit Achtung zu begegnen, kommt ihm in seiner Arroganz nicht.

Der Mensch vergißt, daß weder das All noch die Erde Werk seiner Kreativität noch Ergebnis seines Willens sind. Weder hat er seine noch ihre Geburt miterlebt noch dem Pfeil der Zeit seine Richtung gegeben noch die Urenergien erfunden, die nach wie vor den gewaltigen Evolutionsprozeß treiben und auch in seiner eige-nen menschlichen Natur am Werk sind, weil diese ja ein Teil der universalen Natur ist. Der Mensch kommt erst im nachhinein und trifft gerade noch als letzter zum großen Fest der Schöpfung ein. Da All und Erde älter sind als er, kann er sie nicht als sein Eigentum beanspruchen. Umgekehrt: Der Mensch gehört Erde und All. Wenn schon nicht die Erde der Mittelpunkt des Universums ist, wie kann dann der Mensch – als Sohn und Tochter der Erde – sich an-heischig machen, sich als deren Zentrum und Zweck zu betrachten? Doch von all den Dingen weiß der Anthropozentrismus nichts, ja will er nichts wissen.

Auf eine klassische Formel bringt schon der Vorsokratiker Pro-tagoras von Abdera (485–415 v. Chr.) den Anthropozentrismus, wenn er sagt:»Der Mensch ist das Maß aller Dinge«.[20]

Die Dinge so zu betrachten verletzt das erste universale Gesetz, das besagt, da wir eine immense kosmische und planetarische Ge-meinschaft bildeten, müßten wir in Harmonie und Solidarität mit-einander umgehen. Immerhin seien wir ja alle selbständige Größen, hätten denselben Ursprung und seien für dasselbe Ziel bestimmt.[21]

Nun ließen wir schon im ersten Kapitel anklingen, historisch betrachtet entpuppe sich der *Anthropozentrismus* als *Androzen-trismus*. Nicht so sehr die Frau als vielmehr der Mann, zumal der

---

20) Diels, H., Die Fragmente der Vorsokratiker, Hamburg 1957, 121.
21) Vgl. Haussmann, G., L'uomo simbionte, Florenz 1992, 31 ff.

vom Männlichkeitswahn besessene Mann, erklärt sich zum Herrn über die Natur. Dagegen ist die Frau für ihn Teil der Natur, die er als alleiniges Eigentum betrachtet, die er bändigen und seiner rationalen, objektiven und voluntaristischen Logik zu unterwerfen hat. Deshalb neigt der auf seine ausschließende Männlichkeit konzentrierte Mann dazu, die weiblichen Elemente in sich und in der Frau zu unterdrücken: die Dimension der natürlichen Spontaneität, das Aufbrechen von vitalen und freien Kräften, die Fähigkeit, die Botschaft der Dinge zu erfassen und den *esprit de finesse* gegenüber den Dimensionen des Geheimnisses und des Heiligen gelten zu lassen. Der Mann hält sich an den *esprit de géometrie*, wie Blaise Pascal genial sagt, das heißt an kühle Vernunft, rationale Berechnung und strategisch geplante Produktivität. Und dieses das ganze Menschsein umgreifende Selbstverständnis hat er schließlich auch der Frau beigebracht, so daß diese sich immer weiter von ihrer Unverwechselbarkeit als Frau entfremdete.[22]

Der Mensch, der sich so versteht, verhaspelt sich in ein Gewirre von Beziehungen zu sich selbst. Verarmung und Entkräftung stehen ihm ins Gesicht geschrieben. Aus den eigenen Grenzen, die ihn in seinem Leben und in seiner Zukunft bedrohen, kommt er nicht heraus. Da er sich darüber hinaus von allen Seiten bedroht fühlt, legt er eine wahnsinnige Aggressivität an den Tag.[23] Er greift zur Macht, um seine Macht zu steigern und sich in Sicherheit zu fühlen. Doch damit huldigt er einer baren Illusion. Den anderen die Macht zu nehmen oder zu bestreiten macht nicht sicherer, sondern nur verwundbarer, weil die Leute ringsum dadurch endgültig zu Feinden werden. Aber das macht ihn noch unsicherer; und die Folge ist, daß er noch mehr Macht zu brauchen meint. Der Teufelskreis hat sich geschlossen. Der Mensch ist zum Unterdrücker geworden.

In dieser Logik und aus der Position der Macht greift der Mensch tief in die Natur ein, um sie sich, und zwar allein für sich, zu Diensten zu machen. Das Ergebnis ist eine ganz charakteristische Zivilisation, unsere moderne Zivilisation. Kernstück dieser Zivilisation sind weder das Leben noch die Großartigkeit des Lebens, weder der Schutz des Lebens noch die Expansion des Le-

22) Vgl. Plaskow, J./Christ, C./Weaving, The visions: new patterns in feminist spirituality, New York 1989.
23) Vgl. Haught, J., The Promise of Nature. Ecology and Cosmic Purpose, New York – Mahwah 1993, 39–55.

bens, sondern die Macht und das Streben nach noch mehr Macht, mit anderen Worten: nach Herrschaft.[24]

e. *Zivilisation gegen die Natur*

Und so kommen wir vom Menschen zum Werk des Menschen, genauerhin zur androzentrischen, auf Herrschaft abzielenden *Zivilisation*, die zweifelsohne eine der entscheidenden Ursachen für die gegenwärtige ökologische Krise ist. Eine Zivilisation erwächst aus dem Sinn, den die Menschen sich selbst beimessen, ebenso wie aus den Verhaltensmustern, mit denen sie versuchen, die Selbstbewertung historisch zu konkretisieren – in bezug auf sich selbst, aber auch auf Mitmensch und Natur, auf die Vergangenheit und auf die Gottheit, letztere als den letzten Traum alles Suchens. Vier große Systeme greifen in einer Zivilisation ineinander: das darstellende System und das normative System, das System des Ausdrucks und das System des Handelns. In der Moderne wurde gerade das letzte, das des Handelns, besonders wichtig[25], weil es unmittelbar mit der Logik der Macht in Verbindung steht.

Damit aber haben wir schon eines der Hauptcharakteristika unserer Zivilisation: Macht und Herrschaft. Historisch-gesellschaftlich konkret wird das Ganze in der Technologie. Niemand wird bestreiten können, daß wir in einer technologischen Zivilisation leben. Das heißt: Um mit der Natur in Bezug zu treten, bedienen wir uns ihrer vorzugsweise als eines Werkzeugs *(techne)*. Aus der Natur und aus allem, was sie beinhaltet, machen wir uns ein Instrument zur Erlangung unseres Ziels, mit anderen Worten: zur Steigerung unserer Macht und Einflußsphäre. Aber solch eine instrumentelle Haltung zerstört jede Unmittelbarkeit, jeden direkten Kontakt und jede hautnahe Erfahrung mit der Natur. Zwischen uns und die Natur schieben wir das Werkzeug. Damit kündigen wir die grundlegende Solidarität auf, die uns mit allem im Kosmos wie auf der Erde eint. Der Mensch maßt sich eine Position der Überlegenheit an, als verfüge er nach Belieben über die Dinge in der Reichweite seiner Hand bzw. der Verlängerung seiner Hand, seines Armes, seines Auges oder seines Wunsches, der dann auch nur noch ein Werkzeug ist.

---

24) Vgl. Moscovici, S., Sociedade contra a natureza, Petrópolis 1975, 321–325.
25) Vgl. Ladrière, J., Les enjeux de la rationalité, Paris 1977.

Nun erfordert das Instrument seinerseits ein ihm entsprechendes Denken, das heißt eine instrumentell-analytische Rationalität. Die instrumentelle Vernunft ist aber etwas Subjektives, das allein den Menschen und seine Interessen zum Vater hat. Sie definiert die Argumente, die diesen Interessen zupaß kommen, und das sind vor allem die Treffstücke der Macht. Objektive Argumente, die der kosmische Prozeß mitsamt seinem alle und alles einspannenden Inter-retro-Beziehungsgefüge bereits seit Milliarden von Jahren bereit hält, verweist sie auf den zweiten Rang. Kommt die Rede dennoch mal auf sie, werden sie im Handumdrehen der subjektiven Vernunft untergeordnet oder – präziser gesagt – den Interessen der Macht. Dabei spielt der innere Wert der natürlichen Wesen keine Rolle. Diese werden nämlich sofort zu Zwecken der menschlichen Subjektivität, in der Regel des Profits und des individuellen Wohlergehens, instrumentalisiert.

Technologie bedeutet operatorisches Wissen. Operatorisch, in wessen Funktion? In Funktion der Wissenschaft. Und diese definieren wir als analytisches, kritisches, systematisches Erkennen der Wirklichkeit, wie sie sich der Wissensbegierde darstellt. Technologie hingegen ist nichts weiter als angewandte Wissenschaft. Mithin erweist sich die Wissenschaft als der große Hebel, mit dessen Hilfe sich jede Ordnung in Natur und Gesellschaft, aber auch in Körper und Geist des Menschen verändern läßt.

Nun hat aber Jürgen Habermas überzeugend nachgewiesen, daß als Impulsgeber hinter der modernen Wissenschaft immer ein bestimmtes Interesse steht. Moderne Wissenschaft eruiert die subtilsten Strukturen der Realität, disponiert die Erkenntnisse zu einer ganzen Architektur, operationalisiert sie sofort für praktische Zwecke und zielt auf Fortschritt, industrielles Wachstum und Gewinn ab. Damit entzaubert sie sich aber als eine Technik zur Veränderung der ökologischen Beziehungen.[26] Niemand wird bestreiten wollen, daß die Wissenschaft den Menschen unermeßliche Erleichterungen gebracht hat, angefangen mit den üblichen elektrischen Haushaltsgeräten bis hin zu den großen Möglichkeiten zur Veränderung der beiden Kategorien, die die Existenz der Welt umschreiben: Raum und Zeit. Die eine wie die andere sind kaum noch wiederzuerkennen: Die modernen Kommunikations- und Trans-

---

26) Vgl. Habermas, J., Der philosophische Diskurs der Moderne, Frankfurt am Main 1988, 352 ff.

portmittel haben den Raum phantastisch schrumpfen lassen, und Fernsehen und Fax haben die Zeit auf drastische Weise annähernd zur Gleichzeitigkeit verkürzt.

In weiten Gebieten der Welt fehlt es aber noch immer an der notwendigen Technologie, welche die Erzeugung von Nahrungsmitteln steigern, die hygienischen Verhältnisse der Menschen verbessern und ihnen menschenwürdigere und sicherere Verkehrsmittel zur Verfügung stellen könnte. An anderen – wenigen – Stellen dagegen herrscht ein Überfluß an Technologie, mit der Folge, daß das familiäre und gesellschaftliche Klima unnötigerweise verkompliziert und die Biosphäre durch Umweltverschmutzung belastet wird. Besonders schädlich sind bekanntlich die FCKWs, die von Treibmitteln, Kühlschränken und Klimaanlagen herrühren und die die Ozonschichte zerstören (in der Antarktis inzwischen 50 %), wobei uns die Ozonschicht vor ultravioletten Strahlen schützt, die möglicherweise Hautkrebs verursachen und sogar den genetischen Code (DNS) verändern.

Auf sozialer Ebene führt die ökologische Krise zu einem doppelten Ungleichgewicht: zu einem Konsumexzeß bei den Reichen und zu einem Konsumdefizit bei den Armen. Darüber hinaus bringt sie das Lebenssystem in eine umfassende Krise: von der Zerstörung der Wälder über die in den Städten sich verbreitenden Neurosen bis hin zum gegenwärtig allerorten zu beobachtenden Zynismus gegenüber dem Drama von Millionen von Hungergestalten und bis zum Nihilismus des harten Rock, der die Jugend in Rausch versetzt.

Dem war aber nicht immer so in der Geschichte der Menschheit, und nirgends steht geschrieben, daß dem unbedingt so sein muß. Jahrhundertelang gingen Wissenschaft und Technik je ihres eigenen Weges und hatten nichts miteinander zu tun, wie A. Koyré überzeugend nachgewiesen hat. Erst das Projekt der Technowissenschaft brachte die beiden, indem es sie unter die Fittiche eines geradezu besessenen Willens nach auf Herrschaft abzielende Macht stellte, so dicht zusammen. Die neue Verbindung schuf die Grundlage dafür, daß das imperiale Projekt der Moderne Leistung und Stärke so sehr betonen konnte. Sie macht das Proprium unserer Zeit und das spezifische Kennzeichen der Art und Weise aus, wie sich der Mensch heute versteht, zuerst im Westen und schließlich weltweit. Am Ende prägt sie auch alle anderen Ebenen der Zivilisation. Manche sagen, und zwar nicht ganz zu Unrecht, die jüdisch-christliche Theologie habe die Grundlage dazu geliefert, Wissenschaft und Technik so dicht miteinander zu verschweißen, weil sie ja verkünde, die Natur habe nur eine Existenzberechtigung: dem Menschen zu dienen; und deshalb dürfe man sie sich zu Nutzen und Wohl des Menschen untertan machen und ausbeuten[27]. Davon soll in der Folge die Rede sein.

Angesichts der Macht drängen sich sogleich aber immer auch beängstigende Fragen auf: wessen Macht?, Macht wozu?, Macht über wen? So erhellt, daß Macht stets Realitäten ins Spiel bringt, die selbst keine Macht sind, denen sie aber dienen oder die sie erreichen sollen. Macht ist mithin eine Größe in der Ordnung von Mitteln zur Erlangung eines Zwecks. Und was ist der Zweck, den der Mensch vermittels der Macht zu erreichen strebt? Das ist die Frage, um die es in diesem Buch geht und die der vorliegende Band beantworten soll.

Tatsache ist, daß sich die Macht versubstantiviert hat. Macht ist zum Selbstzweck geworden. Aber: Darf ein Mittel zum Zweck werden? Die Folgen dieser *Hybris* (frevelhafte Selbstüberhebung) sind die Wurzel, aus der die ökologische Krise und die Zerstörung der Rück-bindungen, die den Menschen integrierten, erwuchsen. Und weder die eine noch die andere lassen sich überwinden, solange diese Frage nicht von der Wurzel her – das heißt: radikal – angegangen und mit Alternativen beantwortet wird.

Doch Wille zur Macht muß nicht zwangsläufig etwas Perverses sein. Wille zur Macht kann auch Wille zu leben bedeuten: die eigene Integrität zu verteidigen und eine mögliche Beziehung zu einem anderen Menschen herzustellen – eine Beziehung auf der Grundlage von Teilen, Synergie und Selbstbegrenzung der Macht, so daß ein Zusammenleben mit anderen Menschen möglich wird. Der springende Punkt ist, wie weit Machtwille Herrschaftswillen beinhaltet. Herrschaftswille manifestiert sich bald als Annullierung der Macht des bzw. der anderen (Unterdrückung), bald als Unterwerfung, bald als Instrumentalisierung (Hegemonie). Macht ist die Instanz, von der her sich alles strukturiert und organisiert. Herrschaftsstrategen indes wollen alles kommandieren, alles kontrollieren, alles erzwingen, alles in ihren Rahmen pressen und alles unter sich haben. Herrschaftsstrategen geht es um ontologi-

---

27) Vgl. White Jr., L., The Historical Roots of our Ecologic Crisis, in: Science 155 (1967) 1203–1207.

sierte (nicht funktional bedingte) Hierarchien und Dualismen (Wer hat über wen zu sagen?), um Unterordnung und Aufkündigung von Solidarität, wobei Solidarität die Dynamik aller Wesen im Universum ist. Der Mann hat's zu sagen, er allein. Auf die Frau oder auf das, womit die Frau aus ihrer weiblichen Erfahrung beiträgt oder was sie an Bereicherung beisteuert, hört er nicht. Für alle anderen Geschöpfe ebenso wie auch für die tausendjährigen Geschichten, die sie zu erzählen haben, die von Weisheit nur so voll sind und die ihn geistig reifen lassen könnten, stellt er sich taub.

Mit auf Herrschaft abzielender Macht haben wir es also mit einem Zivilisations- bzw. Kulturprojekt zu tun, mit einer willentlichen Entscheidung und einer ethischen Verantwortung. Wir können dem nordamerikanischen Ökologen Thomas Berry nur zustimmen, wenn er sagt:»Der kulturelle Kodex, der die westliche Zivilisation regiert, wurde gezielt gegen den genetischen Code aufgestellt. Die instinktiven Impulse des genetischen Erbes sollen systematisch neutralisiert werden. Darin liegt die Ursache unserer gegenwärtigen Situation.«[28] Mit anderen Worten: An Herrschaft orientierte Macht beraubte das Leben seiner zentralen Stellung überhaupt und baute sich selbst zur absoluten Vergleichsgröße auf. Das Leben ist nur noch bloße Funktion. Die Bestrebungen des Lebens nach allseitiger Interaktion und dynamischem Gleichgewicht nimmt niemand mehr ernst, mag das Leben auch noch so verletzbar sein, noch so sehr der Achtsamkeit und – auf der bewußten Ebene – der Zärtlichkeit bedürfen und mag es noch so sehr bestimmte Bedingungen brauchen, damit es sich nicht nur reproduzieren, sondern auch schöpferisch entwickeln und entfalten kann.

Auf Herrschaft getrimmte Macht konspiriert fortwährend gegen das Leben. Zwischen der einen und dem anderen sind friedliche Koexistenz und synergetische Strategie unmöglich. Mit einer weltweit abgestimmten Strategie zur vernünftigen Einschränkung der Nachfrage an materiellen Gütern (kollektive Kontrolle des Wunsches) oder einer strengen Verwaltung der vorfindlichen natürlichen Ressourcen ist es allein nicht getan. Damit kommen wir dem ökologiefeindlichen Paradigma von Herrschaft und Macht, das sich

28) Swimme, B./Berry, T., The Universe Story From the Primordial Flaring Forth to the Ecozois Era. A Celebration of the Unfolding of the Cosmos, San Francisco 1992, 205.

wie eine Todesmaschine in verheerender Aktion auswirkt, noch nicht bei.[29]

Aber schließlich haben wir uns doch der unausweichlichen Abrechnung zu stellen. Entweder machen wir mit unserem Zivilisationsmodell so weiter und provozieren damit den planetarischen Untergang, oder wir ändern die Richtung (suchen nach einem neuen Paradigma) und retten mithin Gaja, mitsamt ihren Söhnen und Töchtern und der gemeinsamen Zukunft. Die Herausforderung ist unermeßlich. Das Problem hat Dimensionen, wie sie in der Geschichte der Menschheit noch nicht dagewesen sind. Der Grad der Dringlichkeit gestattet weder Ausflüchte noch Verzögerungs- oder Entschuldigungsmechanismen. »Die Zeit drängt«.[30] Wir alle wissen, wie sehr unsere Art zu reden, unsere Einrichtungen, unser Rechtssystem, unsere mentalen Träume, unsere Religionen und Kirchen, unsere Sozialisierungsmethoden und die Art, mit unserer Phantasie umzugehen, von Elementen von Macht, Autoritarismus, Männlichkeitswahn und Anthropozentrismus durchsetzt sind. Es wird noch zahlloser Generationen von Paulo Freires (dem bekannten brasilianischen Pädagogen, für den Erziehung Praxis der Befreiung ist[31]) und Robert Mullers (einem hohen Beamten der UNO, der Inhalte und Methoden einer globalen, planetarischen Erziehung konzipierte[32]) bedürfen, damit eine Zivilisation das Licht der Welt erblicken kann, für welche Erziehung eine schöpferische Praxis partizipativer Freiheit ist – und Zusammenleben eine ununterbrochene Übung globaler Solidarität, universaler Synergie und umfassender Liebe. »Wer nicht das Unmögliche versucht«, schrieben junge Revolutionäre 1968 in Paris an die Häuserwände, »ist dazu verdammt, dem Unfaßbaren ins Auge zu schauen.« Aus diesem Grund sind wir in die Pflicht genommen, nach Neuem und Alternativem als einziger Chance von Rettung und Befreiung zu suchen und hartnäckig zu versuchen, es in die Tat umzusetzen.

Was wir brauchen, ist eine neue Gründungserfahrung und eine neue Spiritualität, die eine neue, noch nie dagewesene, über-

---

29) Vgl. Turner, F., Beyond geography. The western spirit against the wilderness, New Brunswick u. a. 1990.

30) Vgl. Weizsäcker, C. F. von, Die Zeit drängt. Eine Weltversammlung der Christen für Gerechtigkeit, Frieden und Bewahrung der Schöpfung, München 1986.

31) Vgl. den entsprechenden Buchtitel: Freire, P., Erziehung als Praxis der Freiheit, Stuttgart 1974 = (rororo 7058) Reinbek bei Hamburg 1977.

32) Vgl. S. 68–70.

raschende Rück-bindung all unserer Dimensionen möglich macht mit allen übrigen Ebenen der planetarischen, kosmischen, geschichtlichen, psychischen und transzendentalen Wirklichkeit, so unterschiedlich diese auch sein mögen. Erst und nur dann wird sich eine neue Daseinsweise abzeichnen können, auf der Grundlage eines neuen Verständnisses zu leben, integriert in die ganze globale Gemeinschaft.

Und so kommen wir zu der wahrscheinlich tiefsten Ursache für die ökologische Katastrophe der Gegenwart, aber auch zu der möglichen Errettung daraus. Die Rede ist von der Instanz, welche die Rück-bindung des Menschen an den Rest des universalen Prozesses thematisiert und immer lebendig zu halten sich bemüht: von der Religion.

f. Religion: machtentstellte Rück-bindung
Inwieweit ist die Religion mitverantwortlich für das Unheil, aber auch für Heil und Heilung der Erde? Hier ist nicht der Ort für eine eingehende Untersuchung, wie sich das religiöse Phänomen und näherhin die Hochreligionen zur Ökologie verhalten.[33] Stattdessen wollen wir nur die sichtbarsten Momente in der geschichtlichen Entwicklung des religiösen Phänomens ins Auge fassen. Näherhin geht es uns um einige Aspekte des Judäochristentums, weil innerhalb seiner Symbolwelt die westliche Zivilisation, die ja heute weltweit tonangebend ist, geboren wurde. Und die westliche Zivilisation trägt bekanntlich ein gut Teil der Verantwortung für die zerstörerische Logik des ökologischen Dinosauriers, das heißt auf Herrschaft erpichte Macht. So richten wir unsere Aufmerksamkeit abschließend auf das, was wir für die absolute Katastrophe im Bereich des Menschen halten, weil es den Verlust der Rück-bindung gebracht hat. Können wir dann aber überhaupt jene Unschuld und jenen Zauber noch wiedergewinnen, die uns den Weg zum universalen ökologischen Frieden führen werden?

Im Prozeß der Rück-bindung Mensch-Natur hat der Mensch drei große Zyklen, drei Zeitalter durchschritten: die Zeit des Geistes, die Zeit des Körpers und die Zeit des Lebens.

Die *Zeit des Geistes* ist die der alten, naiven Kulturen. Die Menschen entdeckten, wie wir im XI. Kapitel noch genauer sehen

---

33) Vgl. dazu die fünf Bände verschiedener Verfasser: World Religions and Ecology, London 1992.

werden, den Geist und fühlten sich durchdrungen und geführt von Kräften, die sie in sich selbst, aber auch im Kosmos wirken wußten. Es waren numinose, faszinierende, allesumgreifende Wirklichkeiten, die sie Schutz und Sicherheit erfahren ließen. Diese Gründungserfahrung brachte die Menschen in eine geschwisterliche Rück-bindung mit allen Dingen, schuf eine *unio mystica* mit allem, was existiert, und setzte eine tiefe spirituelle Entwicklung in Gang, die in reichen symbolischen Sprachmustern zum Ausdruck kam und an die tiefsten Schichten im Bewußtsein wie im Unbewußten der Menschen appellierte. So entstanden die großen Mythen, und so wurden die Gottheiten geboren. Doch die Gottheiten waren weniger hypostasierte Größen außerhalb von Natur und menschlichem Leben als vielmehr energetische Zentren mitten darin, mit denen der Mensch zusammenleben und sich auseinandersetzen, die er verinnerlichen, auf die er hören und denen er folgen mußte. Die Erfahrung von Rück-bindung und Integration durchdringt alle großen alten Kulturen in Indien und Sri Lanka, in China und Japan, im Mittleren Osten und im Amerika der Pueblos und Sioux, der Tolteken und Inkas, der Mayas und Quichés genauso wie im Brasilien der Tupí-Guaranis[34] und Kaiapós, der Cintas-largas und der Krenakarores, einschließlich aller alten Kulturen, in deren Mittelpunkt das Heilige, das Religiöse und das Spirituelle stehen. Natürlich bekriegten sich die Völker auch, und es fehlte nicht an Umbrüchen in der menschlichen Existenz. Aber das Merkmal des Geistigen und Kosmisch-Heiligen gestaltete alle Bereiche des Daseins. Diese Etappe auf dem Weg der Zivilisation hat, bis auf den heutigen Tag, das kollektive Unbewußte der Menschheit zutiefst geprägt. Die Archetypen lassen etwas vom angehäuften symbolischen, spirituellen Reichtum der Menschheit anklingen.

Die *Zeit des Körpers*. Die Menschen entdecken den Körper sowie die physische Kraft der Erde und des Kosmos. Die Erfahrung, daß sie sich die Kraft der Natur zu Diensten machen können, markiert eine phantastische Wende. Die Landwirtschaft der Neusteinzeit bedeutet die erste große Weltrevolution, die schließlich alle Völker erfaßt. Mit den Gründungsmeistern des modernen Paradigmas, Galileo Galilei, Nikolaus Kopernikus, Isaac Newton und Francis Bacon entdeckt die Menschheit die Wissenschaft mit ihrer

---

34) Vgl. Grünberg, F., Auf der Suche nach dem Land ohne Übel. Die Welt der Guaraní-Indianer Südamerikas, Wuppertal 1995.

technischen Operationalisierbarkeit. Die Menschen gewinnen den Eindruck, sie könnten das verlorene Paradies des Glücks wiederbekommen. Sie fühlen sich, als wären sie eine Gottheit, zumindest jedoch ein Demiurg, mit der Kraft, die Schöpfung zu verändern. Also beginnen sie, systematisch die Erde zu erobern und ihre Ressourcen auszubeuten, als Mittel zur Befriedigung ihres grenzenlosen Wunsches nach Konsum, Wohlergehen und Glück. Die geistigen und psychischen Kräfte des vorhergehenden Zeitalters werden verdächtigt und in den Bereich des Subjektiven, der Magie und des Aberglaubens verwiesen. Jeder geht mit ihnen um, wie er mag, bzw. verdrängt sie gar. Die Konzentration auf den Körper und seine kontrollierbaren Kräfte führt dazu, daß die Menschen die Erfahrung des Numinosen und Sakralen verlieren, welche die archaische Welt des Zeitalters des Geistes ganz mit Zauber und Innerlichkeit erfüllt hatte. Gott wird aus der Welt verdrängt. Ein Gott ohne Welt hat eine Welt ohne Gott zur Folge. So geschehen in der europäischen Moderne. Was jetzt als wunderbar gilt, sind Technik und die Fähigkeit der menschlichen Intelligenz, die Welt zu verändern. Anfangs brachte die Ära des Körpers in der Tat so viele Vorteile mit sich, daß sie den messianischen Auftrag zu erfüllen schien, dem Menschen das Leben leichter zu machen und ihn tatsächlich den König bzw. die Königin des Weltalls sein zu lassen. Aber in dem Maße, in dem sich das Paradigma entfaltete, traten auch die Widersprüche zutage. So entwickelte man Todeswaffen, die unter großem Verlust von Leben getestet wurden, und der Rhythmus der Natur und des menschlichen Lebens wurde in perverser Weise manipuliert. Allmählich wurde die Erde ihrer Unantastbarkeit beraubt; und die Folge ist, daß wir jetzt eine kranke Erde haben. So stellt sich uns das Bild heute dar. Auf den Seiten zuvor haben wir das alles ausgiebig beschrieben. Was wir brauchen, ist eine neue Kulturrevolution.

Im Augenblick sind wir auf dem Weg in die *Zeit des Lebens*. Leben eint Körper und Geist. Leben existiert nur dank einem Gewebe von Interdependenzen in alle Richtungen des Universums. Leben erweist sich objektiv als Rück-bindung der lebenden Wesen an die inerten, der Biosphäre an die Hydrosphäre, der Atmosphäre an die Geosphäre. Aus der Biosphäre entstand die Noosphäre, welche die spezifisch menschliche Sphäre ist und deren Merkmale reflektierendes Bewußtsein, verantwortlicher Geist und das Mitwirken am Evolutionsprozeß sind. Aus der Verknüpfung all dieser

Ebenen erwächst für den Menschen und seine Funktion im All ein neuer Sinn. Alles ist synergetisch. Alles ist ökologisch. Und darin bringen sich die vollkommene Synergie und Perichorese zum Ausdruck. Schließlich entdeckt der Mensch seinen Weg zurück zur großen Gemeinschaft aller wieder, die unter dem Regenbogen der kosmischen Geschwisterlichkeit leben. Wie ist für Gaja, für die Menschen wie für alle Arten das Leben zu retten? Dies ist die große Herausforderung im Zeitalter des Lebens und der Ökologie. Die Herausforderung des Augenblicks.

Wie können die Religionen und vor allem das Christentum mitsamt seinen jüdischen Wurzeln bei dieser Aufgabe helfen? In der Diskussion, wie weit des Judäochristentum für die Krise des Systems Erde Mitverantwortung trage, zeichnen sich zwei Hauptrichtungen ab.

Zum einen heißt es, das Juden und Christen gemeinsame Buch, die Heilige Schrift, transportiere die ausdrückliche Offenbarung Gottes, so wie sie für alle Zeiten und alle Menschen gelte. Aus diesem Grund, so die Annahme, könne sie nichts Falsches beinhalten. Und kraft dieses Glaubens könne das Judäochristentum auch nicht ökologiefeindlich sein. Denn da Gott Schöpfer und Wohltäter sei, habe er *a priori* auch nichts geoffenbart, was dem Leben und dem Lebenssystem schaden könne. Texte, die womöglich in diese Richtung deuteten, seien überlesen, unzulänglich erklärt oder gar falsch interpretiert worden. Also komme es darauf an, hören wir sagen, zum ursprünglichen Sinn zurückzufinden, daß Mensch, Schöpfung und Gott eine integrierte Einheit bildeten. Gott sei »grün«[35], und deshalb tue seine Offenbarung der Natur auch nur gut.

Eine zweite Gruppe von Autoren hält die skizzierte Position für dogmatisch. Die Verfasser gehen davon aus, auch im Rahmen eines dogmatischen Glaubensverständnisses müsse man die Texte, so wie sie nun mal überliefert sind, zunächst einmal in ihrem Wortlaut akzeptieren und den Geist, den sie geschaffen und mit unmißverständlich ökologiefeindlichen Konnotationen gespeist haben, zur Kenntnis nehmen. Infolgedessen müßten wir demütig eingestehen, daß das Judäochristentum mitschuldig sei an der augenblicklichen kritischen Lage. Aber es stimme nicht, daß das Christentum, einschließlich seiner jüdischen Wurzeln, die Hauptverantwortung trage für die gegenwärtige ökologische Bruchsituation,

---

35) Vgl. Bradley, I., Dios es »verde« – Cristianismo y medio ambiente, Santander 1993.

wie der bekannte US-amerikanische Historiker Lynn White Jr.[36] oder der brillante deutsche Essayist Carl Amery[37] nahelegen. Andere, möglicherweise noch folgenreichere Faktoren seien zum religiösen Element hinzugekommen. Gleichwohl habe die Religion einen gewichtigen Einfluß, auch insofern sie eine allgemeine Befindlichkeit geschaffen habe, aufgrund derer Säkularisierung, schwindende Ehrfurcht vor der Erde und Technowissenschaft erst möglich wurden. Dieser ganze Komplex sei eine der Haupttriebfedern für das aktuelle Krankheitsbild der Erde. Vor allem auf sechs Punkte weisen die Autoren hin, die sie als ökologiefeindliche Konnotationen des Christentums aufdecken.

Da ist zunächst das *Patriarchat.* Hebräische Bibel wie Griechische Bibel[38] vermitteln ihre Botschaft in einem kulturellen Rahmen, wie er allenthalben in der klassischen Antike gegeben ist: im Rahmen des Patriarchats. Männliche Werte geben normalhin in der Öffentlichkeit den Ton an. Auch Gott wird als Vater und absoluter Herr dargestellt. Weibliche und vor allem mütterliche Kennzeichen der Gottheiten von vor der Jungsteinzeit, die einen matriarchalen Hintergrund spiegeln, werden entkräftet. Die weibliche Dimension der Existenz, die objektiv natürlich nicht eliminiert werden kann, wird in die Unsichtbarkeit abgedrängt. Die Frauen werden an den Rand geschoben und haben sich im Raum des Privaten aufzuhalten. Eine solche Verkürzung kann natürlich nur die Ausgeglichenheit der Geschlechter ruinieren und markiert einen Bruch in der gesellschaftlichen und religiösen Ökologie.[39]

Zweitens vertreten Judentum und Christentum entschieden den *Monotheismus.* Ihre Hauptintuition besteht darin zu bezeugen, daß hinter, vor und nach dem kosmischen Prozeß ein einziges schöpferisches und allumsorgendes Prinzip steht: Gott. Selbstverständ-

---

36) White, Jr., L., The Historical Roots of our Ecologic Crisis, in: Science, Bd. 155 (1967) 1203–1207.

37) Amery, C., Das Ende der Vorsehung, Reinbek bei Hamburg 1972.

38) Anm. des Übersetzers: Das Bemühen um den jüdisch-christlichen Dialog läßt es geboten erscheinen, statt der üblichen Begrifflichkeit »Altes« und »Neues Testament«, deren sich auch Leonardo Boff hier bedient, das Wortpaar »Hebräische« und »Griechische Bibel« zu wählen. Gerade im deutschen Sprachraum, dessen geschichtlicher Hintergrund dem Brasilianer nicht fremd ist, empfiehlt es sich, das »Alte Testament«, das gar zu leicht als »veraltet« oder »abgegolten« mißverstanden werden könnte, treffender zu bezeichnen. Neben »Hebräische Bibel« bzw. »Griechische Bibel« entspricht dem Geist der jüdisch-christlichen Ökumene auch das Wortpaar »Erstes« bzw. »Zweites Testament«.

39) Vgl. Gray, E. D., Green Paradise Lost, Wellesley 1981.

lich gibt es philosophische und theologische Gründe für den Monotheismus.[40] Aber das ist nicht der Punkt, um den es der Ökologie geht. Worum es geht, ist das psychologische und politische Gewand, in das man den Monotheismus im Laufe der Geschichte gesteckt hat.[41]

Bekanntlich ist die jüdisch-christliche Tradition stets unermüdlich gegen jede Art von Polytheismus vorgegangen. So begründet dieser Kampf philosophisch auch gewesen sein mag, er verhinderte, daß das im Polytheismus enthaltene Moment von Wahrheit zum Tragen kommen konnte. Und die Wahrheit, die Franz von Assisi im 13. Jahrhundert indes sehr wohl spürte – wir werden es im letzten Kapitel sehen –, ist folgende: Das All mit seiner farbigen Fülle an Größen und Gebirgen, Quellen und Wäldern, Flüssen und Himmelsstockwerken ist von mächtigen Energien durchdrungen; und deshalb hat es etwas von Geheimnis und Weihe. Mehr noch: Was den Menschen angeht, so wohnen in ihm zahlreiche Energiezentren, die ihn nach allen Seiten hin übersteigen und die etwas zu tun haben mit der universalen Energie, die seit Milliarden von Jahren im Kosmos am Werk ist. Diese Zentren transzendenter Kräfte, die der Existenz einen tiefen Sinn geben, wurden nun im Laufe der Geschichte zu männlichen und weiblichen Gottheiten hypostasiert. Es entwickelte sich ein substanzhaftes Verständnis des Sakralen und Spirituellen, und als Folge daraus baute sich die Welt der Götter und Göttinnen auf, verstanden als subsistierende Größen. Ursprünglich jedoch hatten sie lediglich das innere Aufwallen der im All wie in jedem Menschen steckenden Dynamik dargestellt, der der Mensch inne wurde, wenn er sich nach dem radikalen Sinn seiner persönlichen wie kollektiven Existenz fragte. Die Gottheiten hatten die Funktion von machtvollen Archetypen in der Tiefe des Menschen. Die Radikalisierung des Eingottglaubens mit seinem Kampf gegen die Vielgötterei verschloß viele Fenster, durch die die menschliche Seele bis dahin geschaut hatte. Sie entsakralisierte die Welt, indem sie sie Gott gegenüberstellte und von Gott unterschied. Damit aber trennte der Monotheismus Geschöpf und Schöpfer, Welt und Gott ungebührlich voneinander. Wegen seiner Polemik gegen Heidentum und Polytheismus begab sich das Christentum der Fähigkeit, die Anwesenheit göttlicher Energien im Universum

---

40) Vgl. Hervieu-Léger, D. (Hrsg.), Religion et écologie, Paris 1993, 29–45.
41) Vgl. Paris, G., Meditações pagãs, Petrópolis 1994, 8–14.

und insbesondere im Menschen wahrzunehmen. Der sakramentale Charakter von Welt und Geschichte kam zu kurz. Anderenfalls, hätte es alles in das Licht der unaussprechlichen Gegenwart des Geheimnisses getaucht gesehen, hätte es eine Brücke gehabt zwischen Gott und Welt. Doch diese Betrachtungsweise konnte sich nicht durchsetzen, auch wenn sich durch all die Jahrhunderte ein spiritueller Faden spann, der schließlich eine kosmische Mystik keimen ließ. Was am Ende aber dabei herauskam, war, daß das vielfarbige Universum des Polytheismus mitsamt seiner anthropologischen Bedeutung massiv zerstört wurde.

Der Monotheismus hatte Auswirkungen bis in die Politik hinein. Oft genug mußte er herhalten, um Autoritarismus und Zentralisierung der Macht zu rechtfertigen. Das Argument lautete: So wie es nur einen Gott im Himmel gibt, so darf es auch nur einen Herrn auf Erden, nur einen religiösen Führer und nur ein Haupt in der Familie geben, das sagt, wo es lang geht.[42] Eine solche lineare Sichtweise ruinierte Dialog, Billigkeit und Achtung vor der universalen Gemeinschaft, daß nämlich alle Söhne und Töchter Gottes und Sakramente seiner Güte und Zärtlichkeit sind. Ja, sie verkürzte das Ganze noch durch die Behauptung, allein der Mensch spiegle Gott in der Schöpfung wider. Mann und Frau allein seien Bild und Abbild Gottes (Gen 1,26). Allein von ihnen gelte, daß sie den Schöpfungsakt Gottes fortsetzten und deshalb im Mittelpunkt aller Dinge stünden, was man von allen anderen Wesen eben nicht sagen könne. Trotzdem: Auch die anderen Wesen sind Bild und Abbild Gottes und aktualisieren und verlängern vermöge ihrer Evolutionsdynamik den göttlichen Schöpfungswillen. Der so interpretierte Monotheismus hat vergessen, daß Träger des Geheimnisses und mithin Offenbarer der Gottheit die große kosmische Gemeinschaft ist.

Eine Konsequenz aus einem solch überheblichen Menschenbild ist der *Anthropozentrismus*. Die diesbezügliche Bibelstelle ist eindeutig: »Seid fruchtbar und vermehret euch, und bevölkert die Erde, unterwerft sie euch, und herrscht über die Fische des Meeres, über die Vögel des Himmels...« (Gen 1,28). Aufgrund solcher Texte fühlen sich die Menschen unzweideutig eingeladen zu unbegrenzter Vermehrung und uneingeschränktem *dominium terrae*. Eine ähn-

---

42) Vgl. Congar, Y., Der politische Monotheismus der Antike und der trinitarische Gott, in: Concilium 17/3 (1981) 195–199.

lich nachdrückliche und klare Aufforderung zu Beherrschung und Bevölkerung der Erde spricht aus der Erzählung von der Sintflut. In der neuen Weltordnung nach der gewaltigen ökologischen Katastrophe gilt, so der Wortlaut: »Seid fruchtbar und vermehret euch; bevölkert die Erde, und vermehrt euch auf ihr« (Gen 9,7.1). Und wie die Herrschaft im einzelnen auszusehen habe, wird nicht verschwiegen: »Furcht und Schrecken vor euch soll sich auf alle Tiere der Erde legen, . . . euch sind sie übergeben« (9,2). Selbst Psalm 8, der ja die Ehre Gottes in der Schöpfung besingt, hält an dem radikalen biblischen Anthropozentrismus fest: »Du hast [den Menschen] nur wenig geringer gemacht als Gott . . . du hast ihn als Herrscher eingesetzt über das Werk deiner Hände, hast ihm alles zu Füßen gelegt: all die Schafe, Ziegen und Rinder, und auch die wilden Tiere, die Vögel des Himmels und die Fische im Meer« (Ps 8,6–8).

Die Aussage der Stellen ist unumstößlich. Mögen sich noch so viele gescheite Autoren bemühen, die Texte im Kontext der Anthropologie des Mittleren Orients angesiedelt zu sehen und ihrem Tenor mithin die Ökologiefeindlichkeit zu nehmen![43] Bei allem apologetischen Ansinnen, die Grundthese ist nicht wegzudiskutieren. Und so hat die Mentalität der Moderne seit dem 17. Jahrhundert die Passagen auch begriffen und sich zu eigen gemacht: als Rechtfertigung von seiten Gottes, die Welt – koste es, was es wolle – zu erobern und alle Wesen der Schöpfung dem Vorhaben der willkürlichen Subjektivität des Menschen zu unterwerfen.

Natürlich findet sich in der Schrift auch eine andere Darstellung des Schöpfungswerkes, mit einer anderen Sinnbestimmung für den Menschen. Im zweiten, älteren Schöpfungsbericht ist der Mensch nämlich Schutzengel und Hüter des Gartens Eden (Gen 2,15). Hier wird also eine ökologische Betrachtungsweise grundgelegt. An anderen Stellen des vorliegenden Buches werden wir unser Augenmerk auf weitere Aspekte der jüdisch-christlichen Überlieferung richten müssen, die für eine Rück-bindung aller Dinge untereinander und mit ihrer Quelle hilfreich sind. So werden wir zu sprechen haben von der Urgnade, vom Bund nach der Sintflut mit allen Lebewesen, für den ja der Regenbogen ein Sinnbild ist, vom Tanzfest der Schöpfung, vom Evangelium des kosmischen Christus, von der Einwohnung des Geistes in den Energien des Weltalls, vom

---

43) Vgl. etwa den beachtlichen Entwurf von Moltmann, J., Gott in der Schöpfung. Ökologische Schöpfungslehre, München 1985.

sakramentalen Charakter, der dank der Inkarnation und dank den Sakramenten der Materie anhaftet, wie auch von der Zusage, die wir haben, daß alle Dinge in Christus Sinn und Kopf bekommen bzw. sozusagen Leib Gottes werden. Nur, hier liegt uns daran, auf die Verirrungen einer Religion hinzuweisen, die ihrem Auftrag der Rück-bindung aufgrund der geschichtlichen Entwicklung nicht nachgekommen ist und damit zu dem Unglück beigetragen hat, an dem wir heute zu leiden haben.

Ein weiterer Faktor, der das ökologische Weltverständnis durcheinanderbringt, ist das – allen Erben und Erbinnen des Abrahamsglaubens (Hebräern, Christen und Muslimen) gemeinsame – ideologische *Stammesdenken* der Erwählung. Immer, wenn ein Volk oder ein Mensch sich erwählt und mit einer einzigartigen Botschaft ausgestattet fühlt, läuft es bzw. läuft er leicht Gefahr, überheblich zu werden und der komplotthaften Logik zu erliegen, andere auszuschließen.[44]

In der Tat, das Bewußtsein, von Gott auserwählte Völker zu sein, führte Hebräer, Christen und Muslime gegen viele andere in den Krieg oder veranlaßte sie zu Versuchen, sie sich zu unterwerfen oder ihrem Weltbild unterzuordnen. Ihre Überzeugungen steigerten sie zu Dogmen, die allen anderen im Namen Gottes und seines Geschichtplanes auferlegt werden mußten. So kam es zu bestimmten Zeiten im Westen zu einer regelrechten Brüderschaft des Terrors gegen alles, was anders dachte (Inquisition, Fundamentalismus, Religionskriege). Was könnte für die Ökologie ein größerer Feind sein, als solch ein Aufkündigen der universalen Solidarität und solch ein Zunichtemachen des Bundes, unter dessen Regenbogen sich alle und nicht nur einige wenige befinden?

Dessen ungeachtet ragt aus allen ökologischen Verzerrungen eine heraus – die, die sich aus dem Glaubenssatz vom *Fall der Natur* herleitet. Gemeint ist die Annahme, wegen der Ursünde, die der Mensch begangen habe, bzw. wegen der Erbsünde, die auf allen Menschen laste, sei das ganze Universum der Macht des Teufels verfallen. Das Weltall habe seinen sakralen Charakter verloren, habe aufgehört, Tempel des Geistes zu sein, und sei zum Erntefeld der Dämonen geworden. Alles sei korrumpiert, mit Sünde behaftet und dekadent.[45]

44) Vgl. Garaudy, R., Vers une guerre de religion? Le débat du siècle, Paris 1995, 87–110.
45) Vgl. Bradley, I., Dios es »verde«, a. a. O., 79–107.

Die entsprechende Bibelstelle läßt kein Deuteln zu: »Der Akkerboden ist deinetwegen verflucht« (Gen 3,17). Und zu Noach sagte Gott: »Ich sehe, das Ende aller Wesen aus Fleisch ist da; denn durch sie ist die Erde voller Gewalttat« (Gen 6,13). Die Vorstellung, die Erde mitsamt allem, was darauf existiere und sich bewege, sei der Sünde des Menschen wegen zu bestrafen, spiegelt einen maßlosen Anthropozentrismus wider. Erdbeben, Dezimierung der Arten und Tod gab es schon, noch ehe der Mensch die Erdoberfläche überhaupt betreten hatte. Nicht alles – im Guten wie im Schlechten – kann also dem Menschen mit seinem Verhalten angelastet werden. Aber die Verteufelung der Natur aufgrund des Sündenfalls brachte die Menschen dazu, wenig Achtung vor dieser Welt zu haben, machte es religiösen Menschen über Jahrhunderte hin schwer, sich überhaupt für etwas in der Welt zu interessieren, warf die wissenschaftliche Forschung zurück und erfüllte das Leben insgesamt mit Bitterkeit; denn jegliche Art von Lust, Verwirklichung und Erfüllung im Umgang mit der Natur und im Genießen der Schöpfung waren mit bösem Verdacht belegt. So gesehen gewinnt die Erbsünde im Spiel mit der Urgnade.

Für viele ist das Wortpaar Sünde / Heil das grundlegende Charakteristikum des Christentums. In bestimmten Überlieferungen (die vor allem auf Paulus, Augustinus und Luther zurückgehen) steht die Sünde so sehr im Mittelpunkt, daß sich der Mensch mehr an den alten, sündigen Adam gebunden und von ihm abhängig fühlt als vom neuen Adam, von Jesus Christus dem Befreier.

2. Letzte Wurzel der Krise:
Bruch der universalen Rück-bindung

Und so stehen wir vor einer letzten Begründung der gegenwärtigen ökologischen Engführung: vor dem ständigen *Bruch* der fundamentalen Rück-bindung, den der Mensch gegenüber dem Gesamt des Universums und dessen Schöpfer veranstaltete, vertiefte und verewigte. Wir rühren hier an eine zutiefst geheimnisvolle und tragische Dimension der Geschichte der Menschheit und des Weltalls. In der jüdisch-christlichen Tradition heißt die grundlegende Frustration *Erbsünde* oder *Sünde der Welt*[46]. Der im Deutschen nicht

---

[46] Vgl. die verschiedenen Interpretationen bei Boff, L., Pecado original. Discussão antiga e moderna e pistas de equacionamento, in: Grande Sinal 29 (1975) 109–133.

ganz glückliche Begriff »Erbsünde« lautet in romanischen Sprachen in Anlehnung an das lateinische »peccatum originale« so viel wie *Ur-sünde*. Doch bezieht sich das »Ur-« nicht auf die geschichtlichen Ur-sprünge des Antiphänomens, ist also keine Angelegenheit der Vergangenheit. »Ur-sünde« bezieht sich auf das Ur-sprüngliche im Menschen, auf sein Fundament und auf die radikale Sinngebung, die er sich beimißt, heute und dauernd. Auch »Sünde« darf nicht verkürzt werden auf eine rein moralische Dimension oder auf ein isoliertes Tun des Menschen. Erbsünde hat es zu tun mit einer globalisierenden Einstellung also, mit einer Verkehrung sämtlicher Beziehungen, in die der Mensch verwickelt ist. Auf dem Spiel steht eine ontologische Dimension, die den ganzen Menschen – verstanden als ein Knäuel von Beziehungen in alle Richtungen – angeht. Erbsünde hat zu tun mit dem *Heute* der *condition humaine*.

Wichtig ist zu betonen, daß Erbsünde die Interpretation einer Grunderfahrung ist. Der Begriff will eine Antwort geben auf ein Rätsel, das den Menschen immer wieder umgetrieben hat, wenn er die Geschichte verstehen wollte. Und um was für eine Grunderfahrung geht es dabei?

Der Anblick des Weltalls vermittelt uns eine doppelte Empfindung: Einerseits durchdringen uns Bewunderung und Erstaunen und andererseits Befremden und Perplexität. Das Gesetz, das uns alle regiert, scheint zu lauten: *mors tua, vita mea* – dein Tod ist der Preis meines Lebens. Was existiert, verschlingt sich gegenseitig. Katzen werden nie aufhören, Mäuse zu jagen. Wer käme auf die Idee, Katzen Barmherzigkeit mit Mäusen zu predigen? Aus dem Blickwinkel des Opfers, eben der Maus, wie stellt sich da die Welt dar? Dramatisch und tragisch. Doch die Katze wird ihrerseits Beute des Hundes, der Hund wird vom Tiger gejagt, und so hat die Kette kein Ende.

Nur wenige moderne Menschen haben mit solcher Hingabe und Perplexität die Grunderfahrung, die der Begriff »Erbsünde« zum Ausdruck bringen soll, formuliert wie Lord McLeod de Fuinary im folgenden Gebet, das er der Gemeinschaft von Iona widmet: »Allmächtiger Gott, Schöpfer aller Dinge. Dein ist der Morgen, der fortschreitet bis zur Fülle. Dein ist der Sommer, der entspannt in den Herbst hinübergleitet. Dein ist die Ewigkeit, die bis in die Zeit hin eindringt. Die grünen Weiden und die Düfte der Blüten, die Flechten, die den Felsen bewachsen, und die Algen, die die Tiefe des Meeres bevölkern, alles ist dein. Und wir leben glücklich in dem

Garten, den du angelegt hast. Doch mit der Schöpfung ist es nicht getan. Über die Schönheit breitet sich stets die Dekadenz. Die Lämmer, die sorglos auf der Weide grasen, werden im Handumdrehen in den Schlachthof gebracht. Die Natur, grün und überschwenglich, zeigt immer auch tausend Narben. Und im Garten sprießen stets auch Dornen und Disteln. Die Schöpfung allein tut's nicht. Allmächtiger Gott und Erlöser, dein ist der Lebenssaft, der unsere Gebeine und unser ganzes Sein ernährt und uns zur Ekstase bringt. Gleichwohl verspüren wir inmitten der Schönheit ebenso wie in unserem Gewissen immer auch den bitteren Geschmack der Sünde: die trockene, seit langem abgestorbene Flechte der Sünden, die in der Seele Narben hinterlassen haben. Und auch in dem Garten, der wir selber sind, wachsen stets auch Dornen und Disteln.«[47] Wir machen die Erfahrung, daß etwas nicht stimmt mit den Menschen und mit der Natur. Das Ganze ist nicht, was es sein könnte. Alles könnte mehr sein, vollkommener, schöner, harmonischer. Die Erbsünde, so wie sie in der Schrift in enger Verbindung mit der Erzählung von der Schöpfung und vom neuen Bund nach der Sintflut erzählt wird, soll etwas von dieser Doppeldeutigkeit zwischen Ur-segen und Ur-sünde, so wie sie die Menschen ebenso wie das Weltall berühren, zu verstehen geben.

Ohne auf die verschiedenen möglichen Interpretationen des Urfalls[48] einzugehen, machen wir uns hier eine Deutung zu eigen, die offenbar am erhellendsten ist und von religiösen Denkern zunehmend akzeptiert wird. Danach ist »Fall« oder »Sturz« eine Bedingung, der alle Wesen in einem Evolutionsprozeß unterliegen. Die sogenannte Erbsünde wäre dann nichts anderes als die Natur selbst im Stande des *fieri*, im Werden, wie ein offenes System, das von weniger komplexen zu immer komplexeren Stadien fortschreitet. Gott schuf das Universum nicht als ein ein für allemal fertiges Gebilde, als eine Veranstaltung in der Vergangenheit, die absolut perfekt und definitiv vollendet wäre. Im Gegenteil, Gott löste einen offenen Prozeß aus in Richtung auf immer strukturiertere, subtilere und vollkommenere Formen von Sein, Leben und Bewußtsein. Die Unzulänglichkeiten, auf die wir im Prozeß der Kosmogenese und im Laufe der Evolution stoßen, passen weder in den letzten Plan, den Gott mit seiner Schöpfung hat, noch

47) McLeod, G. F., The Whole Earth Shall Cry Glory. Iona prayers, Iona 1985, 8.
48) Vgl. Boff, L., Pecado original, a. a. O.; Bradley, I., Dios es »verde«, a. a. O.

133

bedeuten sie sein endgültiges Wort bezüglich seiner Geschöpfe. Die Unvollkommenheiten sind vielmehr ein Moment innerhalb eines gewaltigen Prozesses, der stets offen ist. So verstanden ist das irdische Paradies kein verlorenes Zeitalter, in das man sich zurücksehnen könnte, sondern die Verheißung einer Zukunft, die noch aussteht. Die erste Seite der Bibel ist demnach in Wirklichkeit die letzte. Was dort zu lesen steht, ist sozusagen ein Modell der Zukunft, das uns mit Hoffnung erfüllt bezüglich unserer Bestimmung und der Bestimmung des Universums, die eines Tages Wirklichkeit werden wird.

Im Evolutionsprozeß kommt es, wie wir bereits sahen, in der Tat zu Einbrüchen und Stürzen, aber zu Einbrüchen und Stürzen nach oben. Wo Chaos entsteht, eröffnet sich zugleich auch die Möglichkeit zu komplexeren und reicheren Lebensformen.[49] Die Quantenphysik bietet uns eine treffende Metapher zum Verständnis des aufsteigenden Prozesses auf der Grundlage eines anderen, absteigenden Prozesses. In der Quantenphysik spricht man nämlich von Teilchen und Wellen, die in ständiger Bewegung sind und, wie wir uns im IV. Kapitel noch vergegenwärtigen werden, alles Seiende konstituieren. Sie bilden die Welt der Wahrscheinlichkeiten. Fällt eine Welle, ergibt sich eine Wahrscheinlichkeit, und es entsteht Materie. So ist Abstieg Aufstieg – oder, anders formuliert, die Geburt eines Seins, das aus der Wahrscheinlichkeit aufgestiegen ist zur Wirklichkeit, aus dem Chaos zur Ordnung oder, mit einem Wort gesagt, das in die Welt der Existenz gelangt ist.

Für Paulus heißt die Tatsache, daß die Schöpfung gefallen ist, daß sie der *mataiótes*, will sagen der Vergänglichkeit oder der Nichtigkeit unterworfen ist (Röm 8,20), aber nicht weil die Menschen es so gewollt hätten, sondern weil das der Wille Gottes war. Exegetisch deutet das Wort »Vergänglichkeit«, wie viele Fachleute sagen, aber auf einen Prozeß des Reifens hin. Die Natur hat ihre volle Reife noch nicht erreicht. Sie ist noch auf dem Weg, weil Gott es so will. Deshalb fühlt sie sich in der augenblicklichen Befindlichkeit gleichsam frustriert, eben der »Nichtigkeit unterworfen«. Von daher kann Paulus mit Recht sagen, »daß die gesamte Schöpfung bis zum heutigen Tag seufzt und in Geburtswehen liegt« (Röm 8,22). Auch der Mensch ist in diesen Prozeß des Reifens hineingenommen, und auch er seufzt (Röm 8,23). Die gesamte

---

49) Vgl. Cobb, J./Birch, C., The Liberation of Life. From the cell to community, Cambridge 1981.

Schöpfung wartet gespannt auf das Reifwerden der Söhne und Töchter Gottes. Sobald es so weit ist, erreicht auch sie, gemeinsam mit den Menschen, ihre Reife, denn – so Paulus –»auch die Schöpfung soll« teilhaben an »der Freiheit und Herrlichkeit der Kinder Gottes« (Röm 8,22). Dann ist der Plan Gottes endgültig Wirklichkeit geworden. Erst in diesem Moment wird Gott über seine Schöpfung sagen können: »Und alles war gut«. Am Schöpfungsmorgen gesprochen, beinhalten die Worte eine Prophetie und eine Verheißung für die Zukunft. Der Mensch und die ganze übrige Schöpfung weisen eine tiefe Interdependenz und Rück-bindung auf. Daß der Mensch in seiner Entwicklung noch nicht so weit ist, bringt es mit sich, daß auch die Schöpfung noch im Rückstand ist. Kommt er voran, kommt auch das Ganze voran. Der Mensch ist ein Werkzeug zur Befreiung bzw. zur Behinderung des Evolutionsprozesses.

Was wir bis hierher beschrieben haben, schildert den objektiven Gang des Evolutionsprozesses, unabhängig davon, was Menschen wollen. Dies ist die Logik der Kosmogenese. Aber ein Drama bahnt sich an. Sobald die Evolution auf die Stufe des Menschen gelangt, erreicht sie nämlich die entscheidende Ebene der bewußten Freiheit. Im Vergleich zu den anderen Lebewesen erweist sich das menschliche Gehirn als etwas äußerst Komplexes. In ihm ist ein gewaltiges Register an Informationen angehäuft. Dank seinem Denkvermögen kann der Mensch in den Evolutionsprozeß eingreifen und ihn enorm beschleunigen. Was normalerweise Millionen von Jahren brauchte, um im Rhythmus der Steuerungskräfte des Weltalls spontan zu passieren, kann sich kraft der Intervention des Menschen nunmehr binnen eines kurzen Zeitraumes ergeben.

Der Mensch hat die einzigartige Möglichkeit, im Zusammenspiel mit der Natur den ganzen Prozeß zu lenken. Er wurde zum Schöpfer geschaffen. Er nimmt wahr, was sein könnte, aber noch nicht ist. In ihm wohnt ein Dämon, der Dämon des Wunsches; und dieser ist eine Maschine, die Utopien produziert. Aufgrund seiner Phantasie und seiner utopischen Veranlagung weiß der Mensch, was sein könnte. Deshalb gestaltet er seine Praxis so, daß sich Traum und Wirklichkeit annähern. So sehr er sich auch bemüht, der Traum bleibt immer im Horizont des historisch Unmöglichen. Der Mensch – Mann wie Frau – kann sich sozusagen in einer biologischen Mittagspause auf den Lorbeeren hart erkämpfter Errungenschaften ausruhen. Er kann sich gegenüber dem Evolutionsprozeß verschließen – oder mit der universalen Dynamik, in die er *nolens volens* eingespannt ist, nichts zu tun haben wollen. Er kann sich in die goldene Vergangenheit oder in den Traum einer phantastischen Zukunft flüchten und sich die Aufgaben, die ihm in der Gegenwart gestellt sind, gestohlen sein lassen. So oder so verweigert er sich der Bedingung des Werdens, das heißt einer Realisierung, die immer offen ist für neue, höhere Lebensformen und sich vom Unvollkommenen zum Vollkommenen entwickelt. Mit einem Sprung will er ans Ziel seines Wunsches, ohne sich über den steinigen Weg des Evolutionsprozesses zu quälen. Von der Heiterkeit, sich der Unvollkommenheit und dem Prozeßcharakter des Ganzen zu stellen, ist er meilenweit entfernt.

Einmal abgesehen von dem ganzen Prozeß, zwischen Traum und Wirklichkeit klafft stets ein Abgrund. Der Mensch möchte ewig leben. Doch er weiß, daß das Leben ein Ende hat; denn er stirbt nun mal. Dies ist daß objektive Sosein des Menschen: ein auf das Unendliche hin offener Geist zu sein, aber dazu verdammt, im Endlichen zu leben. So beschleicht uns die Frustration der Diskrepanz zwischen dem, was wir sind: sterblich, und dem was wir sein möchten: unsterblich.

Hier stoßen wir auf die Herausforderung der menschlichen Freiheit. Der Mensch kann zu seinem Sosein, das heißt zu seiner Sterblichkeit ja sagen. Er kann sein Leben einem höherem Jemand schenken, der seinen Wunsch nach endlosem Leben Wirklichkeit werden lassen kann. Der Tod ist keine Verneinung des Lebens, der Tod ist Übergang zu einer anderen Art von Bezug zum Leben. Im Tod wird der Mensch verwandelt. In der Tat: Wir leben nicht, um zu sterben; wir sterben, um intensiver und besser zu leben, um aufzuerstehen.

Andererseits kann sich der Mensch auch gegen die ganze Befindlichkeit auflehnen. Ohne den Tod zu erfahren, will er die unmögliche Unsterblichkeit, koste es, was es wolle. Dann kündigt er die grundlegende Solidarität mit allen Dingen des Universums auf, die auftauchen, ihren Lauf laufen und sterben – und im Sterben sich verklären. So gesehen ist der Tod kein Verlust, sondern unerläßlicher Übergang, damit das Leben seiner Zielstellung nachkommen und auf einer anderen Ebene des Evolutionsprozesses leben kann. So gesehen ist der Tod eine höhere Form der Rück-bindung mit dem All. Der brasilianische Romancier João Guimarães Rosa sagt, er sterbe nicht, er werde verzaubert.

Sich dem Evolutionsprozeß verschließen, das Leben nicht als sterblich akzeptieren und dem Tod als unausweichlichem Übergang zum Leben jenseits dieses Leben in sich keine Wohnstatt geben, das heißt auf der Ebene des Menschen Erbsünde. Die Erbsünde zerstört die Rück-bindung an alles wie auch an den Plan Gottes, der die Dinge so eingerichtet hat, daß alles seinem Herzen entspringt, die Zeit durchschreitet und – durch den Tod hindurch – zu seinem Herzen zurückfindet.[50]

In seinem Bestreben, das Leben und seine Reproduktion gesichert zu wissen, an möglichst üppige Lebensmöglichkeiten heranzukommen und der allgemeinen Entropie zu entgehen, sieht sich der Mensch im Zentrum aller Strukturen. Er befleißigt sich des Anthropozentrismus.[51] Alles hat nur noch ihm zu dienen: Natur, lebende Wesen, Pflanzen, Tiere und selbst die Mitmenschen. Er bemächtigt sich ihrer und unterwirft sie seinen Interessen. Die natürliche Geschwisterlichkeit mit allen diesen Wesen, die darin besteht, daß wir ja alle aus demselben kosmischen Humus stammen und alle im selben universalen Abenteuer mitspielen, hängt er an den Nagel. Doch die Konzentration allein auf sich selbst bringt dem Menschen die gewünschte Unsterblichkeit nicht, zerstört vielmehr alle Bindungen und Rück-bindungen, die ihn tragen. Solange sich der Mensch nicht eingebunden fühlt in die kosmische Solidarität und in die Gemeinschaft aller Lebenden, in einen offenen Prozeß des Reifens und der Veränderung, auch durch den Tod, solange er nicht heiter und locker ja dazu sagt und sich an alles Existierende rück-gebunden weiß, solange wird er isoliert und von Angst besetzt sein, und solange wird er aus Angst Gewalt gegen die Natur anwenden und das Bündnis des Friedens und der Liebe mit ihr brechen. Hier nun sind wir an den Dreh- und Angelpunkt jeder Ökologiefeindlichkeit herangekommen, alle anderen Begründungen ergeben sich daraus, werden daraus gespeist und von dorther fortgeschrieben.

Gleichwohl sind alle spirituellen Traditionen und Religionen der Menschheit davon überzeugt, daß das letzte Wort weder Bruch noch Einsamkeit ist, sondern Bindung und Rückbindung, daß nicht die »Ur-sünde«, sondern die Ur-gnade den Sieg davontragen wird. Insofern ist alles wiederherstellbar, läßt sich alles der Vergangenheit

50) Eingehender dazu: Boff, L., Teologia do cativeiro e da libertação, São Paulo 1985, 123–140.
51) Vgl. dazu die treffenden Überlegungen von: Asmar, W., Porque o homen destrói o meio ambiente. O instinto de morte de a entropia, Rio de Janeiro 1991.

entreißen. Der Bund des Friedens und der Verschwisterung zwischen Mensch, Natur und Gott markiert den Horizont der Hoffnung, ohne den kein wirksames ökologisches Engagement möglich ist.

Im folgenden wollen wir einen konkreten Fall dieses Prozesses, in dem die grundlegende Rück-bindung zerstört wird, in den Blick nehmen: Amazonien.

IV. Summe aller ökologischen Todsünden: Amazonien

Amazonien ist der Ort, an dem Gaja die überströmende Fülle ihres Körpers zeigt – aber auch der schlimmsten Gewalt ausgesetzt ist. Wer dem kapitalistischen Industriesystem mal in seine brutale Fratze schauen will, sollte sich ins brasilianische Amazonasbecken wagen. Hier fläzen sich alle Kapitalsünden: Todsünden wie Sünden des Kapitals. Hier machen sich die Gigantomanie des Geistes der Moderne, die Rationalisierung des Irrationalen und die Rücksichtslosigkeit des Systems in unverhüllter Logik breit. Hier stößt man auf Schritt und Tritt auf den unausweichlichen Widerspruch zwischen Kapitalismus und Ökologie. Wer vor das Wort »Kapitalismus« oder vor die im Sinne des Kapitalismus strukturierte »Entwicklung« die Silbe »Öko-« setzt und damit die Wortverbindung »Ökokapitalismus« oder »Ökoentwicklung« aus der Taufe hebt, maskiert bloß die Perversität des Kapitalismus und des von ihm abhängigen Entwicklungsparadigmas. Die innere Logik eines »Ökokapitalismus« wäre indes die Nichtexistenz oder zumindest die Negation der Ökologie.

Weltweit operierende Strategen des Kapitalismus bemühten sich, in der größten Naturreserve der Erde die ausgeklügeltsten Technologien einzusetzen. Der brasilianische Staat und nationale wie multinationale Unternehmen bildeten ein mächtiges Dreierkartell. Gemeinsam setzten sie ins Werk, was man mittlerweile »amazonische Produktionsform«[1] genannt hat. Die Begriffsschöpfung meint eine bewußt auf Piraterie hin angelegte Produktionsweise, in einem gegen Flora und Fauna erklärten Krieg, bei dem wegen des intensiven Technologieeinsatzes gegen die Natur darüber hinaus sowohl die ursprüngliche indianische als auch die angelockte, arbeitsuchende Bevölkerung auf der Strecke bleibt, weil deren Arbeitskraft in Funktion einer einzig an Export und Bedienung des Weltmarktes orientierten Produktion unerbittlich ausgebeutet wird. Doch die amazonische Produktionsform erweist

---

1) Vgl. Mires, F., Ökologie und Politik. Der Diskurs der Natur: das Beispiel Lateinamerikas, Luzern 1995.

sich bei genauerem Hinsehen als amazonische Verwüstungsform; denn die in diesem Raum installierten Großprojekte »führten zur gesellschaftlichen, kulturellen und wirtschaftlichen Vernichtung der dort verwurzelten Bevölkerung, indianischen oder nichtindianischen Ursprungs«.[2] Deshalb ist gerade der Amazonasraum der Ort, an dem die ganze Menschheit die Dringlichkeit einer alternativen Entwicklung erfährt. Im Zentrum eines neuen Konzeptes hat dann die Ökologie zu stehen; wirtschaftliche, politische, kulturelle und sonstige Aspekte, die in einem zivilisierten Gemeinwesen eine Rolle spielen, haben daran Maß zu nehmen.

Euclides da Cunha (1866–1909 [ermordet]), klassischer Schriftsteller der brasilianischen Literatur und einer der ersten Autoren, die sich der Realität Amazoniens widmeten, schreibt schon eingangs des 20. Jahrhunderts: »Die menschliche Intelligenz ist außer Stande, mit der Last der unglaublichen Wirklichkeit Amazoniens fertigzuwerden. Sie wird mit ihr wachsen und sich ihr anpassen müssen, will sie sie beherrschen können.«[3] Chico Mendes (1944–1988 [ermordet]), Märtyrer des ökologischen Kampfes im Amazonasbecken und typischer Vertreter der Bevölkerung des tropischen Regenwaldes, sah ebenfalls mit unüberbietbarer Treffsicherheit die Notwendigkeit, daß der Mensch mit dem Wald wächst. Der Vorsitzende der Gummizapfer-Gewerkschaft in Xapuri ging davon aus, daß allein eine Technologie, die sich dem Rhythmus der Hyläa[4] unterwirft, und eine Entwicklung, die an der walderhaltenden Bewirtschaftung des unermeßlichen Reichtums Amazoniens Maß nimmt, das ökologische Treibhaus der Menschheit zu erhalten vermögen. Alles andere ist falsch und eine Bedrohung für die Erde.

1. Amazonien: Kathedrale der Biovielfalt unseres Planeten

Das kontinentale Amazonien mißt 6,5 Millionen Quadratkilometer und erstreckt sich über zwei Fünftel der Ausdehnung Lateinamerikas (halb Peru, ein Drittel Kolumbiens und je einen Großteil

---

2) Vgl. Núcleo de Difusão Tecnológica do Instituto de Persquisas Amazônicas: Ciência Hoje, Nr. 26 (1986) 92.
3) Cunha, E. da, Um paraíso perdido. Reunião dos ensaios amazônicos, Petrópolis 1976, 15.
4) Anm. des Übersetzers: Von Alexander von Humboldt (1769–1859) geprägte Bezeichnung für den Amazonasurwald.

von Bolivien, Venezuela, Guyana, Französich-Guyana und Surinam) und über drei Fünftel der Fläche Brasiliens (8,5 Millionen
Quadratkilometer).

Das Amazonasbecken liegt zwischen zwei Erdschilden, welche
die ältesten Erdmassen des Planeten überhaupt ausmachen (aus
dem Präkambrium, vor 600 Millionen Jahren): dem Guyana-Schild
im Norden und dem brasilianischen Schild im Süden. Geologisch
betrachtet, lag der Protoamazonas während des ganzen Paläozoi-
kums (vor 550–230 Millionen Jahren) unter der Wasseroberfläche
und bildete einen gewaltigen zum Pazifik hin offenen Golf. Südamerika war noch mit Afrika verbunden. Das ganze Mesozoikom
über (vor 230–55 Millionen Jahren) lag das Gebiet dann aber über
dem Wasser, wobei die Flüsse genau in umgekehrte Richtung flos-
sen wie heute, nämlich zum Pazifik. Gegen Ende dieses Erdzeit-
alters erfolgte die Trennung zwischen dem südamerikanischen und
afrikanischen Kontinent. Im Känozoikum, zu Beginn des Tertiärs,
vor 70 Millionen Jahren, fingen die Anden an, sich zu erheben, und
blockierten während des ganzen Pliozäns und Pleistozäns (vor
5 Millionen bis 72 000 Jahren) den Abfluß des Wassers zum Pazifik.
Die gesamten amazonischen Niederungen waren eine einzige
Wasserlandschaft, bis dann die Wassermassen in Richtung Atlantik
abfließen konnten und sich langsam der heutige Zustand herausbildete.[5]

Der Amazonasraum beherbergt das größte Flußsystem des Planeten und entwässert mehr als 7 Millionen Quadratkilometer.
Jüngsten Forschungsergebnissen zufolge ist der Amazonas mit
7 100 Kilometern Flußlauf der längste Strom der Welt, länger als
der Mississippi-Missouri in den Vereinigten Staaten und der Nil in
Afrika. Seine Quellen liegen in Peru, zwischen den Bergen Mismi
(5 669 m) und Kcahuich (5 577 m), südlich der Stadt Cusco, in der
Nähe des Titicaca-Sees. Darüber hinaus ist er auch der wasser-
reichste Strom, mit einem mittleren Ausstoß von 200 000 Ku-
bikmetern in der Sekunde. Allein er bringt ein Sechstel, wenn nicht
ein Fünftel des Wassers in die Ozeane, das alle Flüsse der Erde zusammen in die Weltmeere einspeisen. Das Hauptbett des Amazonas
mißt eine mittlere Breite von vier bis fünf Kilometern und eine
Tiefe von hundert Metern in 'Obidos und von vier Metern an der

---

5) Vgl. Sioli, H., Amazônia. Fundamento da ecologia da maior região de florestas tropicais,
Petrópolis 1985, 15–17.

Stelle, an der der Xingu in den Strom mündet. Dagegen ist sein Gefälle gering. Auf den letzten 1 500 Kilometern fällt er nur noch um fünfzehn Meter. Das Gefälle beträgt also nur 1 cm/km. Aber seine Strömung beläuft sich auf 0,5 bis 2,0 Meter in der Sekunde. In Amazonien wächst der größte tropische Regenwald des Planeten. Alexander von Humboldt, der berühmte deutsche Naturforscher im 19. Jahrhundert, beschrieb ihn deshalb mit dem griechischen Wort »Hyläa«, was so viel wie »Urwald« heißt. Dreißig Prozent der Weltreserve an großblättrigem Regenwald und an entsprechenden Böden (Aue, Festland, Überschwemmungswald, Watt, Savanne, Grasfläche, Gebiet mit Dürrevegetation) bieten Platz für eine unvorstellbare Biomasse: mehr als 60 000 Pflanzenarten, 2,5 Millionen Gliederfüßern (Insekten, Spinnen, Tausendfüßer usf.), mehr als dreihundert Arten Säugetiere und eine Unzahl an Mikroorganismen. Mit Recht sagt einer unserer besten Kenner in Sachen Amazonien, Eneas Salati: »Auf ein paar Hektar Amazonasurwald haben wir mehr Pflanzen und Insekten, als die gesamte Flora und Fauna in Europa zu bieten haben.«[6] Aber niemand darf sich der Täuschung hingeben: Dieser üppige Regenwald ist äußerst zerbrechlich; wächst er doch auf einem der ärmsten und ausgewaschensten Böden der Erde.

In vorkolumbianischer Zeit lebten im Amazonasbecken etwa zwei Millionen Ureinwohner (dem Historiker Pierre Chaunu zufolge zählte ganz Südamerika 80–100 Millionen und Brasilien 5 Millionen Einwohner). Diese befanden sich im 16. Jahrhundert zum Teil in Stammesgliederungen, deren Entwicklungsstand in Sachen kunsthandwerkliche Fertigung unter bestimmten Gesichtspunkten durchaus an den der andinen und mittelamerikanischen Zivilisationen herankam.

Die Menschen entfalten eine große Fertigkeit im Umgang mit dem Wald. Einerseits respektierten sie die Einzigartigkeit ihrer Umwelt, veränderten sie aber andererseits in einer Weise, daß sie bestimmte ihnen nützliche vegetative Elemente für ihren Gebrauch qualifizierten. So erinnern zum Beispiel Lianenwälder wie auch Ansammlungen von Nußbäumen und Palmen, aber auch die berühmten »schwarzen Indianerböden« an die zivilisatorische Arbeit der Ureinwohner, wie wir bereits im III. Kapitel anklingen ließen.

---

6) Salati, E., Amazônia, desenvolvimento, integração, ecologia, São Paulo 1983; vgl. Leroy, J.-P., Uma chama na Amazônia, Petropólis 1991, 184–202; Ribeiro, B., Amazônia urgente, cinco séculos de história e ecologia, Belo Horizonte 1990, 53.

Mensch und Wald entwickelten sich gemeinsam in tiefgreifender Wechselseitigkeit. Deshalb kann der Anthropologe Eduardo Viveiros de Castro auch sagen: »Amazonien, wie wir es heute haben, ist das Ergebnis jahrhundertelanger sozialer Intervention, wie auch die Gesellschaften, die dort leben, das Ergebnis jahrhundertelangen Zusammenlebens mit Amazonien sind.«[7] Damit aber ist der Glaube an den wilden Charakter des Waldes und an dessen zivilisatorisches Vakuum *ad acta* zu legen.

Im vor-cabralianischen[8] Brasilien gab es, schätzt man, eintausendvierhundert Völker, von denen sechzig Prozent im Amazonasgebiet lebten. Die Sprachen, deren sie sich bedienten, gliederten sich in vierzig Stämme und diese noch einmal in vierundneunzig Sprachfamilien. Die Vielfalt war so phantastisch – man bedenke nur: ein einziger Stamm, wie zum Vergleich der indoeuropäische, umfaßt so unterschiedliche Idiome wie das Sanskrit, das Griechische, das Lateinische, das Deutsche und das Slawische! –, daß die Ethnologin Berta Ribeiro feststellen kann, »in keinem Teil der Erde« habe »sich eine solche sprachliche Vielfalt gefunden wie die, die sich im tropischen Südamerika beobachten läßt«.[9] Während das Gebiet des heutigen Brasiliens im Jahre 1500 etwa 5 Millionen Ureinwohner zählte, sind es gegenwärtig noch ganze 220 000, von denen rund 100 000, aufgeteilt in einhundertsechzig Völker, im Amazonasbecken leben.

Der Name des Flusses »Amazonas« geht auf den Dominikaner Gaspar de Carvajal zurück. Dieser begleitete als Chronist den spanischen Kapitän Francisco Orellana, der – aus europäisch-imperialer Blendeneinstellung – als Entdecker Amazoniens gilt. 1541–1542 befuhr er acht Monate lang den Fluß, von der Mündung bis zu den Quellen. Dabei sah der Chronist stattliche Frauen, die auf ihn den Eindruck von Kriegerinnen machten, so daß er sich an die Amazonen der antiken Mythologie erinnert fühlte; diese ließen sich bekanntlich die linke Brust abnehmen, um besser mit Pfeil und

7) Viveiros de Castro, E., Sociedades indígenas e natureza na Amazônia, in: tempo e presença, Nr. 261 (1992) 26.
8) Vor-cabralianisch: Am 22. April 1500 landet eine portugiesische Flotte unter dem Kommando des Diplomaten Pedro 'Alvares Cabral, auf dem Weg nach Indien von der vorgesehenen Route abgetrieben, an einer Küste, die die Seefahrer »Terra de Santa Cruz« nennen. Einige Jahre später wird das dazu gehörige Land, inzwischen von der portugiesischen Krone als ihr Besitztum beansprucht, umbenannt in »Brasilien« (Anm. des Übersetzers).
9) Ribeiro, B., Amazônia urgente, a. a. O., 75.

Bogen umgehen zu können. So wurden die antiken Amazonen zu Namensgeberinnen des größten Flusses der Erde.

2. Wider die gängigen Mythen: weder Wildnis noch Lunge noch Kornkammer der Welt

Ehe wir uns mit den ökologiefeindlichen Aspekten an der augenblicklichen Lage in Amazonien befassen, müssen wir noch drei Mythen entzaubern.

Der erste Mythos besagt, die Ureinwohner – insbesondere die des Amazonasbecken – seien *Wilde, absolute Naturmenschen*, und lebten, als Vertreter der Völker des Urwaldes, in völligem Einklang mit der Natur. Sie seien so integriert in ihre Umwelt wie die »Ochsenfische« in die Seen Amazoniens und die Tapire in die dortigen Savannen. Ihre Lebensweise sei nicht von Faktoren der Kultur, sondern der Natur geprägt. Angesichts der Natur befänden sie sich sozusagen in einer biologischen Mittagspause, in deckungsgleicher Anpassung an Rhythmus und Logik der natürlichen Umwelt. Umgekehrt wird aber auch davon ausgegangen, daß die Ureinwohner über ein von ihren Vorfahren ererbtes Wissen von den Geheimnissen der Natur verfügen, von der Heilkraft der Kräuter und Pflanzen zum Beispiel, von der die moderne Wissenschaft keine Ahnung habe. Diese Art von Ökologisierung der Indianer ist Frucht städtischer Phantasie, die die Nase voll hat von einer Natur aus zweiter oder dritter Hand und die unbedingt zurückwill zur unverfälschten Natur. Keiner bringt die Krise des gesellschaftlichen Paradigmas, unter dem Etikett der Hinorientierung zu Von-alters-her-Überliefertem, besser zum Ausdruck als James Redfield in seinem allenthalben in der Welt gelesenen Roman »Die Prophezeiungen von Celestine. Ein Abenteuer«.[10)]

Was wir sagen können, ist, daß die Amazonas-Ureinwohner Menschen sind wie andere Menschen auch. Und als solche stehen sie fortwährend in Interaktion mit ihrer Umwelt, mag sie auch geradezu vor Reichtum strotzen. Mehr und mehr erhärtet die Wissenschaft, daß zwischen den Waldvölkern und ihrem Umfeld ein Interaktionsverhältnis herrscht. Die beiden bedingen sich gegenseitig. Aufgrund des dichten Netzes all dieser Wechselseitigkeiten

---

10) Redfield, J., Die Prophezeiungen von Celestine. Ein Abenteuer, München 1994.

sind die Beziehungen nicht naturbedingt, sondern kulturell gewachsen. Genau so wie wir sind auch die Ureinwohner kulturelle Wesen, nur daß ihre Kultur anders ist. In einem Punkt allerdings sind sie vielleicht etwas Besonderes gegenüber uns modernen Menschen: Sie empfinden und betrachten die Natur als Teil ihrer Gesellschaft und Kultur, als Verlängerung ihres persönlichen und sozialen Körpers. Für sie ist die Natur ein lebendiges Subjekt, voll auf Ziele ausgerichtet und nicht, wie wir Zeitgenossen der Moderne meinen, ein objekthaftes, stummes, neutrales Etwas. Die Natur spricht, und der Indianer geht auf ihre Stimme und Botschaft ein. Aus diesem Grund praktizieren die Völker des Waldes denn auch, was wir oben forderten: ein echtes ökologisch-kosmisches Gemeinschaftsverhalten. Die Natur gehört dem Gemeinwesen und das Gemeinwesen der Natur. Zwischen dem Subjekt »Natur« und dem Subjekt »Mensch« bestehen für sie Austauschläufe, wie sie zwischen Subjekten immer bestehen. In diesem Spiel von Inter-retro-Beziehungen evoluieren Mensch und Natur gemeinsam. In einem Prozeß wechselseitigen Aufeinandereingehens passen sie sich immerzu einander an. Die Folge ist, daß die Ureinwohner deutlich integrierter mit Erde und Universam leben als wir. Mit ihrer Haltung bewahren sie die Natur. Sollten wir es fertigbringen, uns ihre Haltung zu eigen machen – und an der Notwendigkeit führt kein Weg vorbei! –, wird es auch uns gelingen, unseren Planeten zu retten.

Der zweite Mythos lautet, Amazonien sei die *Lunge der Welt*. Fachleute dagegen sind der Meinung, der Amazonaswald befände sich auf seinem Klimax. Mit anderen Worten: er befände sich insofern in der bestmöglichen Lebensverfassung, in einem dynamischen Gleichgewicht, als er alles verwerte und sich damit stets wieder ins Gleichgewicht bringe. So werde die Energie, welche die Pflanzen durch die Interaktionen der Nahrungskette binden, hundertprozentig verwertet. Der Sauerstoff, den die Pflanzen mit Hilfe der Photosynthese tags freisetzen, werde nachts von ihnen selbst, aber auch von allen anderen lebenden Organismen verwertet. Das ist der Grund, weshalb Amazonien eben nicht die Lunge der Welt ist.

Allerdings wirkt der Amazonasraum wie ein großer Kohlendioxyd-Filter. Der Prozeß der Photosynthese absorbiert nämlich eine große Menge Kohlenstoff. Der Kohlenstoff ist aber der Hauptverursacher des Treibhauseffektes: das heißt, daß sich die Erde ständig erwärmt. In den letzten hundert Jahren ist die Kohlenstoffmenge aber um 25 % gestiegen. Für den Fall, daß die Abholzung des Amazonaswaldes so weitergeht wie bisher und infolgedessen eines Tages kein einziger Baum mehr übrig ist, steigen jedes Jahr an die 50 Milliarden Tonnen Kohlenstoff in die Atmosphäre auf. Kein Lebewesen wird den Grad der Erwärmung ertragen, und alle Organismen werden massenweise eingehen.

Auch der dritte Mythos läßt sich nicht halten. Ganz frühe Forscher wie von Humboldt und Bonpland, aber auch brasilianische Planungstechnokraten zur Zeit der Militärdiktatur (1964–1983) waren der Ansicht, Amazonien könne die *Kornkammer der Welt* werden. Dem ist aber nicht so. Forschungen haben gezeigt, daß »der Wald aus sich selbst lebt« – und zu einem großen Teil auch für sich selbst.[11] Der amazonische Regenwald ist zwar üppig, steht aber auf einer spärlichen Humusschicht. Das mag paradox erscheinen. Aber es läßt sich verstehen, wenn man weiß, wie der Wald zustande kommt. Der große Amazonasspezialist Harald Sioli bringt den Zusammenhang auf die treffende Formel:»In Wirklichkeit wächst der Wald *auf* dem Boden und nicht vom oder aus dem Boden.«[12] Und er erklärt: Der Boden ist lediglich der physische Haftgrund für ein Gewirre von Wurzeln. Die Pflanzen sind mit ihren Wurzeln ineinander verflochten und halten sich gegenseitig am Boden. So entsteht ein gewaltiges ausgegliches, rhythmisiertes Schwingen. Der ganze Wald bewegt sich und tanzt. Wird ein Baum gefällt, reißt er unweigerlich etliche andere Bäume mit sich zu Boden.

Der Wald bewahrt seine Üppigkeit, weil er sich aus einer fließenden Nahrungskette speist. Da sind zunächst all die Materialien wie Blätter, Früchte, kleine Wurzeln und Exkremente der Tiere am Boden, die im Zerfallen begriffen sind und Kompost und Humus bilden. Hinzu kommt das Wasser, das von den Blättern tropft und an den Stämmen herunterrinnt. Nicht der Boden nährt die Bäume, die Bäume nähren den Boden. Die beiden Wasserströme waschen und transportieren die Exkremente der auf den Bäumen lebenden Tiere und auch anderer größerer Tierarten wie zum Beispiel Vögel, Affen, Nasenbären und Faultiere ebenso wie Tausender Insektenarten in den Baumwipfeln. Darüber hinaus gibt es eine Unmenge an Pilzen und Mikroorganismen, die zusammen mit den Nährstoffen

---

11) Vgl. Baum, V., Das Ökosystem der tropischen Regenwälder, in: Stüben, P., Nach uns die Sintflut, Gießen 1986, 39.

12) Sioli, H., Amazônia, a. a. O., 60.

die Wurzeln versorgen. Und durch die Wurzeln gelangt das Nah-rungsangebot dann in die Pflanzen, welche ihrerseits die ekstatische Überschwenglichkeit der Amazonas-Hyläa ermöglichen. Aller-dings handelt es sich um ein geschlossenes System, mit einem komplexen, ja brüchigen Gleichgewicht. Jedwede auch nur leichte Unstimmigkeit kann zu verhängnisvollen Folgen führen. In der Regel ist der Humus kaum mehr als dreißig bis vierzig Zentimeter dick. Nicht selten spülen tropische Regenfälle alles weg. Im Nu ist nur noch Sand da. Ohne seinen Wald droht Amazonien zu einer rie-sigen Savanne, wenn nicht Wüste zu werden. Aus diesem Grund kann das Amazonasbecken niemals zur Kornkammer der Welt wer-den. Wohl aber muß es der Tempel der größten Vielfalt des Lebens auf dem Planeten bleiben.

Die beiden größten Bedrohungen für das Amazonasgebiet sind Abholzung (Motorsäge und Traktor) und Brandrodung (Feuer). Shelton A. Davis, einer der großen internationalen Kenner in Sachen Amazonien, stellte schon 1978 voll unsäglicher Traurigkeit fest: »In diesem Augenblick läuft im Amazonasbecken ein stiller Krieg gegen die indianischen Urvölker, gegen unschuldige Klein-bauern und Landarbeiter ebenso wie gegen das ganze Ökosy-stem.«[13] Bis 1968 war der Urwald praktisch intakt. Seither aber ist, aufgrund der Ansiedlung großer Industrialisierungs- und Koloni-sierungsprojekte, die Verödung und Verwüstung des Waldes in Gang.

In drei Jahrhunderten Kolonisierung wurden nicht mehr als hundert Quadratkilometer gerodet. In nur dreizehn Jahren Mili-tärdiktatur aber 300 000 Quadratkilometer. Schätzungen zufolge sind mittlerweile zehn bis zwölf Prozent des Amazonaswaldes ab-geholzt.[14] Auf den ersten Blick scheint das nicht viel zu sein. In absoluten Zahlen ergibt das jedoch eine Fläche von 600 000 Qua-dratkilometern: mehr als ganz Frankreich und fast doppelt so groß wie das vereinte Deutschland oder mehr als alle Flächen zusammen, auf denen in Brasilien Soja, Mais und Weizen angebaut werden.[15] Fachleute schätzen, daß der tropische Wald am Amazonas minde-

---

13) Davis, S. A., Vítimas do milagre. O desenvolvimento e os índios do Brasil, Rio de Janeiro 1978, 202.

14) Vgl. Benjamin, C., Diálogo sobre ecologia, ciência e política, Rio de Janeiro 1993, 177.

15) Vgl. Fearside, Ph., Deforestation in the Brazilian Amazon. How fast is it occurring?, in: In-terscientia Nr. 2 (März/April 1982). Siehe auch: Lutzenberger, J., Besiedlungspolitik und Zerstörung des Regenwaldes Amazoniens, in: Helbig, J./Iten, O./Schiltknecht. J. (Hrsg.), Yanomamis, Frankfurt/M. – Innsbruck 1989, 18–23.

stens tausend Jahre braucht, um in seinem alten Glanz wieder-zuerstehen.[16] Darüber hinaus ruiniert das Abholzen das ganze regionale Ökosystem und schädigt mithin auch die vermeintlichen Entwicklungsvorhaben.

So erwarb zum Beispiel der König der Automobilindustrie, Henry Ford, 1927 von der brasilianischen Regierung am Tapajós im Staat Pará eine Million Hektar (ein Drittel Belgiens). Auf den Territorien Fordlândia und Belterra wurde ihm das Recht zugesprochen, Gummibaumplantagen anzulegen, um den Weltmarkt mit Gummi zu bedienen. Fünfzig Jahre lang hätte er überhaupt keine Steuern zu zahlen brauchen. Gepflanzt wurden rund 2 600 000 Gummibäume. Da sie sich aber außerhalb ihres natürlichen Lebensraumes befanden, wurden sie von einem Pilz befallen und dezimiert. Ein gut Teil mußte vernichtet werden. Das Projekt war gescheitert.[17]

Im Jahre 1967 errichtete der US-amerikanische Milliardär Daniel Keith Ludwig am Jarí-Fluß, nahe der Mündung des Amazonas, ein großes Unternehmen mit einem geschätzten Wert in Höhe von 600 Millionen Dollar. Das dazu gehörende Gebiet maß 3,6 Millionen Hektar (größer als Belgien oder Israel). Angelegt werden sollten dort Holzplantagen zur Produktion von Zellulose sowie ein land- und viehwirtschaftliches Projekt zum Export von Fleisch, Reis und Soja. Also ließ Ludwig 200 000 Hektar Urwald roden und eine Million Bäume *Gmelina arborea* (aus Afrika stammend; erreicht im Laufe von sechs bis sieben Jahren eine Höhe von zweiundzwanzig Metern; eignet sich vorzüglich zur Herstellung von Zellstoff) und *Pinus caribea* (aus Honduras stammend; nach sechs bis neun Jahren reif zur Produktion von Zellulose; nach zwölf Jahren geeignet, in der Sägerei zu Bauholz verarbeitet zu werden). Doch außerhalb ihres Ökosystems angebaut, wurden die beiden Baumarten von einem Pilz *(Cylindrocladium pteridis)* befallen und gingen ein. Ludwig nahm Abstand von seinem Unternehmen, das schließlich an eine Gruppe von zweiundzwanzig brasilianischen Firmen verkauft wurde. Der Mißerfolg geht eindeutig auf ökologische Unachtsamkeit und Ignoranz zurück.[18]

---

16) Vgl. Salati, E., in: Dickinson, R. E. (Hrsg.), The geophysiology of Amazonia, New York 1987.
17) Vgl. Morel, E., Amazônia saqueada, São Paulo 1984, 60–62.
18) Vgl. Oliveira, A. U., Amazônia, monopólio, expropriação e conflitos, São Paulo 1980, 21–33.

Die brasilianische Tochter des VW-Konzerns, Volkswagen do Brasil, gründete 1973 die »Companhia Vale do Rio Cristalino – Agropecuária, Comércio e Indústria« (»Gesellschaft Vale do Rio Cristalino – Land- und Viehwirtschaft, Handel und Industrie«), im Südosten des Amazonasstaates Pará. Die Farm – mit Mitteln erworben, die normalerweise als Steuern an den brasilianischen Staat abzuführen waren, unter bestimmten Bedingungen aber in solche »Entwicklungspole« angelegt werden konnten – maß 139 392 Hektar: 40 Kilometer in West-Ost- und 33 Kilometer in Nord-Süd-Ausdehnung. Die Rodungsflächen beliefen sich auf gut 55 000 Hektar. Bei den Rodungsarbeiten kamen auch Entlaubungsmittel zum Einsatz, wie sie aus dem Vietnamkrieg bekannt sind. Von Flugzeugen aus wurde Grassamen auf das Land gestreut. Mitte der achtziger Jahre sollte der Viehbestand 75 000 – 100 000 Stück erreicht haben. Um Verwüstungen zu vermeiden und das Wachstum der Weideflächen zu sichern, sahen die Verantwortlichen für jedes Stück Vieh 3 000 Quadratmeter Weideland vor. Die Fleischproduktion sollte, wie auch die anfallende Holzerzeugung, zu einem gut Teil in den Export gehen. Neben den sage und schreibe etwa zweihundertfünfzig Mitarbeitern, die das Unternehmen bei pharaonenhaften Investitionen aus Steuergeldern selbst beschäftigte, arbeiteten über Subunternehmen noch viele andere Menschen auf dem Gelände. Seit 1983 wurde in Brasilien und dann auch in Deutschland der Vorwurf laut, gerade im Zusammenhang mit den Subunternehmen käme es auf der VW-Farm zu Gewaltanwendung, Folter und Sklaverei. Da die »Companhia« dann überdies tief in die roten Zahlen rutschte, wurde das Unternehmen 1986 an den japanisch-brasilianischen Agrarkonzern Matsubara verkauft.

Die angedeuteten Sachverhalte zeigen, wie zerbrechlich das Gleichgewicht in Amazonien ist und mit welch erschreckenden Zusammenbrüchen fehlende Achtsamkeit in ökologischen Belangen zu zahlen ist.

3. Amazonische Großprojekte: Krieg gegen die Bäume

Amazonien gilt heute als die letzte Grenze für die, die auf der Suche nach Land sind, das sie bestellen und von dem sie leben könnten, und als die letzte Zuflucht für die sechzig Prozent der Ureinwohner, die die große biologische Drangsal übrig gelassen hat, die fünfhundert Jahre lang auf sie herniederging und dazu führte, daß gerade mal einer von zweiundzwanzig überlebt hat.[19] Immer stellte das Amazonasgebiet für die Zentralregierung eine Herausforderung im Sinne seiner nationalen Integration dar. Als dann in den Jahren 1958 bis 1960 die Bundesstraße Belém – Brasília mit einer Länge von 2 162 Kilometern gebaut wurde, begann eine neue Phase der Expansion des Landes in Richtung Amazonas.

Auch wenn die Böden des Amazonasraumes im allgemeinen arm sind, hat er gleichwohl in bestimmten Regionen reiche Bodenschatzlager. Zu nennen ist da vor allem das brasilianische Ostamazonien zwischen den großen Flüssen Xingu und Araguaia. Auf einer Fläche von 100 000 Quadratkilometern findet sich eine der größten Metallkonzentrationen der Welt. Schätzungen besagen, daß auf einem Gebiet von gerade einmal sechzig Quadratkilometern fünfundzwanzig bis dreißig Milliarden Tonnen Metall wie Eisen, Bauxit, Mangan, Nickel und Kupfer liegen. Der Vorteil besteht darin, daß die Mineralien im Tagebau gefördert und im Blick auf den Export über eine vergleichsweise kurze Strecke zum Atlantik transportiert werden können.

Mit der Formulierung des »Programms zur Nationalen Integration« – »Eingliedern, um nicht abzugeben« lautete, in ein Wortspiel gekleidet: *Integrar para não entregar*, das offizielle Motto – beschloß die brasilianische Regierung angesichts solchen Reichtums besonders seit 1970 dreiunddreißig Großprojekte im Wert von Milliarden und Abermilliarden Dollar. Es hieß, nach den Raumfahrtprojekten der NASA in den USA seien die Vorhaben in Amazonien die größten Unternehmungen der Welt. Alle beruhen auf einem Dreierbund von Investoren: Der brasilianische Staat reicht zum einen privaten brasilianischen Firmen und zum anderen dem transnationalen – und inzwischen weltweit operierenden – Kapital die Hand; letzteres stammt insbesondere aus den USA, aus Japan, Deutschland, England, Italien sowie aus anderen Ländern, aber immer in planetarischen Dimensionen.

19) Vgl. Ribeiro, D., Os índios e a civilização. O processo de integração dos índios no Brasil moderno, Petrópolis 1984. Siehe auch: Gawora, D./Moser, C., Amazonien. Die Zerstörung, die Hoffnung, unsere Verantwortung, Aachen (Misereor) 1993.

a. *Fernstraßen: Verslumung des ländlichen Raumes*

Sechs große Straßen durchziehen das brasilianische Amazonasgebiet bzw. sollen es durchziehen. Sie sollen vor allem die Kolonisierung bzw. Integration des Raumes sowie den Abtransport der Produkte ermöglichen. Von der 2 162 Kilometer langen Belém-Brasília war schon die Rede. Sodann wurde in einer Länge von 5 400 Kilometern, südlich des Amazonas verlaufend, die Transamazonas-Straße *(Transamazônica)* gebaut; sie soll Amazonien an den Nordosten des Landes anbinden. Der Nordbogen *(Perimetral Norte),* 4 000 Kilometer lang, soll, wenn er denn mal gebaut ist, von Brasilien aus gesehen, diesseits der Grenzen nach Surinam, Guyana, Venezuela, Kolumbien und Peru verlaufen. Die Straße Cuiabá-Santarém schafft die Verbindung zwischen Amazonien und dem Mittleren Süden des Landes. Als Zubringerin zur Transamazônica kreuzt die Straße Manaus-Boa Vista den Nordbogen in Nord-Süd-Richtung. Des weiteren läßt die Straße Cuiabá-Porto Velho die Hauptstadt des Staates Mato Grosso an den Staat Rondônia angebunden sein. Nicht vergessen werden darf schließlich die neue in Nord-Süd-Richtung verlaufende 1 570 Kilometer lange Eisenbahnlinie zwischen den Bundesstaaten Goiás und Maranhão.

Die Straßen zogen Mengen von Ansiedlern an. Auf Anregung der Regierung hin ließen sie sich längs der Straße in – so der offizielle Sprachgebrauch des »Programms zur Nationalen Integration« – Ackerdörfern (*agrovila:* 45 bis 60 Familien), Ackerstädten (*agrópolis:* Zusammenschluß von 22 Ackerdörfern) und Landstädten (*rurópolis:* städtisches Zentrum mit Industrie und Handel) nieder. 1960 waren es 213 000 Menschen, 1970 wuchs die Zahl auf 360 000 und 1975 sogar auf 452 000 Menschen, fünf Jahre später aber fiel der Wert auf 404 000. Doch all diese Zuwanderer vertrieben sowohl die indianische als auch die im Laufe der Jahrhunderte bodenständig gewordene kleine Mischlingsbevölkerung, rodeten auf Teufel komm raus, verschmutzten die Flüsse und verursachten bares Elend und ökologischen Ruin. Allein längs der Transamazonas-Straße sollten fünf Millionen Menschen aus dem Armenhaus im Nordosten des Landes angesiedelt werden. Das offizielle Motto lautete: »Land ohne Menschen für Menschen ohne Land.« Doch die widrigen Umstände, das Hände-in-den-Schoß-Legen seitens der Behörden, die geringe Fruchtbarkeit der Böden und die Schwierigkeiten bei Abtransport und Lagerung der Erzeugnisse ließen das Experiment, Amazonien mit Menschen von außerhalb zu besiedeln, scheitern. Überall auf dem Lande entstanden Favelas, das Land verslumte. Also kam ein anderes Projekt auf den Tisch: Inbesitznahme durch das Rind.

Binnen kurzem entstanden mehr als fünfhundert land- und viehwirtschaftliche Großprojekte. Anstatt ihre Steuern an die Finanzbehörden zu zahlen, konnten große Firmen mit denselben Geldern gewaltige Unternehmen in Amazonien gründen. Die Ländereien wurden den Firmeneignern überschrieben, die überdies noch steuerliche Anreize bekamen, falls sie sich bereit fanden, den Wald zu roden und vieh- und holzwirtschaftliche Betriebe zu gründen. Das ökologische Verbrechen wurde also obendrein noch offiziell prämiert. 21 Millionen Hektar Bundeseigentum gingen in den Besitz der verschiedensten Unternehmer über. So wurden im Zusammenhang mit diesem Unterfangen 5,12 % der Gesamtfläche des brasilianischen Amazonasraumes gerodet. Aufgrund ähnlicher Projekte wurden im peruanischen Teil Amazoniens 6 Millionen und im kolumbianischen 28 Millionen Hektar Wald niedergemacht.

b. Mega-Wasserkraftwerke: Vergiftung des Wassers
Großprojekte brauchen viel Energie, ja verschlingen nachgerade Energie. Bis zum Jahre 2000 sollen in Amazonien 79 Wasserkraftwerke gebaut werden, die zur Erzeugung von 17 000 Megawatt erforderlich machen, daß Flächen in der Gesamtausdehnung von zwei Prozent des Amazonasraumes unter Wasser gesetzt werden. Das Energiepotential des Amazonasbeckens wird auf 100 000 Megawatt geschätzt bzw. auf sechzig Prozent der gesamten Möglichkeiten des Landes. Von den verschiedenen Stauseen möchten wir nur auf zwei rasch aufmerksam machen, auf Balbina und Tucuruí, weil gerade an diesen beiden ablesbar wird, zu welchen Rekorden der Irrationalität die moderne Technologie fähig ist, wenn sie ohne Rücksicht auf den ökologischen Kontext angewandt wird.

Die Fertigstellung des Wasserkraftwerkes Balbina am Uatumã-Fluß, nahe Manaus, war für 1985 vorgesehen. Tatsächlich konnte es aber erst 1989 in Betrieb genommen werden. Vor allem versorgt es die Stadt Manaus und das Industriegebiet der Freihandelszone Manaus mit Strom. Weder gab es geotechnische Verträglichkeitsstudien zu Gefälle und Lokalisierung, noch wurden ökologische Faktoren berücksichtigt, noch hatte die betroffene Bevölkerung ein Mitspracherecht. Da das Gebiet sedimentäres Gelände ohne große Unebenheiten ist, überschwemmten die Wassermassen eine überproportionale Fläche von 2 360 Quadratkilometern. Deshalb mißt auch die mittlere Tiefe gerade mal 7,40 Meter und auf 800 Quadratkilometern kaum 4,00 Meter. Wegen des schwachen Abflusses aufgrund des geringen Gefälles und des unvorhergesehenen Verlustes (Höhlen, die Wasser absorbieren) ist der Energieausstoß deutlich, das heißt um ein Drittel niedriger als erwartet. Da der Wald nur zu einem ganz geringen Teil, zu ganzen zwei Prozent, vorher abgeholzt wurde, ragen in dem riesigen See noch überall die Wipfel der Bäume aus dem Wasser hervor. Da weiterhin der Wald tot ist und vermodert und sich das Wasser nur ausgesprochen langsam erneuert (der Austausch dauert ein Jahr), ist das Wasser praktisch vergiftet, schadet der Fauna und beeinträchtigt das Funktionieren der Turbinen. Zusammenfassend läßt sich sagen: »Balbina ist technisch nicht auf der Höhe, wirtschaftlich zu teuer und ökologisch ein Verhängnis. Stausee und Kraftwerk bringen das Leben der örtlichen Bevölkerung böse durcheinander. Die Waimiris-Atroaris sind praktisch ausgelöscht. Das Ganze ist ein Beispiel dafür, wie etwas nicht gemacht werden darf.«[20]

Derselbe Wahnsinn haftet, wenn auch in noch dramatischeren Ausmaßen, dem am Tocantins-Fluß gelegenen Wasserkraftwerk Tucuruí an, in der Mikroregion Marabá. Tucuruí ist Teil des »Großprojektes Carajás«, auf das wir gleich zu sprechen kommen werden. Das Projekt am Tocantins ist das viertgrößte Kraftwerk der Welt und das größte überhaupt, das je in tropischen Regenwäldern konstruiert worden ist. Die Baukosten beliefen sich auf 4,6 Milliarden Dollar. Die Überschwemmungsfläche mißt 2 430 Quadratkilometer. Der Energieausstoß beläuft sich auf 8 000 Megawatt. Eingesetzt werden soll der Strom in den großen Aluminium- und Eisenvorhaben der Region wie auch zur Energieversorgung der Stadt Belém, der Hauptstadt des Staates Pará, und weiter Gebiete Nordbrasiliens. Auf dem Höhepunkt der Bauarbeiten 1982 waren in Tucuruí über 30 000 Menschen beschäftigt, 1983 verringerte sich die Zahl auf 17 000, und 1985 bei Abschluß des Unterfangens waren es noch 4 000. In Tucuruí entlassen und in den Industrieunternehmen des Carajás-Projektes nicht mehr benötigt, bauten die Arbeiter und Arbeiterinnen eine Reihe von Elends- und Favelastädten, wie Alto Alegre, Auzilândia, Mineirinho, Curionópolis,

---

20) Vgl. Benjamin, C., Amazônia: cuidado, frágil, in: Diálogo sobre ecologia, ciência e política, a. a. O., 110.

Síto Novo, Xambioá und andere. Im Laufe der vier Jahre, die an dem Staudamm gebaut wurde, schwoll die Stadt Tucuruí von 4 000 auf nicht weniger als 80 000 Einwohner an. Die Probleme, die dabei für die soziale Ökologie entstanden, sind kaum zu beschreiben. Der Bau des Tucuruí-Stausees hatte eine Reihe ökologischer Folgen. Da es unterlassen wurde, die Vegetation aus den überschwemmten Gebieten zu entfernen, bildeten sich schädliche Wasserpflanzen, versauerte das Wasser, und setzte ein Fischsterben ein. Nur einige ausgewählte Flächen, deren Bewuchs sonst die Turbinen und die Hänge gefährdet hätten, wurden gesäubert. Das Vermodern der organischen Stoffe hatte in der Tat ein fürchterliches Fischsterben zur Folge. Der hohe Säuregrad des Wassers korrodierte die Turbinen und andere Ausrüstungsteile. Und schädliche Pflanzen wie Wasserhyazinten und Wasserfarne, die zusehends wucherten, drohen die Turbinen zu verstopfen. Darüber hinaus entwickelten sich die Wassergewächse zu idealen Brutstätten für Mücken und Schnecken, die verschiedenste Krankheiten übertragen, wie Gelbfieber, Malaria und Bilharziose. Verschärft wird die Lage noch dadurch, daß 900 Quadratkilometer nur zeitweise überschwemmt werden und allmählich versumpfen.[21] In der Nähe der Städte breitete sich eine regelrechte Fliegen- und Mückenplage aus, so daß die Stadtverwaltung von Tucuruí 1991 feststellen mußte, »daß jeglicher Verbleib von Menschen in der Region unmöglich ist und der Notstand ausgerufen werden muß«.[22]

Und wieder stehen wir vor dem Scherbenhaufen eines linearen Entwicklungsparadigmas, das für das ökologische Ganze blind und für jede humanistische oder ethische Dimension angesichts des Subjektcharakters der Natur und der dort lebenden Menschen fühllos ist.

c. Das »Großprogramm Carajás«: Pharaonengehabe der Technik
Im Südosten des Bundesstaates Pará ist das »Großprogramm Carajás« angesiedelt. Es beschäftigt sich mit Förderung und Export von Erzen und strategischen Mineralien, mit Agroindustrie und Waldwirtschaft. Die Dimensionen des Vorhabens spiegeln einen Größenwahn, wie er für den imperialen Geist der Moderne mit

---

21) Vgl. im einzelnen dazu: Hall, A., Amazônia: desenvolvimento para quem? Desmatamento e conflito social no Programa Grande Carajás, Rio de Janeiro 1991, 176–180.
22) Vgl. Waldmann, M., Ecologia e lutas sociais no Brasil, São Paulo 1992, 83.

seinem Willen zur Unterwerfung der Erde charakteristisch ist. Das »Großprogramm« umfaßt eine Fläche von 900 000 Quadratkilometern, die der Ausdehnung Englands und Frankreichs zusammen entspricht, und wird auf einen Wert von 62 Milliarden Dollar veranschlagt. Im Jahre 1980 begonnen, brauchte es dreizehn Jahre bis zu seiner Fertigstellung. In Rekordzeit wurde zwischen Paraupebas, am Fuße des Carajás-Gebirges im Staat Pará, und Porto Madeira (Itaquí) in São Luís, Hauptstadt des Staates Maranhō, eine 890 Kilometer lange Eisenbahnlinie gebaut. Fabriken, Städte, Dörfer, Straßen und sogenannte Parks entstanden von einem auf den anderen Tag. Das Ganze hatte eine regelrechte demographische Explosion zur Folge; das Bevölkerungswachstum in der Region wird bis zum Jahre 2000 auf 400 bis 800 % geschätzt. Insgesamt macht »Carajás« das größte integrierte Projekt unter tropischen Bedingungen der Welt aus.[23]

Das »Großprogramm« besteht aus vier wesentlichen Komponenten: einer Eisenerzmine, zwei Aluminiumwerken und dem Wasserkraftwerk Tucuruí. Im Carajás-Gebirge, westlich von Marabá im Staat Pará, wurden 1967 Mineralienlager entdeckt, wie sie unser Planet an Menge und Qualität kaum ein zweites Mal zu bieten hat: 20 Milliarden Tonnen Eisenerz mit einem Eisengehalt von 66 Prozent, was weltweit zur Spitzenqualität gehört; 65 Millionen Tonnen Mangan; 1 Milliarde Tonnen Kupfer; 40 Millionen Tonnen Aluminium; 100 Millionen Tonnen Nickel; 100 000 Tonnen Zinn und 100 Tonnen Gold.[24] Federführend bei dem ganzen Vorhaben ist die »Companhia Vale do Rio Doce« (CVRD), eines der größten brasilianischen Staatsunternehmen[25], in Verbindung mit großen multinationalen Bergbaukonzernen, wie der ALCOA (Aluminium Company of America), einem US-amerikanischen Unternehmen und dem größten Produzenten von Aluminium (60 %), der NALCO (Nippon Amazon Aluminium Co.), der ALCAN (Aluminium Company of Canada), der ALUSUISSE, Billiton-Shell,

23) Vgl. das ganze Heft 3/92-2/93 der Zeitschrift »Brasilien-Dialog« (Institut für Brasilienkunde, Sunderstraße 17, D-49497 Mettingen): Carajás – Industrialisierung in Amazonien; Institut für Brasilienkunde (Hrsg.), Carajás und die Folgen, Mettingen 1994; Moser, Cl., Entwicklung oder Zerstörung? Probleme der Weltmarktintegration Amazoniens am Beispiel der Region Carajás (Bezug: Gemeinsame Konferenz Kirche und Entwicklung, Adenauerallee 37, 53113 Bonn), Bonn ²1995.
24) Siehe die Daten bei: Hall, A., Amazônia: desenvolvimento para quem?, a.a.O., 59 ff. Vgl. auch: Oliveira, A.U., Amazônia, monopólio, expropriação e conflitos, a.a.O., 35 ff.
25) Es gibt entschiedene Befürworter einer Privatisierung der CVRD, gegen den heftigen Widerstand aus Kreisen der Basis und der Gewerkschaften (Anm. des Übersetzers).

Patiño, Englardt und anderen.[26] Längs der Eisenbahnlinie waren 1995 sechs Hochofenanlagen zur Verhüttung des Eisenerzes zu Roheisen und Eisenlegierungen sowie weitere Einrichtungen zur Aufbereitung anderer Metalle in Betrieb, alles auf der Grundlage von Holzkohle. Dazu mußten 25 Millionen Kubikmeter Holz geschlagen und 1,5 Millionen Hektar Wald gerodet werden. Das ergibt 35 Hektar gerodeten Waldes jeden Tag oder einen Quadratkilometer alle drei Tage. Die Folge ist, wie jedem und jeder einleuchtet, daß der Amazonaswald in Form von Roheisen und Holzkohle exportiert wird, während, was uns bleibt, die Verkarstung der Böden, die Ausrottung von Tausenden von Lebensarten, die Verschüttung der Flüsse und die allgemeine Verwüstung der Umwelt ist.[27]

Nun müssen wir anerkennen, daß die CVRD, die ja den Maßstab für das ganze Programm setzt, eine Gruppe von neun diplomierten Wissenschaftlern eingesetzt hat, die in den verschiedenen Projekten als Umweltbeauftragte tätig sind. Die Amazonien-Fachleute führten inzwischen bemerkenswerte Veranstaltungen durch, einschließlich eines internationalen Kongresses 1986 in Belém, der Hauptstadt des Staates Pará, zu dem Thema »Wirtschaftliche Entwicklung und Umweltproblematik in den feuchten Tropen Brasiliens«. Auf der Höhe des Carajás-Gebirges wurde eine moderne Stadt gebaut, in der zehntausend Angestellte mit ihren Familien leben, versorgt mit einer Infrastruktur, die dem Versorgungssystem jeder Kleinstadt in der Ersten Welt standhält. Alle ökologischen Vorschriften werden strikt eingehalten, auf einem Gebiet von 411 000 Hektar. Aber außerhalb dieses Raumes wird der Wald in einem beispiellosen Rhythmus abgeholzt, damit sich dort agroindustrielle und land- und viehwirtschaftliche Betriebe ansiedeln und Reis, Bohnen, Mais, Soja und Mandioka produzieren, für den Export, versteht sich, wobei Mandioka – in Brasilien menschliche Nahrung – in der Ersten Welt als Viehfutter eingesetzt wird. Nicht zu vergessen u. a. auch die Babaçu-Nuß, die vielfältig verwendet wird. Immer wieder kommt es zu Konflikten zwischen Ökologen einerseits und Technikern und Ingenieuren andererseits, weil letztere nur geringe Einfühlung für die Anliegen der ersteren zeigen.

---

26) Zum Thema »Aluminium« vgl. Moser, Cl./Moser, Chr., Streitfall Aluminium. Soziale, ökologische und volkswirtschaftliche Implikationen der Bauxitförderung und Aluminiumproduktion (Bezug: Gemeinsame Konferenz Kirche und Entwicklung), Bonn 1994.
27) Vgl. Valverde, O., Sacrifício verde, in: Ecologia, Nr. 33 (1993) 19.

Wie es zu passieren pflegt und wie wir es im II. Kapitel auch schon beschrieben haben, hatte auch im Falle Carajás die kurzfristige Gewinnmaximierung Vorfahrt vor irgendwelchen langfristigen ökologischen Erwägungen.[28] Die Brutalität der Techniker hat den Sieg davongetragen über die Sensibilität der Umweltschützer.

Die Ansiedlung der Großindustrie in Amazonien gehorchte der Logik des internationalen Kapitalismus. Ab 1972 stieg der Preis des Erdöls von zwei auf zweiunddreißig Dollar, so daß sich die elektrische Energie vor allem in Japan verteuerte, weil gerade dort der Strom auf Ölbasis erzeugt wird. Teurer wurde aber auch der Transport der Mineralien, insbesondere des Bauxits als Rohstoff für das Aluminium, das ja für die Industrie immer wichtiger wird. Ein Drittel der Industrieunternehmen in Japan, in den USA und in Europa mußte schließen. Die Lösung, die man fand, bestand darin, die entsprechenden Industriezweige in Gegenden der Welt auszulagern, die über reichlich Energie verfügen, in denen Bauxit vorhanden ist und die billige Arbeitskraft anzubieten haben. Der Amazonasraum erfüllte alle diese Bedingungen spielend. So machten sich denn die wichtigsten multinationalen Eisen- und Aluminiumkonzerne an den Amazonas auf. Ein Vorteil, den sie sahen, bestand darin, daß sie die sauberen Industriezweige bei sich zu Hause hatten und sich der schädlichen industriellen Rückstände, des sogenannten »ökologischen Rucksacks«, entledigen, das heißt sie in der Dritten Welt lassen konnten. Konkret sieht das zum Beispiel so aus, daß der hochtoxische »rote Schlamm« der Bauxitrückstände in irgendwelchen künstlichen Seen abgelagert wird. Von daher wird verständlich, weshalb alles so schnell über die Bühne gehen mußte. Mit einem massivem Einsatz von Arbeitskräften sollte der weltweiten Nachfrage Genüge getan werden. 27 000 Menschen arbeiteten am »Eisenprojekt Carajás«, 63 000 am Bau des Staudamms Tucuruí und 50 000 in der Goldmine Serra Pelada. Insgesamt 140 000.[29]

Die Hauptattacken gegen die Natur Amazoniens gehen auf das Konto des »Großprojekt Carajás Landwirtschaft« im Zusammenwirken mit der JICA (Japan International Cooperation Agency, einem Zusammenschluß von zweiundzwanzig japanischen Investitionsfirmen). Auch wenn die japanische Agentur ökologische Vor-

28) Vgl. Hall, A., Amazônia, a. a. O., 195.
29) Vgl. Valverde, O., Sacrifício verde, in: Ecologia, a. a. O., 16–19.

sichtsmaßnahmen empfahl, in dem Sinn, daß die landwirtschaft-
liche Entwicklung Hand in Hand zu gehen hätte mit der Erhaltung
der Umwelt, hielt sich die Regierung mit ihrer Entscheidungs-
maschinerie an strikt technokratische Kriterien. Sie überging die
jahrtausendealte Weisheit der einheimischen Bevölkerung, feierte
die Tugenden der Mechanisierung und führte eine ganze Batterie
von Geräten zur Zerstörung des Waldes ein, wie man sie in Brasilien bis dato noch nicht gesehen hatte. Die Regierung stellte erst
dann Subventionen zur Verfügung, wenn die Firmen den Nachweis
erbracht hatten, daß das »Terrain gereinigt« war, will sagen: daß das
Areal gerodet und die bodenständige Bevölkerung vertrieben und
durch eine neue, aus dem Süden des Landes umgesiedelte ersetzt
worden war; denn diese – mit europäischem Blut in den Adern –
betrachtete man trügerischerweise als für eine moderne Agroindustrie geeigneter denn die Ureinwohner. Die land- und viehwirtschaftlichen Unternehmen sollten, im Blick auf den Export,
eine Herde von zwei Millionen Rindern auf die Beine stellen. Doch
die Planung führte zu einer phantastischen Spekulationswelle, auf
der große brasilianische Firmen schwammen, wie: Café Cacique,
VARIG und Sul América Seguros, genauso wie multinationale
Unternehmen, von denen nur Volkswagen, Liquifarma (italie-
nischer Pharmakonzern), Atlântica-Boavista (Rockefeller-Gruppe)
und Merck (deutsche Unternehmensgruppe der Pharmaindustrie
mit Sitz in Darmstadt) genannt seien.

Um das Abholzen zu beschleunigen, setzte eine Reihe von
Viehzüchtern das Entlaubungsmittel Tordon 155-Br (Orange
agent) oder das noch verheerendere Tordon 101-Br ein. Das Gift,
aus Flugzeugen versprüht, verseuchte Flüsse und Böden und tötete
viele Menschen, insbesondere Nhambikwara-Indianer, die fast
ausgerottet wurden.[30] Die vertriebenen oder mit Vertreibung bedrohten Kleinbauern schlossen sich vielfach zu gewerkschaftlichen
Bewegungen zusammen. Es ist nicht übertrieben zu sagen, daß mit
der Ansiedlung der Carajás-Projekte der Krieg auf dem Land aus-
brach. Im Jahre 1985 gab es hundert Tote, ein Jahr später sogar
zweihundert. Und auch wenn die Zahl inzwischen gesunken ist,
ging in den folgenden Jahre das Morden weiter. Für die Jahre 1964
bis 1984 listet Alfredo Wagner Berno de Almeida im Staat Maranhão namentlich 160 und für den Zeitraum von 1964 bis 1992 im

---

30) Vgl. Ribeiro, B., Amazônia urgente, a. a. O., 196.

Staat Pará ebenfalls unter Angabe von Namen und Todesort 568 Morde auf.[31] Dreizehntausend Indianer aus vierunddreißig verschiedenen Ethnien, die in dem Raum leben, mußten erleben, daß Firmen der Viehzucht und des Holzgeschäftes in ihre Gebiete eindrangen. Viele Ureinwohner wurden dabei umgebracht.[32] Doch die agroindustriellen und viehwirtschaftlichen Projekte kennen keine zukunftsfähige Nachhaltigkeit. Die Produktion großer Erntemengen und die extensive Viehzucht auf gewaltigen Weideflächen fügen dem amazonischen Ökosystem dauerhafte Schäden zu: Erosion der Böden, Verhärtung der Erde, Verkarstung der Landschaft, Versandung von Flüssen und Seen und Verschmutzung der Atmosphäre aufgrund gewaltiger Brandrodungen, von denen etliche solche Ausmaße hatten, daß sie von US-amerikanischen und russischen Satelliten entdeckt wurden und Gefahr laufen, das östliche Amazonien in eine »rote Wüste«[33] zu verwandeln. Von der Raumfähre »Discovery« aus wurden an einem einzigen Tag in Amazonien 8 438 Brände identifiziert. Ein weiteres Mal verkannte die Planungsmaschinerie des Staates das enorme Potential zur wirtschaftlichen und gesellschaftlichen Entwicklung, das in den traditionellen Techniken der Ureinwohner steckt. Untersuchungen beim Volk der Kaiapós im Süden des Staates Pará haben deutlich gemacht, daß es eine minutiöse Klassifizierung der Arten kannte und äußerst geschickt mit den Wäldern umging. Die Kaiapós wußten mehr als vierzig Arten von Wald, von Feldern und Böden auseinanderzuhalten, einschließlich der dazu gehörenden Familien von Insekten, Tieren, Vögeln, Winden und klimatischen Erscheinungen. Das Wissen ermöglichte es ihnen, ihre Bedürfnisse zu befriedigen, dabei gleichzeitig aber auch ihr regionales Ökosystem im Gleichgewicht zu halten.[34] Genau dieses Wissen müßten sich die Techniker und Strategen der Großprojekte zu Herzen nehmen, mit dem Amazonaswald achtsam umgehen und seine Arten bewahren. Stattdessen legen sie Überheblichkeit, Arroganz und Verachtung an den Tag.

---

31) Almeida, A. W. B. de, Carajás: Guerra dos mapas, Belém 1994, 247–322.
32) Vgl. Hall, A., Amazônia, a. a. O., 200 ff.
33) Rot deshalb, weil der Boden in weiten Teilen Brasiliens rot schimmert (Anm. des Übersetzers).
34) Vgl. Hall, A., Amazônia, a. a. O., 273–274.

d. Ureinwohner und Goldschürfer: Holocaust der Unschuldigen

In Brasilien haben wir ständig an die 600 000 Goldschürfer (zeitweise steigt die Zahl auch, 1988 waren es sogar an die 1 Million). Dabei handelte es sich um Arbeitslose, landlose Bauern (mehrheitlich Heranwachsende im Alter von fünfzehn, ja eben mal vierzehn Jahren), Menschen, die vor den Dürrekatastrophen des Nordostens geflüchtet sind, sowie um Abenteurer von überall her, die in den Flußbetten oder in minenreichen Gebieten nach Gold und Diamanten suchen. Früher arbeiteten sie manuell mit irgendwelchen Sieben. Heute setzen sie schweres, teures Gerät ein. Bekannt ist die Schürfstelle am Madeira, einem Nebenfluß des Amazonas, wo mit Hilfe von zweihundert Flößen allein 1987 6,4 Tonnen Gold von der Sohle des Flusses heraufgeholt wurden – und der Fluß mit hundert Tonnen Quecksilber verdreckt wurde.

Berühmt ist auch die Goldmine in der Serra Pelada (Nacktes Gebirge), innerhalb des Gebietes des »Großprogramms Carajás«. Im Tagebau fördern 40 000 Goldschürfer das Edelmetall. Wer diesen Ameisenhaufen an Menschen sieht, muß unwillkürlich an den Bau der großen Pyramiden in Ägypten denken. Im Jahre 1986 wurden in der Serra Pelada vierzig Tonnen Gold produziert, auf den Schultern jedes einzelnen Mannes, der auf bis zu zweihundert Metern hohen Leitern das lose Gestein mit den Goldspuren aus der Tiefe der Grube heraufschleppt. Die Goldgier und die katastrophalen Lebensbedingungen in den Favela-Städten Curionópolis (30 000 Einwohner) und El Dorado (20 000) am Fuße der Serra Pelada heizten die sozialen Verhältnisse mit einer riesigen Gewalttätigkeit auf. Konkret kommt hinzu, daß das verstäubte Quecksilber, das die Menschen einatmen, sie reizbar macht, jedes Selbstvertrauen ruiniert und zu Halluzinationen, zu selbstmörderischer Melancholie und manisch-depressiver Psychose führt. In den Flüssen tötet das Quecksilber die Fische, verseucht die Fischer und gefährdet insbesondere die Indianer. Viele Hunderte Yanomamis erkrankten und starben inzwischen aufgrund der Verschmutzung des Wassers, die 35 000 Goldschürfer auf ihren Gebieten an der Grenze zwischen Brasilien und Venezuela produzieren.[35]

---

35) Vgl. Birraux, P., Die Yanomami Brasiliens vor dem Genozid, in: Yanomami, a. a. O., 82–86.

Indes, die größten Opfer, welche die in das Amazonasbecken eindringenden internationalen Mechanismen bei der Ausbeutung der Naturschätze forderten, sind die Ureinwohner.[36] Das Motto der FUNAI (Fundação Nacional do 'Indio), des Bundesamtes zum Schutz der Indianer, lautete: »Hunderttausend Indianer können den Fortschritt Brasiliens nicht aufhalten.« Eine offizielle Behörde, die die bodenständigen Urvölker eigentlich verteidigen soll, wurde zur Komplizin des Kreuzweges, den diese zu gehen gezwungen wurden. Einige Stationen dieses Kreuzweges wollen wir im folgenden betrachten.

Als erste Station ist das Gemetzel am 11. Breitengrad im Bundesstaat Rondônia (im äußersten Westen Brasiliens, an der Grenze zu Bolivien) im Jahre 1963 zu nennen. In dem Gebiet, in dem 10 000 Indianer in hundert verschiedenen Dörfern lebten, wurden große Landgüter und Zinnminen angelegt. Um leichter in die Räume vordringen zu können, ließ das Unternehmen »Arruda & Junqueira« während eines Festes der Bevölkerung über dem Dorf der Cintas-Largas vom Flugzeug aus Zuckersäcke abwerfen. Ahnungslos sammeln die Indianer die vermeintlichen Geschenke ein. Doch da kommt in rasantem Flug ein weiterer Flieger, wirft Sprengstoff ab und macht sie nieder.[37]

Die zweite Station markiert die Dezimierung der Nhambikwaras, ebenfalls im Staat Rondônia. Anfang des Jahrhunderts lebten etwa 10 000 Nhambikwaras im Tal des Guaporé-Flusses. Um von Süden her die Einführung der Viehzucht zu erleichtern, siedelte man sie auf die trockene Parecis-Hochebene um. Die dabei dem Hunger entkamen, wurden von Masern – einer Krankheit, die die Weißen eingeschleppt hatten – dahingerafft. Sämtliche Nhambikwaras unter fünfzehn Jahren kamen um. Die, die im fruchtbaren Guaporé-Tal geblieben waren, wurden Opfer der Entlaubungsmittel, die von Flugzeugen aus auf ihre Ländereien versprüht wurden. Im Jahre 1980 gab es von den ursprünglichen 10 000 noch ganze 650 Nhambikwaras. Die tragische Geschichte seines Volkes faßt ein Nhambikwara-Urein-

---

36) Vgl. zur Gesamtproblematik der Urbevölkerung in Lateinamerika: Noggler, O., Art. »Indianer«, in: Goldstein, H. (Hrsg.), Kleines Lexikon zur Theologie der Befreiung, Düsseldorf 1991, 96–102. Eine Gesamtdarstellung des Problems findet sich auch bei: Gomes, M. P., Os índios e o Brasil, Petrópolis 1988, 65 ff. Siehe auch: Beltrão, L., O índio, um mito brasileiro, Petrópolis 1977, bes. 255 ff.; August, S., Die Indianer im Spiegel der brasilianischen Gesellschaft, Frankfurt am Main 1995.
37) Vgl. Davis, S. A., Vítimas do milagre, a. a. O., 106.

wohner in folgenden Worten treffend zusammen: »Zuerst waren hier nur Indianer. Amerikaner, Brasilianer oder sonst was gab's nicht. Auch keine FUNAI. 1964 kamen amerikanische Missionare hierher. Drei Monde vergingen. Und dann tauchten die Brasilianer auf: Maschinen, Traktoren, Lastwagen. Sie legten viele Bäume um. Überall legten sie Feuer. Und dann begann das Unglück: Gras, Gras, Gras, Kühe, Kühe, Farmen, Stacheldraht, Stacheldraht.«[38]

Die dritte Station des Kreuzweges handelt vom Schicksal der Waimiris-Atroaris in der Umgebung von Manaus, der Hauptstadt des Staates Amazonas. Vielleicht sind die Walimiris-Atroaris das Volk, das es in den letzten Jahrzehnten am schrecklichsten getroffen hat. Von den 6 000 Mitgliedern, die das Volk im Jahre 1905 hatte, gab es 1968 noch die Hälfte. 1982 war die Zahl inzwischen auf 517 und 1984 auf ganze 350 geschrumpft. Die Proportion der Auslöschung ist sechs zu eins – und entspricht damit den Dimensionen zur Zeit der Konquista bzw. Invasion des südamerikanischen Erdteils durch die Europäer. Die biologische Katastrophe der Waimiris-Atroaris hat ihre Ursache in den verschiedenen Modellen von Entwicklungspolitik, die man in Amazonien und näherhin in Raum Manaus praktiziert. Die Fernstraße Manaus-Boavista, das Bergwerk »Taboca S.A.« (Tochterunternehmen von »Paranapanema«, das Zinnerz schürft) und das Kraftwerk Balbina, von dem weiter oben schon die Rede war, alles das liegt direkt auf den Gebieten der Waimiris-Atroaris bzw. durchschneidet sie. Die Unmenschlichkeit geht so weit, daß man die Namen der Flüsse änderte, um mit den Ureinwohnern sozusagen Katz und Maus spielen zu können, indem man argumentiert, die durch den Stausee Balbina am Uatumã-Fluß unter Wasser gesetzten Flächen gehörten gar nicht ihnen. Der Uatumã, der die Grenze ihres Schutzgebietes markiert, heißt nunmehr Pitinga, während der Name Uatumã fortan einen kleineren Naturkanal bezeichnen soll. Während des Baus der Fernstraße Manaus-Boavista wurden sie von Hubschraubern und kleinen Militärflugzeugen der Regierung aus angegriffen und ihre Rundhütten in Brand gesteckt. Zahlreiche Indianer fanden dabei den Tod. Wenigstens in einem Falle befahl das Militärkommando den Einsatz von chemischen Waffen gegen die schutzlosen Waimiris-Atroaris. Aufgrund der verschiedenen Angriffe, die über sie hergingen, be-

---

38) Ribeiro, B., Amazônia urgente, a. a. O., 197.

standen von den früher sechzig Dörfern 1987 noch zehn. Mit Recht spricht man deshalb von Ethnozid.[39] Heute haben sich die Waimiris-Atroaris in den Urwald zurückgezogen und verharren in Schweigen, begraben im Vergessen unserer ökomörderischen Kultur, die an den Urvölkern einen regelrechten Holocaust begeht.

Die Seiten dieses Buches reichen nicht, die tragische Geschichte all der amazonischen Urvölker zu beschreiben: der Kaiapós und Paracanãs, der Txucarramães und Krenakarores, der Gaviões und zahlreicher anderer. Doch die Überlebenden vertrauen auf die Kraft der Erde und darauf, daß dem Heiligen Gerechtigkeit widerfährt. Im Jahre 1975 gab der »Weltrat der Urvölker« in Port Alberni eine feierliche Erklärung ab, in der diese Hoffnung wider alle Hoffnung zum Ausdruck kommt:

»Nichtsdestoweniger haben sie es fertiggebracht, uns zu beseitigen oder uns vergessen zu machen, wer wir sind; denn wir sind die Kultur der Erde und des Himmels. Unser Geschlecht ist Tausende von Jahren alt, und wir selbst sind Millionen. Und sollte auch unsere ganze Welt vernichtet werden, wir werden länger das Reich des Todes überleben.«[40]

Doch in all ihren Widerstandskämpfen hatten Ureinwohner wie Kleinbauern und Landarbeiter in den für die Armen und deren Befreiung eintretenden Kirchen einen entschiedenen Verbündeten. Namentlich die katholische Kirche übte mit ihren kirchlichen Basisgemeinden, mit der »Pastoralkommission für Grund- und Bodenfragen« (CPT) und mit dem »Indianischen Missionsrat; (CIMI[41]) eine prophetische und anwaltsmäßige Funktion aus.[42] Auf nationaler und internationaler Ebene prangerte sie die Gewaltverbrechen an. Aber auch der gesellschaftspolitischen Aufgabe verweigerte sie sich nicht. In Form von medizinischem und juristischem Beistand bot sie den Opfern Hilfe. Sie gründete selbständige Gewerkschaften und Menschenrechtskommissionen und schuf ein umfassendes Programm zur Bewußtseinsbildung, damit die Völker des Waldes ebenso wie die unterdrückten Bevölke-

---

39) Vgl. dazu mit einer Fülle von Details: Zeidler, A., Waimiri-Atroari: Dokumentation eines Völkermordes, in: Yanomami, a. a. O., 45–75; Schwade, E./Carvalho, J. P. F., Waimiri-Atroari, a história que ainda não foi contada, Brasília 1882.

40) In: Oliveira, A. U., Amazônia, monopólio, expropriação e conflitos, a. a. O., 130.

41) Vgl. August, S., Der CIMI und der wahre Christ: Die neuentdeckten Indianer, in: dies., Die Indianer im Spiegel der brasilianischen Gesellschaft, Frankfurt am Main 1895, 145–184.

42) Vgl. Ökumenischer Ausschuß für Indianerfragen (Hrsg.), Indianer-Reader. Dokumente und Aufsätze zum Aufbruch indianischer Völker in Mittel- und Südamerika, Mettingen 1982.

rungskreise in Stadt und Land Widerstand leisten und auf ihre Befreiung hin wirken konnten. Auf theoretischer Ebene bringt die Theologie der Befreiung das greifbare Engagement der Kirchen für die Sache der Gedemütigten und Unterdrückten zum Ausdruck. Aufgrund der gerechten Sache und der ethischen Dringlichkeit, daß angesichts des menschlichen und ökologischen Unglücks, wie es sich gerade in so wichtigen Gebieten wie Amazonien zeigt, etwas geschehen muß, gewann diese Theologie sowohl beim einfachen Volk als auch auf internationaler Ebene Profil.[43]

4. Der Traum des Chico Mendes und die Zukunft Amazoniens

Was wir auf wenigen Seiten über Amazonien ausgeführt haben und was wir ebenso über die Bruchgebiete (Pantanal) in Mato Grosso oder über den brasilianischen Küstenwald hätten ausführen können, zeigt auf erschütternde Weise, wie falsch die Entwicklung auf der Grundlage der Moderne ist. Ihre Vertreter können mit der Natur nichts anfangen und meinen, gegen sie unbedingt angehen zu müssen; sie sehen in ihr eher ein Hindernis als eine Verbündete. Wie bereits angedeutet, besteht das eigentliche Problem nicht darin, der Entwicklung zu zukunftsfähiger Nachhaltigkeit zu verhelfen. Das eigentliche Problem besteht darin, auf der Grundlage der Nachhaltigkeit für die Natur eine Alternative zu der Zwangsjacke dieser Art von Entwicklung zu schaffen. Bevor wir von Entwicklung sprechen, müssen wir von Gesellschaft, von Schutz jedes Lebens und von Förderung der Qualität des Lebens für die Menschen sprechen. Wir sprachen bereits davon, daß »Nachhaltigkeit« bzw. »Zukunftsfähigkeit« ganz entschieden ein Aspekt der Ökologie ist, wie »Entwicklung« eine Kategorie aus dem Bereich der Ökonomie ist. Die Rede von der Nachhaltigkeit fokussiert das dynamische und selbstregulierende Gleichgewicht (Homöostase) in der Natur, das wir dem Geflecht von Interdependenzen und Komplementaritäten unter allen Wesen zu verdanken haben – insonderheit unter den lebenden Wesen, weil diese ja von ständig rezyklierten und mithin unendlich nachhaltigen Ressourcen leben. Der Amazonasraum bietet uns das umfänglichste Beispiel für solcherart natürliche

---

43) Vgl. Mesters, C./Suess, P., Utopia cativa: catequese indigenista e libertação indígena, Petrópolis 1986.

Nachhaltigkeit und Zukunftsfäbigkeit. Kein Mensch darf sich der Lehre der Natur mit ihrer Technologie und Nachhaltigkeit verschließen, auch wenn die Herren der amazonischen Megaprojekte nach wie vor abwinken. Die Ökonomie der Natur muß auch die Ökonomie des Menschen inspirieren. Nur so werden wir teilhaben können an Zukunftsfähigkeit und Nachhaltigkeit der Schöpfung. Genau dies waren auch die Vorstellungen von Chico Mendes.[44] Chico Mendes war ein rechtmäßiger Vertreter der Völker des Waldes und ein aufmerksamer Beobachter der Logik der Natur. Wir, die wir ihn kannten und seine Freundschaft genossen, wissen, wie tief er sich mit dem Wald Amazoniens identifizierte, mit seiner gewaltigen Biovielfalt, mit den Gummibäumen, mit den Tieren, mit dem leichtesten Zeichen des Lebens im Wald. Chico Mendes war ein heiliger Franziskus in der säkularen, modernen Welt. Sein Leben teilte er zwischen Stadt und Wald. Auch wenn er in der Stadt war, hörte er klar den dringlichen Ruf des Waldes, in seinem Körper wie in seiner Seele. Er nahm sich als Teil und Bestandteil des Waldes wahr. Deshalb mußte er auch von Zeit zu Zeit zu den Gummibäumen und zur wilden Gemeinschaft des Kosmos zurückkehren. Dort erst fühlte er sich in seiner wahren Wohnung, fühlte er sich erst richtig zu Hause. Aber sein ökologisches Bewußtsein und Gewissen trieben ihn dann doch eine Zeitlang aus dem Wald. Er fühlte sich verpflichtet, die Gummizapfer zusammenzubringen, Gewerkschaftszellen zu gründen und Widerstandkämpfe zu organisieren (die berühmten *empates* [Pattstellungen], das heißt eine Strategie, bei der sich die Gummizapfer zusammen mit ihren Frauen, Kindern, Alten und anderen Verbündeten friedlich vor die Holzfäller und deren Maschinen stellten und sie daran hinderten, die Bäume zu fällen).

In Anbetracht der ökologischen Krise, in die man Amazonien gestürzt hatte, schlug er im Namen der Völker des Waldes vor, Reservate auf der Grundlage einer walderhaltenden Bewirtschaftung einzurichten. Der Vorschlag wurde 1987 auch von der Zentralregierung akzeptiert. Es zeugt von großem Realitätssinn, wenn er sagt: »Wir verstehen – die Gummizapfer verstehen, daß man Amazonien nicht zu einem unantastbaren Heiligtum machen kann. Andererseits verstehen wir aber auch, daß es dringend an der Zeit ist, einer Abholzung den Riegel vorzuschieben, die Amazonien und

---

44) Vgl. Mandacaru e. V. (Hrsg.), Chico Mendes. Gummizapfer in Amazonien, Mettingen 1990.

infolgedessen das Leben aller Völker des Planeten bedroht. Deshalb denken wir an eine Alternative, wie man den Wald erhalten und zugleich aber auch ökonomisch nutzen kann. So haben wir die Vorstellung von Reservaten auf der Grundlage der Nachhaltigkeitswirtschaft.«[45] Und er gibt selbst die Erklärung, wie diese Art von Wirtschaft funktioniert: »In den Nachhaltigkeitsreservaten werden wir die Produkte, die uns die Natur großzügig gewährt, verkaufen und verarbeiten. Universitäten werden kommen und unsere walderhaltende Bewirtschaftung in den Reservaten begleiten müssen. Dies ist der einzige Ausweg, damit Amazonien nicht unter die Räder kommt. Und weiter: Die Reservate werden keine privaten Eigentümer haben, sondern Gemeineigentum der Gemeinschaft sein. Wir haben den Nutzen davon, aber nicht die Eigentumsrechte daran.«[46]

Damit hätten wir eine Alternative zur wilden Ausbeutungswirtschaft, von der allein die Spekulanten einen Vorteil haben. Ein Mahagoni-Baum kostet, wenn er im Bundesstaat Acre geschlagen wird, zwischen 1,00 und 5,00 Dollar, auf dem europäischen Holzmarkt bringt er zwischen 3 000,00 und 5 000,00 Dollar.

Kurz vor Weihnachten des Jahres 1988 wurde Chico Mendes Opfer des Hasses der Feinde der Natur, der Menschlichkeit und der Menschheit. Am 22. Dezember wurde er mit fünf Schüssen ermordet. Er verließ das Leben in Amazonien, um einzugehen in die universale Geschichte und in das kollektive Unbewußte derer, die unseren Planeten Erde mitsamt seiner gewaltigen Biovielfalt lieben. Chico Mendes ermutigt alle, nicht nachzulassen im Kampf zur Bewahrung der amazonischen Hyläa und der Völker des Waldes – einem Kampf, dem sich mittlerweile Millionen von Menschen überall in der Welt stellen. João de Jesus Paes Loureiro, ein volkstümlicher Bänkelsänger aus den Wäldern Parás, besingt ihn: »Wehe, Amazonien, wehe! Chico Mendes haben sie getötet. Doch unsre Hoffnung kann niemand begraben.«

Die Mächtigen der amazonischen Megaprojekte wollen von diesem Entwicklungsmodell nichts wissen. Seit vierhundert Jahren schlagen sie die Menschen hier – wie alle Kulturen der Erde – mit ihrer Geißel. Ihnen geht es um nichts anderes als um Wachstum, das aber nur einigen wenigen Vorteile und allen anderen Opfer und

---

45) Grzybowski, C. (Hrsg.), O Testamento do Homen da Floresta. Chico Mendes por ele mesmo, Rio de Janeiro 1989, 24.
46) Jornal do Brasil (Rio de Janeiro): 24. 12. 1988.

Elend bringt. Aus diesem Grund ist es unmenschlich. Pervers. Es ruiniert das Leben der Menschen und zerstört die Erde. Nur der *homo demens* (der verrückte Mensch) kann es ersonnen haben. Solcherart pharaonenhafte Projekte machen es erforderlich, Informationen zu sammeln und Entscheidungen zu treffen in klimatisierten Büros voller Computer, Papiere und Datenkolumnen, fern der Landschaft mitsamt ihrem Zauber, mit dem Rücken zu den flehenden Gesichtern der Waldbewohner und unberührt von den einfachen Blicken der Indianer. Mitleid oder Sinn für menschliche und kosmische Solidarität sind den Strategen dieser Art von Entwicklung fremd. In ihnen funktioniert eine abstrakte Rationalität, die mit menschlichem Raum und menschlicher Zeit nichts im Sinn hat. Deshalb sind die Ergebnisse solchen Wahnsinns wirtschaftlich eine Katastrophe und kulturell ein Verhängnis.

Die Menschen in den betreffenden Regionen sind ärmer als vor Beginn der Großprojekte. Pará – der Bundesstaat, in dem das »Großprogramm Carajás« zu einem erheblichen Teil liegt – gehört zu den größten Exporteuren des Landes und steht nach São Paulo und Paraná an dritter Stelle. Trotzdem hausen die Menschen im Umfeld der Projekte in Favelas, ohne Infrastruktur und ohne Trinkwasser. Sechzig Prozent der Einwohner von Belém do Pará verdienen weniger als den normalen Satz des gesetzlich festgesetzen Mindestlohnes (1995: hundert Dollar). Von drei Menschen im Staat Pará hat sage und schreibe einer eine Arbeit, die beiden anderen leben von der informellen Wirtschaft.[47]

Diese »Entwicklung« wurde weder für das Volk noch mit dem Volk gemacht. Niemand wurde eingeladen, seine Meinung zu sagen; niemand wurde gehört. All die Bevölkerungsgruppen, die dort seit Hunderten von Generationen leben, über unerschöpfliche Reichtümer an Wissen verfügen und ihre Umwelt bis ins kleinste kennen, wurden nicht nur übergangen, umgebracht wurden sie. Dieses Wachstum mit Hilfe von Kapital und zum Zweck des Kapitals geht von der bösen Voraussetzung aus, sowohl die Urbevölkerung als auch der Urwald müßten beseitigt werden. Anderenfalls bliebe einem die Moderne verschlossen.

Untersuchungen haben gezeigt, daß der Amazonaswald nicht abgeholzt zu werden braucht, will man Gewinn daraus ziehen. Die

---

47) Die Daten sind zu finden bei: Pinto, L. F., Depois que a Rio-92 passou, in: tempo e presença, Nr. 265 (1992) 17.

Entnahme von Früchten verschiedener Palmen (Açai, Buriti, Bacaba, Pupunha u. a.), der Pará-Nuß, des Gummis, pflanzlicher Öle und Farbstoffe, alkaloider Substanzen zu pharmazeutischen Zwecken sowie kräuter- und pilztötender Stoffe bringt mehr als alles Abholzen, das auch heute noch in einer Größenordnung von 15 Hektar in der Minute erfolgt. Die Gewinne aus der Viehwirtschaft sind dermaßen lächerlich, daß jede Nachhaltigkeitswirtschaft sie ausgleichen und sogar übertreffen würde. Die Medizin würde weltweit ungeheuer gewinnen, hätte sie nur ein Ohr für die Mischbevölkerung und für die Indianer, allesamt Meister in natürlichen Heilverfahren. Ganze zehn Prozent der roterdigen Landstriche, die inzwischen als hochwertig fruchtbar identifiziert sind, könnten zu Flächen mit weltweit anerkannter landwirtschaftlicher Produktion werden. Die Ausbeutung von Erz und Holz könnte Hand in Hand gehen mit einer ständigen Wiederaufforstung, so daß es in den betroffenen Räumen nicht an grünen Flecken fehlte.[48]

Amazonien ist der Ort, an dem sich das Entwicklungsparadigma der Moderne als zukunftsunfähig und ökologiefeindlich ad absurdum führt, weil es mit Todsünden, das heißt mit Sünden des Kapitals belastet ist. Aber Amazonien ist auch der Ort, an dem in Einklang mit dem Rhythmus seiner üppigen Natur eine Alternative versucht wird – eine Alternative, die die ökologische Weisheit der dort seit Jahrtausenden lebenden Urvölker zu achten und wertzuschätzen weiß, indem sie nur so viel an Schätzen entnimmt, daß die Wälder, Flüsse und Böden keinen Schaden nehmen, – eine Alternative mithin, die Natur und Menschheit gleichermaßen guttut. Darin also besteht Amazoniens universaler paradigmatischer Wert. Und diesen müssen alle beherzigen, die unseren schönen, strahlenden Planeten lieben und die sich einer Art von Beziehung verweigern, welche das kosmische Bündnis im Handumdrehen kurz und klein schlägt, auch wenn es im Laufe vieler Millionen Jahre gewachsen und uns als kostbares Erbe übereignet worden ist, damit wir es erhalten und nach Maßgabe der ihm selbst innewohnenden Logik einsetzen. Diese Logik aber trägt die Charakteristika von Solidarität und Nüchternheit und von Großzügigkeit in dem Sinn, daß es für alle das Lebensnotwendige bereithält.

---

48) Vgl. Moran, E., A economia humana das populações na Amazônia, Petrópolis 1990, 293. 404–405; Schubart, H., Ecologia e utilização das Florestas, in: Salati, E., Amazônia: desenvolvimento, integração, ecologia, a. a. O., 101–143.

V. Theologie der Befreiung und Ökologie: Alternative, Konfrontation oder Komplementarität?

Theologie der Befreiung und ökologischer Diskurs haben eines gemeinsam: Sie gehen von zwei blutenden Wunden aus. Die erste Wunde haben Armut und Elend geschlagen; sie markiert einen Riß im sozialen Gefüge und grenzt Millionen und Abermillionen Arme in der ganzen Welt aus. Die zweite Wunde ist das Ergebnis eines systematischen Krieges gegen die Erde; dieser zerstört das Gleichgewicht des Planeten, ja, bedroht ihn in seiner Existenz, weil das Entwicklungsmodell, das moderne Gesellschaften heute weltweit praktizieren, in den Ruin führt. Die eine wie die andere Reflexionslinie und Praxisform gehen von einem Schrei aus: vom Schrei der Armen nach Leben, Freiheit und Schönheit (vgl. Ex 3,7) die Theologie der Befreiung – und vom Schrei der Erde, die unter der Ausbeutung stöhnt (vgl. Röm 8,22–23) die Ökologie. Beiden geht es um Befreiung: ersterer um die Befreiung der Armen, vermöge ihrer selbst, indem sie sich als Träger der Geschichte organisieren, sich ihrer Lage und Kraft bewußt werden und sich mit anderen zusammenschließen, die sich ihr Anliegen und ihren Kampf zu eigen machen; letzterer um die Befreiung der Erde, mit Hilfe eines neuen Bündnisses des Menschen mit der Erde, in einem geschwisterlichen Verhältnis und auf der Grundlage einer zukunftsfähigen Figur von Entwicklung, welche die verschiedenen Ökosysteme respektiert und auch zukünftigen Generationen eine gute Lebensqualität gewährleistet.[1]

Es ist an der Zeit, die beiden Diskurse einander näher zu bringen: inwieweit sie sich unterscheiden bzw. gegebenenfalls gar widersprechen oder inwiefern sie sich grundsätzlich ergänzen. Beginnen möchten wir dabei mit der Betrachtung des ökologischen Diskurses, weil hier in der Tat eine globalisierende Sehweise vertreten wird. Selbst auf die Gefahr der einen oder anderen Wiederholung greifen wir auf Überlegungen zurück, die bereits ange-

---

1) Vgl. Hallman, D. (Hrsg.), Ecotheology, Voices from South and North, Genf – New York 1994; Derr, Th. S., Ecology and Human Liberation, Genf (Ökumenischer Rat der Kirchen) 1973.

klungen sind, die uns aber helfen können, die beiden Größen sachgerecht miteinander zu vergleichen.

1. Die ökologische Ära

Anfänglich war Ökologie ein Unterkapitel der Biologie, in dem die Inter-retro-Beziehungen der lebenden Wesen untereinander ebenso wie mit ihrer Umwelt thematisiert wurden. Das zumindest war das Verständnis von Ernst Haeckel, der den Begriff im Jahre 1866 prägte. Doch schon bald wurde der Terminus aufgefächert, und fortan unterschied man drei – inzwischen berühmt gewordene – Ökologien.[2] In der *Umweltökologie* geht es eben um die Umwelt und um das Verhältnis, in dem sich die verschiedenen Gesellschaften im Laufe der Geschichte zu dieser sehen; das Verhältnis kann bald wohlwollend, bald aggressiv sein, und bald betrachtet sich der Mensch als Bestandteil der Natur, bald als ihr Gegenüber. Dagegen beschäftigt sich die *Sozialökologie* hauptsächlich mit den gesellschaftlichen Beziehungen, weil diese ja Teil der ökologischen Beziehungen sind; denn als persönliches und gesellschaftliches Wesen ist der Mensch Teil der Gesamtnatur, und sein Verhältnis zur Natur geht durch sein Verhältnis zur Gesellschaft, ob er als Ausbeuter auftritt, sich als kooperativ erweist oder achtsam und ehrfürchtig mit den anderen umgeht; so erhellt, daß soziale Gerechtigkeit (das heißt: ein richtiges Verhältnis zwischen Personen, Funktionen und Institutionen) bis zu einem gewissen Grad ökologische Gerechtigkeit erforderlich macht (das heißt: ein richtiges Verhältnis zur Natur, einen ausgeglichenen Zugang zu ihren Ressourcen und eine gesicherte Lebensqualität). Und schließlich geht die *mentale Ökologie* von der Feststellung aus, daß die Natur den Menschen nicht von außen überkommt, sondern daß sie ein innerer, mentaler Bestandteil von ihm ist und sich in psychischen Energien, Symbolen, Archetypen und Verhaltensmustern zeigt, die greifbar werden in Haltungen wie Aggression bzw. Achtung und Bejahung der Natur gegenüber.

In ihrer ersten Phase war die Ökologie noch ein regionaler Diskurs. Ihre Vertreter und Vertreterinnen wollten einige bedrohte Arten erhalten (Wale, Pandabären in China oder Goldäffchen in den tropischen Wäldern Lateinamerikas) oder Naturschutzgebiete

---

2) Vgl. Guattari, F., As tres ecologias, Campinas 1988.

einrichten, damit die verschiedenen Ökosysteme keinen Schaden nähmen. In einem Wort gesagt: Der Ökologie ging es in diesem Frühstadium um das Grüne des Planeten, das heißt um die Wälder, zumal um die tropischen Wälder mit der nach wie vor größten Biovielfalt der Erde. Aber in dem Maße, in dem das Bewußtsein für die unerwünschten Auswirkungen des industriellen Entwicklungsprozesses wuchs, entfaltete sich die Ökologie zu einem umfassenden Diskurs. Nicht allein Arten oder Ökosysteme sind bedroht. Die Erde als ganze ist krank und muß behandelt und geheilt werden. Das Alarmsignal erscholl, als im Auftrag des »Club of Rome« 1972 der berühmte Bericht »Grenzen des Wachstums« erschien. Die Todesmaschinerie walzt alles nieder. Seit 1990 verschwinden täglich zehn Arten von Lebewesen von der Erde. Um das Jahr 2000 wird stündlich eine Art eingehen. Zur Jahrtausendwende werden sich zwanzig Prozent aller Lebewesen von unserem Planeten verabschiedet haben.[3]

Gestützt auf ökologische Kriterien begannen einige Autoren dann eine scharfe soziale Kritik.[4] Dem heute geltenden Gesellschaftsmodell liegt ein überheblicher Anthropozentrismus zugrunde. Der Mensch betrachtet sich als Sein über den anderen Seinsformen und als Herr über deren Leben und Tod. Dank dem wissenschaftlich-technischen Fortschritt verschaffte er sich im Laufe der letzten drei Jahrhunderte die Werkzeuge zur Beherrschung der Welt und zur systematischen Verschleuderung ihrer Reichtümer. Diese sind ihm nichts weiter als natürliche Rohstoffe, und deren relative Autonomie zu achten hat er sich abgewöhnt.

Als es ab den fünfziger Jahren gelang, den genetischen Code zu entziffern, und als die verschiedenen Weltraumprojekte eine Unzahl neuer Erkenntnisse brachten, erschloß sich damit auch eine neue Kosmologie. Es eröffnete sich ein einzigartiges Bild des Weltalls wie auch der Funktion des Menschen im Evolutionsprozeß. Viele sprachen fortan von Kosmogenese.[5]

3) Weitere Zahlen in: Boff, L., Von der Würde der Erde. Ökologie – Politik – Mystik, Düsseldorf 1994, 23–26.
4) Vgl. Versch., L'écologie, ce matérialisme historique, Paris 1992; Bormann F. H./Kellert, St. R. (Hrsg.), Ecology, Economics, Ethics. The Broken Circle, New Haven – London 1991.
5) Vgl. Longair, M., The Origins of our Universe, Cambridge 1992; Freitas Morão, R. R., Ecologia cósmica, Rio de Janeiro 1992; Toolan, D. S., Nature is an Heraclitean Fire. Reflections on Cosmology in an Ecological Age, in: Studies in the Spirituality of Jesuits, Nr. 25, New York 1991.

Zunächst einmal haben wir die Möglichkeit einer absolut neuen Aussicht. Zum ersten Mal in der Geschichte der Menschheit können wir von außerhalb unseres Planeten auf die Erde schauen, aus der Perspektive der Astronauten.[6] »Vom Mond aus betrachtet«, sagte John W. Young, einer der Astronauten, »paßt die Erde in meine blanke Hand. Da gibt es dann weder Schwarze noch Weiße, weder Marxisten noch Demokraten. Die Erde ist unser gemeinsames Haus, unsere kosmische Heimat. Wir müssen es lernen, diesen strahlend blauweißen Planeten zu lieben, weil er bedroht ist.«

Im Raumschiff – so Issak Asimow 1982 anläßlich der Fünfundzwanzig-Jahr-Feier des Starts des Sputnik-Satelliten, mit dem ja die Ära der Raumfahrt begann – wird einem klar, daß Erde und Menschheit eine einzige Größe bilden.[7] Mit seiner Formulierung von der einen Größe spricht Asimow möglicherweise die grundlegendste Intuition in der ökologischen Betrachtungsweise aus: daß die Erde ein lebendiger Superorganismus ist, den manche Gaja nennen.[8] Steine, Wasser, Atmosphäre, Leben und Bewußtsein bestehen nicht einfach nebeneinander, als hätten sie nichts miteinander zu tun; nein, seit immer sind sie in einem vollkommenen Sich-gegenseitig-Einschließen und in deckungsgleicher Wechselseitigkeit miteinander verwoben und bilden eine einzige organische Wirklichkeit.

Drittens ist der Mensch weniger ein Wesen auf der Erde als vielmehr ein Wesen der Erde. Er ist der komplexeste, der einzigartige Ausdruck der Erde und des Kosmos, soweit wir diesen bis heute kennen. Mann und Frau sind die Erde, die denkt, hofft, liebt und träumt und die in die Phase der nicht mehr instinktiven, sondern bewußten Entscheidung eingetreten ist.[9] Die Noosphäre – das heißt die spezifisch menschliche Sphäre, die Sphäre des Geistes – stellt ein Auftauchen der Biosphäre dar, die ihrerseits ein Auftauchen der Atmosphäre, der Hydrosphäre und der Geosphäre bedeutet. Alles ist mit allem verbunden, überall und zu allen Zeiten. Alle lebenden und augenscheinlich nichtlebenden Wesen sind radikal miteinander verbunden. Alles bildet eine kosmische und planetarische Gemeinschaft. Nur, der Mensch muß seine Stelle in die-

---

6) Vgl. White, F., The Overview Effect, Boston 1987.
7) New York Times, 9. Oktober 1982.
8) Vgl. Lovelock, J. E., Das Gaia-Prinzip. Die Biographie unseres Planeten, München 1991.
9) Vgl. Jantsch, E., Die Selbstorganisation des Universums. Vom Urknall zum menschlichen Geist, München ²1984.

ser globalen Gemeinschaft wiederentdecken, an der Seite der anderen Arten und nicht losgelöst von ihnen oder gar über ihnen. Jeder Anthropozentrismus wäre fehl am Platz. Freilich heißt das nicht, der Mensch müsse seiner Unverwechselbarkeit abschwören, als jenes Wesens der Natur, durch das die Natur erst die Wölbung ihres Weltraumes wahrnimmt, erst ins reflexe Bewußtsein auftaucht, fähig wird, den Evolutionsprozeß mitzusteuern, und sich als ethisches Wesen erweist, das sich der Verantwortung für den guten Ausgang des Planeten stellt (was andropisches Prinzip heißt). Der US-amerikanische Ökologe Thomas Berry trifft den Nagel auf den Kopf, wenn er sagt: »Das letzte Risiko, das die Erde einzugehen wagt, besteht darin, ihr Schicksal der menschlichen Entscheidung zu überlassen, das Urteil über Leben oder Tod ihrer fundamentalen Lebenssysteme dem Menschengeschlecht anheimzustellen.«[10] Mit anderen Worten: In dieser neuen Phase des Evolutionsprozesses übernimmt die Erde vermittels einer ihrer Ausdrucksformen – sprich: der menschlichen Rasse – selbst die Steuerung.

Am Ende schaffen alle diese Wahrnehmungen ein neues Bewußtsein, eine neue Art und Weise, das Weltall zu betrachten, und ein neues Selbstverständnis des Menschen im Kosmos wie in seinem praktischen Verhältnis zu ihm. So stehen wir also vor einem neuen Paradigma.[11] Eine neue Zeit beginnt, das ökologische Zeitalter. Nach Jahrhunderten der Konfrontation mit der planetarischen Gemeinschaft und der Isolierung von ihr findet der Mensch seinen Weg wieder zum gemeinsamen Haus, zur großen, guten, fruchtbaren Erde. Mann und Frau wollen ein neues Bündnis, voller Achtung und Geschwisterlichkeit, mit ihr eingehen.

2. Den Schrei der Unterdrückten hören

Wie stellt sich die Befreiungstheologie zu den Anliegen der Ökologie? Zunächst einmal müssen wir einräumen, daß die Theologie der Befreiung nicht geboren wurde im Horizont des Umweltengagements, wie wir es oben beschrieben haben. Die große Herausforderung für das Befreiungschristentum war nicht die Erde als bedrohtes Ganzes, sondern die ausgebeuteten Söhne und Töchter

---

10) Berry, Th., O sonho da Terra, Petrópolis 1991, 35 (Original: The Dream of Earth).
11) Vgl. Muller, R. O., O nascimento de uma civilização global, São Paulo 1993 (Original: The Birth of a Global Civilization).

der Erde, die zum vorzeitigen Tod verdammt waren: die Armen und Unterdrückten.[12] Natürlich ist damit nicht gesagt, die Grundanschauungen des Befreiungschristentums hätten nichts zu tun mit der Ökologie. Im Gegenteil: Sie haben insofern direkt damit zu tun, daß auch die Armen und Unterdrückten Glieder der Natur sind und daß ihre Lage objektiv eine Aggression gegen die Ökologie darstellt. Aber dies alles dachten wir innerhalb eines relativ engen geschichtlich-gesellschaftlichen Horizonts und im Rahmen der klassischen Kosmologie.

Das große Faktum, das die Theologie der Befreiung noch in den sechziger Jahren in Gang setzte, war die ethische Empörung (ja, ein regelrechter heiliger, prophetischer Zorn) über die allgemeine Armut und das kollektive Elend der Menschenmassen in der damals sogenannten Dritten Welt. Wer auch nur einen Funken menschlicher Einfühlung hat, konnte und kann dies auf keinen Fall einfach so hinnehmen. Ganz zu schweigen von dem, der ein christliches Gewissen in sich spürt. Der oder die liest in den Gesichtern all der Verrandeten die Vergegenwärtigung der Leiden des am Kreuz schreienden Schmerzensmannes, der aber auferstehen und in Leben und Freiheit hinein auferweckt werden will.

Die Option für die Armen, das heißt gegen ihre Armut und für ihre Befreiung, markierte und markiert das Kernstück der Theologie der Befreiung. Sich für die Armen entscheiden macht eo ipso aber Praxis erforderlich. Sich für die Armen entscheiden bedeutet: sich auf den Ort der Armen einlassen, sich ihre Sache zu eigen machen, sich in ihrem Kampf einmischen und, im Grenzfall, sich ihrem oft genug tragischen Schicksal nicht entziehen.

Nie in der Geschichte der christlichen Theologien stand der Arme so eindeutig im Mittelpunkt des Ganzen. Aus der Perspektive der Opfer eine ganze Theologie konzipieren, die Mechanismen anklagen, die diese Opfer produzieren, mit dem ganzen spirituellen Rüstzeug des Christentums helfen, sie abzuschaffen, und eine Gesellschaft herbeiführen, in der Leben, Gerechtigkeit und Partizipation eine reelle Chance haben – das ist die unverwechselbare Intuition der Theologie der Befreiung.

Aus diesem Grund nehmen die Armen in der Befreiungstheologie den zentralen epistemologischen Ort ein, das heißt: sie be-

---

12) Vgl. Assmann, H., Teologia da solidariedade e da cidadania, ou seja, continuando a teologia da libertação, in: Notas – Jornal de Ciências da Religião Nr. 2 (1994) 2–9.

stimmen den Ort, von dem aus man versucht, Begriffe wie Gott, Christus, Gnade, Geschichte, Auftrag der Kirche, Sinn von Wirtschaft und Politik und Zukunft von Gesellschaft und Mensch zu denken. Aus der Blendeneinstellung der Armen wird uns bewußt, wie viele Menschen die heutigen Gesellschaften schlicht und einfach vor die Tür setzen, wie unvollkommen unsere Demokratien sind und wie weit Religionen und Kirchen das Interessenspiel der Mächtigen mitmachen.

Von Anfang an kümmerten sich Christinnen und Christen um die Armen (vgl. Gal 2,10). Aber nie hatten diese solch ein zentrales und politisch-veränderndes Gewicht, wie die Theologie der Befreiung es ihnen heute beimißt.

»Arm« war für die Befreiungstheologie nie bloß »bedürftig«, »arm« erschöpfte sich nie in blankem Pauperismus. Arme stellen nicht nur Wesen mit unbefriedigten Bedürfnissen dar; Arme sind darüber hinaus Wesen mit Wünschen, Wesen, die in alle Richtungen kommunizieren wollen, die Hunger haben und sich auch nach Schönheit sehnen. In der Sprache des kubanischen Dichters José Roberto Retamar haben Arme – wie alle anderen Menschen auch – zwei Formen eines grundsätzlichen Hungers: zum einen Hunger nach Brot, der gestillt werden kann, und zum anderen nach Schönheit, der nicht gestillt werden kann. Das ist der Grund, aus dem Befreiung nie regionalisiert werden kann, sei es auf den materiellen, sei es auf den sozialen, sei es auf den rein spirituellen Bereich. Befreiung gelingt nur dann, wenn sie sich für alle menschlichen Bedürfnisse offenhält. Die Befreiungstheologie kann das Verdienst beanspruchen, von ihren ersten Anfängen an immer den integralen Charakter der Befreiung betont zu haben, und zwar nicht, weil vatikanische Glaubensbehörden darauf bestanden hätten, sondern weil das ein sachliches Erfordernis der Logik ist.

Doch damit Befreiung eine authentische Sache wird, ist es nicht damit getan, daß ihre Verfechter auf ihren ganzheitlichen Charakter achten. Vor allem kommt es auch darauf an, daß die Opfer, die Armen sie selbst realisieren. Möglicherweise besteht gerade hierin eines der Spezifika der Befreiungstheologie gegenüber anderen Instanzen der Tradition, die sich auch um die Armen kümmerten. Im allgemeinen Verständnis sind Arme Menschen, die nichts haben (an Nahrung, Wohnung, Kleidung, Arbeit, Kultur). Wer hat, heißt es, müsse denen geben, die nichts haben, um sie aus der Unmenschlichkeit der Armut zu befreien. Ohne Zweifel steckt viel guter Wille dahinter und ist das gut gemeint; alles Fürsorgedenken und aller Paternalismus, wie die Geschichte sie demonstriert hat, gründen auf solch einem Denken. Aber diese Strategie ist weder wirksam, noch reicht sie aus. Sie befreit keinen Armen; denn sie beläßt ihn ja in einem Abhängigkeitsverhältnis, und – was noch schlimmer ist – sie weiß das Befreiungspotential, das in den Armen steckt, nicht zu schätzen. Arme sind eben nicht nur Mittellose; Arme haben Kultur und sind imstande, zu arbeiten, mit anderen zusammenzuarbeiten, zu organisieren und zu kämpfen. Erst wenn die Armen auf ihr Vermögen vertrauen und sich für andere Arme entscheiden, sind die Bedingungen für echte Befreiung gegeben. Es stimmt, was die Kirchlichen Basisgemeinden singen: »Die Welt wird wohl besser erst dann, wenn die Kleinen mit ihrem Leid vertrauen lernen auf andere Kleine.« Die Armen werden zu historischen Trägern ihrer eigenen Befreiung. Sie entfalten sich zu freien Menschen, die sich selbst entscheiden zur Solidarität mit anderen und Andersartigen, um gemeinsam frei zu leben in einer gerechten, geschwisterlichen und ökologisch geheilten Gesellschaft.

Deshalb müssen wir betonen, daß weder die Kirchen noch ein wohlwollender Staat (ob sozialistischen, ob sozialdemokratischen Zuschnitts) noch irgendwelche engagierten Kreise die Armen befreien. Alle können sie ihre Bündnispartner sein, unter der Bedingung, daß sie ihnen weder die Initiative noch die Führung dabei nehmen. Nur dann kann von Befreiung der Armen die Rede sein, wenn sie selbst die treibende Kraft auf ihrem Weg sind, was natürlich nicht ausschließt, daß andere sie unterstützen.

Eines der bleibenden Verdienste der Befreiungstheologie besteht ohne Zweifel in der Methode, die sie in das theologische Geschäft eingeführt hat.[13] Ausgangspunkt sind weder ausformulierte Lehren noch in sich selbst stehende offenbarte Wahrheiten noch Überlieferungen des Christentums. Alles das haben Christen und Theologen der Befreiung gegenwärtig, als erhellenden Hintergrund ihrer Überzeugungen und vor jeder expliziten Reflexion. Wir nennen das den Horizont von Vorverständnis und Vorentscheidung, der jedem thematisierten Verständnisakt vorausgeht. Doch dieser setzt konkret eben ein bei der Anti-Wirklichkeit, beim Schrei der Unter-

---

13) Vgl. das inzwischen klassische Buch: Boff, C., Theologie und Praxis. Die erkenntnistheoretischen Grundlagen der Theologie der Befreiung, München–Mainz 1983, ³1986. (Das Original erschien 1978 in Petrópolis unter dem Titel: Teologia e prática. Teologia do Político e suas mediações).

drückten und bei den offenen Wunden, aus denen die Verarmten seit Jahrhunderten bluten.

Ihr erster Schritt besteht darin, die Wirklichkeit ernstzunehmen, so problematisch und dramatisch wie sie ist. Es ist dies das Moment des *Sehens*, des Wahrnehmens und des Erleidens all der Bedrängnisse, die Menschen als Personen wie als Gemeinwesen widerfahren. Befreiungschristinnen und -christen fühlen sich in ihrem Mit-Leid bis ins Mark angesprochen, protestieren, fühlen Erbarmen und entschließen sich, für die Befreiung der Verrandeten aktiv zu werden. So etwas ist natürlich nur möglich in direktem Kontakt mit der Anti-Wirklichkeit, aus der Erfahrung eines existentiellen Schocks. Ohne diesen ersten Schritt wird schwerlich jemand imstande sein, einen Befreiungsprozeß mit dem Ziel gesellschaftlicher Veränderungen anzuschieben.

Der zweite Schritt ist der des analytischen *Urteilens*, wobei Urteilen in einem doppelten Sinn zu verstehen ist: im Sinne eines kritischen Erkennens (analytische Vermittlung) und einer Erhellung im Lichte zentraler Aussagen des Glaubens (hermeneutische Vermittlung). Die Frage ist, welche Zusammenhänge letztlich das Leiden verursachen, welche kulturellen Wurzeln es im Zusammenspiel wirtschaftlicher, politischer und ideologischer Beziehungen hat. Armut ist weder unschuldig noch naturgegeben. Armut wird produziert. Deshalb heißt arm: ausgebeutet und armgemacht. Es ist das Verdienst marxistischer Rationalität, gezeigt zu haben, daß der Arme ein Unterdrückter ist, jemand, der in einem ökonomischen, politischen, ökologischen und kulturellen Prozeß entmenschlicht worden ist.

Die Gegebenheiten der Offenbarung, der Glaubensüberlieferung und der christlichen Praxis sind über die Jahrhunderte hin eine einzige Anklage gegen die Situation solcher Armut. Demnach ist Armut Sünde, das heißt: Armut hat auch mit Gott zu tun, weil sie seinen Plan in Richtung auf Gerechtigkeit und Zärtlichkeit zu den Armen, auf Teilhabe und Gemeinschaft auch in der Geschichte zunichte macht. Für Glaubende tragen die Armen die Züge des leidenden Gottesknechtes, ja des höchsten Richters der Endzeit. Vor dem Hintergrund der Entwürdigung, die Armut und Elend mit sich bringen, kommt ihnen damit eine unvergleichliche theologische Dichte zu. In der Logik des Glaubens veranlaßt nämlich gerade diese Entwürdigung Gott dazu, einzugreifen und *sub contrario* sozusagen im Sakrament gegenwärtig zu werden.

Drittens geht es ums *Handeln*. Das verändernde Handeln ist das wichtigste Moment, in das alles münden muß. Christlicher Glaube muß seinen Beitrag dazu leisten, daß aus den ungerechten Beziehungen Verhältnisse entstehen, die mehr Leben und mehr Lebensfreude ermöglichen, auf der Grundlage, daß alle teilhaben und mitbestimmen und in einem vernünftigen Maße Lebensqualität genießen können. Natürlich besitzt der christliche Glaube kein Monopol darüber, wie man sich die Veränderung vorzustellen habe; wohl aber leistet er – an der Seite anderer Kräfte, die sich Sache und Kampf der Armen verpflichtet fühlen – mit seinem unverwechselbaren religiösen und symbolischen Potential ebenso wie mit seinem charakteristischen Stil, den Glauben des Volkes und das Verhalten der Armen in der Gesellschaft zu gestalten, einen spezifischen Beitrag dazu. Die Kompetenz von Glauben und Kirche liegt weder im Wirtschaftlichen noch im direkt Politischen, sondern im Kulturellen und Symbolischen. Der Glaube transportiert impulskräftige Botschaften, die Solidaritätsbewegungen in Gang zu setzen und Werte des Widerstandes, des Protestes und des Engagements zur konkreten Befreiung der Unterdrückten zu vermitteln imstande sind. Der Glaube vermag zum Feiern zu motivieren und Hoffnungsbilder zu entwerfen, die es den Menschen möglich machen, ihre augenblickliche unterdrückte Lage nicht mehr hinzunehmen und von einer möglichen anderen, neuen zu träumen, die es durch geschichtegestaltende Praxis herbeizuführen gilt.

Schließlich dürfen wir auch die Phase des *Feierns* nicht vergessen. Feiern ist eine ganz entscheidende Dimension des Glaubens; denn die Feier manifestiert die völlig unverdiente, verdankte und symbolische Seite der Befreiung. In der Feier anerkennt die christliche Gemeinde, daß die greifbaren Fortschritte, die sie mittels ihres Einsatzes erringt, gleichwohl mehr sind als gesellschaftliche, kommunitäre und politische Realitäten. Selbstverständlich sind sie das alles auch; aber sie bedeuten darüber hinaus auch vorweggenommene Zeichen der Güter des Reiches Gottes, den Advent des göttlichen Heils, vermittelt in geschichtlich-gesellschaftlichen Befreiungen, die Instanz, in der sich unter zerbrechlichen Zeichen, Symbolen und Riten die Utopie der umfassenden Befreiung antizipiert. Der Glaube erkennt, wo in Befreiungsprozessen der Geist am Werk ist. Er gewahrt, wie sich die Kraft der Auferstehung im Wiedererlangen eines Mindestmaßes an Würde und Leben erweist. Er sieht, daß das Reich Gottes prozeßhaft in der Geschichte der

Unterdrückten wächst. Alles das enthüllt der Glaube in der Feier des Gottesdienstes und verwandelt es in Lob Gottes.

Durch ihr Befreiungsengagement, das ja die Grundlage der theologischen Reflexion ist, haben Christen und Christinnen deutlich gemacht, daß die Idee von Revolution, Befreiung und Veränderung kein Monopol irgendwelcher weltweiter linker Bewegungen ist, sondern daß sie ein Appell sein kann, der auch vom Christentum ausgeht. Dessen zentrale Botschaft lautet doch, daß jemand infolge seiner Praxis und seines Lebens als politischer Gefangener gefoltert und ans Kreuz genagelt wurde und daß er, als er dann auferstand, damit zeigen wollte, daß seine Praxis auch über ihren strikt theologischen Inhalt hinaus gültig ist und daß sich die vielfache Dynamik von Leben und Freiheit utopisch realisiert.

3. Die am meisten bedrohten Wesen der Schöpfung: die Armen

Und wie verhalten sich die beiden Diskurse zueinander: der der Ökologie und der der Befreiungstheologie? Auf der Suche nach den Ursachen der Verarmung, die ja den größten Teil der Menschheit trifft, wurden sich Theologen und Theologinnen der Befreiung bewußt, daß hinter dem Ganzen eine perverse Logik steht. Die Logik des herrschenden auf Akkumulation angelegten Gesellschaftssystems beutet nicht nur die arbeitende Bevölkerung sowie ganze Nationen aus, sondern ruiniert am Ende auch die Natur. Deshalb ist es mit technischen Korrekturen und gesellschaftlichen Umschichtungen allein nicht mehr getan, auch wenn diese im Stile von Reformen in der gehabten Logik nie unterbleiben dürfen. Nein, die Logik und die Sinngebung, die die Menschen mindestens seit dreihundert Jahren vor Augen haben, gehören abgeschafft. Wir können nicht weiter mit der Natur umgehen, wie unsere Gesellschaften mit ihr umgehen, als wäre sie ein Warenhaus oder ein Selbstbedienungsladen. Die Natur ist unser aller Reichtum, mit dem wir jedoch ebenso erbarmungslos umspringen, wie er dringend erhalten werden muß.

Aber die Natur muß auch Bedingungen haben, daß sie sich weiter entwickeln kann, zum Nutzen unserer Generation wie auch der kommenden Generationen, zumal sie fünfzehn Millionen Jahre daran gearbeitet hat, daß wir dorthin gelangen konnten, wo wir heute sind.

Wenn der Mensch im Augenblick vielfach Teufel der Erde ist, dann muß er sich in der Zukunft zu ihrem Schutzengel entwickeln, damit er die Erde, sein kosmisches Vaterland und seine irdene Mutter, zu retten vermag. Von den Astronauten haben wir gelernt, die Erde als weißblaues, sich durch den Sternenhimmel bewegendes Raumschiff zu betrachten, welches das Schicksal aller Wesen transportiert. Nun reist im Raumschiff Erde aber gerade mal ein Fünftel der Menschen in dem Teil, der für Passagiere vorgesehen ist. Diese zwanzig Prozent verbrauchen aber achtzig Prozent der auf der Reise mitgeführten Vorräte. Die anderen vier Fünftel sind in den Lasträumen zusammengepfercht. Sie frieren, bekommen weder zu essen noch zu trinken und haben auch sonst keinen Anspruch auf irgendwelchen Service. Nach und nach werden sie sich bewußt, daß diese Verteilung von Gütern und Dienstleistungen eine Ungerechtigkeit ist. Deshalb sinnen sie auf Rebellion. Entweder kommen wir um, sagen sie, weil wir untätig die Hände in den Schoß legen, oder wir fordern, daß die Dinge für alle anders werden. Das Argument ist leicht zu verstehen: Entweder retten wir uns alle innerhalb des einen Systems und auf dem einen Schiff Erde durch solidarisches Zusammenleben, oder wir verhalten uns unwürdig, bringen das Schiff womöglich zum Kentern und stürzen allesamt in den Abgrund. Dieses Bewußtsein greift immer weiter um sich und wirkt womöglich lähmend.

Die jüngsten Entwicklungen, welche die vom Kapital gesteuerte Weltordnung unter dem Motto Globalisierung und Neoliberalismus eingestielt hat, haben zu einem phantastischen materiellen Fortschritt geführt. Spitzentechnologien der dritten wissenschaftlichen Revolution, der Informatik und der Kommunikation steigern die Produktion gewaltig. Nur, menschliche Arbeitskraft brauchen sie kaum noch. Die sozialen Auswirkungen sind verheerend: Immer mehr Arbeiter und Arbeiterinnen, ja ganze Weltregionen werden ausgegrenzt, weil sie im Rahmen unüberbietbar brutaler Gleichgültigkeit für die Anhäufung von Kapital kaum noch interessant sind.[14]

Jüngere Untersuchungen belegen, daß die heute weltweit aufeinander eingespielte Akkumulation alle zwei Tage dieselbe Zahl an

---

14) Vgl. Hinkelammert, F. J., La lógica de la expulsión del marcado capitalista mundial y el proyecto de liberación, in: Pasos (San José) 1992.

Menschenopfern fordert wie Hiroshima und Nagasaki zusammen.[15] Der Fortschritt ist immens, aber zutiefst unmenschlich. Im Mittelpunkt stehen weder die Menschen noch die Völker mit ihren Bedürfnissen und Wünschen, sondern Ware und Markt, denen sich alles unterzuordnen hat.

Die Geschöpfe, die in diesem Zusammenhang am meisten bedroht sind, sind nicht die Wale, sondern die Armen, die zum vorzeitigen Tod verdammt sind. Statistiken der UNO weisen aus, daß in der Welt fünfzehn Millionen Kinder an Hunger und Hungerkrankheiten sterben, ehe sie fünf Tage alt werden; 150 Millionen sind unterernährt, und 800 Millionen Menschen hungern ständig.[16]

Diese menschliche Katastrophe ist nun der Ort, an dem die Theologie der Befreiung einsetzt, wenn sie sich mit der ökologischen Frage konfrontiert sieht. Mit anderen Worten: Sie setzt bei der sozialen Ökologie ein – bei der Frage, wie die Menschen, die komplexesten Geschöpfe, zueinander in Bezug stehen und wie sie ihr Verhältnis auch zu den übrigen Wesen der Natur gestaltet sehen wollen. Konkret läuft alles nach den Regeln erbarmungsloser Ausbeutung und brutaler Ausgrenzung. Der Schrei der Unterdrückten und Ausgeschlossenen ist unüberhörbar. Worauf es also an erster Stelle ankommt, ist ein Mindestmaß an sozialer Gerechtigkeit, die allen Leben und Würde garantiert. Wenn dann diese elementarsten Grundvoraussetzungen an sozialer Gerechtigkeit (die gesellschaftlichen Verhältnisse unter den Menschen) erreicht sind, kann auch eine mögliche ökologische Gerechtigkeit (Verhältnis der Menschen zur Natur) angestrebt werden. Diese ist mehr als soziale Gerechtigkeit. Ökologische Gerechtigkeit meint ein neues Bündnis der Menschen zu allen anderen Wesen, eine neue Höflichkeit gegenüber allem Geschaffenen, eine neue Ethik, ja Mystik der Geschwisterlichkeit gegenüber der gesamten kosmischen Gemeinschaft. Auch die Erde schreit, verwundet durch die todbringende Maschinerie unseres Gesellschafts- und Entwicklungsmodells. Sich im Rahmen eines Gesamtkonzeptes auf den einen und den anderen Schrei einlassen, weil ja die Ursachen und Wurzeln dieselben sind, das ist das Werk ganzheitlicher Befreiung.

Der gesellschaftspolitische Rahmen zur Verwirklichung dieser umfassenden Befreiung ist eine erweiterte, inhaltlich angereicherte

---

15) Vgl. Garaudy, R., Le debat du siècle, Paris 1995, 14.
16) Vgl. UN-Development Program (Hrsg.), Human Development Report, Oxford – New York 1990.

Demokratie. Diese muß eine Biokratie, eine soziokosmische Demokratie sein. Das heißt: Es geht um eine Demokratie, in deren Mittelpunkt das Leben steht, und zwar zunächst einmal das am meisten gedemütigte Leben, einschließlich all der Elemente der Natur wie Berge und Wasserläufe, wie Pflanzen und Tiere, wie die Atmosphäre und die Landschaften; und alle diese Realitäten haben wir zu verstehen als Mitbürger und Mitbürgerinnen der menschlichen Gemeinschaft, wie uns Menschen selbst als Teilhaberinnen und Teilhaber an dem einen kosmischen Gemeinwesen. Erst dann werden wir mit ökologischer und gesellschaftlicher Gerechtigkeit – in Verbindung mit gesichertem Frieden – auf dem Planeten Erde rechnen können.

Vom ökologischen Diskurs wird die Theologie der Befreiung die neue Kosmologie übernehmen müssen. Sie wird sich das Verständnis zu eigen machen müssen, daß die Erde ein lebendiger Superorganismus ist, der von dem ganzen – in Kosmogenese befindlichen – All nicht zu trennen ist. Sie wird den Auftrag des Menschen – ob Mann, ob Frau – darin zu sehen haben, daß er eine Bekundung der Erde und eine Manifestation des Intelligibilitätsprinzips und der Liebesfähigkeit ist, die dem Universum innewohnen. Sie wird begreifen müssen, daß der Mensch, insofern Noosphäre, die fortgeschrittenste Phase des kosmischen Evolutionsprozesses ist. Hier erreicht dieser die Ebene des Bewußtseins und steuert zusammen mit anderen Prinzipien, die seit dem Moment von Inflation und Explosion vor fünfzehn Milliarden Jahren alles lenken, den ganzen Prozeß. Der Mensch wurde für das All geschaffen und nicht umgekehrt. Innerhalb der universalen Evolution soll er eine höhere, komplexere Etappe Wirklichkeit werden lassen und dadurch den Schöpfer, der Gespielen und Gespielinnen für seine Liebe wollte, feiern und verherrlichen.

Vor diesem Hintergrund haben wir zunächst einmal Befreiung in einem erweiterten Sinn zu verstehen. Nicht allein die unterdrückten Armen gilt es zu befreien. Alle Menschen, arme wie reiche, müssen befreit werden; samt und sonders werden sie vom Paradigma allgemeiner Versklavung unterdrückt. Dieses verleitet dazu, die Erde zu mißachten, sich in Konsumismus zu ergehen, Anderssein nicht mehr gelten zu lassen und allem Sein seine Eigenwertigkeit abzusprechen. Alle miteinander müssen wir uns um ein Paradigma bemühen, in dem Gaja leben kann und alle Geschöpfe, insonderheit jedoch die Menschen, Solidarität praktizieren und erfahren können. Unsererseits schlagen wir das Paradigma der Rück-bindung aller Dinge an alle Dinge vor; dieses macht dann eine Religion möglich, in der sich religiöse Unterschiede ergänzen und der Friede zwischen den Menschen und auf der Erde insgesamt kein leeres Wort mehr ist.

Zweitens müssen wir unseren Ausgangspunkt neu definieren. War unser Ausgangspunkt bisher die Option für die Armen, müssen wir darüber hinaus jetzt auch die Geschöpfe mit in den Blick nehmen, die am meisten bedroht sind. Und da ist an erster Stelle der Planet Erde als ganzer zu nennen. Noch lange nicht alle Menschen sind sich der Tatsache bewußt, daß wir den Planeten Erde erhalten und ein Bedingungsnetz schaffen müssen, soll sich denn die Gattung Mensch realisieren können. Die so neudefinierte Option rückt einen neuen Aspekt in den Mittelpunkt aller Fragen. Das zentrale Problem ist nicht, was für eine Zukunft Christentum oder Kirche haben oder wohin der Westen steuert. Die zentrale Frage lautet: Was für eine Zukunft haben der Planet Erde und die Menschheit als dessen Ausdruck? Inwieweit trägt der Westen mit seiner Technokratie und Kultur, und inwieweit trägt das Christentum mit seiner spirituellen Überlieferung zu dieser kollektiven Zukunft bei?

An dritter Stelle bekräftigen wir entschieden die Option für die Armen der Erde, für jene gewaltige Mehrheit der Weltbevölkerung, die von einer kleinen Minderheit desselben Geschlechts ausgebeutet und dezimiert wird. Die Herausforderung besteht darin, den Menschen klarzumachen, daß sie sich zusammen mit anderen Arten als eine große erdenweite Familie betrachten und daß sie ihren Weg wiederentdecken zurück zur Gemeinschaft aller Lebenden, zu der einen planetarisch-kosmischen Gemeinschaft.

Schließlich geht es darum, wie wir die Zukunftsfähigkeit nicht eines Modells von Entwicklung, sondern des Planeten Erde erhalten können, mittels einer neuen kurz-, mittel- und langfristigen kulturellen Praxis. Diese darf sich allerdings nicht den Konsum auf die Fahnen schreiben, sondern muß sich an den Rhythmus der Ökosysteme halten und eine Wirtschaft herbeiführen, die allen das Lebensnotwendige sichert und das Gemeinwohl nicht nur den Menschen, sondern auch allen anderen Geschöpfen eröffnet.

4. Befreiung und Ökologie: Brücke zwischen Nord und Süd

Zwei große Probleme werden Geist und Herz der Menschheit zukünftig beschäftigen: Was für ein Schicksal und was für eine Zukunft werden wir dem Planeten Erde bereiten, falls wir mit der Logik der Plünderung, an die wir uns aufgrund unserer bisherigen Art von Entwicklung und Konsum gewöhnt haben, so weitermachen? Was für eine Welt haben die zwei armen Drittel der Menschheit zu erwarten? Die Gefahr ist nicht von der Hand zu weisen, daß sich die »Kultur der Satten« in ihrem konsumistischen Egoismus verschließt und zynisch die Verwüstung der armen Massen der Erde ausblendet. Andererseits läßt sich aber auch das Risiko nicht ausschließen, daß die »neuen Barbaren« das Verdikt des Todes nicht einfach hinnehmen, sondern sich einem verzweifelten Kampf ums Überleben ausliefern und mithin alles bedrohen und kurz und klein schlagen. Denkbar, daß sich die Menschheit noch Formen von Gewalt und Zerstörung wird ausgesetzt sehen, die es auf der Erde bis dato noch nicht geben hat. Es sei denn, wir entschieden uns kollektiv, die Richtung der Zivilisation zu ändern und ihren Schwerpunkt zu verlagern von der Logik der Mittel im Dienst einer ausgrenzenden Akkumulation in Richtung auf eine Logik im Dienst des Gemeinwohls für den Planeten Erde, für die Menschen und für alle Wesen, wobei die Freiheit uneingeschränkt ist und alle Völker wirklich zusammenarbeiten.

Diese beiden Fragen beschäftigen, bei aller unterschiedlichen Akzentsetzung, gleichermaßen den Norden und den Süden unseres Planeten. Sie bilden den zentralen Inhalt der Befreiungstheologie ebenso wie der ökologischen Reflexion. So unterschiedlich die geographischen und ideologischen Pole in der Welt auch sein mögen, dank dem einen wie dem anderen Gedankengang sind Dialog und Annäherung trotzdem möglich. Befreiungstheologie und ökologische Reflexion sind als Vermittlung zur Bewahrung alles Geschaffenen wie auch dazu, daß die arme Mehrheit der Weltbevölkerung ihre Würde wiederbekommt, einfach unerläßlich. Deshalb fordern und ergänzen sich die eine und die andere auch gegenseitig.

5. Söhne und Töchter des Regenbogens

Theologisch stehen wir damit vor einer wahrlich ökumenischen Herausforderung. Es geht um einen neuen Bund mit der Erde, vergleichbar jenem Bund, den Gott nach der Katastrophe der Sintflut mit Noach geschlossen hat. Dazu heißt es im Buch Genesis: »Meinen Bogen setze ich in die Wolken; er soll das Bundeszeichen sein zwischen mir und der Erde ... Steht der Bogen in den Wolken, so werde ich des ewigen Bundes gedenken zwischen Gott und allen lebenden Wesen, allen Wesen aus Fleisch auf der Erde« (Gen 9,13 – 16). Die Menschen müssen sich als Söhne und Töchter des Regenbogens fühlen können und durch ein neues Verhältnis des Wohlwollens, des Mitleids und der kosmischen Solidarität und durch tiefe Ehrfurcht vor dem Geheimnis, das in jedem Wesen steckt und von dem jedes Wesen spricht, den göttlichen Bund greifbar werden lassen mit Gaja, dem lebendigen Superorganismus, ebenso wie mit allen Wesen, die auf ihr existieren und leben. Erst dann wird die Befreiung – des Menschen wie der Erde – umfassend sein. Und statt des Schreis der Armen und der Erde wird dann der Freudenlärm des gemeinsamen Festes zu hören sein, das die Erlösten und Befreiten feiern, Menschen also, die nunmehr in ihrem Elternhaus, auf der guten, großen, hochherzigen Mutter Erde daheim sind.

VI. Die Erde muß ihre Würde wiederbekommen!

Mit der ökologischen Zeit überschreiten wir die Schwelle zu einer neuen Zivilisation. Doch diese wird nur dann Bestand haben, wenn sich die Menschen in ihrer Einstellung zum gesamten Universum grundlegend ändern. Ein neues Paradigma macht eine neue Sprache erforderlich – eine neue Phantasie und eine neue Politik, eine neue Pädagogik und eine neue Ethik, ein Wiederentdecken des Heiligen und einen bisher nicht gekannten Prozeß der Individuation (Spiritualität). Im folgenden möchten wir einige dieser Punkte bedenken, weil sie für die angestrebte Veränderung unerläßlich sind. Sie können der Erde Heilung bringen und ihr die verletzte Würde wiedergeben. Sie sind Wege, die zu gehen die Menschen heute dringend eingeladen sind.

1. Wiederentdeckung des Heiligen

Eine unabdingbare Voraussetzung für das neue Bündnis mit der Erde besteht in der Wiederentdeckung des Heiligen. Ohne Anerkennung des Heiligen bleibt alle Achtung vor der Würde der Erde und vor den Grenzen, die unser Streben nach Ausbeutung der Erde mit ihren Möglichkeiten in Schranken halten könnten, wirkungslose Rhetorik. Das Heilige ist eine grundlegende Erfahrung. Das Staunen vor dem Heiligen liegt allen großen Erfahrungen zugrunde, auf denen die Kulturen in der Vergangenheit aufbauten, ja, es ist offensichtlich der tiefste Kern des Menschseins überhaupt.

Alle Fachleute, die sich mit der Frage des Heiligen befassen, stimmen in der Feststellung überein, daß das Sakrale immer einen konstitutiven Bezug zum Kosmos hat. Der Kosmos ist der Geburtsort des Heiligen. Das Universum wird als Sakrament begriffen, als Raum und Zeit, in denen sich die in allen Wesen steckende Energie manifestieren, und als Medium, durch das sich das der Gesamtheit der Dinge innewohnende Geheimnis offenbaren kann.

Wenn wir in den letzten Jahrhunderten Opfer eines Zivilisationsmodells geworden sind, das mit der systematischen Aggression gegen die Erde operiert und uns dazu gebracht hat, uns die Ohren zuzustopfen für die Musikalität der Dinge und die Augen zu schließen angesichts der Größe des Sternenhimmels, dann liegt der Grund darin, daß wir es verlernt haben, das Heilige im All zu gewahren. Wir sind zu Geiseln eines Verständnisses geworden, für das alles profan ist, insofern es das Bewußtsein seiner Herkunft aus dem Sakralen verloren hat. Deshalb also unsere Rede von der Notwendigkeit, das Heilige unbedingt wiederzuentdecken. Die profane Betrachtungsweise hat das Weltall zu einem unbelebten, mechanischen, mathematischen Etwas verkommen lassen und die Erde zu einem simplen Rohstofflager entwürdigt, über das die Menschen nach Belieben verfügen können. Der Worte, die uns die Dinge zu sagen haben, hat man sie beraubt; zu sagen haben nur noch die Menschen etwas. Nur wenn es uns gelingt, den Zugang zum Sakralen wiederzufinden, wird die Erde eine Zukunft haben. Ökologie muß mehr sein als eine simple Technik zur Bewältigung der menschlichen Habgier, soll denn diese eines Tages überhaupt ein Ende haben. Das vermeintliche neue Bündnis darf nicht nur einen Waffenstillstand bringen, soll denn die Erde die ihr zugefügten Wunden nicht nur verkraften können, sondern fortan überhaupt keine Wunden mehr zugefügt bekommen. Dazu aber müssen sich das Beziehungsmodell und das Denken der Menschen insgesamt ändern. Der erste Schritt, den wir also zu tun haben, ist, daß wir die Dimension der Heiligkeit der Erde wiederentdecken und uns vom Universum ehrfürchtig verzaubern lassen. In diesem Sinn äußerte sich der US-amerikanische Astronaut Edgar D. Mitchell spontan, als er 1971 in der Raumkapsel Apollo 14 auf dem Weg zum Mond war. Staunend sagte er: »Aus einer Entfernung von mehreren hundert Meilen betrachtet, zeigt die Erde die unglaubliche Schönheit eines blau-weiß strahlenden Juwels, vor dem Hintergrund eines gewaltigen dunklen Himmels, vor dem sie sich bewegt ... Die ganze Erde paßt in meine Hand.«[1]

Was ist das Heilige? Das Heilige ist keine Sache. Das Heilige ist eine Qualität der Dinge – jene Qualität der Dinge und in den Dingen, die uns durch und durch erfaßt und fasziniert, uns im Tiefsten

---

1) Outer Space to Inner Space: An Astronaut's Odyssey, in: Saturday Review, 22. Februar 1975, 20.

unserer Seele anspricht und ganz unmittelbar Achtung, Ehrfurcht und Verehrung erfahren läßt. Besser als jeder Religionsphänomenologe beschreibt Augustinus, wie sich das Heilige bei uns meldet. In seinen »Bekenntnissen« stellt er die Frage: »Was ist das da, das mir entgegenleuchtet und mein Herz trifft, ohne es zu verletzen, so daß ich erschaudere und erglühe – erschaudere, insoweit ich ihm unähnlich, und erglühe, insoweit ich ihm ähnlich bin?«[2] Was Augustinus da erfährt, ist das Heilige. Rudolf Otto, ein inzwischen zum Klassiker gewordener diesbezüglicher Fachmann, beschreibt mit zwei Worten die Erfahrung des Heiligen. Das Heilige tritt uns als *tremendum* und als *fascinosum* entgegen. Als *tremendum* macht es uns erbeben, weil es, so groß wie es ist, unsere Fähigkeit übersteigt, seine Anwesenheit zu ertragen, und weil diese uns ob ihrer überwältigenden Intensität geradezu in die Flucht schlägt. Zugleich erweist es sich aber auch als *fascinosum*, als etwas, das uns fasziniert, wie ein unwiderstehbarer Magnet anzieht und uns die Erfahrung vermittelt, uns bedingungslos anzugehen.[3] Das Heilige ist wie die Sonne: Mit ihrem Licht reißt uns die Sonne hin und erfüllt uns mit Begeisterung *(fascinosum)*; zugleich aber zwingt sie uns, den Blick abzuwenden und uns in den Schatten zu flüchten, weil sie uns womöglich blendet und verbrennt *(tremendum)*.

Dies ist die doppeldeutige Erfahrung, welche archaische Menschen in Fühlung mit dem Leben und mit der Erde machten, mit dem Kosmos und mit dem Geheimnis des Universums, mit erwachsenen Menschen wie mit Kindern und vor allem mit der liebevollen Anziehung zwischen Mann und Frau. Sie spürten, daß sich in all diesen Dingen eine unabweisbare Kraft mitteilt, die Fachleute mit dem melanesischen Wort »Mana« auf einen klassischen Begriff bringen oder die auch in dem »Axé« der afro-amerikanischen Religionen zum Ausdruck kommt. Potentiell sind alle Dinge Träger

---

2) Aurelius Augustinus, Bekenntnisse XI, 9 (Bibliothek der Kirchenväter), Kempten – München 1914, 278.

3) Die wesentliche Bibliographie dazu: Otto, R., Das Heilige, Breslau 1917 (mit mittlerweile 35 Auflagen); Eliade, M., Das Heilige und das Profane, Hamburg 1975; ders., Die Religionen und das Heilige, Elemente der Religionsgeschichte, Salzburg 1954; Leeuw, G. van der, Phänomenologie der Religionen, Tübingen 1956, 5 – 8; Caillois, R., L'homme et le sacré, Paris 1963, 15 – 70; Meslin, M., A experiência humana do divino, Petrópolis 1992, 55 – 70. Vgl. auch einige Untersuchungen, welche die Diskussion der letzten Jahre zusammenfassen: Castelli, E., Le sacré, études et recherches, Paris 1974; Cazelles, H., Sacré (sainteté), in: Supplement du Dictionnaire de la Bible, Bd. 10/60, Bibliographie 1343 – 1344; Splett, J., Die Rede vom Heiligen, Freiburg i. B. – München 1971.

und Trägerinnen von »Mana« und »Axé«, jener großen verändernden Energie, in der sich das Heilige ganz besonders offenbart. In der Tat sind alle Dinge Sakramente, Fahrzeuge und Zeichen der letzten Wirklichkeit, der Gottheit und des Schöpfers, der bzw. die innerhalb, aber auch jenseits von Kosmos, Erde und Leben wohnt. Vermittels solcher Realitäten kündet er seine Epiphanie und Diaphanie an.[4]

Archaische Völker erfaßten mit einer einzigartigen Intuition, was wir empirisch mit Hilfe von Wissenschaft und Reflexion erfassen: die kosmische Energie (Mana, Axé, Kraftfelder), die alles aneinander rück-bindet, das heißt: das Gegebensein von Prinzipien, welche das All steuern und den Pfeil der Zeit lenken, immer nach vorn und nach oben gerichtet. Das Ganze erfassen wir mit Hilfe einer Wissenschaft, die Bewußtsein hat, und mit Hilfe einer Objektivität, die immer auch mit Subjektivität daherkommt. So entdecken wir das Heilige der Erde als ein Ganzes wieder; und ein neues Gefühl für die Würde der Erde wächst in uns.

Heute geben wir dem Heiligen Raum, wenn wir uns die neuen Inhalte, die unser Weltbild konstituieren, zu eigen machen und sie Gefühl und Erfahrung sein lassen. Welt und Weltall zu kennen, damit ist es nicht getan. Druckerzeugnisse und Medien sind voll davon. Was uns nottut, ist Betroffenheit und Erfahrung der Quelle. Wir müssen uns in die Kenntnisse von Kosmos, Erde und Natur selbst mit hineinnehmen, weil sie Kenntnisse von uns selbst sind, von unserer Vorgeschichte und unserer tiefsten Existenz. Erst solche Rührung verändert unser Leben. Nur sie vertieft die Quell-Erfahrungen, aus denen sich alle übrigen Erfahrungen des Alltags speisen.

Wie sollten wir nicht in Ekstase geraten angesichts der ungeheuren Energie, die freigesetzt wurde durch den einzigartigen Urknall, durch die Bildung der ersten relationalen Einheiten wie Topquarks, Protonen, Elektronen, Neutrinos und ersten Atome wie auch durch die Entstehung jener Gaswolken, die dann zu der ersten Generation von phänomenalen, riesigen Sternen führten, im Reigen von Galaxien und Konglomeraten von Galaxien? Sie glühten Millionen und Abermillionen Jahre und konstituierten in ihrem Innern jene hundert Elemente, die so etwas wie Bausteine des

---

4) Vgl. Eliade, M., Die Religionen und das Heilige, a. a. O.; Boff, L., Kleine Sakramentenlehre, Düsseldorf ¹⁴1995.

Universums darstellen, bis sie dann explodierten, zu Supernovae wurden und Milliarden und Abermilliarden Sterne der zweiten Generation nach Art unserer unsere Sonne bildeten. Hätten sie sich nicht geopfert und den Reichtum, den sie in ihrem Innern gespeichert hatten, preisgegeben, hätten wir heute weder ein Sonnensystem noch den Planeten Erde, ja, es gäbe uns selbst auch gar nicht, und wir könnten nicht über all diese Zusammenhänge nachdenken und uns darüber freuen. Das ist, was mit *fascinosum* gemeint ist.

Und gibt es etwas Furchterregenderes und Geheimnisvolleres als die massive Zerstörung der Anfangsmaterie durch die Antimaterie, mit dem Ergebnis, daß nur ein Milliardstel übrigblieb, aus dem dann aber das ganze Universum, einschließlich unserer selbst, entstand? Zum *fascinosum* kommt das *tremendum* hinzu.

Wer kann sich des Eindrucks des *tremendum* entziehen, wenn er bzw. wenn sie an die wahnsinnigen Kollisionen von Milchstraßen und Konglomerationen von Milchstraßen mitsamt ihren Myriaden von Sternen denkt? Und woran würde ein eventueller Beobachter, und befände er sich teilnahmslos an der entferntesten Stelle des Universums, denken, wenn er oder sie des Getöses, des Spiels von Strahlen und Blitzen, der unerhörten Produktion an Energie, des Verschmelzens der Massen, des Ausstoßes der Materie in alle Richtungen sowie der Produktion des ungeheuer intensiven Lichtes (Photonen) gewahr würde?

Ist es nicht zugleich *fascinosum* und *tremendum*, daß sich vor 3,3 Milliarden Jahren die Zelle Promethium entwickelte, die die Photosynthese zustande brachte und mithin den Kohlenstoff nutzte und den für sie absolut giftigen Sauerstoff freisetzte? Und daß ein anderer Organismus mit Namen Prosper vor zwei Milliarden Jahren es vermochte, mit dem Sauerstoff fertigzuwerden und ihn zum Prinzip neuen Lebens an Stelle des Todes zu machen?

Ist die Kraft zur Selbstorganisierung des Universums, das heißt die innere Dynamik, wie sie sich in den bekannten vier grundlegenden Wechselwirkungen (Gravitation, elektromagnetische Energie sowie starke und schwache Nuklearkraft) zeigt und die kein Mensch zu definieren imstande ist, nicht eine faszinierende Sache? Und ist die Tatsache, daß alles auf ein immenses Chaos (Urknall) zurückgeht und daß auf sämtlichen Ebenen des Weltalls Gewalt herrscht, nicht ein *tremendum*? Und weiter: Ist das Faktum, daß Urchaos und Urgewalt neue Ordnungen an Arten und immer größere Grade an Komplexität, ja, selbst das Leben und das menschliche Bewußtsein hervorgebracht haben, nicht eine faszinierende Angelegenheit?

Ist das Gleichgewicht zwischen den Elementen, welches zu so günstigen Bedingungen führte, daß in der Gaja insgesamt wie in der Atmosphäre, in den Böden wie in den Meeren, in der Biosphäre wie in der Noosphäre Leben entstehen konnte, nicht ein *fascinosum*? Und ist es nicht umgekehrt ein *tremendum*, daß Gaja auch immer wieder dezimiert und nahezu ihres ganzen genetischen Erbes beraubt wurde? Wie sollten wir uns da nicht faszinieren lassen, wenn wir bedenken, daß Gaja die Fähigkeit hat, sich immer wieder zu regenerieren und mit der ganzen Aggression seitens der Spezies *homo sapiens/demens* fertigzuwerden?

Was ist es anderes als ein *fascinosum*, das sich in der schöpferischen Kraft des Menschen zeigt, in der Vielgestaltigkeit seiner kulturellen Manifestationen, in den Träumen, aus denen er lebt, in den historischen Werken, die er überall schafft, in der Fähigkeit, jene Wirklichkeit zu entziffern, auf der alles beruht, die alles beseelt und die alles an sich zieht: Gott?

Und ist es schließlich nicht ein Ausdruck des *tremendum*, wenn wir an die Fähigkeit des Menschen denken zu Zerstörung und Geozid, zu Ökozid und Ethnozid, zu Mord und zu Selbstmord? Der Mensch ist das einzige Wesen, das imstande ist, wahnsinnig zu werden und die Stimmigkeit der Tiere und der Pflanzen zu verlieren. Ist das kein *tremendum*?

Alle diese Erscheinungen konfrontieren uns mit einem Etwas, das uns übersteigt – das sich zwar zu erkennen gibt, sich andererseits aber jeder Rationalität und Manipulation entzieht. Es ist das Heilige, das Achtung, Ehrfurcht und Verehrung verdient. Die beste Form, sich ihm zu nähern, ist, sich auf seine Logik – besser: auf seine Dialogik –, die immer auch das Gegenteil einschließt und den Widerspruch zur Ergänzung werden läßt, einzulassen, seinen Rhythmus zu akzeptieren und sich als Teil und Bestandteil von ihm zu fühlen. Erst dann sind wir integrierte Wesen, und erst dann können wir uns zu Hause fühlen, wenn wir uns in diese Sym-phonie und Dys-phonie hineinbegeben, wenn uns klar wird, daß im Orchester neben der Geige auch die Pauke eine Rolle spielt, und wenn wir unsere Kreativität nutzen, um mit der Natur tätig zu werden und – nicht gegen oder ohne sie.

Wenn wir uns auf das Heilige einlassen, dann tut sich uns der Weg zurück aus der Verbannung auf, und wir können alle Entfremdung hinter uns lassen. Die Türen des Hauses, das wir verlassen hatten, öffnen sich uns wieder. Dann fangen wir an, die Erde, jedes Ding auf der Erde und das Universum insgesamt so zu behandeln, wie wir unseren Körper und jedes Glied an ihm, jede Regung unserer Seele und jeden Gedanken unseres Geistes behandeln. Erst ein persönlicher Bezug zur Erde läßt uns die Erde auch lieben. Wen man liebt, den beutet man nicht aus, sondern achtet und ehrt ihn. Unter diesen Bedingungen kann eine neue Zeit beginnen, nicht einfach des Waffenstillstandes, sondern des Friedens und der wahren Rück-bindung.

2. Eine Pädagogik der Globalisierung

Eine neue Kosmologie zu haben, damit allein ist es nicht getan. Das Problem ist, sie den Menschen so zu vermitteln und innerlich so spannend erscheinen zu lassen, daß sie von dorther neue Verhaltensweisen entwickeln, neue Träume träumen und der Erde mit einem neuen Wohlwollen begegnen. Das Ganze ist ohne Zweifel auch eine pädagogische Herausforderung.

Wie das alte Paradigma, das atomisierte, mit Gegensätzen operierte und den Menschen vom Universum und von der Gemeinschaft der Lebenden isolierte, durch alle Poren in unser Leben eingedrungen war und eine kollektive seinen Anliegen entsprechende Subjektivität geschaffen hatte, so muß das neue Paradigma auch neue Subjektivitäten ermöglichen und in alle Instanzen der Existenz, der Gesellschaft, der Familie, der Medien und der Erziehungs- und Bildungseinrichtungen eindringen, um einen neuen, planetarischen und kosmisch solidarischen Menschen – Mann wie Frau – zu schaffen, in Einklang mit der globalen Zielrichtung des Evolutionsprozesses.

Erstens geht es um die große Revolution der Perspektive, auf der die neue Kosmologie fußt: Wir können uns weder weiter als der Erde gegenübergestellt verstehen noch es weiter mit der klassischen Sichtweise bewandt sein lassen, nach der die Erde ein lebloser Planet ist, eine Ansammlung von Land und Wasser auf der Grundlage jener hundert Elemente, aus denen alles Sein gemacht ist. Wir sind erheblich mehr als das. Wir sind Söhne und Töchter der Erde, ja, wir sind die Erde, insofern sie auf dem Weg ist und schon zu Selbstbewußtsein gefunden hat, bzw. wir sind – wie der große argentinische Mestizendichter Atahualpa Yupanqui mal gesagt hat – die Erde, die denkt, die Erde, die liebt, und die Erde, die das Geheimnis des Alls feiert. Die Erde ist kein Planet, auf dem Leben existiert. Bereits im ersten Kapitel sahen wir, daß die Erde eine präzise Dosierung an Elementen, Temperaturen und chemischen Komponenten in Atmosphäre und Meer aufweist. Die Erkenntnis drängte sich uns auf, nur ein lebender Organismus könne zustande bringen, was sie zustande gebracht hat. Die Erde enthält kein Leben. Als lebendiger Superorganismus, als Gaja ist die Erde Leben.

Die Spezies Mensch stellt also die Fähigkeit der Gaja dar, reflex zu denken, ein synthetisierendes Bewußtsein zu entfalten und subjekthaft zu lieben. Als Menschen – Männer wie Frauen – machen wir es der Erde möglich, ihre üppige Schönheit zu schätzen, ihre verwirrende Komplexität zu durchschauen und dem in ihr wohnenden Geheimnis geistig auf die Spur zu kommen.

Was die Menschen im Verhältnis zur Erde sind, ist die Erde im Verhältnis zum Kosmos, so wie wir ihn kennen. Der Kosmos ist kein Objekt, auf dem man Leben entdecken könnte. Der Kosmos ist ein lebendes Subjekt, das sich im Prozeß des Werdens befindet. Seit fünfzehn Milliarden Jahren ist er auf dem Weg, verwirbelte sich um sich selbst und reifte schließlich dergestalt, daß in einer bestimmten Ecke von ihm, auf der Milchstraße, im Sonnensystem, auf dem Planeten Erde das reflexe Bewußtsein seiner selbst auftauchte, woher er kommt, wohin er geht und wovon er Symbol und Bild ist. Wenn ein Ökoagronom die chemische Zusammensetzung einer Bodenprobe untersucht, ist es der Kosmos selbst, der da die Untersuchung anstellt. Wenn ein Astronom sein Teleskop auf einen Stern richtet, ist es das Weltall selbst, das sich da betrachtet.[5]

Die Änderung, zu der dieses neue Verständnis in den Geistern und in den Institutionen führen muß, läßt sich nur noch vergleichen mit der Wende im 16. Jahrhundert, als der Beweis erbracht wurde, daß die Erde rund ist und um die Sonne kreist. Insbesondere gilt das für die Tatsache, daß die Dinge sich verändern, noch nicht fertig sind, noch ständig geboren werden und für neue Formen der Selbstrealisierung offen sind. Folge daraus ist, daß wir auch der Wahrheit in einem offenen Bezug und nicht in einem geschlossenen

---

5) Vgl. die ausgezeichneten Überlegungen dazu bei: Dowd, M., Earthspirit, Twenty-Third Publ., Mystic, 1991, 17–22.

und etablierten Kodex begegnen. Nur der ist in der Wahrheit, der sich im Gleichschritt damit, wie sich die Wahrheit im Prozeß offenbart, auf den Weg macht.

Zweitens haben wir uns mit einem globalen Zeitverständnis vertraut zu machen. Wir haben nicht nur das Alter, das mit dem Tag unserer Geburt beginnt. Wir haben das Alter des Kosmos. Unsere Geburt beginnt vor fünfzehn Milliarden Jahren, als alle jene Energien und Materialien begannen, sich zu organisieren, die zur Konstituierung unseres Körpers und unserer Psyche beitragen. Erst als das alles reif war, war unser Geborenwerden beendet. Dessen unbeschadet werden wir als Wesen geboren, die offen sind für weitere Vervollkommnungen in der Zukunft.

Wollten wir den kosmischen Zeitplan von fünfzehn Milliarden Jahren mal maßstabgerecht auf die Spanne eines Sonnenjahres verkürzen, wie Carl Sagan[6] es treffend getan hat, und dabei nur einige markante Daten hervorheben, dann böte sich uns folgendes Bild: Am 1. Januar findet der Urknall statt. Genau fünf Monate später bildet sich die Milchstraße. Am 9. September entsteht das Sonnensystem, fünf Tage später die Erde. Leben meldet sich am 25. September. Am 30. Dezember tauchen die ersten Hominiden auf, entfernteste Vorfahren des Menschen. Die ersten Menschen – Männer und Frauen – treten gerade noch am letzten Tag des Jahres auf den Plan. Sage und schreibe die letzten zehn Sekunden des Jahres entsprächen der Geschichte des *homo sapiens/demens*, von dem wir unmittelbar abstammen. Christus wäre genau vier Sekunden vor Jahresschluß zur Welt gekommen: um 23 Uhr, 59 Minuten und 55 Sekunden. Die Moderne hätte in der 58. Sekunde der letzten Minute des Jahres begonnen. Und jeder einzelne von uns? Wir würden geboren im allerletzten Bruchteil der Sekunde vor Mitternacht.

Mit anderen Worten: Seit gerade mal vierundzwanzig Stunden haben Weltall und Erde reflexes Bewußtsein ihrer selbst. Würde Gott einem Engel sagen: »Such' mir mal im Raum und identifizier' mir mal in der Zeit Peter, Hans oder Maria«, würde sich der Engel mit Sicherheit umsonst bemühen, weil Maria, Hans und Peter nämlich kleiner sind als ein durch den Sternenraum schwebendes Sandkorn und jünger als eine Sekunde. Gott selbst jedoch würde

6) Sagan, C., The Dragons of Eden: Speculations on the Evolution of Human Intelligence, New York 1977, 14–16.

die Personen sehr wohl finden; hört er doch das Herz jedes einzelnen seiner Söhne und Töchter, weil in ihnen das Universum zu Selbstbewußtsein, Liebesfähigkeit und Feier konvergiert. Ohne anthropozentrische Überheblichkeit können wir sagen, jeder Mensch ist ein Wunder des Universums.

Eine zu der neuen Kosmologie passende Pädagogik müßte uns einführen in die angedeuteten Dimensionen, weil sie uns an das Heilige am Universum und an das Wunderbare an unserer eigenen Existenz erinnern.

Drittens haben wir den Raum unserer Existenz global zu begreifen. Wer die Erde von außerhalb ihrer selbst betrachtet, entdeckt, daß sie ein Glied in einer ungeheuren Kette von Himmelskörpern ist. Wir befinden uns auf einer Galaxie von hundert Milliarden anderen Galaxien, auf der Milchstraße. Von deren Zentrum 28 000 Lichtjahre entfernt, gehören wir zu einem Sonnensystem, welches eines unter Milliarden und Abermilliarden von Sternen ist, auf einem kleinen Planeten, der freilich äußerst günstige Bedingungen aufweist, so daß sich immer komplexere und immer lebensbewußtere Formen entwickeln konnten: auf der Erde. Auf der Erde leben wir als Südamerikaner und Südamerikanerinnen auf einem Erdteil, der sich vor 210 Millionen Jahren verselbständigte, als Pangäa (der große Einheitskontinent der Erde) zerbrach, und der vor 150 000 Jahren begann, seine gegenwärtigen Umrisse auszuprägen. Wir befinden uns in dieser Stadt, in dieser Straße, in diesem Haus und in diesem Zimmer; und ich sitze an diesem Tisch, von dem aus ich Beziehung zu anderen aufnehme und mich mit dem Gesamt aller Räume des Weltalls verbunden fühle.

An *vierter* Stelle muß sich jeder und jede von uns unbedingt bewußt werden, daß seine bzw. ihre Existenz voller Überraschungen steckt. Von Anbeginn an entwickelte das All eine innere Dimension und spann ein dichtes Netz von Beziehungen, das es zu einer sich selbst organisierenden und zielgerichtet vorwärtsstrebenden Größe machte. Wie die Noosphäre Frucht der Biosphäre ist, so ist die Biosphäre Frucht der Hydrosphäre und die Hydrosphäre die der Geosphäre, bis wir über Sonne, Milchstraße, Supernova, Urgas, große Explosion und Inflation schließlich beim unvorstellbar verdichteten Energie-Urkern ankommen. Jeder Mensch ist an diese ganze immense Kette rück-gebunden. In jedem Menschen gelangt das Universum zu seinem Gipfel, in der Form des Bewußtseins ebenso wie der Fähigkeit zu Erkenntnis, Solidarität und zweckloser

Selbsthingabe in Freundschaft und Liebe. Dieses Bewußtsein läßt Selbstwertgefühl entstehen. Es führt zu der Entdeckung, daß einem auch selbst etwas Heiliges anhaftet, etwas Faszinierendes und Schreckenerregendes, das sowohl Beisichsein als auch Selbstentfremdung verursacht. Alle Energien und morphogenetischen Felder trugen synergetisch dazu bei, daß jeder und jede als jene einzigartige und unverwechselbare Person geboren wurde und seither ist, die er bzw. sie ist: *Ecce mulier, ecce homo!*

Fünftens muß sich jeder Mensch bewußt werden, daß er Mitglied der Spezies *homo sapiens/demens* ist, in Gemeinschaft und Solidarität mit den übrigen Arten, welche die Gemeinschaft der Lebenden ausmachen (Biozönose). Es muß ihm aufgehen, daß er zu der einen menschlichen Familie gehört, auch wenn diese in alle Himmelsrichtungen der Erde zerstreut ist. Freilich, das Gefühl, daß die Menschen eine große Familie bilden, ist noch lange kein Allgemeingut. Robert Muller, einer der Autoren, die sich am besten in Sachen globales Bewußtsein der Erde auskennen, schreibt dazu: »Wenn es um den menschlichen Kosmos geht, ist noch annähernd alles zu tun. In unserer planetarischen Kathedrale wohnt noch lange keine geeinte Familie, die sich durch Ehrfurcht, Dankbarkeit und volle Entwicklung auszeichnete; in unserer planetarischen Kathedrale wohnen rebellische Haufen von unreifen, streitsüchtigen Kindern.«[7]

Darüber hinaus müssen wir uns *sechstens* stets unsere Einzigartigkeit als Spezies vor Augen halten. Wir sind Wesen, die dazu verdammt sind, kulturelle Wesen zu sein. Mit anderen Worten: Da wir über kein spezifisches Organ verfügen, müssen wir notgedrungen in die Natur eingreifen, indem wir unsere Arme, Hände, Augen und Ohren durch technische Werkzeuge verlängern oder schärfen und mit deren Hilfe Kultur schaffen. Dank dem biologischen Entwicklungsstand unseres Gehirns mit seiner Fähigkeit, zu denken und phantasievoll, schöpferisch zu gestalten, bringen wir im Nu zuwege, wozu die Evolution Millionen und Abermillionen Jahre gebraucht hätte. Im Zusammengehen mit den leitenden Prinzipien des Universums steuern wir gemeinsam die gegenwärtige Phase des Evolutionsprozesses. So tragen wir eine ungeheure Verantwortung; denn einmal können wir der gute Engel sein, der die Botschaft der Natur hört und gemeinsam und in Einklang mit ihr

---

7) Muller, R., O nascimento de uma civilização global, São Paulo 1993, 7.

ans Werk geht, wie wir zum anderen aber auch der Satan der Verwüstung und der Ausbeutung sein können, der nur seinen eigenen Wunsch nach Ausgrenzung kennt und den Planeten Erde seiner dezimierenden Aggression unterwirft.

Schließlich kommt es *siebtens* ganz entscheidend darauf an, daß der Mensch um seine Funktion innerhalb der Gesamtrichtung des Universums weiß, das ja im Laufe von fünfzehn Milliarden Jahren geworden ist. Alles ging solchermaßen und im Rahmen solch komplexer und sich selbst organisierender Bahnen vonstatten, daß eines Tages die Fähigkeit erwachte, zu fühlen, zu sehen, zu hören, zu kommunizieren, reflex zu denken und das Gegenüber zu lieben. Vermittels des Menschen können Weltall und Erde sich selbst fühlen, ihre unbeschreibliche Schönheit sehen, ihre Musikalität hören, ihr Geheimnis mitteilen, reflex über ihre innere Dimension nachdenken und alle leidenschaftlich lieben.

Damit dies alles möglich wurde, dazu tauchte der Mensch auf. Doch bis heute ist er dieser Funktion nicht gerade gut nachgekommen. Der Grund dafür ist allerdings weniger darin zu suchen, daß er gut oder schlecht wäre, sondern darin, daß er unreif und sich seiner wahren kosmischen Sendung noch nicht bewußt ist. In dem beeindruckenden fünfstündigen Videofilm »The Fate of the Earth« sagt Miriam Therese MacGillis dazu treffend: »Offensichtlich ist die Erde dabei, sich aus ihrer jugendlichen Fixierung auf sich selbst zu befreien und sich mit ihren Kräften in Richtung auf eine neue, höhere Ebene der Reife zu bewegen, in Richtung auf eine Stufe, von der aus ich und du den qualitativen Sprung taten, das heißt: die Erde hat den Sprung für uns getan.«

Dieser ganze pädagogische Prozeß muß in der Bewußtwerdung gipfeln, daß dem Menschen, Frau wie Mann, eine hohe universale Bedeutung zukommt. Sind wir uns dieses Zusammenhangs bewußt, wird uns auch klar werden, daß der höchste globale Wert darin besteht, den Planeten Erde und mit ihm das Weltall zu retten und die Verhältnisse zu erhalten, an denen der Kosmos fünfzehn Milliarden Jahre lang gearbeitet hat, damit alles Leben, insbesondere aber das menschliche Leben, seinem inneren Drang folgen kann, das heißt: damit es sich verwirklichen und reproduzieren wie auch Fortschritte machen kann.

3. Die bleibende Botschaft der Ur-Völker

Allenthalben auf der Erde gibt es noch Ur-Völker, die die Dimension des Heiligen und der Rück-bindung aller Dinge aneinander leben. Wir denken dabei an alle jene Bevölkerungen, die – auch wenn sie in unserer Zeit leben (Synchronie) – nicht auf derselben Entwicklungsstufe wie wir stehen (Zeitgleichheit). In ihrer großen Mehrzahl leben sie noch auf der Ebene steinzeitlicher Dörfer. Dessen ungeachtet haben sie große Bedeutung für die ökologische Krise der Gegenwart wie für die Entwicklung von Alternativen zu der Beziehung, die wir zur Natur aufgebaut haben. Sie zeigen, wie man Mensch und zutiefst menschlich sein kann, ohne der kritischen Rationalität der Modernen anzuhängen oder den Prozeß mitzumachen, in dem wir uns – und das ist ein ganzer Prozeß! – mit Hilfe des technisch-wissenschaftlichen Projektes die Erde unterwerfen. Auch wenn sie die Vorteile der Moderne auf ihre Weise übernehmen, erhalten sie sich das Gespür für das Universum und für den Subjektcharakter der Natur, mit der wir in einem wechselseitigen Beziehungsverhältnis stehen.

Die Ur-Völker sind die Rettung einer noch möglichen Menschheit, die allen nur guttun kann, weil sie voller Sakramentalität steckt und eine Grundhaltung der Verehrung hat, die uns ja so dringend nottut. Die bekannten brasilianischen Ethnologen, die Brüder Villas-Boas, trafen den Nagel auf den Kopf, als sie 1989 nach fünfzig Jahren Arbeit mit Ureinwohnern im Amazonas-Urwald in einem Fernsehinterview sagten: »Wer reich werden, Macht anhäufen und sich die Erde unterwerfen will, braucht die Ureinwohner nicht um Rat zu fragen. Wer aber glücklich werden, das Menschliche mit dem Göttlichen in Einklang bringen, das Leben mit dem Tod zusammenbinden, den Menschen in die Natur eingliedern und die Generationen in einem harmonischen Verhältnis zueinander sehen will, der tut gut daran, auf die Ureinwohner zu hören. Sie können uns Lektionen der Weisheit geben.«

In der gegenwärtigen Situation, daß unser zivilisatorisches Paradigma in der Krise steckt, sind wir gut beraten, die bleibende Botschaft der Indianer nicht ungehört verhallen zu lassen. Als Brasilianer und Brasilianerinnen brauchen wir nur das Zeugnis der Ur-Völker unseres Erdteils an uns herankommen zu lassen. Wir haben große Kulturen bei uns, von denen einige – wie zum Beispiel die Yanomamis – zu den ursprünglichsten überhaupt gehören.

Zunächst einmal soll die uralte Weisheit dieser Völker herausgestellt werden. Sie wird uns überliefert in den großen Erzählungen und Mythen. Darin erfahren wir, wie achtsam diese Menschen die Geheimnisse des Alls und der Tiefe der menschlichen Psyche beobachten. Inzwischen haben Wissenschaftler Methoden – wie Linguistik, Strukturalismus und archetypische Psychologie – entwikkelt, mittels deren wir den großartigen Inhalt dieser Lektionen zu entziffern vermögen (J. Hillmann und seine Schule). In zahlreichen Punkten konnten sie genau beobachten und – wenn auch auf ihre spezifische Weise, dafür aber nicht minder präzis – zum Ausdruck bringen, was uns die inneren Kräfte (die ja auch kosmische Kräfte sind) über uns selbst, über Frau- und Mannsein, über Kindschaft und Geschlechtlichkeit sowie über das Streben nach Glück und nach dem Geheimnis Gottes sagen wollen.

Besonders viel verdankt die Weisheit der Ur-Völker der Beobachtung des Alls und dem Hinhören auf die Erde. Für die bolivianischen Aymaras ist ein Weiser, wer es gelernt hat, aufmerksam hinzuschauen und die Dinge sorgfältig in Augenschein zu nehmen, schon von Ferne zu erkennen, von allen Seiten zu untersuchen und geradezu von innen her zu betrachten. Über das größte Maß an derartigen Erfahrungen verfügen natürlich die Alten. Braucht die Gemeinschaft einen Rat, wendet sie sich an die Weisen. Diese schauen dann konzentriert in die Runde, heften den Blick an die Berge, holen tief Luft und treten gewichtig auf den Boden, und dann erst sprechen sie.[8]

Diese Weisheit zeigt sich im Umgang mit der Natur. Ein Beispiel dafür: Viele denken, Amazonien mit der größten Biovielfalt der Erde sei eine jungfräuliche Region, unbewohnt, ja unberührt von des Menschen Hand. Dem ist aber keineswegs so. Auf dem gewaltigen Gebiet leben seit Tausenden von Jahren Hunderte menschlicher Ethnien, die es gründlich bearbeitet haben. Nur griffen sie in einer Weise in die Natur ein, daß sie sie steigerten und die Grenzen der betreffenden Ökosysteme überwanden. Denn diese beruhen zum einen auf den jüngsten und auf den ältesten Böden der Erde, die aber zum anderen zugleich (zu 75 %) durch Säure und chemische Magerheit gekennzeichnet sind. Untersuchungen haben ans Licht gebracht, daß »indianische Gemeinwesen die Umwelt insofern veränderten, als sie die biotische Vielfalt förderten und

---

8) Vgl. Berg, H. van der, La tierra no da así no más, La Paz 1989, 165.

gleichzeitig auch für ›Ressourceninseln‹ sorgten. Sie schufen nämlich Bedingungen dafür, daß sich einige pflanzliche Arten von speziellem Nutzwert für sie (wie zum Beispiel die Babaçu-Nußpalme) besonders gut entwickeln und sogar die vorherrschende Spezies werden konnte ... Zumindest 11,8 % der Wälder auf dem brasilianisch-amazonischen Festland müssen als anthropogenische Wälder betrachtet werden ..., vor allem wenn es sich um Gebiete mit hohen Palm-, Bambus- und Paránußbaum-Beständen handelt, um Waldstreifen in Savannen, um niedrigen Buschwald, um Baumbestände mit Lianen und um anderes mehr.«[9] So kommt der Anthropologe William Balée zu der Erkenntnis, im Grunde hätten sich die Ureinwohner nicht dem Primarwald angepaßt, sondern ihn als ihren Lebensraum gezielt verändert, in der Absicht, das Wachstum pflanzlicher Gemeinwesen zu fördern, diese in tierische Gemeinwesen einzugliedern und schließlich alles mit dem Menschen in Gemeinschaft zu bringen. »In gewissem Sinn kann man die verschiedenen Profile dieser Wälder als archäologische Erzeugnisse betrachten, die sich in nichts von Werkzeugen und Tonscherben unterscheiden; denn sie öffnen uns ein Fenster in die Vergangenheit Amazoniens.«[10]

Die Tucano-Indianer vom oberen Rio Negro kennen nicht weniger als hundertvierzig Arten von Maniok, während unsere Agroindustrie gerade mal ein halbes Dutzend zu unterscheiden weiß. Wer ist hier der Primitive? »Diese Völker sind geradezu Umweltwissenschaftler!«, rief Prinz Charles bei seinem Brasilienbesuch 1991 voller Bewunderung aus und setzte noch eins darauf: »Sie primitiv nennen wäre Perversion und Paternalismus.«[11] Jemand, der die Probleme der brasilianischen Ureinwohner ausgezeichnet kennt, räumt ein: »Wir betrachten den Indianer als ein niederes Wesen, mit einer minderwertigen Kultur. Sobald es aber um die Frage nach Lebensmöglichkeiten in Amazonien geht, ist er uns haushoch überlegen, denn er befindet sich in vollkommener Harmonie mit dem ganzen ökologischen System. Die Tragödie besteht nur darin, daß der Indianer – der ja einer der Hauptschlüssel zur erfolgreichen Einnahme des Amazonasraumes ist – im Verschwinden begriffen ist, und mit ihm sein umfassender

9) Moran, E., A economia humana das populações da Amazônia, Petrópolis 1990, 198.
10) Balée, W., Cultural Forest of the Amazon, Garden, Nr. 11 (1987) 12.
11) Jornal do Brasil (Rio de Janeiro) vom 16. 6. 1991, S. 6.

Kenntnisschatz.«[12] Forschungen bei indianischen Gemeinschaften in Brasilien und Venezuela zeigen, daß Ureinwohner 78 % der Baumarten auf ihren Gebieten ökologisch zu nutzen vermögen, wissend, daß die Biovielfalt der Flora phantastisch ist, das heißt, daß es auf einem Raum in der Größe eines Fußballfeldes 1 200 Arten gibt.[13] Offenbar haben Indianer eine Fähigkeit im Umgang mit dem Wald und eine umweltbezogene Weisheit, die selbst die unserer fortgeschrittensten agroökologischen Forschungszentren die bei weitem übersteigen.[14] Zumindest hierin sind sie uns Lehrer und Meister.

Doch unsere Verwalter, die aus ihrer hochmütigen Überheblichkeit heraus bei all den Amazonas-Projekten, vor allem beim »Großprogramm Carajás«, kein anderes Wissen gelten lassen als ihre wissenschaftlichen Paradigmen, begegnen diesen Menschen nur mit Diskriminierung. Die Folge ist, daß das ganze ökologische Wissen unserer Ureinwohner brachliegt, gewaltige technische Fehler gemacht werden und die Region an nichtwiedergutzumachenden Schäden leidet.

Drittens kommt es auf die *Mystik der Natur* an. Für die Ur-Völker ist die Erde nicht bloß ein Produktionsmittel, sondern eine Verlängerung des Lebens und des Körpers. Die Erde ist die Pacha Mama, die Große Mutter, die alles hervorbringt, speist und wieder aufnimmt. Wir könnten hier an die berühmten Worte erinnern, die der Häuptling Seattle 1856 vor dem Gouverneur des Washington-Territoriums, Isaac Stevens, über die *dignitas terrae* gesagt haben soll. Doch wir ziehen es vor, Seattles Rede als Abschluß des vorliegenden Buches zu bringen.[15] An dieser Stelle paßt auch das beredte Zeugnis eines Häuptlings des Cuna-Volkes an der Atlantikküste Panamas, Leónidas Valdéz: »Die Erde ist unsere Mutter und auch unsere Kultur. Die Erde gebiert die Elemente unserer Kultur... Alle Speisen, die wir an unseren traditionellen Festen zu uns nehmen, alle Materialien, die unsere Handwerker gebrauchen, und alle Baustoffe, die wir beim Bau unserer Häuser einsetzen, stammen aus dem Gebirge. Verlören wir diese Länder, verlören

---

12) Davis, S., Vítimas do milagre. O desenvolvimento e os índios do Brasil, Rio de Janeiro 1978, 190. Siehe auch entsprechende Aussagen bei: Araújo, J., Estamos desaparecendo da Terra, São Paulo 1991, 3–35.
13) Vgl. Sioli, H., Amazônia, Fundamentos da ecologia da maior região de florestas tropicais, Petrópolis 1985, 24–29.
14) Vgl. Altieri, M. A., Agroecologia, Rio de Janeiro 1989, 25–63.
15) Ähnliche Zeugnisse bei: Hughes, J. D., American Indian Ecology, El Paso 1983.

wir unsere Kultur und unsere Seele.«[16] Das ist der Grund, weshalb Ureinwohner, wenn sie Heilkräuter pflücken oder einen Baum fällen, um daraus ein Ruder oder ein Brett zu machen, Entschuldigungsriten vollziehen, voller Ehrerbietung und Ehrfurcht. Ein namenloser Ureinwohner, der neben seiner mystischen Wahrnehmung aber offenbar auch schon über Kenntnisse von der chemischen Zusammensetzung der Erde verfügt, kann deshalb mit Recht sagen: »Die großen Ressourcen und all die Gold-, Eisen-, Kupfer- und Kohleminen, einschließlich der Elemente wie Stickstoff, Phosphor, Kalium und anderer, sind die inneren Organe der Mutter Erde. Sie sind der Puls und die Herzschläge der Mutter, die Bäume und Pflanzen hervorbringt, die ihrerseits allen Wesen der Erde Nahrung, Kleidung, Wohnung und Medizin verschafft. Infolgedessen darf niemand die Eingeweide von Mutter Erde mißbrauchen und mißhandeln.«[17]

Viele Ureinwohner sind sich dessen bewußt, daß ihre Einstellung zur Natur gerade im gegenwärtigen Zusammenhang von hoher zivilisatorischer Bedeutung ist. Der Guaraní-Indianer Mário Jacinto, aus dem Süden Brasiliens, sprach im Namen vieler, als er von der Zentralregierung mehr Land forderte. »Denn«, so sein Argument, »der Indianer wird den Leuten zeigen, wie die Natur wieder neugeboren werden kann. Das Schönste auf der Erde ist ja die Natur.«[18]

Eng verbunden mit dem Thema Erde – und das ist ein vierter Punkt – ist das Thema Arbeit. Niemals heißt Arbeit für Indianer nur Produktion von Gütern wie in der Regel für uns. Arbeit bedeutet für sie Mitarbeit mit Mutter Erde, damit der Mensch seine Bedürfnisse befriedigen kann. Die Erde ist hochherzig, sie unterhält und ernährt alle. Doch der Mensch hilft ihr bei ihrer Aufgabe. Deshalb arbeiten die Indianer das Notwendige, mit dem sie ihre Bedürfnisse stillen und ihre Existenz sichern. Arbeit ist immer ein

---

16) Archibold, G., Pemasky en Kuna Yala: protegiendo a la Madre Tierra ... y a sus hijos, in: Hacia una Centroamérica verde, San José 1990, 37. Siehe auch: Potiguara, E., A terra é a mãe do índio, Rio de Janeiro 1989.

17) Archibold, G., a. a. O., 41. Einen Gesamtüberblick über die ökologischen Kenntnisse indianischer Völker bietet: Mires, F., Ökologie und Politik. Der Diskurs der Natur: das Beispiel Lateinamerika, Luzern 1995. Was Brasilien betrifft, siehe: Ribeiro, B., O índio na cultura brasileira, Rio de Janeiro 1987, 15–94.

18) Vgl. Conselho Indigenista Missionário [Indianischer Missionsrat]/Conferência Nacional dos Bispos do Brasil [Brasilianische Bischofskonferenz] (Hrsg.), Semana do Índio de 14–20 de abril de 1984, in: Revista Vozes (Petrópolis) April 1986, 71.

Tun in Gemeinschaft, das Lust macht, mit dem Ziel, keinen Gewinn, wohl aber ein gutes Leben zu ermöglichen.[19] In siebenundvierzig Arbeitstagen jährlich erwirtschaftete ein Maya-Indianer so viel, daß fünf Menschen davon leben konnten. So hatte er ausreichend Zeit, um sich mit Belangen der Gemeinschaft zu befassen, Tempel zu bauen und sich den Künsten hinzugeben.[20] Auch wenn Indianer zu modernen Techniken greifen, kommen ihnen nicht zwangsläufig das tiefe Empfinden für die Erde und das Gefühl, für deren Gleichgewicht Verantwortung zu tragen, abhanden. So sagte der Koordinator des »Verbandes der Indianischen Nationen«, Ailton Krenak, der im übrigen einer der hellsten Köpfe unter den Ureinwohnern des Rio-Doce-Tales (Staat Minas Gerais), wenn nicht ganz Brasiliens ist: »Natürlich haben wir Computer, aber wir benutzen sie mit großer Vorsicht. Wenn wir den Trecker einsetzen, um eine Ackerfläche zu bearbeiten und damit die Möglichkeit schaffen, daß die Leute mehr Zeit haben, zu tanzen, zu singen und ihre Feste zu feiern, dann ist das ganz wichtig und vermittelt den Menschen eine weitere Fähigkeit, nämlich besser zu leben.«[21] In Ailton Krenaks Worten liegt nichts an Überhöhung der Technik. Ihm geht es ausschließlich um deren instrumentellen Einsatz, damit Menschen den tiefen Sinn ihres Lebens erfahren können, und der ist bekanntlich Verdanktheit und Feier, mit anderen Worten: der Sabbat der Bibel.

Fünftens möchten wir hervorheben, daß *Fest* und *Tanz* der Ureinwohner große Bedeutung für uns haben. Alle Ur-Völker sind zutiefst mystisch. Sie leben aus der Erfahrung des Geheimnisses der Welt und des Gottes, der tausend Namen trägt. Mit Hilfe von Fest und Tanz schaffen sie die Bedingungen dafür, daß sie die Gottheit erleben können. Gerade um diese Erfahrung machen zu können, nehmen sie bei den großen Festen und bei den nächtelangen Tänzen gemeinschaftlich allerlei starke Getränke zu sich und vollziehen halluzinierde Rituale.[22] Gründe, Feste zu feiern, gibt es in Hülle und Fülle: um sich die Gottheit oder die Toten zu vergegenwärtigen, um den Gründungsmythos in Erinnerung zu rufen oder

---

19) Vgl. Mires, F., Ökologie und Politik.
20) Vgl. Quan, J., Le colture agricole dei Maya: un esempio di creatività e di respeto del suolo, in: Educazione al Volontariato e ai problemi – Pace, Ambiente, Sviluppe e Disagio. Dokumentation des Treffens 1990/91, Vico Equese 1992, 17.
21) Jornal do Brasil (Rio de Janeiro), Heft »Ökologie« vom 8. 7. 1991, 3.
22) Vgl. das gut dokumentierte Buch von: Sangirardi, J., O índio e as plantas alucinógenas, Rio de Janeiro 1989.

das Ernte- oder Hochzeitsfest zu begehen und vieles mehr. Ein gut Teil der Zeit wird mit Fest und Tanz verbracht. Vielleicht kein Volk der Erde ist diesbezüglich so typisch wie die Tarahumares (bzw. Rarámuri-Pagótumes) im Nordwesten Mexikos (mit einer Bevölkerung von fünfzig- bis sechzigtausend Menschen, die als eine der ursprünglichsten und am wenigsten vermischten Kulturen Mexikos gelten). Es heißt, die Tarahumares lebten, um zu tanzen, und sie tanzten, um zu leben.[23] In Brasilien sind wegen ihrer großen Feste die Xavantes und die Camaiurás[24] im Amazonasraum am Xingu-Fluß bekannt, aber auch die Arawatés, die erst seit 1976 mit den Weißen Kontakt haben. Sie legen ein Gespür für Fest und Anmut an den Tag, daß man den Eindruck gewinnen könnte, sie lebten noch in den Morgenstunden der Menschheit, insbesondere wenn das Fest des Cauim-Getränkes ansteht.[25] Das Fest versetzt sie in die Welt der Utopie und der Transzendenz, die mit Hilfe der Zeremonien, des Getränks, der Rhythmen und der Ekstase schon heute zugänglich wird.

Fest und Tanz, Ausdrucksformen reiner Verdanktheit und ungeschuldeter Leichtheit, geben der ursprünglichen Berufung des Menschen greifbare Gestalt. Der Mensch existiert, damit er die Majestät des Weltalls, die Schönheit der Erde und die Lebendigkeit der Dinge insgesamt wahrnimmt. Wenn alles existiert, damit es glänzt, existiert der Mensch, damit er tanzend das Glänzen feiert. In dem Maße, in dem er diesem seinen tiefen Sein gehorcht, humanisiert er sich, gliedert sich in das Ganze ein und wird glücklich. Dies ist die bleibende Botschaft, an die uns die Ur-Völker fortwährend erinnern.

Und schließlich vermitteln uns, die wir in einer Kultur der Säkularisierung und des Haftens an der Materie leben, die Urbevölkerungen mit ihrer *Gotteserfahrung* eine herausfordernde Lektion.[26] Die Gotteserfahrung, welche Indianer machen, ist nicht die Frucht komplizierter Überlegungen. Ur-Völker gewahren Gott nicht nach angstvollen Suchbewegungen. Gott nistet nicht in ein paar Ecken oder Zeitspannen des Lebens und der Welt. Gott erfüllt und umhüllt alles. Der Mensch fühlt sich eingetaucht in die Welt

---

23) Vgl. Velasco Rivero, P. Danzar o morir, Mexiko 1983, bes. 247–370.
24) Vgl. Pedro Agostinho, Kwaríp, mito e ritual no Alto Xingu, São Paulo 1974, 89–157.
25) Vgl. Viveiros de Castro, E., Arawaté, o povo do Ipixuna, São Paulo 1992, 76–85.
26) Eine der besten je in Lateinamerika dazu veröffentlichten Arbeiten ist: Marzal, M./Albó, X./Melià, B. u. a., O rosto índio de Deus, Petrópolis 1989.

der Götter und der Vorfahren, die mit diesen in einer anderen Dimension leben, die jedoch in Träumen, bei Festen und durch rituelle Drogen zugänglich werden. Durch das All schimmert die Gottheit durch. Aus diesem Grund kann für solche ursprüngliche Kulturen alles Sakrament sein und die Gottheit durchscheinen lassen. Da Gott lebendig und lebenspendend ist, erfüllt er das ganze Universum, einschließlich der Dinge, die inert scheinen, mit Leben. Aber auch Träge-Scheinendes ist nicht stumm. Es spricht und hat Ausstrahlung. Ein Baum ist nicht bloß ein Baum, eingespannt in seine Ausmaße. Ein Baum ist ein Sein mit vielen Armen (Zweigen) und Tausenden von Zungen (Blättern), im Winter schläft und im Frühling lächelt er, im Sommer ist er großzügige Mutter und gestrenge Alte im Herbst. Und in all diesen Erscheinungsformen wird Gott gegenwärtig. Die Ur-Völker fanden zu dieser Betrachtungsweise nicht auf dem Weg der Reflexion, sondern der umfassenden Erfahrung. Noch 1984 sagte ein Vertreter der US-amerikanischen Pueblo-Indianer: »Es geht nicht darum, zu sagen, Gott sei da oben oder um uns herum, in mir oder in dir, im Gras oder in diesem Buch hier. Es kommt darauf an, zu spüren, daß er überall ist. Ich erfahre ihn ganz in mir und ganz außerhalb von mir. In ihm fühle ich mich geborgen.«[27] So erahnen wir, daß auch der Animismus einen bleibenden Wert hat. Er sagt uns: Alles beginnt mit Leben, und alles endet mit Leben, weil alles lebendig gemacht ist durch den Gott des Lebens. Im Laufe dieser Wegstrecke wird alles von Leben erfüllt und beseelt.[28]

Wie sollten wir da nicht zärtliche Brüder und Schwestern sein – des gesamten Alls wie jedes einzelnen Dings, zumal wir wissen, daß sie Sakramente Gottes sind und von einer Gegenwart bewohnt sind, die Schönheit, Erhabenheit und Begeisterung ausstrahlt? Die Ur-Völker sind der Beweis dafür, daß diese allesumfassende Erfahrung alles an alles rück-bindet und mithin nicht nur etwas zutiefst Menschliches, sondern auch radikal Ökologisches ist.

---

27) Vgl. Kaiser, R., Gott schläft im Stein. Indianische und abendländische Weltansichten im Widerstreit, München 1990, 86.

28) Vgl. Leeuw, G. van der, Phänomenologie der Religion, Tübingen 1956, § 9, 3.

4. Eine neue ökologische Weltordnung und ihre Szenarien

Die Krise der Zukunftsfähigkeit des Lebens hat sich im Weltprospekt mittlerweile so verschärft, daß kein Weg mehr daran vorbeiführt, hier und heute Entscheidungen zu treffen, damit endlich etwas getan wird. Aber nicht irgendetwas! Was getan werden muß, muß in den Parametern einer neuen Radikalität und eines neuen Paradigmas geschehen. Der Imperativ heißt nicht: die Welt verändern, sondern: die Welt erhalten! Oder vielleicht besser: Um die Welt zu erhalten, müssen wir sie da nicht ändern?

Tatsache ist, daß die Fristen immer kürzer werden. Ähnlich einem Flugzeug auf der Startbahn: Im Prozeß der Beschleunigung erreicht es irgendwann den kritischen Punkt des *no return*; entweder hebt es ab und fliegt los, oder es kommt nicht hoch und zerschellt an den Felsen jenseits der Startbahn. So gibt es Stimmen, die sagen: Inzwischen sei alles zu spät, die Produktions- bzw. Destruktionsmaschine laufe dermaßen geschmiert, daß kein Mensch sie mehr anhalten könne, wir steuerten auf einen natürlichen Kollaps des Systems Erde zu. Andere sind noch optimistisch und meinen: Noch ließe sich das Steuer herumreißen, und noch könnten wir auf die Zukunftsfähigkeit und die Regenerationskraft von Gaja vertrauen. In der Sackgasse, in die wir da geraten sind, tun sich uns im Augenblick drei mögliche Szenarien auf:

– Entweder macht das gegenwärtige, die Natur ruinierende Gesellschaftsmodell so weiter und verschärft damit sämtliche sozialen und ökologischen Widersprüche. Die Reichen und Mächtigen bauen dann zu Kontrolle und Abwehr eine Mauer um ihre Grenzen und entwickeln im Innern immer ausgeklügeltere Techniken, die ihre Lebensverhältnisse sichern und noch künstlich steigern sollen; die Ausgeschlossenen und Verarmten aber überlassen sie ihrem Schicksal, ohne das lebensnotwendige Minimum an Nahrung, Wohnung, Energie, Wasser und Luft, auf einem übervölkerten Planeten, in dem regionale und möglicherweise globale Konflikte gefährlich zunehmen (Nord-Süd-Verhältnis).

– Oder die menschlichen Gesellschaften werden sich des wachsenden Defizits der Erde bewußt: daß die Lebensqualität allenthalben ab – und die gesellschaftliche und ökologische Ungerechtigkeit zunimmt, und legen als Antwort darauf ein Mindestmaß an Solidarität an den Tag, indem sie Technologien erfinden, die der Umwelt guttun, und Formen sozialer und nicht bloß technologischer und wirtschaftlicher Entwicklung, die allen, aber auch der Natur Zukunft ermöglichen.

– Oder sie haben die kühne Weisheit, sich in Richtung auf ein neues Paradigma eines gegenüber der Natur wohlwollenden Verhältnisses auf den Weg zu machen, in Richtung auf eine neue Einschätzung der Erde als Gaja und der Menschen als ihre Söhne und Töchter, die sich in einer soziokosmischen Demokratie zusammenfinden und ein neues Entwicklungskonzept ersinnen: immer mit der Natur und niemals gegen die Natur. Erst dann wird es für den Planeten Erde eine Hoffnung und für eine neue Weltordnung eine Chance geben.

Das *erste Szenarium* – mit konservativem Anstrich – spiegelt die übliche Tendenz der neunziger Jahre. Der globalisierte Neoliberalismus zeigt wenig Einfühlung für das weltweite Drama der Armen. In den letzten Jahrhunderten, in denen er tonangebend war, hat er bewiesen, daß er unter Umständen nicht vor Mord und Völkermord zurückschreckt. Möglicherweise enthüllt er jetzt sein Antlitz als Ökomörder.[29] Doch dies wäre eine Lösung gegen jeden Sinn des viele Milliarden Jahre zählenden Evolutionsprozesses, der immer auf Rück-bindung und Solidaritätsketten abzielte. Hier dagegen geht es um Gewalt und Bruch, um Abkapselung und Ausschluß. Nur, wieviel Ungerechtigkeit und Unmenschlichkeit verträgt der menschliche Geist? Alles hat seine Grenzen, erst recht, wenn uns eine solche Art von Lösung angeboten wird. Wer sich auf diesen Weg einläßt, endet wie die Dinosaurier.

Das *zweite* – reformistische – *Szenarium* ist noch dem modernen Muster verhaftet, bemüht sich aber um eine Minimierung nichtgewünschter Auswirkungen. So ist die Rede von einer Ökoentwicklung – einer Entwicklung, die das ökologische Argument nicht außer Betracht lassen will und davon ausgeht, nur eine gesunde Ökologie könne auch zu einer gesunden Entwicklung führen. Zu diesem Zweck bemüht man sich um umweltschonendere Techniken, wendet sich gegen die Verseuchung der Nahrung durch Chemie und der Böden durch Pestizide und setzt sich für mehr soziale Gerechtigkeit ein, im starken Sinn einer sozialen Ökologie.

---

29) Vgl. Hinkelammert, F. J., La lógica de la expulsión del mercado capitalista mundial y el proyecto de liberación, in: Pasos (San José de Costa Rica) 3 (1992) 3–21; Beaud, M., Risques planétaires, environnement et développement, in: Économie et Humanisme, Nr. 308 (1989) 6–15.

In diesem Zusammenhang hören wir dann auch von der Nachhaltigkeit der Entwicklung reden. Im Hintergrund steht die Frage: Können wir uns einen unbegrenzten Konsum leisten, wenn wir den Schatz an natürlichem Kapital wie an Kapital aus des Menschen Arbeit nicht zunichte machen wollen? Die beiden Formen von Kapital, des natürlichen und des menschlichen, sind – aus einer global-historischen Perspektive betrachtet – komplementär. Beide reichen nur bis zu einem bestimmten Punkt und haben ihre Grenzen. Wer sich darüber hinwegsetzt, zerstört das ökologische Gleichgewicht. Nachhaltigkeit bzw. Zukunftsfähigkeit setzt voraus, daß sich beide Formen von Kapital aus eigener Kraft regenerieren. Lassen wir das Kapital sich nicht erholen, begehen wir eine doppelte ökologische Ungerechtigkeit: erstens eine Ungerechtigkeit gegen die Natur, die Tausende von Jahren gebraucht hat, um ihr dynamisches, nun jedoch zerstörtes Gleichgewicht zu finden, und zweitens eine Ungerechtigkeit gegen die kommenden Generationen, die ein Recht darauf haben, eine elementar gute Lebensqualität zu erben, ein Recht, das wir ihnen allerdings kaputtmachen.[30] Die Erfahrungen, die bisher vorliegen, zeigen, daß diese Zielstellung aber nur ein Ideal ist, das es anzustreben gilt. Wie wir an anderer Stelle ausgeführt haben, ist »Ökoentwicklung« indes ein Widerspruch in sich. Das derzeit geltende Entwicklungsmodell verträgt sich unmöglich mit ökologischen Idealen, weil es auf der Ausbeutung von Natur und Mensch beruht. So machen wir weiter mit eklatanten Brüchen in der Ökoentwicklung (hinter der sich in Wahrheit jedoch oft genug der Ökokapitalismus verbirgt, wie auf einer Plakatwand am Rande von Mexiko-Stadt zu lesen stand: »Nicht den Menschen ausbeuten, die Natur ausbeuten!«) und retten die Entwicklung zu Lasten der Ökologie. Am augenfälligsten ist das in den »Entwicklungsländern«. Das niederschmetterndste Beispiel dafür liefern die großen Industrieprojekte im brasilianischen Amazonasbecken, wie weiter oben schon beschrieben. Gerade hier werden intensiv und rücksichtslos die modernsten Techniken auf ein ökologisches Ambiente angesetzt, das wahrlich eine andere Art von Behandlung bräuchte. Die Folgen sind pervers: gewaltige Wachstumsraten – bei negativen Nachhaltigkeits-

---

30) Vgl. Brown, G. J., u. a., Global sustainability: toward definiton, in: Environmental Management, Nr. 11 (1987) 713–719.

indikatoren! Von Ökologie kann überhaupt nicht mehr die Rede sein.[31)]

Gleichwohl soll nicht bestritten werden, daß auch die Ökoentwicklung einen Fortschritt bedeutet gegenüber einem unbegrenzten Wachstum, das sich um Umweltschäden einen Dreck schert. Selbst wenn die Ökoentwicklung vom herrschenden, energiefressenden Paradigma nicht loskommt, läßt sich durch sie doch manches machen und erreichen.[32)]

Dessen ungeachtet halten wir an der Kritik fest, die wir bereits im zweiten Kapitel vortrugen: Nach wie vor sind wir Geiseln des Entwicklungsmusters. In der Tat kreiste während der letzten dreißig Jahre die ganze Diskussion um die Kategorie »Entwicklung«: Entwicklung des ganzen Menschen und aller Menschen in den sechziger, alternative Entwicklung in den siebziger, Ökoentwicklung in den achtziger und nachhaltige bzw. zukunftermöglichende Entwicklung in den neunziger Jahren. Doch an der Schwelle zur ökologischen Zeit, in der die Zukunftsfähigkeit von Erde und Gesellschaft als Voraussetzung für die Rück-bindung aller Dinge aneinander auf der Tagesordnung steht, haben wir Abschied zu nehmen vom Entwicklungsparadigma.

Bereits in den siebziger Jahren meldeten sich drei Propheten zu Wort, welche die heute geltende ökologische Sehweise schon damals mehr oder minder systematisch vortrugen: Lewis Mumford, Ivan Illich und Ernst F. Schumacher.

Lewis Mumford kritisierte die Megamaschine des wirtschaftlich-militärisch-industriellen Komplexes, die seines Erachtens zum Kapitalismus führte, nicht umgekehrt. Dieser ganze Komplex unterwirft die Nationalstaaten seinen Interessen und zog auch den Sozialismus in seinen Bann.[33)]

Ivan Illich geht über Mumford hinaus. Illich schlägt eine konstruktive Utopie vor, die »Geselligkeit«. Was Illich »Geselligkeit« nennt, ergibt sich aus der Verbindung zwischen dem Menschen, den Werkzeugen und der Gesellschaft. Die Opfer der Industriegesellschaft sind die Schöpfer eines geselligen Gemeinwesens, in dem die Bürger und Bürgerinnen vermittels politisch-demokratischer Prozesse den Gebrauch der Werkzeuge kontrollieren (allerdings gibt es

31) Vgl. Morel, E., Amazônia saqueada, São Paulo 1984.
32) Vgl. Sachs, I., Stratégie de l'éco-developpement. Économie et humanisme, Paris 1980.
33) Mumford, L., The Myth of the Machine, New York 1967, 2 Bde; deutsch: Mythos der Maschine. Kultur, Technik und Macht, Wien 1974.

Werkzeuge, die unabhängig davon, in wessen Hand sie sind, zerstörerisch sind, wie die Mafia, wie Kartelle von Oligopolen oder Arbeiterkollektive, denen es nur um ihre korporativen und nicht um soziale Belange geht).[34]

Der Industrielle und Unternehmer *Ernst F. Schumacher* ist einer der ersten, die die politische Wirtschaft einer ökologischen Kritik unterziehen. Insbesondere kritisiert er das Fordsche Modell (das heißt die Techniken, die Henry Ford in den zwanziger Jahren in seinen Industrien einsetzte), das heute weltweit verbreitet ist und das – unter Einsatz einer Technik zur Massenproduktion – auf einer möglichst intensiven Ausbeutung der Natur und der Arbeitskraft beruht, unter Einsatz von Techniken zur Massenproduktion. Schumacher war sich der ökologischen Verwerfungen bewußt geworden, zu denen solcherart Technologie führt, wie auch der Voraussetzung, auf der sie beruht, daß nämlich die Ressourcen der Natur unbegrenzt seien. Auf einer begrenzten Erde können die Ressourcen nicht unbegrenzt sein. Darüber hinaus wandte sich Schumacher auch gegen die totale Zentralisierung, gegen die absolute Homogenisierung der Fließbandproduktion wie auch gegen die Gigantomanie von Industrievorhaben.

Als Alternative schlägt er vor: *Small is beautiful*, das Kleine ist die Alternative, im Kleinen wohnt das Maß des Menschlichen, das Kleine vermag die Einzigartigkeit zum Ausdruck zu bringen.[35] Schumachers Vorstellungen schlugen weltweit ein, mehr freilich wegen ihres Titels *Small ist beautiful*, der geradezu zu einem Markenzeichen wurde, als wegen der konkreten Vorschläge, die er auf den Tisch gelegt hätte. Natürlich ist Schumacher nicht frei von Widersprüchen, was indes angesichts seines gesellschaftlichen Ortes als Industrieller nicht verwundert. Denn was er kritisiert, ist nicht das industrielle Paradigma, sondern lediglich dessen pharaonenhafte Ausmaße. Schumacher kommt vom Industrieschema nicht los, will es nur in kleinerem Maßstab sehen. Die Fragen werden nicht anders, wenn man bloß ihre Dimensionen ändert. Was auf den Prüfstand muß, sind die Produktionsverhältnisse (mit dem Kriterium zum Beispiel, ob sie unterdrücken oder Solidarität er-

---

34) Vgl. Illich, I., Tools for conviviality, New York 1973; deutsch: Selbstbegrenzung. Eine politische Kritik der Technik, Reinbek bei Hamburg 1978.
35) Schumacher, E. F., Small is Beautiful: Economics as if People Mattered, New York 1975, deutsch: Small is beautiful. Die Rückkehr zum menschlichen Maß, Reinbek bei Hamburg 1985.

möglichen) wie auch die globalen Aussichten für das System Erde. Immerhin kann es ja auch kleine Industriebetriebe mit sauberer Technologie geben, die aufgrund der Verhältnisse ihre Mitarbeiter böse ausbeuten. Aber auch diese wären ökologiefeindlich, weil sie sich nicht um die soziale Ökologie kümmern. Da müssen wir schon gründlicher ans Werk gehen. Über dem Portal zum alten Paradigma steht, was Dante über den Eingang zur Hölle schrieb: »Lasciate ogni speranza voi che entrate – Gebt alle Hoffnung auf, ihr, die ihr eintretet.«

Das dritte Szenarium, das auf Befreiung angelegt ist, bietet die eigentliche Alternative. Es geht davon aus, daß – wollen wir als Gemeinwesen überleben – es einer tiefgreifenden Veränderung unserer Zivilisation bedarf. Auch hier greift die Erkenntnis, die schon Niccolö Machiavelli in seinem Werk »Der Fürst« (1513) auf den Punkt brachte: »Es gibt nichts Schwierigeres ins Werk zu setzen, noch einen zweifelhafteren oder gefährlicheren Erfolg als eine neue Ordnung der Dinge zu beginnen. Denn der Erneuer hat alle die zu Feinden, die von der alten Ordnung profitieren, und zu Bündnispartnern allein die, die von der neuen Ordnung gewinnen. Aber letztere sind in der Regel ängstlich.« Der Schweregrad der Lage verbietet uns die Ängstlichkeit. Beherzt müssen wir nach neuen Wegen Ausschau halten, auch wenn sie steinig sind. Ohne das gibt es keine Rettung für die planetarische Gemeinschaft.[36] Deshalb lesen wir über dem Portal zum neuen ökologischen Paradigma die Worte, die Dante sicher an die Tür zum Fegefeuer, dem Vorraum zum Himmel, geschrieben hätte: »Gebt nie die Hoffnung auf, ihr, die ihr eintretet.«

Zunächst einmal dürfen wir nie die globale Betrachtungsweise aus dem Blick verlieren. Regionale Lösungen sind hinfällig geworden. Eine Arche Noachs, die einige retten würde und alle anderen zugrunde gehen ließe, gibt es nicht mehr. Die Interdependenz ist so groß geworden, daß wir entweder alle gerettet werden oder alle untergehen. »Es gibt nur eine Erde – Rettung eines kleinen Planeten«, war die Schlußformel der UN-Umwelt-Konferenz 1972 in Stockholm.[37] »Unsere gemeinsame Zukunft« steht dann 1987 auch als Überschrift über dem Schlußbericht der Weltkommission der UNO über Umwelt und Entwicklung, auch

---

36) Vgl. Drewermann, E., Der tödliche Fortschritt. Von der Zerstörung der Erde und des Menschen im Erbe des Christentums, Regensburg 1981 = ⁶1991, 46–110.
37) São Paulo, Blücher, 1973.

Brundtland-Komission genannt.[38] Das Forum Global 1992 in Rio de Janeiro schließt seine Erklärung mit der Feststellung: »Wir gehen davon aus, daß die Rettung des Planeten und seiner Völker heute und morgen ein neues Zivilisationsprojekt erforderlich macht.«[39] Und an diesem Zivilisationsprojekt müssen alle synergetisch mitarbeiten. Dann kann so etwas wie eine planetarische und erdenweite Bürgerschaft Konturen gewinnen. Und dann kann das Bewußtsein von den Rechten der Menschheit und von der *dignitas terrae* entstehen.

Die Globalisierung der ökologischen Frage verlangt logischerweise auch weltweite Einrichtungen, die die globalen Anliegen vertreten. So kommt es entscheidend darauf an, bereits bestehende weltumgreifende Institutionen zu unterstützen und eventuell umzuformen, wie die UNO mit ihren achtzehn Untereinrichtungen und vierzehn Weltprogrammen. Zwar funktioniert die UNO großenteils im Rahmen des alten Schemas, in dem sie entstanden ist und das die wenigen Mächte, die auf dem Planeten den Ton angeben, im Gleichgewicht halten soll. Aber es gibt in der UNO auch Kräfte, die sehr wohl ein Gespür haben für die Dringlichkeit neuer Ansätze; sie bringen diese auf den Weg mit Hilfe sachbezogener Untersuchungen über Biosphäre und Situation der natürlichen Ressourcen, über Klima und Artenvielfalt, über Hunger und Ernährung, über Gesundheit und Krankheit, über die Lage der Kinder und der Menschenrechte, und sie entwickeln Studien, welche globale Entscheidungen untermauern und Regierungen in den verschiedenen Weltregionen unterstützen sollen.[40] Die Welt braucht immer dringender eine Zentralregierung, auf der Grundlage eines konvergierenden Konsenses in der Vielfalt, damit an Fragen, die die ganze Menschheit betreffen, gearbeitet werden kann; und solche Fragen sind zum Beispiel: Erhaltung des Planeten und Rechte der Völker, Hunger und Nahrungsmittelversorgung, Krankheit und Wohnung, Frieden und gemeinsame Zukunft.

An zweiter Stelle müssen wir uns in Richtung auf eine *ökologisch-soziale-planetarische Demokratie* auf den Weg machen. Die ökologische Krise geht alle an und erfordert infolgedessen auch die Mitwirkung aller bei der Verwirklichung eines neuen Bündnisses

---

38) Hauff, V. (Hrsg.), Unsere gemeinsame Zukunft. Der Brundtland-Bericht, Greven 1987.
39) Vgl. Vereinbarungen der Nichtregierungsorganisationen, Rio de Janeiro 1992.
40) Vgl. Muller, R., O nascimento de uma civilização global, São Paulo 1993, 80–83 (Original: The Birth of a Global Civilization).

mit der Natur. Die politische Gestaltungsform, in der die Partizipation aller die größten Chancen hat, ist die Demokratie. Doch Demokratie ist nicht nur ein Medium zur Strukturierung des gesellschaftlichen Zusammenlebens, Demokratie ist zuvörderst ein universaler Wert. Demokratie muß und kann überall dort gelebt werden, wo Menschen in Beziehung zueinander treten, in Familie und Schule, in Gruppierungen der Zivilgesellschaft, in den Kirchen wie in der Gesellschaft insgesamt.[41]

Jede Demokratie ruht auf fünf Säulen auf: Der wichtigste Träger des Ganzen ist größtmögliche *Partizipation*; dank der Partizipation ergibt sich unter den Bürgern und Bürgerinnen größere *Gleichheit*, doch die wachsende Gleichheit darf nicht die *Unterschiede* aufheben, die Ethnie, Geschlecht, Kultur, Philosophie und Religion jeweils mit sich bringen; gerade die Unterschiede müssen wir zu schätzen und zu bejahen wissen, weil sie den Reichtum des Menschengeschlechts zu erahnen geben; angesichts der Interdependenz aller von allen beruht die Demokratie weiter auf der *Solidarität*, gerade mit denen, die am wenigsten sind und am wenigsten haben; und schließlich sind die Menschen *Gemeinschafts*-Wesen; vermittels unseres Gemeinschaftssinns öffnen wir unser Subjektsein auf die anderen hin, lassen Werte entstehen und feiern den Sinn unserer Existenz wie der des ganzen Universums; die allererste Gebärde der menschlichen Kultur ist, wie zahlreiche Bioanthropologen hervorheben, nämlich nicht der Griff zu einem technologischen Werkzeug, das die individuelle Existenz sichern sollte, sondern ist das Phänomen, daß die Protohominiden die Nahrung, die sie sich verschafft hatten, untereinander teilten, in einer Geste tiefer Gemeinsamkeit, aus der sich dann die Urgemeinschaft entwickelte.

Diese soziale Demokratie muß nun auch die Forderungen der ökologischen Demokratie erfüllen.[42] Vertreter und Vertreterinnen der ökologischen Demokratie richten ihr Augenmerk auf die von Menschen geschaffenen historisch-sozialen Systeme in ihrer ständigen Wechselwirkung mit den sie umgebenden Systemen. Wie der Mensch ist auch das Gemeinwesen mit seinen Institutionen Ausdruck von Erde und Natur. Aus diesem Grund läßt sich soziale

---

41) Vgl. Bobbino, N., Democrazia como valore universale, Mailand 1983; Rosenfeld, D. L., O que é democracia, São Paulo 1984.
42) Vgl. Boff, L., Social Ecology: Poverty and Misery, in: Hallman, D. (Hrsg.), Ecotheology. Voices from South and North, New York 1994, 235–247.

Gerechtigkeit bzw. Ungerechtigkeit auch nicht trennen von ökologischer Gerechtigkeit bzw. Ungerechtigkeit. Jeder Angriff auf den Menschen in Gestalt der Ausbeutung seiner Arbeitskraft oder der schlechten Lebensbedingungen, die man ihm zumutet, ist auch ein Angriff auf die Natur. Wir sagten es bereits: Die Wesen der Schöpfung, denen die größte Ungerechtigkeit widerfährt, sind weder Wale noch chinesische Pandabären, sondern sind die Armen der Erde, und zwar deshalb, weil sie dazu verdammt sind, vor der Zeit zu sterben, wie die von Ausrottung bedrohten Völker; man denke nur an die Kaiapós und Yanomamis in Brasilien, um andere nicht aufzählen zu brauchen. Da liegt der unabweisbare Grund für die Option für die Armen. Ökologisch betrachtet, schließt die Option auch die am direktesten vom Aussterben bedrohten Arten (allein in Amazonien drohen unter der zerstörerischen Aggression seitens der großen technologischen Projekte 50 000 Arten bis zum Ende des Jahrtausends zu verschwinden), aber auch und gerade den Planeten Erde mit ein.

Da also Mensch und Natur solchermaßen miteinander verwoben sind, muß in den Begriff der sozialen und planetarischen Demokratie auch die ökologische Dimension mit hineingenommen werden. Bürger und Bürgerinnen der ökologisch-sozialen Demokratie sind nicht nur die Menschen, sondern alle Wesen, welche die menschlich-gesellschaftliche Welt bilden. So öffnet sich die Demokratie in Richtung auf Biokratie und Kosmokratie.

Was wäre die menschliche Umwelt, ein Haus oder eine Stadt ohne die Landschaft mit den Bergen, ohne den blauen Himmel bei Tag und den Sternenhimmel bei Nacht, ohne den Wind und die Wolken, ohne Regen und Tau, ohne Blitz und Donner, ohne Sonne und Mond, ohne Baumbestände, grüne Flecken, ohne Flüsse und Bäche, ohne die Erde unter unseren Füßen, ohne den Duft der Erde nach dem Regen, ohne Pflanzen und Blumen, ohne Tiere und Vögel? Was wären wir doch für arme Wichte, im materiellen wie im geistigen Sinn, wohnen doch all diese Dinge in Form von Emotionen, Symbolen und inspirierenden Archetypen in uns? C. G. Jung, der von der Sache nun wirklich was verstand, schreibt dazu treffend, wir alle brauchten Nahrung für die Psyche; doch die geeignete Nahrung sei nicht zu finden in einer der üblichen Stadtwohnungen, ohne Grün und ohne blühende Bäume ringsum. Die Nahrung, um die es gehe, sei ein neues Verhältnis zur Natur. Wir müßten sozusagen hineinkriechen in die Dinge, die uns umgeben. Das Ich des

Menschen sei nicht auf die Grenzen des Körpers festgelegt, sondern dehne sich auf alles aus, was der Mensch tue und was ihn umgebe. Ohne diese Dinge werde der Mensch niemals er selber noch überhaupt ein Mensch werden.[43]

So erhellt: Alle diese natürlichen Dinge sind unsere Mitbürger und Mitbürgerinnen, sie sind Rechtsträger, die unsere Achtung und Verehrung verdienen.[44] Die politische Folge, die sich daraus ergibt, lautet: Wir brauchen eine ökologische Erziehung, die die Menschen darin einführt, mit ihren kosmischen Brüdern und Schwestern in ein und demselben Gemeinwesen zusammenzuleben. Sobald sich diese planetarische ökologisch-soziale Demokratie durchgesetzt haben wird, werden die Bedingungen für ein Bündnis der Geschwisterlichkeit mit der Natur gegeben sein. Verschwistert mit den Elementen ebenso wie mit den belebten und unbelebten Wesen, braucht sich der Mensch nicht mehr zu ängstigen. Wohl aber wird er mit dem ganzen All vibrieren. In universaler Gemeinschaft mit allem, was existiert, was Mitbewohner und Mitbewohnerin des einen Planeten und Bruder und Schwester im selben kosmischen Abenteuer ist, wird er schlicht glücklich sein, unter den väterlich-mütterlichen Augen Gottes. Ist das nicht die Utopie einer neuen ökologischen Weltordnung?[45]

Hat sich die Demokratie aber in dieser Weise entwickelt, kommen wir drittens nicht ohne eine *neue Definition von Politik und Wirtschaft* aus. In der Krise der Paradigmen müssen wir zu der ursprünglichen Bedeutung der Begriffe zurück, zu jenen Quellerfahrungen, die den Schlüsselwörtern zugrunde liegen. So hat Politik mit menschlichem Zusammenleben zu tun (dessen dichtester Ausdruck die Stadt ist, die *polis*, von der sich das Wort »Politik« ja herleitet), insofern es da um das Streben nach dem Gemeinwohl und um dessen gemeinschaftliche Verwirklichung geht. Doch heute ist das Gemeinwohl keine Angelegenheit mehr, die nur die Menschen beträfe. Es betrifft darüber hinaus die ganze Natur. Inbegriffen ist das Recht auf Zukunft, das allen Wesen zusteht. Politik ist mithin weniger eine Technik, mit der Macht umzugehen, als vielmehr eine synergetische Kunst, bei aller Verschiedenartigkeit

---

43) Vgl. Jung, C. G., Entrevistas e encontros, São Paulo 1984, 189.
44) Vgl. Damien, M., L'animal, l'homme et Dieu, Paris 1978; Regan, T., The case of Animal Rights, New York 1983.
45) Vgl. Ferry, L., A nova ordem ecológica. A árvore, o animal, o homen, São Paulo 1994, 167–188.

unentwegt für Konvergenzen zu sorgen und das Unmögliche möglich zu machen. Politik ist das liebevolle Engagement, daß alle Wesen in den Genuß von Verhältnissen kommen, in denen sie leben, und zwar in Würde leben können und daß alle jene Faktoren wieder zum Tragen kommen, die den Evolutionsprozeß offen halten.

Das gleiche gilt für die Wirtschaft.[46] Wirtschaft ist ursprünglich keine Technik zur unbegrenzten Steigerung des Wachstums, sondern die vernünftige Verwaltung des Mangels. Nur, daß der Mangel heute überall, in jeder Ecke in der Welt haust. Deshalb muß die Ökonomie eine ökologische Wirtschaft sein. Wie könnte es der Wirtschaft gutgehen, wenn's der Erde schlecht geht? Zielstellung der ökologischen Wirtschaft muß sein: die Ökonomie der Menschen auf die Ökonomie der Erde abzustimmen, damit Zukunftsfähigkeit und Lebensqualität für Menschen und natürliche Wesen wie auch für die Welt gewährleistet sind.[47] Das ermöglicht dann, daß die gegenwärtige wie die zukünftige Generation Gerechtigkeit bekommen, weil sie eine zukunftsfähige Gesellschaft und eine nachhaltige Natur erben. In einer ökologischen Wirtschaft wird der Natur nur so viel entnommen, daß das natürliche Kapital in seiner Gänze nicht angerührt wird; ja, es werden Verhältnisse geschaffen, daß es sich darüber hinaus weiter entwickeln kann, weil ja nichts im Universum allein das Werk menschlicher Hände ist, sondern alles auch und insbesondere vom evolutiven und kosmogenischen Prinzip getrieben wird.[48] Sollte das Ziel aber da und dort nicht erreicht werden können, muß ein Ausgleich geschaffen werden, der das beeinträchtigte Gleichgewicht wiederherstellt. So wie man sich den Erhalt der Arbeitskraft was kosten läßt, so ist auch die Wiederherstellung der Natur nicht umsonst zu haben.

Auch die Natur muß in die Berechnung des Kapitals wie in die Definition des Bruttoinlandsprodukts mit eingehen, weil es ohne die Natur für die Gesellschaft keinen Wohlstand gibt und weil sie auch die Grundlage jeder Investitionspolitik ist. So eröffnet die Erhaltung des Waldes zum Beispiel dem Menschen die Möglichkeit beachtlicher ökonomisch relevanter Dienste: saubere Luft und reines Wasser, gute Böden und angenehmes Klima sowie eine er-

---

46) Vgl. Worster, D., Nature's Economy: the Roots of Ecology, New York 1977.
47) Vgl. Henderson, H., Paradigms in Progress: Life beyond Economics, Indianapolis 1991.
48) Vgl. Daly, H. (Hrsg.), Economy, Ecology, Ethics. Essays toward a Steady-State Economy, San Francisco 1980.

holsame Landschaft, in der die Menschen ihr psychisches Gleichgewicht und ihre Kräfte insgesamt wiederherstellen können und die auch anderen Wesen Lebensraum bietet. Dagegen tauchen in der Form, wie üblicherweise das Bruttoinlandsprodukt errechnet wird, solche Faktoren überhaupt nicht auf. Der Wald wird nur dann interessant, wenn er als Holzlieferant in den Blick kommt, das heißt: wenn es ihn als Wald nicht mehr gibt. Dessen ungeachtet führt kein Weg an der Erkenntnis vorbei: Eine ökologische Wirtschaft läßt die oben genannten positiven Faktoren nicht einfach unter den Tisch fallen, sondern nimmt sie aus ihrer globalen Einstellung heraus mit in die Kalkulation.[49]

Was wir von der ökologische Ökonomie gesagt haben, müssen wir natürlich auch von der ökologischen Landwirtschaft sagen.[50] Ökologische Landwirtschaft will aus den Ressourcen des Ökosystems nicht das Maximum für den Menschen herausholen; ökologische Landwirtschaft will mehr Leben, mehr Fruchtbarkeit für die Böden und mehr Zukunftsfähigkeit für die heute existierende Umwelt.[51] Wenn diese qualitative Verbesserung garantiert ist, ist auch die Qualität des Produktes garantiert. Die Erde ist hochherzig und sie vergilt großzügig, wenn sie nach der Logik, die ihr innewohnt, behandelt wird. Dann aber ist Brandrodung, die angeblich die Erde fruchtbar macht, ausgeschlossen; von intensivem Einsatz von Agrochemikalien kann nur abgeraten werden; und die Bearbeitung des Bodens mit schwerem Gerät ist zu verhindern. Die Antwort der Erde fällt um so üppiger aus, je weniger von außen an sie herangetragener Kunstdünger verabreicht und je mehr aus dem Stoffwechsel des eigenen regionalen Subsystems gewonnene Düngemittel eingesetzt werden. Bei der Ökolandwirtschaft kommt es entscheidend darauf an, Verbundbildungen zu beachten, die die Natur auch selbst schafft, wie zum Beispiel Pflanzen, die sich gegenseitig zu einem bestmöglichen Lebens- und Fruchtbarkeitsniveau verhelfen, Verbindungen, die sie mit bestimmten Mikroorganismen eingehen, und die Tatsache, daß sie sich bis zu einem gewissen Punkt dem vorfindlichen Feuchtigkeitsgrad anpassen.

49) Vgl. Altvater, E., Ökologie und Ökonomie, Berlin 1987; Constanza, R., Economia ecológica: uma agenda de pesquisa, in: May, P.H./Serôa da Motta, R., Valorando a natureza, análise econômica para o desenvolvimento sustentável, São Paulo 1994, 111–144; ders., What is ecological economics, in: Ecological Economics, Nr. 37 (1989) 1–7.

50) Vgl. Jackson, W., Nature as the Measure for a Sustainable Agriculture, in: Versch., Ecology, Economics, Ethics, New Haven–London 1991, 43–58.

51) Vgl. Hyams, W., Soil and Civilization, New York 1980.

Was dagegen die Spitze von Ökologie- und Naturfeindlichkeit ausmacht, ist Monokultur. Die Monokultur ist eine Kriegserklärung an Verbundbildung und Solidarität, auf welche sich die Natur zwischen den Pflanzen und mit bestimmten Bodenarten, Mikroorganismen, regionalen Klimaformen und anderem mehr eingelassen hatte. Gerade eine Landwirtschaft im Wald, unter den Bäumen hat sich als ausgesprochen produktiv und nachhaltig erwiesen, insofern sie sich auf die Abfolge der Natur, auf die Kombination von Schatten und Licht und auf die Kette der Verbundbildungen einstellt.[52]

5. Eine Ethik des grenzenlosen Mitleids und der Mitverantwortung

Was wir denken und insbesondere was wir fühlen, muß uns Anlaß sein, Haltung und Einstellung zu ändern. So führt uns der Weg von der Politik zur Ethik. Die Ethik wartet mit Forderungen auf, die über die Moral hinausgehen. Deshalb müssen wir Ethik und Moral auseinanderhalten. Moral ist ein Bündel von Imperativen, die eine bestehende Ordnung erläßt. Moral hat zu tun mit Gehorsam und Anpassung an diese Ordnung. Was jedoch auf den Prüfstand muß, ist nicht der gegebene oder der fehlende Einklang mit der etablierten (moralischen) Ordnung, sondern die Ordnung selbst und ihre Qualität. Es kann doch eine Ordnung und infolgedessen eine Moral geben, die jeder Ökologie radikal widerspricht. Das ist der Fall der überkommenen Moral. Diese ist utilitaristisch und anthropozentrisch. Sie macht aus der Erde ein bares Rohstofflager, das die Menschen ausbeuten, um ihre Wünsche zu befriedigen, ohne das Gespür für die Würde des Gegenübers und für die Rechte auch der andern Wesen in der Natur.

Eine Ordnung, die als etabliert und statisch auftritt, verhärtet sich zwangsläufig. Moral wird zu Moralismus. Die Menschen können kaum noch atmen; das moralische Superego schnürt ihnen die Luft ab, ja kastriert sie geradezu.

Eine Ordnung indessen, die dem Rhythmus der Evolution folgt, wird sich nie als ein für allemal etabliert betrachten. In dem Maße, in dem sie sich an den Puls von Evolutionsprozeß, kosmo-

---

52) Vgl. Götsch, E., Homem e natureza, cultura e agricultura (hektographiert), Salvador 1995.

genischem Prinzip und quantischer Unbestimmtheitsrelation hält, ist sie etwas Dynamisches, Teil einer Ordnung des Ungleichgewichts, die aber immer auf neue Formen des Ausgleichs aus ist. Das Streben nach Einklang mit der Dynamik der Dinge und die Haltung von Offenheit und Achtsamkeit für Veränderungen macht, im Unterschied zu Moral, Ethik aus.

Was heute gefordert ist, ist weniger Moral als vielmehr Ethik, das heißt: ein Sinn für die laufenden Veränderungen zusammen mit der Fähigkeit, sich auf das einzulassen, was nun mal im jeweiligen Moment sein muß. Und was heute sein muß, ist die Rettung des Planeten mitsamt all seinen Systemen, sind Schutz und Förderung des Lebens, angefangen mit den Lebensarten, die am meisten bedroht sind. Zwei Formen geben dieser Ethik ihre prägende Gestalt: das Prinzip Verantwortung und das Prinzip Mitleid.

Hans Jonas, bekannter Philosoph der ökologischen Ethik, kleidet das Prinzip Verantwortung in den ethisch-ökologischen Imperativ: »›Handle so, daß die Wirkungen deiner Handlung verträglich sind mit der Permanenz echten menschlichen Lebens auf Erden‹; oder negativ ausgedrückt: ›Handle so, daß die Wirkungen deiner Handlung nicht zerstörerisch sind für die künftige Möglichkeit solchen Lebens‹.«[53]

Das Prinzip Mitleid finden wir in den großen spirituellen Traditionen der Menschheit des Westens wie des Ostens, bei modernen Völkern ebenso wie bei großen Gestalten wie Buddha, Lao-tse, Chuang-tzu, Jesaja, Jesus Christus, Franz von Assisi, Arthur Schopenhauer, Albert Schweitzer, Gandhi, dem Häuptling Seattle und Chico Mendes. Sie alle vertreten die Ethik des Mitleids, in Verbindung mit der der Verantwortung. In der Ethik des Mitleids geht es um Solidarität mit allen Wesen und um Achtung vor ihnen und nicht bloß um irgendwelche Vorteile für die Menschen.

Das allesbestimmende Prinzip der Ethik des Mitleids lautet: Gut ist, was alle Wesen, vor allem jedoch die lebenden, die schwächsten und die am meisten bedrohten, in ihrem dynamischen Gleichgewicht hält und fördert; schlecht ist, was ihnen schadet und sie eingehen läßt bzw. was die Verhältnisse, daß sie sich reproduzieren und entwickeln können, kaputtmacht. Albert Schweitzer bringt das

---

53) Jonas, H., Das Prinzip Verantwortung. Versuch einer Ethik für die technologische Zeit, Frankfurt am Main 1984, 36.

auf die prägnante Formel: »Ethik ist ins Grenzenlose erweiterte Verantwortung gegen alles, was lebt.«[54]

Das höchste Gut besteht in der Unversehrtheit der irdischen und kosmischen Gemeinschaft, die aber in dieser Phase der Evolution der menschlichen Verantwortung anheimgegeben ist. Der Mensch lebt ethisch, wenn er das Gleichgewicht zwischen allen Dingen respektiert und sich als fähig erweist, zur Erhaltung des Gleichgewichts seinen Wünschen Grenzen zu setzen. Der Mensch ist nicht nur aus Wünschen gemacht. Bestünde er allein aus Wünschen, beherrschten Anthropozentrismus und Mimetismus[55] das Feld. Nein, der Mensch ist grundsätzlich auch ein Wesen, das Solidarität übt und Gemeinschaft will. Pflegt er diese Dimensionen, schwingt er in die universale Dynamik ein, kommt er seiner kosmischen Aufgabe als Hüter, Sänger und Schutzengel alles Geschaffenen nach und verwirklicht seine ethische Dimension.[56]

6. Die heilende Kraft der inneren Ökologie

Politik und Technik sind eingespannt in den Rahmen der Ethik, und Ethik erfordert ihrerseits Spiritualität und Mystik. Anderenfalls wird Ethik zur Moral der vorfindlichen, etablierten Ordnung und rutscht leicht in Moralismus ab. Mit der Rede von Spiritualität und Mystik beziehen wir uns auf jene umfassenden Visionen und machtvollen Überzeugungen, die uns Begeisterung und innere Kraft vermitteln, daß wir im Leben einen Sinn sehen und dem ganzen Universum die Bedeutung nicht absprechen können. Nur wer Mystik und Spiritualität hat, hat auch die Hoffnung, über Krisen und gegebenenfalls sogar über eine drohende Katastrophe des Systems Erde hinaus zu schauen.[57]

Wir sahen bereits, daß unser Verhältnis zur Erde, zumindest während der letzten vierhundert Jahre, auf falschen ethischen Prämissen und auf einem beachtlichen spirituellen Vakuum beruhte. Wir nennen noch einmal: Anthropozentrismus, die Haltung, aus

---

54) Schweitzer, A., Kultur und Ethik, München 1990, 332.
55) Vgl. Girard, R., Das Heilige und die Gewalt, Zürich 1987; Assmann, H. (Hrsg.), René Girard im Gespräch mit Theologen der Befreiung. Ein Dialog über Götzenbilder und Opfer, Thaur 1996.
56) Vgl. Hallman, D. (Hrsg.), Ecotheology. Voices from South and North, New York 1994, 227–311.
57) Vgl. Boff, L./ Betto, F., Mystik der Straße, Düsseldorf 1994.

der wir den Dingen ihre relative Autonomie verweigern, Unterwerfung der Erde, Verschleuderung ihrer Ressourcen und Geringschätzung für die tiefe Spiritualität des Weltalls. Voraussetzungen dieser Art konnten nur zum gegenwärtigen pathologischen Zustand der Erde führen. Und der mußte sich natürlich auch auf die menschliche Psyche auswirken, die nicht minder krank ist. Wie es eine äußere Ökologie gibt: in Gleichgewicht bzw. Ungleichgewicht befindliche Ökosysteme, Atmosphäre, Hydrosphäre, Biosphäre usf., so gibt es auch eine innere Ökologie: Kräfte der Solidarität, Strukturen der Rück-bindung und Wille zu praktizierter Liebe, neben Willen zu Macht und Herrschaft, Aggressionsinstinkten, Strukturen der Ausgrenzung, die zur Ruinierung der Natur und Mißhandlung von Menschen, Tieren und Pflanzen führen. Beide Ökologien hängen zusammen, hängen sozusagen an einer Nabelschnur. Wir haben ja schon darüber nachgedacht, daß auch das Weltall innere Dimensionen hat. So läßt sich sagen: Das Universum ist weniger ein Konglomerat von Dingen auf der Grundlage der hundert natürlichen Elemente als vielmehr eine Gemeinschaft von Subjekten, welche innere Bande zueinander und insgesamt den Charakter eines Organismus haben.[58]

Dank der inneren Ökologie sind die Erde, die Dinge und das Weltall dann aber nicht mehr einfach neutrale Größen, die unabhängig voneinander ihres Weges gingen. Die Dinge sprechen, strahlen, verweisen, begeistern, erschrecken und haben teil am menschlichen Drama. Treffend heißt es in einem argentinischen Tango: »Nicht besing' ich den Mond, weil er glänzt und sonst nichts täte; ich besing' den Mond, weil er brüderlich weiß um meinen langen Weg.« Sonne und Mond, Bäume und Berge, Blumen und Tiere leben in uns als Gestalten und Symbole voller Emotionen. Wohltuende bzw. traumatische Erfahrungen, die die Menschen mit diesen Dingen machen, hinterlassen tiefe Spuren in der Psyche. Sie werden zu Archetypen, die auf mögliche Verhaltensmuster und auf Brennpunkte innerer Energie hinweisen, die uns ihrerseits in Verhältnis, Beziehung und Dialog mit der Welt leiten.

Nun begründen die Archetypen aber eine regelrechte innere Archäologie, deren Kodex entziffert zu haben eine der großen intellektuellen Errungenschaften des zwanzigsten Jahrhunderts ist.

---

58) Vgl. Swimme, B./Berry, Th., The Universe Story. From the Primordial Flaring Forth to the Ecozois Era. A Celebration of the Unfolding of the Cosmos, San Francisco 1992, 250.

Namen, die hier zu nennen sind, sind vor allem: Freud, Jung, Adler, Lacan und Hillmann. Im Tiefsten, so Carl Gustav Jung, strahlt das Absolute. Keiner hat diese Dimension, die in seiner Begrifflichkeit das spirituelle Unbewußte heißt, besser herausgearbeitet als Viktor Emil Frankl.[59]

Letzten Endes ist das spirituelle Unbewußte nichts anderes als Ausdruck der Spiritualität der Erde und des Universums. Kraft des spirituellen Unbewußten erwachen im Menschen Haltungen der Solidarität und der Sorge um die dynamische Ausgeglichenheit zwischen den Dingen.

Allein diese spirituelle Tiefe im Menschen macht verständlich, warum zum Beispiel die Sioux-Indianer in den Vereinigten Staaten eine geradezu beispielhafte ökologische Einstellung haben. An einigen rituellen Festen genießen sie eine bestimmte Bohnenart. Diese wächst jedoch bis tief in den Boden hinein und läßt sich nicht gerade leicht ernten. Was machen die Sioux da? Sie bedienen sich der Vorräte, die sich die dortigen Präriemäuse für den Winter anlegen. Ohne diese Bestände liefen die Mäuse im Winter ernsthaft Gefahr zu verhungern. So erklärt sich, daß die Sioux, wenn sie den Tieren ihren Winterproviant nehmen, sich eindeutig im klaren darüber sind, daß sie es den Brüdern und Schwestern Mäusen gegenüber an Solidarität fehlen lassen und daß sie schlicht Diebstahl begehen. Bevor sie die Bohnenvorräte plündern, sprechen sie deshalb sinngemäß das folgende beeindruckende Gebet:»Du, Mäuschen, das du ja heilig bist, hab' Erbarmen mit mir und hilf mir! Ich bitte dich inständig darum. Du bist, zugegeben, ein kleines Tier, aber stark genug, deinen Platz in der Welt einzunehmen. Du bist zwar ein schwaches Geschöpf, aber stark genug, deine Arbeit zu tun; denn heilige Kräfte sind dir gegeben. Du bist weise; denn die Weisheit der Kräfte begleitet dich fortwährend. Könnte ich doch auch nur weise sein in meinem Herzen! Wenn heilige Weisheit mich leitet, dann wird dieses Leben voller Schatten und Chaos eines Tages doch noch zu bleibendem Licht werden.« Und als Zeichen ihrer Weisheit und Solidarität mit den Tieren legen die Sioux an die Stelle der Bohnen Speck und Mais, damit die Mäuse im Winter was zu fressen haben.[60] Der Grund dafür, daß sich die Sioux gerade so verhalten, ist, daß sie sich spirituell mit den Präriemäusen ver-

---

59) Frankl, V. E., Der unbewußte Gott. Psychotherapie und Religion, München ⁷1988.
60) Vgl. Müller, W., Geliebte Erde, Bonn 1972, 7–9.

bunden fühlen und daß dieses Sich-eins-Wissen sie zu einer grundlegenden Solidarität bringt und in einer universalen Synergie leben läßt.

Dieser spirituelle Sinn aber muß nun unbedingt wieder erwachen aus der Asche unseres kollektiven Unbewußten und Bewußten. Die ideologischen und politischen Systeme, die uns beherrschen, sind Ergebnis des mechanistischen Geistes der Moderne. Insbesondere das heute weltweit geltende Gesellschaftssystem, der Neoliberalismus mit seiner formalen Demokratie, schafft kollektive Subjektivitäten nach Maßgabe der ihm entsprechenden Werte und Ideale. Und da es sich dabei um ein System auf der Grundlage des Habens und des Immer-mehr-Habens handelt, steigert es die Bedürfnisse der Menschen nach Besitz und Besitzstandswahrung gewaltig, unter Beeinträchtigung anderer, fundamentalerer Dimensionen, wie des Wunsches nach Sein und Wachsen.

Mit Hilfe der Medien hämmert es den Menschen geradezu unwiderstehliche Sinnbilder und Leitsätze ein, nach denen das Leben ohne den Besitz einer gewissen Menge an materiellen Gütern und Prestige und Machtsymbolen keinen Sinn hätte. Es fördert Individualismus und Konkurrenzdenken, spaltet mit Freund-Feind-Kategorien die Psyche auf und macht die Mitmenschen zu eventuellen Konkurrenten und Hindernissen auf dem Weg zur Selbstverwirklichung. Es negiert, kaschiert oder pervertiert ein anderes Grundbedürfnis des Menschen: den Wunsch nach Sein und nach Intensivierung der eigenen Unverwechselbarkeit. Doch dieses Bedürfnis verlangt Freiheit und schöpferische Gestaltungskraft, geht nicht ohne die Fähigkeit, sich gegebenenfalls den Konventionen und dem herrschenden Wertsystem zu widersetzen, und erfordert den Mut, neue, persönliche Wege der Realisierung aufzutun. Im Rahmen des Bedürfnisses nach Sein kann der Mensch dann auch das Bedürfnis nach Haben integrieren, ohne dessen Zauber und Fetischcharakter zu erliegen, kann sinnvoll mit Geld und materiellen Gütern umgehen, ohne sich davon in Beschlag nehmen zu lassen, und kann sein Vermögen schließlich bewußt einsetzen als Mittel zur Ermöglichung von Leben und Solidarität. Wie sagte doch der Indianerhäuptling Seattle: »Wenn der letzte Baum gefällt, der letzte Fluß vergiftet und der letzte Fisch gefangen sein wird, erst dann wir uns klar werden, daß man Geld nicht essen kann.«[61]

---

61) Vgl. dazu: Drewermann, E., Der tödliche Fortschritt, a. a. O., 160–165.

Die Ökologie des Geistes – auch Tiefenökologie genannt[62] – versucht, im Menschen die Fähigkeit des Hinhörens zu wecken. Das ganze Weltall wie jedes einzelne Sein, so winzig es auch sei, stecken voller Geschichte. Sie können uns von ihrem Werdegang erzählen und ihre Botschaft von Größe und Majestät des Geschaffenen vermitteln. Dem Menschen – Mann wie Frau – obliegt es, die Botschaft zu entziffern und zu feiern zu lernen. Die Ökologie des Geistes bzw. Tiefenökologie will jene psychischen Kräfte fördern, welche das Bündnis der Geschwisterlichkeit zwischen Mensch und Weltall stärken. Sie weckt den Schamanen, der verborgen in jedem Menschen wohnt. Und wie jeder Schamane, so vermag auch jeder Mensch in Dialog zu treten mit den Energien, die seit fünfzehn Milliarden Jahren beim Aufbau des Kosmos am Werk sind und sich zeigen in der Form von Intuitionen, Träumen und Gesichten ebenso wie in der Verzauberung des Menschen angesichts der Natur.

Ohne eine geistig-geistliche Revolution werden wir niemals das neue Paradigma der Rück-bindung zuwegebringen.[63] Das neue Bündnis hat seine Wurzel und seinen Verifikationsort in der Tiefe des menschlichen Geistes. Dort wächst das zerrissene Band allmählich wieder zusammen, das die unendliche Fülle der Wesen und die ganze Gemeinschaft des Kosmos zusammenhält.[64] Die alles rück-bindende Kette aber ankert im Heiligen und in Gott, der ja das Alpha und Omega, das Prinzip des sich selbst organisierenden Universums ist. In Gott liegt die Ertüchtigung jeden Gespürs für den Sinn der Rück-bindung, in Gott findet die Würde der Erde immer wieder ihre Begründung.

---

62) Vgl. Naess, A., Intuition, Intrinsic Value and Deep Ecology, in: The Ecologist, Bd. 14 (1984) Nr. 5–6; Devall, B./Sessions, G., Deep Ecology, Layton–Utah 1985.
63) Vgl. Fernández Pérez, M., La convergencia científico-mística como alternativa al »ordem« mundial vigente, in: Versch., Cristianismo, justicia y ecología, Madrid 1884, 103–127.
64) Vgl. Gore, A., Wege zum Gleichgewicht. Ein Marshallplan für die Erde, Frankfurt am Main 1992, 239–263, 375.

VII. Alles in Gott, Gott in allem: Theophanie

Aristoteles zufolge bringt sich das Sein auf vielfältige Weise zum Ausdruck. Was für das Sein gilt, gilt auch für Gott. Gott bringt sich auf tausend Weisen ins Wort der Menschen ein. Auf was für eine Weise können wir heute, im neuen ökologischen Paradigma, dann aber von Gott reden? Die Realität Gottes muß ganz natürlich aus unserer globalen, holistischen Erfahrung vom All, und innerhalb seiner, von uns selbst erwachsen. Das Entscheidende ist nicht der Name »Gott«. Deshalb darf die Sache Gottes auch nicht mit Hilfe eines im voraus definierten Gottesbegriffes oder des geistlichen bzw. geoffenbarten Erbes einer religiösen Tradition von außen eingeführt werden. Selbstverständlich muß das alles mitbedacht werden, weil es ja Ausdruck des religiösen Bewußtseins der Erde ist. Aber worauf es ankommt, sind die spezifische Qualität des gegenwärtigen Augenblicks und die besondere Erfahrung von Radikalität, Sakralität, Zauber und Geheimnis, die die Menschen heute in der ökologischen Bewegung weithin machen. Vor diesem Hintergrund macht es dann Sinn, von Gott zu sprechen – und von den Dingen, die mit Gott in Verbindung stehen, wie Religion und Heiligkeit.

Albert Einstein sagt treffend: »Das Schönste, was wir erleben können, ist das Geheimnisvolle. Es ist das Grundgefühl, das an der Wiege von wahrer Kunst und Wissenschaft steht. Wer es nicht kennt und sich nicht mehr wundern, nicht mehr staunen kann, der ist sozusagen tot und sein Auge erloschen. Das Erlebnis des Geheimnisvollen – wenn auch mit Furcht gemischt – hat auch die Religion gezeugt.«[1] In diesem Sinn und nur in diesem Sinn sei er ein tief religiöser Mensch.

Von Gott zu reden, das ist nicht die Hauptsache[2]. Hauptsache ist, daß wir das Geheimnis der Welt nicht verschweigen. Gott ist der Name, den wir dem Geheimnis geben, das uns rundum trägt und in

---

1) Einstein, A., Wie ich die Welt sehe, in: ders., Mein Weltbild (neue vom Verfasser durchgesehene und wesentlich erweiterte Auflage. Erstdruck 1934 in Amsterdam), Zürich – Stuttgart – Wien 1953, 10.

2) Vgl. das klassische Buch von Jüngel, E., Gott als Geheimnis der Welt, Tübingen 1977.

jeder Hinsicht übersteigt. Doch mit Geheimnis ist hier weder Rätsel gemeint, das – einmal entziffert – sofort kein Rätsel mehr ist, noch verweist der Begriff auf die Grenzen unseres Verstandes, der – unfähig, bestimmte Dimensionen der Wirklichkeit zu begreifen – die Flinte ins Korn wirft und, was er nicht zu verstehen vermag, dann einfach Geheimnis nennt. Geheimnis und Verstand schließen sich nicht aus. Geheimnis bedeutet die Grenzenlosigkeit der Vernunft – mit anderen Worten: das, was wir zwar zu erkennen imstande sind, was aber bei allem Erkennen dennoch unerkannt bleibt und infolgedessen die Erkenntniskraft herausfordert, es noch gründlicher zu erkennen. Aus diesem Grund macht jedes Paradigma seine Erfahrung vom Geheimnis und greift zur Kategorie Gott, um es benennen zu können.

Doch die Kategorie Gott ist keineswegs ein für allemal festgelegt. Das hieße ja auch, daß wir sein Geheimnis im Netz unserer Vernunft und unserer Sprache einzufangen vermöchten. Die Kategorie Gott wird immer wieder neu geboren, in jeder elementaren Erfahrung. Gott gewinnt das Antlitz unserer Verehrung und Faszination. Gott taucht jedesmal dann auf, wenn wir in Anbetracht des Heiligkeitscharakters der Dinge erschaudern. Für Menschen romanischer Sprachen ist allein schon das aus dem Sanskrit stammende Wort für Gott *Deus* bezeichnend. *Deus* kommt von *di*, was so viel heißt wie strahlen und erleuchten. Wer Gott sagt, bringt damit seine Erfahrung von Erleuchtung zum Ausdruck und will vermitteln, daß er bzw. sie jene Dimension entdeckt hat, welche das Dunkel aus unserem Leben vertreibt und uns den Weg zeigt. Von *di* komt auch *dies*, der Tag. Wenn wir jemandem einen »Guten Tag« wünschen, dann wünschen wir ihm folglich einen »Guten Gott«, ähnlich wie wenn man früher im Münsterland jemanden bei der Arbeit traf und sagte »Gott helpe di« und der Gegrüßte antwortete: »Gott lohne«. Auch heute noch gibt es Menschen genug, für die die Erfahrung des erhellenden und helfenden Geheimnisses etwas sehr Konkretes ist und die damit existentiell wissen, was Gott bedeutet.

Die ökologische Erfahrung öffnet uns für dieses Erschaudern. Deshalb sei von vornherein darauf hingewiesen, daß die ökologische Reflexion nicht in den klassischen theistischen Begriffskatalog paßt. Die klassische Theologie neigte dazu, Gott als ein solchermaßen absolutes, in sich selbst ruhendes, vollkommenes und transzendentes Wesen zu zeigen, daß es von der Welt absehen konnte. Doch von einem Gott ohne Welt ist der Weg zu einer Welt ohne

Gott unter Umständen nicht weit. Und diesen Weg sind tragischerweise prompt auch manche Schichten der wissenschaftlichen, aufgeklärten, modernen Gesellschaft gegangen.[3]

1. Das Bewußtsein für Gott: zuerst im All, dann im Menschen

Gott erhellt heute aus dem globalen Prozeß einer Welt in Evolution und Expansion. Auf der Linie der ökologischen Radikalität, um die es uns bei unseren Überlegungen geht, müssen wir dann aber auch sagen: Das Gespür für Gott, das sich in uns meldet und das wir fortan in uns tragen (in anderen Welten mag es anders sein), war zuerst eine Sache des Weltalls, brach dann in unserer Galaxie auf, gewann Gestalt in unserem Sonnensystem, konkretisierte sich auf dem Planeten Erde und gelangte schließlich zu Bewußtsein im Menschen, der Mann und Frau ist. Der Erstträger ist mithin das Universum, während der unmittelbare Träger, der ihm Gestalt gibt, der Mensch ist, insofern er Teil des – das universale Bewußtsein manifestierenden – Weltalls ist. Weil das Empfinden für Gott zunächst im All und im Planeten Erde war, deshalb konnte es in der Folge im menschlichen Bewußtsein anbrechen – immer deshalb, weil es grundsätzlich zum Planeten und zum Kosmos gehört.

Milliarden von Jahren mußten vergehen, bis sich das verborgene Bewußtsein offenbaren konnte. Die Spezies *homo* ist das Organ, zu dem das ganze All greift, um zu offenbaren, was es seit seinem Anbeginn in sich birgt: das Geheimnis, daß Gott in ihm am Werk ist.

Im folgenden möchten wir die verschiedenen Wege innerhalb unserer kosmologischen Erzählung darstellen, die auf den bewußten Advent Gottes hinführen: das Quantenwesen, den kosmischen Evolutionsprozeß, den prozessualen und eschatologischen Charakter der Natur, die Sakramentalität aller Dinge und den Panentheismus.

---

3) Vgl. zu diesem ganzen Komplex: Link, C., Schöpfung. Schöpfungstheologie angesichts der Herausforderungen des 20. Jahrhunderts, Gütersloh 1991.

2. Das Quantenwesen und die höchste, transzendente Energie: Gott

Am Ende des zweiten Kapitels hatten wir die Frage nach der ökologischen Weltsicht gestellt: Was war das für ein universaler Beobachter, der die universale Welle kollabieren ließ, damit das All aus dem Stand der Wahrscheinlichkeit holte und es Realität werden ließ, wie diese sich heute darstellt? Der universale Beobachter mußte solcher Gestalt sein, daß er mit den Wahrscheinlichkeiten und Möglichkeiten interagieren, sie aus ihrer Befindlichkeit herausholen und in die konkrete Wirklichkeit versetzen konnte. Die religiösen und weisheitlichen Traditionen der Menschheit nennen das Prinzip, das alles schafft, in Bewegung setzt und in Ordnung bringt, Gott. So war es also Gott, der die universale Welle zusammenbrechen ließ. Gott ist der Schöpfer und der Geist, der für Ordnung sorgt.

Wenn wir das Wort »Gott« aussprechen, legen wir die Grenzenlosigkeit unserer Vorstellung in es hinein – unsere ganze Utopie von reiner Energie, von Komplexität und Struktur des Lebens, von Ordnung und symphonischer Harmonie – einer Harmonie also, die neben dem Kosmos auch das Chaos zuläßt –, von Bewußtsein und Leidenschaft, von einem höchsten Sinn, der in allen Ecken des Universums wohnt, in jedem Wesen und in jeder Kultur ebenso wie in jedem einzelnen Menschen. Das Wort »Gott« hat nur dann existentiellen Sinn, wenn es die Gefühle der Menschen in diese Dimensionen lenkt, die ihnen im Modus des Unendlichen und der höchsten Fülle erahnbar werden. Wo von Unendlichkeit und Fülle nichts zu spüren ist, da ist auch die letzte Wirklichkeit noch fern, das heißt: da ist auch Gott noch fern.

Wie läßt sich erklären, daß es zum Sein kam? Die Hypothese vom Urknall setzt voraus, daß die Erde irgendwann mal angefangen hat und mithin auch ein Ende haben wird. Damit setzt sie aber auch voraus, daß es einen Handelnden gibt, der das alles in Gang gesetzt hat.

Was existierte vor dem inflationären Universum und vor dem Urknall? Das Nichts? Aber was ist das Nichts? Wäre das Nichts etwas, hörte es auf, nichts zu sein. Über das Nichts läßt sich nichts sagen, wollen wir uns denn nicht in Widersprüche verwickeln. Nur, das Nichts postulieren, das heißt das Nicht-Sein und es dem Sein vorausgehen lassen, wie es die Hypothese vom Urknall fordert, bringt uns unausweichlich in einen Widerspruch: Das Nichts sei der Ursprung des Seins. So zu reden ist aber offensichtlich ein Absurdum, weil vom Nichts nicht nichts kommt. So bleiben uns nur die Überzeugung der großen Religionen und die großen mystischen Überlieferungen der Menschheit: Das All gehe auf einen Schöpfer zurück, der *Fiat* gesagt habe, und die Dinge seien geworden. Was aber den Schöpfer angehe, so habe dieser in einer für uns unbegreiflichen Weise schon vor dem Urknall existiert.

Arno Penzais, einer der Entdecker der (drei Kelvin messenden) kosmischen Hintergrundstrahlung, die als Relikt eines »Feuerballs« von vor dem Urknall, das heißt von vor dem Zeitbeginn gedeutet wird (für die Entdeckung erhielt Penzias zusammen mit P. L. Kapiza 1978 den Nobelpreis für Physik), wurde mal in einer Rundfunksendung gefragt, was vor dem Urknall gewesen sei. Seine Antwort: »Wir wissen es nicht. Aber vernünftigerweise dürfen wir sagen: Nicht nichts.« Erzürnt schaltete sich eine Hörerin per Telefon in die Sendung ein und beschuldigte Penzias, Atheist zu sein. Doch dieser erwiderte weise: »Gnädige Frau, ich glaube, Sie sind sich nicht bewußt, was das, was ich da gerade gesagt habe, inhaltlich bedeutet.« Und in der Folge erklärte er dann auch die gemeinten Implikationen. Die Erkenntnisse der modernen Physik liefen eher auf ein Veto gegen den Atheismus hinaus; denn sie bereiteten der traditionellen Feindschaft zwischen moderner Wissenschaft und Religion ein Ende. Aus der Theorie des Urknalls folge – so Penzias –, nur ein Schöpfer vermöge etwas aus dem Nichts zu machen; denn es liege auf der Hand, daß aus dem Nichts nichts komme. Das Nichts, das Penzias in dem Moment im Auge hatte, bezieht sich also nicht auf Gott. Vor dem Urknall war nichts von dem, was es heute gibt. Anderenfalls stünden wir ja noch immer vor der Frage, woher es denn gekommen sei. Wenn es nichts gab und wenn mit einemmal irgendwelche Dinge auftauchten, dann ist das ein Zeichen dafür, daß sie jemand aus dem Nichts geschaffen hat. Und diesen Jemand nennen wir Gott. Mehr noch: Unsere Neugierde richtet sich nicht nur auf die Natur der Dinge, sondern auch auf ihre Bedeutung, auf das Anliegen, das der Schöpfer hatte, als er das All schuf, sowie auf die Funktion, die wir in dem Ganzen haben.[4]

Unter strikt wissenschaftlichem Gesichtspunkt können wir nur ehrfürchtig stammeln: Vor dem Urknall war nicht einfach das

---

4) Vgl. Gore, A., Wege zum Gleichgewicht, Frankfurt/M. 1992, 256.

Nichts; denn das Nichts ist die Negation des Seins. Vor dem Urknall war das Unerkennbare. Unter dem Unerkennbaren kann vieles figurieren, namentlich die Existenz eines Schöpfers. Mit diesem Satz anerkennen wir die Grenzen unserer Vernunft und sagen grundsätzlich jedem simplifizierenden Rationalismus ab, der das Rationale zur letzten Instanz erklärt und alles, mit dem er nicht fertig wird (wie mit dem Geheimnis), für irrational oder inexistent erklärt. Dieser wird dann womöglich zum Vater einer gewissen Art von oberflächlichem und hochmütigem Atheismus, der der Vernunft letztgültige Attribute zuspricht, die eigentlich nur der Gottheit zustehen.

Wenn die Wissenschaft schweigt oder einfach vom »Nichts« oder vom »Unerkennbaren« spricht, braucht der Mensch nicht den Mund zu halten, und ist das, was er möglicherweise sagt, nicht illegitim. Nicht allein der Wissenschaft oder der bohrenden Vernunft steht das Wort zu. Es gibt noch ein anderes Wort, das aus anderen Schichten des menschlichen Erkennens spricht: Mystik, Spiritualität, Religion und Welt der Symbole insgesamt. Auf diesen Ebenen erkennen heißt nicht sich von der Wirklichkeit distanzieren, sie in ihre Teile zerlegen und entblößen. Erkennen ist eine Form von Lieben, von Teilhaben und Kommunizieren. Erkennen ist das Entdecken des Ganzen jenseits der Teile, der Synthese diesseits der Analyse, der anderen Seite jeder Frage oder jedes Dings. Erkennen bedeutet sich innerhalb des Ganzen wiederfinden, das Ganze verinnerlichen und in das Ganze eintauchen. In der Tat, man erkennt nur wirklich, was man liebt. Beweis dafür sind die Mystiker. Der bekannte Physiker David Bohm, der ein gutes Gespür auch für Mystik hatte, sagte mal: »Ich könnte mir einen Mystiker als jemanden vorstellen, der in Kontakt steht mit den erstaunlichen Tiefen der Materie oder des subtilen Geistes, unabhängig davon, welchen Namen wir ihr bzw. ihm geben.«[5]

Das Staunen gebiert dann die Wissenschaft, das heißt das Bemühen, den unbekannten Kodex aller Phänomene zu entschlüsseln. Verehrung führt zur Mystik und Verantwortung zur Ethik. Wissenschaft will das Wie der Dinge erklären. Mystik ist die Ekstase angesichts der Existenz der Dinge und die Verehrung für den, der sich vermittels ihrer sowohl offenbart als auch verbirgt. Mystik will gerade ihn erfahren und Gemeinschaft mit ihm aufnehmen. Was

---

5) In einem Interview mit: Weber, R., Diálogos com cientistas e sábios, São Paulo 1988, 41.

Mathematik für die Wissenschaft ist, ist Meditation für die Mystik. Was das physikalische Labor für den Wissenschaftler ist, ist das spirituelle Labor für den Mystiker. Der Physiker zerlegt die Materie bis in ihre kleinstmöglichen Teile, bis in ihre nicht weiter spaltbaren Elementarsubstanzen. Der Mystiker erfaßt die Energie, die sich auf vielen Ebenen verdichtet, bis zu ihrer höchsten Reinheit in Gott.[6]

Inzwischen gestehen immer mehr Wissenschaftler, Weise und Mystiker, daß das Weltall sie mit Staunen und Ehrfurcht erfüllt. Beide, Wissenschaft und Mystik, werden aus ein und derselben Grunderfahrung geboren: aus dem *mirandum*, aus der Faszination für Schönheit, für symphonische Harmonie und für das Geheimnis der Wirklichkeit. Beide zeigen in ein und dieselbe Richtung: in Richtung des Geheimnisses in allen Dingen, das die Wissenschaft rational erahnt und die Mystik emotional erfährt als etwas Schönes, Logisches und Strahlendes. Alles konvergiert im Namen des einen Namenlosen, ob wir ihn Gott, Tao, Atman, Allah oder Olorum[7] nennen. Was Stephen Hawking sagt, stimmt genau: »Nach wie vor sind wir der Meinung, daß die Welt logisch und schön sein muß; nur den Namen ›Gott‹ gebrauchen wir nicht mehr.« David Bohm drückt sich so aus: »Die Menschen spüren, daß eine Art von Intelligenz das All in der Vergangenheit strukturiert haben muß; sie haben es personalisiert und ihm den Namen ›Gott‹ gegeben.«[8] Ob wir ihn aussprechen oder verschweigen, der Name ist nicht das Entscheidende; an der Wirklichkeit Gottes aber kommt niemand vorbei.

Gott erwächst also aus der Dynamik der zeitgenössischen Kosmologie (wie Stephen W. Hawking an vielen Stellen seines Buches »Eine kurze Geschichte der Zeit«[9] glänzend zeigt). Gott erhellt aus der Kette der Verweise, die uns die Wissenschaft zwangsläufig auferlegt: Von der Materie werden wir verwiesen auf das Atom, vom Atom auf die Elementarteilchen und von diesen auf das Quantenvakuum. Dieses ist die letzte Bezugsgröße für die analytische Vernunft. Aus dem Quantenvakuum kommt alles, und zum Quantenvakuum kehrt alles zurück. Das Quantenvakuum ist der Ozean der

6) Vgl. Weber, R., Diálogos com cientistas e sábios, a. a. O., 26–27.
7) Olorum: Bezeichnung für die höchste Gottheit in den afrikanischen Kulten Brasiliens.
8) Weber, R., Diálogos com cientistas e sábios, a. a. O., 40, 63.
9) Hawking, St. W., Eine kurze Geschichte der Zeit. Die Suche nach der Urkraft des Universums, Reinbek bei Hamburg 1988.

Energie, der Kontinent aller Inhalte, die passieren können. Möglicherweise ist der kosmische »große Anzieher« ein Bild dafür; denn das gesamte Universum wird unübersehbar von einem zentralen Punkt angezogen. Teilhard de Chardin sah im Punkt Omega den großen Anzieher, der das Weltall in der Theosphäre zu seinem Höhepunkt konvergieren läßt.

Aber das Vakuum gehört noch zur Ordnung des Universums. Und was war dann vor der Zeit? Was tat Gott, bevor er Himmel und Erde schuf?, fragen viele. Augustinus, der lange über Zeit und Ewigkeit nachgedacht hat, zitiert die Antwort eines Mannes, von dem er sich jedoch leicht gereizt gleich wieder distanziert: »Höllen . . . bereitete er da für die, die so hohe Geheimnisse ergründen wollen.«[10] Vorher und nachher sind zeitliche Maßstäbe. Die Zeit ist eine Kategorie dieser Welt.[11] Gott schuf die Welt nicht *in* der Zeit, sondern *mit* der Zeit. Vor der Zeit ist die Ewigkeit, wie vor der Schöpfung der Schöpfer ist. Aber wie auch immer, die Frage drängt sich auf: Was war vor dem Quantenvakuum? Vor dem Quantenvakuum war die zeitlose Wirklichkeit, im absoluten Gleichgewicht ihrer Bewegung, das Ganze in vollkommener Symmetrie, Energie ohne Ende und ohne Schranken, grenzenlose Kraft und überströmende Liebe, der Unerkennbare, alles, was sich hinter dem Namen Gott verbirgt.

In einem bestimmten »Augenblick« seiner Fülle entschließt sich Gott, einen Spiegel zu schaffen, in dem er sich selbst betrachten kann, und Gespielen seines Lebens und seiner Liebe haben zu wollen, für das große Fest der Gemeinschaft. Schaffen aber bedeutet verlustig gehen, das heißt: einwilligen, daß etwas entsteht, was nicht Gott ist und was auch nicht die Merkmale göttlichen Wesens aufweist (absolute Symmetrie, Leben ohne Entropie, Koexistenz aller Widersprüche, Unendlichkeit, grenzenlose Offenheit für immer neue Interaktionen). Etwas von der ursprünglichen dynamischen Fülle geht verloren, es kommt zu »Dekadenz«. Allerdings ist »Dekadenz« in diesem Fall nicht ethisch, sondern ontologisch zu verstehen, in dem Sinn, daß ein Gegenüber zu Gott entsteht, etwas, das von Gott kommt, aber nicht Gott ist, das von Gott abhängt, die Merkmale Gottes trägt und auf Gott verweist.

---

10) Aurelius Augustinus, Bekenntnisse XI, 12 (Bibliothek der Kirchenväter), Kempten – München 1914, 280.
11) Vgl. Prigogine, I./Stengers, I., Entre le temps et l'éternité, Paris 1991.

Gott schafft jenen winzigen Punkt, ein Milliardstel eines Atoms, das Quantenvakuum. Ein unvorstellbarer Energiestrom fließt hinein. Inhalt des Quantenvakuums sind mithin alle nur denkbaren Wahrscheinlichkeiten und Möglichkeiten. Eine universale Welle herrscht. Der höchste Beobachter, der die Möglichkeiten und Wahrscheinlichkeiten in das Sein hineingibt, beobachtet (kennt und liebt) sie alle und bewirkt damit, daß einige davon sich materialisieren und gegenseitige Verbindungen eingehen. Die anderen kollabieren und kehren zurück in das Reich der Wahrscheinlichkeiten.

Alles expandiert und explodiert. Das immer weiter expandierende All entsteht. Der Urknall, der weniger ein Ausgangspunkt als vielmehr ein Punkt der Instabilität (Chaos) ist, macht es möglich, daß sich dank der Beziehungen und Interaktionen (Bewußtsein) holistische Einheiten und immer enger miteinander verwobene Ordnungen (Kosmos) herausbilden. Das All im Entstehen! Eine Metapher, die Gott zu erkennen gibt, ein Bild seiner Fülle an Sein, Leben und Lust am Feiern.

Wenn aber alles im Universum ein Beziehungsnetz ist, alles mit allem in Austausch steht und die Bilder von Gott sich mithin als in Gemeinschaftsform strukturiert erweisen, dann ist das ein Indiz dafür, daß der höchste Prototyp grundlegend und wesensmäßig Gemeinschaft ist, Leben in Beziehung, Energie in Expansion und Liebe in unüberbietbarer Dichte.

Unsere Vorstellungen werden gestützt durch mystische Annäherungen und spirituelle Überlieferungen der Menschheit. Kernstück auch zum Beispiel der jüdisch-christlichen Tradition ist, daß Gott in Gemeinschaft mit seiner Schöpfung und in einem Bund mit allen Wesen steht, zumal mit den Menschen, daß Gott ein kosmischer, sozialer und persönlicher Gott, daß er die Tiefe des Menschen auslotet und daß er Leben in drei Lebenden ist: Vater, Sohn und Heiliger Geist. Nicht umsonst beschreiben Christen und Christinnen Gott als Dreieinigkeit.

3. Gott im kosmogenetischen Prozeß des Weltalls

Unsere Überlegungen in den ersten Kapiteln dieses Buches haben verdeutlicht, daß die Kosmologie auf der Hypothese der erweiterten Evolution fußt. Die Theorien von Charles Darwin und

Jean-Baptiste de Lamarck von der Evolution der Arten (zuerst von Charles Darwin formuliert) greifen zu kurz; was sich in Evolution befindet, ist der ganze Kosmos. Vom allerersten Moment an steht der Kosmos in einem offenen Evolutionsprozeß. Auch die Natur hat Geschichtscharakter. Die Theorie der flammenden Explosion (das »Flaring Forth« von Swimme/Berry oder einfach der Urknall von Lemaitre) setzen einen Werdegang des Alls auf der Linie des Pfeils der Zeit voraus. Worum es dann aber geht, ist nicht mehr das – statische und in allen Teilen gleichförmig etablierte – kosmologische Prinzip von Albert Einstein, sondern es geht um ein kosmogenisches Prinzip, will sagen: um ein Prinzip, das verantwortlich ist für die fortwährende Genese des Alls in jedem Augenblick und an jedem Ort.

Alles scheint so angelegt zu sein, daß aus der abgründigen Tiefe eines Ozeans von Urenergie die Elementarteilchen auftauchen mußten, angefangen mit dem urtümlichsten, dem Topquark, über die geordnete Materie und dann die komplexe Materie, das heißt das Leben, bis hin zu der Materie mit vollkommen gleichen Schwingungen, so daß schließlich eine höchste holistische Einheit entstand: das menschliche Bewußtsein.

Deshalb sagen die Vertreter des (starken und schwachen) andropischen Prinzips (Brandson Carter, Hubert Reeves u. a.): Wären die Dinge nicht gelaufen, wie sie gelaufen sind (Expansion/Explosion, Urgase, große rote Sterne, Supernovae, Milchstraßen, Sterne, Planeten usf.), gäbe es uns gar nicht, und wir könnten auch gar nicht darüber reden. Mit anderen Worten: Damit wir heute darüber reden können, mußten im Laufe von fünfzehn Milliarden Jahren sämtliche kosmischen Faktoren zusammentreffen und, unbeschadet aller Irrwege und Naturkatastrophen, in einer Weise konvergieren, daß Komplexität, Leben, Bewußtsein, Kommunikation und individuelle Existenz eines jeden und einer jeden einzelnen von uns möglich wurden. Wären die Dinge anders gelaufen, gäbe es uns nicht, und wir könnten uns auch keine Gedanken darüber machen.[12]

So erhellt, daß alles mit allem zu tun hat: Hebe ich einen Kugelschreiber vom Boden auf, komme ich in Berührung mit der Gravitationskraft, die alle Körper anzieht bzw. aus dem Universum fallen läßt und Menschen, die sich gegenseitig angezogen fühlen, emotio-

---

12) Vgl. dazu: Hawking, St. W., Eine kurze Geschichte der Zeit. Die Suche nach der Urkraft des Universums, Reinbek bei Hamburg 1988.

nal zusammenführt. Wäre zum Beispiel, wie wir schon weiter oben erwähnten, die Dichte des Weltalls nicht 10^{-35} Sekunden nach Expansion/Explosion im entsprechenden kritischen Stadium stabil geblieben, hätte sich das Universum niemals konstituieren können. Entweder hätten sich Materie und Antimaterie aufgelöst, oder es hätte am notwendigen Zusammenhalt für die Bildung der Massen und damit der Materie gefehlt.

Alle Maße mußten minutiös aufeinander abgestimmt sein; sonst wären keine Sterne entstanden und hätte das Leben im All nicht anbrechen können. So die Dinge verstehen setzt voraus, daß das Universum nicht blind ist, sondern daß hinter ihm eine Absicht steckt und daß es auf ein Ziel ausgerichtet ist. Selbst ein bekannter atheistischer Astrophysiker wie Fred Hoyle räumt ein, daß die Evolution nur zu verstehen ist in der Annahme eines absolut intelligenten Handelnden.[13] Gott – und das ist der Name dieses unüberbietbar intelligenten und auf Ordnung bedachten Handelnden – ist sozusagen wie durch eine Nabelschnur mit dem evolutionären und kosmogenischen Prozeß verbunden. Er ist der Motor, der die Initialzündung gibt, die Kraft, die alles begleitet und unentwegt mit neuer Energie lädt, und der höchste Magnet, der das ganze Weltall anzieht. So stellt sich uns die Welt als ein von innen her und in allen ihren Etappen und Instanzen für Gott offenes und transparentes System dar.

Die Erkenntnis dieser Verkettung erfüllt Wissenschaftler wie Einstein, Bohm, Prigogine, Hawking, Swimme, Berry und andere mit Gefühlen des Staunens und der Verehrung. So chaotisch die Dinge auch sein mögen, immer tragen sie eine Dimension innerer Ordnung in sich. Von Anfang an sind sie von Bewußtsein und Geist durchweht. Die implizite Ordnung verweist auf eine höchste Ordnung, Bewußtsein und Geist lassen ein höchstes Bewußtsein und einen unübertreffbar intelligenten Geist erahnen.[14]

Prozeßphilosophen und Prozeßtheologen wie A. N. Whitehead (1861–1947) und seine Schüler (Hartshorne, Ogden, Cobb Jr., Griffin, Haught und andere) machten dieses evolutive Verständnis zur tragenden paradigmatischen Säule einer ganzen neuen Kosmo-

---

13) Vgl. Hoyle, F., The Universe: Past and Present Reflections, in: Annual Review of Astronomy and Astrophysics 20 (1982) 1. Siehe auch: Guitton, J./Bogdanov, G./Bogdanov, I., Gott und die Wissenschaft, München 1993 (= dtv, München 1996).
14) Vgl. das klassische Buch: Bohm, D., Die implizite Ordnung. Grundlagen eines dynamischen Holismus, München 1987; ders., Ciência, Ordem e Criatividade, Lissabon 1980.

logie. Demnach geht es nicht mehr darum, Gott und Welt in der klassischen Weise einander gegenüberzustellen, sondern darum, Gott im Prozeß der Welt und die Welt im Prozeß Gottes zu sehen. Gott und Welt implizieren sich perichoretisch. Das heißt: Alles, was in der Welt passiert, berührt irgendwie auch Gott, und alles, was in Gott passiert, berührt irgendwie auch die Welt. Die Tatsache, daß dies aber immer ein Geheimnis bleibt und sich stets als eine offene Realität erweist, bedeutet, daß der perichoretische Kreislauf nie abgeschlossen ist. Der Schöpfer schließt immer das Geschöpf mit ein – und umgekehrt. Gleichwohl behält jedes sein Unterscheidungsmerkmal und seine Identität. Die Unterscheidung steht in Funktion von Einheit und Gemeinschaft. Aus diesem Grund sagten wir, Gott und Welt berührten sich »irgendwie« gegenseitig. Gott identifiziert sich nicht mit dem kosmischen Prozeß (das heißt: der eine ist nicht einfach der andere; es bleibt stets ein relationales Gegenüber), sondern im kosmischen Prozeß (das heißt: er gewinnt Konkretion, offenbart sich und gibt sein relationales Gegenüber zu erkennen im kosmischen Prozeß). Genau so müssen wir sagen: Das Universum identifiziert sich nicht mit Gott (das heißt: ersteres ist nicht letzterer), sondern in Gott (das heißt: es findet sein eigentliches Sein und seinen wahren Sinn in ihm).

Gott und All sind nicht ein einziger Kreis, mit nur einem Mittelpunkt, in dem sich alles träfe. Eher schon verhalten sie sich wie eine Ellipse, mit zwei Zentren – Gott und Welt –, die aber beide aufeinander bezogen sind und sich wechselseitig implizieren. Gott, den Völker und Menschen als Geheimnis erfahren, behält seine Souveränität gegenüber dem Weltall. Zum einen ist er in der Welt immanent, hat an ihrem offenen Prozeß teil, offenbart sich in ihm und wird von ihm bereichert. Zum anderen ist er aber auch in der Welt und durch die Welt transparent und macht sie, in ihrer Gesamtheit wie in ihren Details, zu einem unvergleichlichen göttlichen Sakrament. Als absolutes Geheimnis transzendiert er schließlich aber auch die Welt und übersteigt sowohl alle Vorstellungskraft als auch alle Größe des Kosmos. Gott ist in der Welt und jenseits der Welt. Nach wie vor schafft, durchdringt und zieht er sie zu immer komplexeren, partizipativeren und gemeinschaftlicheren Formen.[15]

---

15) Vgl. Haught. J. F., The Promise of Nature. Ecology and Cosmic Purpose, New York 1993, 31–38.

Welchen Namen sollen wir diesem Gott geben? Höchste Expansionsenergie? Grenzenlose Leidenschaft für Einheit? Abgrundtiefes Geheimnis der Innerlichkeit? Das alles ist richtig, wie tausend andere Namen auch richtig sind. Jeder Mensch mag Gott bezeichnen, wie Betroffenheit und Verehrung es ihm gebieten. Oder besser gesagt: Jeder Mensch muß das Gefühl haben, ein Werkzeug zu sein, durch das Universum und Erde die Energie, die Leidenschaft, den Geist und das Geheimnis erfahren, welche in ihnen wohnen und wirken: Gott.

4. Gott im kosmischen Tanz der Schöpfung

Unsere bisherigen Überlegungen beziehen sich nicht einfach auf Universum und Natur schlechthin. Was wir bis hierher erörtert haben, handelt von Natur und Universum als Schöpfung, als Ausdruck dessen, der selbst unausdrückbar ist und der alles angeschoben hat. Nur: zu sagen, er habe alles kosmogenisch in Gang gebracht, damit ist es nicht getan. Die Sache geht weiter: Wenn wir die Natur als Schöpfung begreifen, gehen wir implizit davon aus, daß der Schöpfer dem Ganzen einen Plan zugrunde gelegt und ein Ziel gestellt hat. Die Grundfrage, auf der jede Kosmologie dann beruht, lautet: Warum existieren wir? Warum existiert das All? Was will Gott mit all dem, das er da geschaffen hat, eigentlich sagen? Was will er am Ende damit bezwecken? Die Antwort darauf haben Verstand, Herz und liebende Intelligenz zu finden. Und sollten wir sie eines Tages gefunden haben, dann sind wir, meint vertrauensvoll Stephen Hawking, bis zur Erkenntnis des Geistes Gottes vorgestoßen.[16] Vielleicht gibt es aber auch gar keinen Grund dafür in einem rein funktionalen Sinn. Vielleicht ist alles bloß zwecklose Verdanktheit und reine göttliche Selbstausstrahlung, göttlicher Tanz und Schauspiel zur Ehre des Schöpfers, ähnlich einer Blüte, die, in der Sprache des Mystikers Angelus Silesius, blüht, um zu blühen, unbesorgt darum, ob man sie betrachtet oder an ihr vorübergeht. Sie ist einfach eine Blüte.

Wenn die Schöpfung also schwanger geht mit einer Zielstellung, wie macht sich das dann aber bemerkbar? Gewichtige Vertreter der gegenwärtigen Kosmologie gehen davon aus, Ordnung, Harmonie

---

16) Vgl. Hawking, St. W., Eine kurze Geschichte der Zeit, a. a. O.

und Pfeil der Zeit kämen zum Ausdruck in den vier Grund-aktionen, die den ganzen evolutionären und kosmogenischen Pro-zeß steuern: Gravitation, Elektromagnetik sowie starke und schwache Nuklearkraft. Und was sind diese Kräfte? Bis auf den heutigen Tag haben wir keine wissenschaftliche Theorie, welche eine sachgerechte Antwort auf die Frage böte. Die vier Kräfte ma-chen den Werdegang des Alls verständlich, sind aber selbst nicht zu verstehen. So haben sie die Qualität eines Prinzips – vergleichbar dem Auge, das alles sieht; nur sich selbst zu sehen, ist es außer-stande. Newton zum Beispiel nennt die Gravitation Anziehungs-bzw. Abstoßungskraft; Einstein spricht von der Krümmung von Raum und Zeit. Beides sind Beschreibungen, keine Definitionen. Bis heute weiß niemand, was die Wechselwirkungen in sich selbst wie in ihren ineinander verwobenen Artikulationen sind.

In der Perspektive, die wir im vorliegenden Buch vertreten, können wir sagen, die vier Wechselwirkungen sind das Universum selbst, insofern es einen Organismus darstellt, der handelt, schafft, wirkt, sich entwickelt, verdichtet und verinnerlicht. Sie verweisen auf nichts jenseits ihrer, über ihnen, vor ihnen oder unter ihnen. Sie sind vielmehr das Weltall selbst, das sich in dem Maße als Weltall verhält, in dem es das Ganze wie auch jeden seiner – zwangsläufig vereinten, verbundenen und interdependenten – Teile erhält. Die Form, in der das Universum das Phänomen der Rück-bindung zu einem Prozeß werden läßt, wird ersichtlich in der Gestalt von vier grundlegenden Wechselwirkungen, die immer zusammen und in-klusiv auftreten. Die Gravitation, welche erklärt, warum ein Stein in der Luft fällt, geht zugleich und immer einher mit der elektro-magnetischen Kraft, mit der starken und mit der schwachen nu-klearen Wechselwirkung. Alle vier Kräfte bilden eine vollkommene Perichorese (gegenseitige Inter-retro-Beziehung). Als aktiver Or-ganismus ist das Universum Träger aller kosmischen Aktivitäten. Von Anfang an bis auf den heutigen Tag befindet sich das All in ei-nem offenen Prozeß der Selbstorganisierung.[17]

Von dieser Warte aus betrachtet wird klar, daß die Schöpfung nichts Mechanisches ist. Die Schöpfung ist keine Weltmaschine, die jemand am Anfang mal angelassen hätte. Die Schöpfung ist der

---

17) Für diesen ganzen Teil vgl. Swimme, B./Berry, T., The Universe Story. From the Primordial Flaring Forth to the Ecozois Era. A Celebration of the Unfolding of the Cosmos, San Franciso 1992; Jantsch, E., Die Selbstorganisation des Universums. Vom Urknall zum menschlichen Geist, München ²1984; Haught, J. F., The Cosmic Adventure, New York 1984.

Weltorganismus, der für alles um ihn herum immer offen ist, in fortwährender Wechselwirkung damit und mit der Perspektive, noch nicht realisierte Möglichkeiten Wirklichkeit werden zu lassen. Wir haben es also mit einer regelrechten *creatio continua* zu tun, wie eine bestimmte dynamische Strömung in der christlichen, vor allem orthodoxen Theologie sie schon seit langem erahnte.[18] Heute würden wir sagen, als ein artikuliertes Ganzes sei die Schöpfung ein offenes System.

Das konkrete, geschichtliche Sein, so wie es sich heute darstellt, ist das Ergebnis dieses offenen kosmischen Prozesses. In unserer kosmogenischen Betrachtungsweise müßte man das alte Axiom »Agere sequitur esse« (»Das Handeln folgt [aus] dem Sein«) eigentlich umdrehen und sagen »Esse sequitur agere« (»Das Sein folgt [aus] dem Handeln«). Der Prozeß konstituiert die Wesen, die damit selbst offen und prozeßbezogen sind und mithin in einem Tanz von Beziehung, Austausch, Kommunikation und Einheit fortwährend ihre Existenz produzieren und reproduzieren. Auch Gott reiht sich ein in diesen kosmischen Tanz, das heißt in sein Schöpfungswerk, wie übrigens schon Jesus im Johannesevangelium andeutet: »Mein Vater ist bis auf den heutigen Tag am Werk, und auch ich bin am Werk« (Joh 5,17).

Dieses unentwegte Wirken in der – als offenen Prozeß verstandenen – Schöpfung ist gekennzeichnet durch das, was Swimme/Berry und auf derselben Linie schon Teilhard de Chardin *Differenzierung* (oder auch Diversität, Komplexität, Vielfältigkeit, Disparität, Vielförmigkeit, Heterogenität und Artikulation), *Autopoiesis* (bzw. Subjektivität, Selbstmanifestation, Präsenz, Identität, inneres Seinsprinzip, innerer Anruf und Innerlichkeit) und *Gemeinschaft* (bzw. Inter-Relationierung, Interdependenz, Gegenseitigkeit, Reziprozität, Komplementarität, Interkonnexion, Filiation, Verwandtschaft[19]) nennen. Unsererseits ziehen wir es vor, von Komplexität, Innerlichkeit und Rück-bindung zu sprechen, wie wir es im Laufe unserer Überlegungen auch immer getan haben.

Seit Anbeginn produziert der kosmogenische Evolutionsprozeß immer dichtere *Komplexitäten,* angefangen mit den beiden ersten Teilchen, die aufeinander reagierten, bis hin zur Komplexität des

---

18) Vgl. Evdokimov, P., Nature, in: Scottish Journal of Theology, Nr. 1 (1965) 1–22; Gregorios, P., The Human Presence. An Orthodox View of Nature, Genf 1977, 54 ff.
19) Vgl. Swimme, B./Berry, T., The Universe Story, a. a. O.; Berry, T., O sonho da Terra, Petrópolis 1991, 58–62.

Lebens, das sich vor allem im menschlichen Leben zeigt, sei es in seinem bio-sozio-geschichtlichen Aspekt, sei es in Zivilisationen, Träumen, Ideen, Religionen und menschlichen Gesichtern. Nichts würde den Sinn des Universums mehr ruinieren als Gleichförmigkeit und Zwang zu nur einer Idee, einer Überzeugung, einer Form des Zusammenlebens und einer Art und Weise, zu beten und von Gott zu sprechen. Wie wir die Vielgestaltigkeit des Lebens achten, genau so haben wir auch die Vielfalt in Religion und Ideenwelt zu bejahen.

In dem Maße, in dem die Komplexität wächst, wächst auch die *Innerlichkeit*. Jedes Sein hat seine Einzigartigkeit, seine Darstellungsweise und seine Art, sich zu vergegenwärtigen. Jedes Sein hat nicht nur seine Außen-, sondern auch seine Innenseite, das heißt seine Form, in der es sich selbst organisiert und das Geflecht seiner Beziehungen aufbaut. Selbst das einfachste Atom hat seine Präsenz und seine Art und Weise, Beziehungen aufzunehmen. Diese Innenseite oder Innerlichkeit tritt klar zutage, wenn sich dank der größeren Komplexität in den Tieren ein zentrales Nervensystem und im Menschen ein Gehirn entwickelt. Hier wie dort gewinnen Spontanität und Freiheit Raum. Der Planet Erde gibt sich in die Hand von unwägbaren Kräften der Selbstbestimmung.

Schließlich ist noch ein drittes Prinzip am Werk, das der *Rückbindung*. Eine der größten Plausibilitäten der modernen Physik und Kosmologie ist die tiefe Einheit des Universums. Alle vier Wechselwirkungen finden in gleicher Weise im ganzen kosmischen Raum statt. Alles ist miteinander ver-bunden und aneinander rückgebunden. Wegen der Gravitation hängt eine Milchstraße von der anderen ab. Das elektromagnetische und nukleare Gleichgewicht trägt die Symphonie des Weltalls und verhindert, daß chaosstiftende Ereignisse der harmonischen Grundstruktur des Ganzen etwas anhaben können. Im Gegenteil, sie führen zu neuen Rückbindungen und zu Konstellationen, die man im kosmogenischen Prozeß noch nicht gesehen hat. Dank der Rück-bindungen tauschen die Wesen ihre Innerlichkeit untereinander aus. Das eine Sein hört, was ihm das andere zu sagen hat, und verinnerlicht die Geschichte, die es ihm aus seinem Milliarden Jahre alten Prozeß zu erzählen weiß. Die Stimme des anderen hören, das bedeutet keine bloße Metapher, sondern bezeichnet ein Phänomen. So hört das Gebirge die Stimme des Windes, aber auch der Wechselwirkung, die sich zwischen den beiden aufbaut; der Wind hört die Bäume, die

Bäume hören die Tiere und die Tiere die Atmosphäre; und schließlich hört der Mensch, holistisch, alles, was da passiert; und so geht es weiter. Das eine re-agiert auf das andere und inter-agiert mit ihm je nach dem dynamischen Gleichgewicht, in das beide dann mal kommen. Ein Geograph, der das Steilufer eines Flusses in Augenschein nimmt, weiß, was die verschiedenen Ablagerungsschichten ihm zu sagen haben, er hört die Stimme der Hochwasserwellen und der Dürrezeiten wie der Umwälzungen insgesamt, zu denen der Fluß im Laufe seiner langen Geschichte geführt hat. Die Botschaft, die ihm all die Zeichen vermitteln wollen, ist ihm voll vertraut.

Ein Wesen töten oder eine Art ausmerzen bedeutet: ein Buch zuschlagen, eine Bücherei in Brand stecken und eine Botschaft, die der gesamte Kosmos, wenn nicht Gott selbst uns mitteilen will, mundtot machen.

So verstanden, erweist sich die Schöpfung als ein gewaltiges – von innen wie von außen mit der Handschrift Gottes gestaltetes – Buch: »A Deo creatus, made by God, egressus de coelis«. Dem Menschen fällt innerhalb des Kosmos die Aufgabe zu, das Buch der Schöpfung lesen zu lernen, um sich zu freuen und zu feiern, zu feiern und zu danken, zu danken und den Schöpfer zu preisen. Es handelt von der fortwährenden Offenbarung Gottes und der unentwegten absolut originären Bekundung des Heiligen. Es beinhaltet fünfzehn Milliarden Jahre Selbstmitteilung Gottes an seine Schöpfung: Im Rhythmus der Selbstorganisierung, Komplexifizierung, Verinnerlichung und Rück-bindung der Dinge schenkt sich Gott seiner Schöpfung und gibt ihr sein Innenleben zu erkennen.

Heilige Texte und spirituelle Überlieferungen, welche die Offenbarungsinhalte transportieren, sind nur deshalb möglich, weil das Heilige und die Offenbarung zuvor schon in der Welt waren. Weil die Welt sie uns vorlegt, können wir sie in inspirierten Büchern und religiösen Riten festhalten. Aber es ist derselbe Gott, der hier wie dort spricht. Deshalb kann es zwischen dem Buch der Welt und dem Buch der Schriften auch grundsätzlich keinen Widerspruch geben. Oder besser gesagt: Die Schriften sind nicht einfach geschichtlich gewordene Konstrukte, sie sind Vermittlungen, durch welche Kosmos und Erde uns das Heilige und das Göttliche zu erkennen geben, das in ihnen wogt und aus ihnen strahlt.

Wenn wir die Dinge so sehen, tut sich uns auch der Weg zu einer Theologie der Schöpfung auf, an der es den Kirchen und Religionen so sehr mangelt. Nahezu alle sind sie Geiseln ihrer Gründungstexte.

Inspiration – so heißt es – vermitteln nur diese, und nichts anderes. Nur wenigen Traditionen gelang eine Verbindung zwischen dem Buch der Schöpfung und dem Buch ihrer Schriften, so wie, im Falle der alten christlichen Überlieferung, Origenes, Augustinus, Bonaventura und die moderne ökologische Theologie sie sich vorstellen. Eine Theologie mit Schwerpunkt auf der Schöpfung zwingt nachgerade dazu, alle religiösen und kirchlichen Institutionen zu überdenken. Denn diese haben im Dienst zu stehen der kosmischen Überlieferungen, unter denen sie sich ja allesamt befinden, haben die Ur-gnade wichtiger zu nehmen als die Ur- bzw. Erbsünde und haben theologischen Aussagen, die man bisher nur auf die Menschen bezog (theologischer Anthropozentrismus), die aber für das ganze Universum gelten, ihre kosmologische Weite zurückzugeben. Genannt seien nur Begriffe wie Gnade, letzte Bestimmung, Vergöttlichung, Auferweckung und Auferstehung, ewiges Leben und Reich der Dreifaltigkeit.

Christus und der Geist sind kosmische Größen, die nach und nach hervortreten, bis sie sich, wie wir weiter unten sehen werden, in Jesus von Nazaret und Maria personalisieren[20]. Desgleichen überwindet die Schöpfungsspiritualität den Dualismus zwischen Gott und Welt, zwischen Person und Natur, zwischen Materie und Geist. Sie führt zu einer umfassenden Spiritualität, daß man sich in der Welt wie im eigenen Haus fühlt und den sozialen und kosmischen Körper als Tempel der Gottheit betrachtet. Askese bedeutet dann weniger ein Sich-Bemühen um Selbständigkeit und Freiheit von der Welt als vielmehr ein Engagement im Sinne von Rück-bindung an die kosmische Gemeinschaft und Freiheit für die Welt, einschließlich der Verantwortung, sich um sie zu kümmern, die Größe, die aus ihr spricht, zu feiern und die Lektionen der Weisheit zu beherzigen, die uns das kosmische Lehramt beibringt. Wenn wir Gott aus dem Kosmos verschwinden lassen, lassen wir Gott auch aus dem Zusammenleben der Menschen verschwinden; denn schließlich sind wir ja kosmische Wesen.

Religion mit einem Schwergewicht auf der Schöpfung bringt ein tiefes Gespür für die Sakramentalität der Dinge mit sich. Gott kündet seine Gegenwart in jedem Sein und in der Geschichte jedes Seins an. Der Mensch ist das Wesen, das imstande ist, sowohl das

---

20) Vgl. dazu unsere Hypothese, die sich findet in: Boff, L., Das mütterliche Antlitz Gottes. Ein interdisziplinärer Versuch und seine religiöse Bedeutung, Düsseldorf ²1987.

Lied von Milchstraßen und Supernovae zu hören als auch auf den Gesang des Uirapuru-Vogels im Amazonasurwald[21] zu lauschen, sowohl den federleichten Atem eines Neugeborenen wahrzunehmen als auch sich dem alleserfüllenden *Spiritus Creator* ebenso wie dem Geheimnis Gottes hinzugeben, der sich für alle opfert. Jedes Ding hat sakramentalen Charakter oder kann sakramentalen Charakter haben.

Allerdings müssen wir uns vor einem Mißverständnis hüten: Sakramentalität hat nicht nur die vertikale Dimension von Gott zum Universum, sondern auch die horizontale: Gott als evolutiven, kosmogenischen Prozeß. Nichts ist fertig. Alle Wesen sind offen für neue Entwicklungen und neue Realisierungsformen. Deshalb dürfen wir Sakramentalität auch nicht pressen, sondern müssen sie prozeßhaft offen halten für die Überraschungen neuer Formen, in denen sich das Geheimnis Gottes manifestiert.

Die eschatologische Perspektive (griechisch: *éschaton* = das Letzte, das Ende, der Höhepunkt eines Geschehens) schlüsselt uns die Welt auf, insofern diese Zukunft und Verheißung ist. Eschatologische Perspektive heißt, daß wir die Gegenwart von der Zukunft und den laufenden Prozeß von seinem gelungenen Höhepunkt her betrachten. Die Eschatologie relativiert alle Schritte, das heißt: sie setzt sie in Bezug zum Ende, nimmt ihnen damit, was ihnen an Absolutem anhaften könnte, und verhindert die Verewigung der Gegenwart.

Die eschatologische Betrachtungsweise öffnet unseren Geist für das absolute Novum, das noch niemand gesehen und erlebt hat. Jedes Sein hat diese Offenheit für das Eschatologische, mit anderen Worten: für eine Vollkommenheit, die erst noch kommen wird, weil es sich in einem Prozeß und in ständiger Offenheit befindet. Dies zu behaupten impliziert zu sagen, daß der Kosmos großartig, aber unvollkommen und seine Harmonie betörend, aber keineswegs endgültig ist. Damit erweist sich die Sakramentalität des Weltalls als etwas bleibend Fragmentarisches. Sie verbirgt die Verheißung und die Zukunft, die noch ausstehen, sich gleichwohl in den inneren Kämpfen jedes Seins prognostisch antizipieren und sich eines Tages heiter verwirklichen werden. Erst am Endes des Evolutionsprozesses (also weder am Anfang noch irgendwo in der Mitte) gelten die inspirierten Worte der Genesis: »Und Gott sah,

---

21) Beim Gesang des Uirapuru verstummen alle anderen Vögel.

daß alles gut war.« Erst am Ende, am Ziel angelangt, wird die Schöpfung mit all ihren Formen, ja wird Gott selbst die Ruhe des Sabbats genießen.

5. Panentheismus: Gott in allem und alles in Gott

Das ökologische Weltverständnis legt großes Gewicht auf die Immanenz Gottes. Gott mischt sich in alle Prozesse ein, ohne sich jedoch darin zu verlieren. Vielmehr lenkt er den Pfeil der Zeit darauf, daß immer komplexere, dynamischere Ordnungen entstehen, die (sich vom Gleichgewicht distanzieren, um neue Anpassungen zu probieren, und die) voller Sinn stecken. Gott tritt uns nicht nur als Schöpfer, sondern auch als Geist der Welt entgegen, wie wir im nächsten Kapitel eingehend sehen werden. Im Modus des Geistes hat der Schöpfer (*Spiritus Creator*) im Kosmos Wohnung genommen, entfaltet sich in dem Maße, in dem dieser sich entfaltet, leidet mit, wenn Arten massiv ausgelöscht werden, fühlt sich gekreuzigt in den Verarmten des Planeten Erde (vgl. Röm 8,26: das »Seufzen, das sich nicht in Worte fassen läßt«) und jauchzt über die Fortschritte in Richtung auf immer deutlicher konvergierende und aufeinander bezogene Verschiedenartigkeiten, so daß schließlich ein finaler Punkt Omega in den Blick kommt.

Gott ist im Kosmos anwesend – und der Kosmos in Gott. Die alte Theologie brachte die gegenseitige Durchdringung zum Ausdruck vermittels des Begriff »Perichorese«, wie bereits im ersten Kapitel erwähnt.[22] Die moderne Theologie hat den Begriff »Panentheismus« (griechisch: *pan* = alles; *en* = in; *theós* = Gott) dafür geprägt. Mit anderen Worten: Gott in allem und alles in Gott. Der Ausdruck stammt von Karl Christian Friedrich Krause (1781– 1832), der ihn, fasziniert vom göttlichen Glanz des Weltalls, erfand.

Panentheismus ist klar zu unterscheiden von Pantheismus. Der Pantheismus (griechisch: *pan* = alles; *theós* = Gott) behauptet, Gott sei alles; Gott und Welt seien identisch; die Welt sei kein Schöpfungswerk Gottes, sondern die notwendige Existenzweise Gottes. Pantheismus schließt jeden Unterschied aus. Alles ist identisch. Alles ist Gott. Der Himmel ist Gott, wie Erde, Stein, Bakterie,

---

22) Vgl. eingehender dazu: Boff, L., Der dreieinige Gott, Düsseldorf 1987, 157–172. Siehe auch: ders., Kleine Trinitätslehre, Düsseldorf ²1991, 33–34.

Mensch und jedes Ding Gott sind. Das Außer-Betracht-Lassen der Differenz führt leicht zur Indifferenz. Wenn alles Gott und Gott alles ist, dann ist es egal, ob ich gegen das Morden an Straßenkindern in Rio de Janeiro kämpfe oder mich dem Karneval hingebe, ob ich Fußball spiele oder mich für die in Ausrottung befindlichen Kaiapó-Indianer engagiere, ob ich an der Entdeckung eines Mittels gegen AIDS arbeite oder Bierdosen aus der ganzen Welt sammle – was natürlich niemand so akzeptieren kann. Das eine ist nicht das andere. Es gibt Unterschiede in der Welt, die nicht übergangen werden dürfen. Der Panentheismus achtet sie, der Pantheismus geht über sie hinweg.

Alles ist nicht Gott. Aber Gott ist in allem, und alles ist in Gott – wegen der Schöpfung. Denn in seiner Schöpfungstat hat Gott jedem Wesen sein Markenzeichen eingeprägt und seine bleibende Gegenwart eingestiftet (Vorsehung). Das Geschöpf hängt immer von Gott ab und trägt immer Gott in sich. Gott und Welt sind verschieden. Der eine ist nicht die andere und umgekehrt. Trotzdem sind sie nicht voneinander getrennt oder für einander verschlossen. Gott und Welt sind füreinander offen und durchdringen sich gegenseitig. Wenn sie verschieden sind, dann deshalb, damit sie kommunizieren und, vermöge der Gemeinschaft und der gegenseitigen Einwohnung, vereint sein können.

Dank der gegenseitigen Einwohnung des einen in der anderen und umgekehrt können nun auch einfache Transzendenz und bloße Immanenz überwunden werden. Eine vermittelnde Kategorie tut sich auf: die der Transparenz. Transparenz besteht in der Gegenwart der Transzendenz in der Immanenz. Gott und Welt sind folglich füreinander transparent.[23] Wie kein anderer in diesem Jahrhundert lebte Pierre Teilhard de Chardin eine tiefe Spiritualität der Transparenz. In seinem Buch »Der göttliche Bereich« schreibt er: »Nicht das Erscheinen, sondern das Durchscheinen Gottes im Universum [ist] das große Geheimnis des Christentums ... O ja, Herr, nicht nur der Strahl, der streift, sondern der Strahl, der durchdringt. Nicht Deine Epiphanie, sondern *Deine Diaphanie*.«[24]

---

23) Vgl. die Entwicklung der Kategorie »Transparenz« in: Boff, L., Die Kirche als Sakrament im Horizont der Welterfahrung. Versuch einer Legitimation und einer struktur-funktionalistischen Grundlegung der Kirche im Anschluß an das Zweite Vatikanische Konzil, Paderborn 1972, 271–298.
24) Teilhard de Chardin, P., Der göttliche Bereich, Olten und Freiburg im Breisgau 1962, 155–156.

Auch in folgendem Gebet bringt er den Gedanken noch einmal zum Ausdruck:»O Herr, ich frage abermals, welche der beiden Seligkeiten ist kostbarer: daß für mich alle Dinge eine Berührung mit dir sind? Oder, daß Du so ›universal‹ bist, daß ich Dich in jedem Geschöpf erfahren und fassen kann?«[25]

Das Universum, das sich im Prozeß der Kosmogenese befindet, lädt uns zu der dem Panentheismus zugrundeliegenden Erfahrung ein: In jeder noch so winzigen Bekundung des Seins, in jeder Bewegung wie in jedem Ausdruck von Leben, Intelligenz und Liebe stoßen wir auf das Geheimnis des Universums-im-Werden. Menschen, die ein Gespür haben für das Heilige und für das Geheimnis, wagen es, dem Unnennbaren einen Namen zu geben. Sie holen Gott aus der Namenlosigkeit hervor, benennen ihn konkret, feiern ihn mit Liedern und Gesängen, erfinden Symbole und Riten für ihn und bekehren sich selbst zu dem Mittelpunkt, den sie außerhalb wie innerhalb, unterhalb wie oberhalb ihrer selbst spüren. Sie erfahren Gott. Und in Gott entdecken sie die Quelle des höchsten Glücks und aller Realisierung. So leben wir, bewegen wir uns und existieren wir (Apg 17,28) zu Hause, im großen Mutterschoß, in der wahren *Oikologia*, das heißt in Gott als der letzten Sphäre, die alle Wesen wie auch das geschaffene Universum insgesamt realisiert. Das ist mit Theosphäre gemeint. Läßt sich über Gott noch mehr sagen? In meinen Augen; nein. Manche Menschen reden da von Dreifaltigkeit. Was haben wir unter dieser Rede von Gott zu verstehen?

6. Gott als Spiel perichoretischer Beziehungen: die Dreifaltigkeit

Der ökologische Diskurs eröffnet uns die Möglichkeit, aber auch die Plausibilität, von Gott als Dreieinigkeit der Personen zu sprechen. Mit der Dreifaltigkeit argumentieren Christen und Christinnen, die an die Koexistenz, Gleichzeitigkeit und Ko-ewigkeit des Vaters, des Sohnes und des Heiligen Geistes glauben. Doch weil Gott ist, wie er ist, ist die trinitarische Wahrnehmung keine regionale Erkenntnis des Christentums – und darf es auch nicht sein. Ein trinitarischer Faden durchzieht auch andere große religiöse Über-

---

25) Teilhard de Chardin, P., Der göttliche Bereich, a. a. O., 150.

lieferungen der Menschheit.[26] Die ökologische Diskussion heute kann der trinitarischen Rede neue Perspektiven eröffnen.

Die ökologische Argumentationsweise beruft sich auf ein Netz von Beziehungen, Interdependenzen und Inklusionen, die das Weltall tragen und ausmachen. Zugleich mit der Einheit (ein einziger Kosmos, ein einziger Planet, eine einzige Menschheit usw.) haben wir auch die Vielfalt (Konglomerationen von Milchstraßen, Sonnensysteme, Biovielfalt und eine große Zahl an Rassen, Kulturen und Individuen). Die Koexistenz von Einheit und Vielfalt erschließt uns nun auch einen Raum, in dem wir das trinitarische und kommunitäre Verständnis der Dreieinigkeit ansiedeln können. Die Tatsache, daß wir von Dreifaltigkeit und nicht einfach von Gott sprechen, setzt voraus, daß wir keine einsaitige und substantialistische Interpretation der Gottheit vertreten. Die Dreieinigkeit führt uns ins Zentrum einer Sicht, die auf Beziehung, Wechselseitigkeit und Inter-retro-Gemeinschaften fußt. Im Hintergrund steht eine andere Metaphysik, in der nicht mehr statisch-ontisch, sondern prozeßhaft-dynamisch gedacht wird.

Wenn Christinnen und Christen von Gott behaupten, er sei Dreieinigkeit – Vater, Sohn und Heiliger Geist –, dann addieren sie keine Zahlen, nach dem Schema: $1 + 1 + 1 = 3$. Griffe die Kategorie »Zahl«, dann wäre Gott ein einziger und keine Dreifaltigkeit. Mit ihrer Rede von der Dreieinigkeit wollen Christen und Christinnen die einzigartige Erfahrung vermitteln, daß Gott Gemeinschaft und nicht Einsamkeit ist. Johannes Paul II. brachte diesen Sachverhalt schön zum Ausdruck, als er auf seiner ersten Lateinamerikareise am 28. Januar 1979 im mexikanischen Puebla betonte: »Herrlich und tief ist schon gesagt worden, unser Gott sei in seinem innersten Geheimnis nicht Einsamkeit, sondern eine Familie; denn was per se zu Vaterschaft, Kindsein und Familienleben führt, ist die Liebe; in der göttlichen Familie ist diese Liebe der Heilige Geist.«[27] Gott-Dreifaltigkeit ist also Relationalität par excellence.

In der Sprache mittelalterlicher Autoren, die philosophisch und theologisch über die Trinität nachdenken, sind die Personen nichts

---

26) Dazu vgl. Pannikar, R., The Trinity and the Religious Experience of Man, New York 1973; ders., Il silenzio di Dio: la risposta di Buddha, Rom 1985, bes. 232 ff.; Jung, C. G., Vorchristliche Parallelen zur Trinitätslehre, in: ders., Gesammelte Werke, Bd. 11: Zur Psychologie westlicher und östlicher Religion, Olten ⁵1988, 132–147.

27) III Conferencia General del Episcopado Latinoamericano: Puebla. La Evangelización en el Presente y en el Futuro de América Latina, Bogotá ²1979, 40.

anderes als »subsistierende Beziehungen«. Das heißt: Es geht um totale Relationalität der jeweils einen Personen mit den beiden anderen, so daß sich die Drei immer und in jedem Augenblick gegenseitig umarmen und einwohnen, ohne daß die eine Person die andere wäre.[28]

Im Rahmen dieser Logik gilt also: Der Vater ist einzig, und es gibt niemanden wie ihn; der Sohn ist einzig, und es gibt niemanden wie ihn; der Heilige Geist ist einzig, und es gibt niemanden wie ihn. Jeder der Drei ist einzig. Doch das Einzige – das müssen wir uns von den Mathematikern sagen lassen – ist nicht die Zahl, sondern die Abwesenheit der Zahl. Haben wir es dann aber nicht mit drei Einzigen zu tun? Mit drei Göttern? So zu argumentieren wäre nur logisch. Indes: Trinitarische Logik geht anders. Trinitarische Logik ist nicht substantialistisch, sondern prozeßhaft und relational. Trinitarische Logik sagt: Die einzigen stehen in einer solchermaßen absoluten Beziehung zueinander, sind auf eine solche innige Weise miteinander verwoben und lieben sich so radikal, daß sie sich ver-ein-igen, will sagen: eins werden. Doch die perichoretische Gemeinschaft ist nicht das Ergebnis von Personen, die, zuvor in sich und für sich konstituiert, anfingen, in Bezug zueinander zu treten. Nein. Sie ist gleichzeitig mit den Personen und ursprungshaft durch sie bedingt. Die Personen sind Personen in Gemeinschaft. So gibt es also einen einzigen Gott, der Gemeinschaft von Personen ist. Oder anders gesagt: Es gibt einen Gott und »drei« Personen, eine Natur und »drei« Hypostasen, »drei« Sich-Liebende und eine einzige Liebe, »drei« Subjekte und eine einzige Substanz oder »drei« Einzige und nur eine Gemeinschaft.[29]

Gäbe es »nur eine« göttliche Figur, wäre sie in Einsamkeit gehüllt, und alles käme über Einheit und Einssein nicht hinaus. Gäbe es »zwei« Figuren, Vater und Sohn, und der eine stünde dem anderen gegenüber, wäre ein Narzißmus »zu zweit« nicht auszuschließen. Nun aber, da es eine »dritte« Figur gibt, den Heiligen Geist, zwingt dieser die »zwei« anderen Personen, ihren Blick von

28) Eine grundlegende Einführung in die Frage findet sich bei: Scheffczyk, L., Lehramtliche Formulierungen und Dogmengeschichte der Trinität, in: Feiner, J./Löhrer, M. (Hrsg.), Mysterium Salutis II, Einsiedeln – Zürich – Köln 1967, 146–217. Vgl. auch das klassische Werk von: Régnon, Th., Études de théologie positive sur la Sainte Trinité, Paris 1892–1898, 4 Bde.
29) Zur jüngsten Diskussion zu den Formeln vgl. Remmen, W. van, Die Dreifaltigkeit Gottes im Leben des Christen, Uedem 1992, 65 ff. Siehe auch: Boff, L., Der dreieinige Gott, Düsseldorf 1987.

sich zu nehmen und in eine andere Richtung zu lenken. Jetzt, ja jetzt haben wir echte Dialektik; denn alles zirkuliert wie zwischen Vater, Mutter und Kind in einer regelrechten Familie. Was wir im Auge haben müssen, ist nicht jede einzelne Person in sich und für sich, sondern den Kreislauf, der von innen her die eine in die beiden anderen mit hineinnimmt, das heißt das ununterbrochene Beziehungsspiel. Allein schon die Wörter Vater, Sohn und Heiliger Geist legen die zirkulare Relationalität nahe. Den Vater gibt es nur als Vater des Sohnes; der Sohn ist immer der Sohn des Vaters; und der Heilige Geist ist der Hauch (die ursprüngliche Bedeutung sowohl des griechischen *pneuma* als auch des lateinischen *spiritus* ist Hauch) des Vaters und des Sohnes.

Mit Tritheismus (Dreigötterglauben, der aber eine substantialistische Umdeutung der Dreieinigkeit wäre) hat Dreifaltigkeit nichts zu tun. Der Begriff »Perichorese« (so wie wir ihn im ersten Kapitel des vorliegenden Buches erläutert haben) – verstanden als Gemeinschaft und vollkommenes Bezogensein der drei Personen aufeinander – wehrt dem Mißverständnis. Kraft ihrer wesenhaften, inneren Gemeinschaft und kraft der Inter-retro-Beziehung sind die drei Personen, was sie sind. Augustinus, genialer Denker der Trinität, formuliert den Sachverhalt in unübertrefflicher Weise: »Jede der göttlichen Personen ist in jeder der anderen. Alle sind in jeder einzelnen. Jede einzelne ist in allen. Alle sind in allen, und alle sind eine einzige« (*De Trinitate*, VI, 10, 12).

Schwerlich könnte das Beziehungsspiel, das ja die grundlegende Logik der Kosmogenese ausmacht, von einem modernen Ökologen besser beschrieben werden. Wenn Gott Gemeinschaft und Beziehung ist, dann lebt alles im Weltall in Beziehung, und alles steht in Gemeinschaft mit allem, allenthalben und allezeit, wie wir im Laufe unserer Überlegung mittlerweile reichlich betont haben. Und gerade diese Erkenntnis werden Quantenphysiker, Vertreter der Geowissenschaft und Ökologen nicht müde, uns immer wieder ins Gedächtnis zu rufen.

So erweist sich die Dreieinigkelt als eine der sachgerechtesten Formen, das Geheimnis des Weltalls darzustellen, wie wir es heute (als Netz von Beziehungen, als Arena von Interdependenzen und als kosmischen Tanz) deuten. Und der begriffliche Schlüssel, mit dem wir das Geheimnis des Universums lüften, heißt Gott. Dieser Gott aber tritt uns entgegen als eine Wirklichkeit aus Beziehung und Gemeinschaft. Beziehung und Gemeinschaft bringen sich ihrerseits wieder zum Ausdruck in der Dreifaltigkeit, in dem einen und einzigen Geheimnis, da sich als Vater, Sohn und Heiliger Geist gibt.

Auch wenn die Trinitätslehre aus dem Paläochristentum stammt und schon in den archaischsten Religionen belegt ist, ist sie gleichwohl eine höchst moderne Angelegenheit. Sie steht in vollkommenem Einklang mit unserer Kosmologie.[30] Darüber hinaus gibt sie uns Kriterien an die Hand, mit deren Hilfe wir alle geschlossenen Systeme auf sämtlichen Gebieten der Kritik unterziehen können, weil ja alles Bild und Gleichnis des »Gottes in Gemeinschaft« zu sein hat und weil dieser eine absolut offene und im Prozeß befindliche Wirklichkeit ist. Zugleich ist sie aber auch eine Verheißung für die Zukunft des Alls: Das Universum wird auch weiterhin ein offenes, aber strukturiertes System sein, eingetaucht in die grenzenlose Offenheit des Lebens und des Reiches der Dreieinigkeit.

7. Das Schweigen Buddhas und Meister Eckharts

Zum Abschluß dieses Gedankengangs möchten wir noch eine Frage stellen, an der eine Theologie, die wirklich radikal sein will, nicht vorbeikommt und die übrigens auch im Buddhismus von fundamentaler Wichtigkeit ist. Es geht um den Apophatismus (das Schweigen in Anbetracht der höchsten Wirklichkeit). Die Frage drängt sich uns auf: Ist die Trinität womöglich Ausdruck noch einer anderen Realität, die dann aber wirklich das absolut Letzte ist? Über diese letzte Wirklichkeit läßt sich nun aber nichts mehr sagen, weder ob es sie gibt noch ob es sie nicht gibt. Sie liegt jenseits der Bestimmungen von Existenz und Nichtexistenz, insofern sie in sich selbst und nicht nur für den Menschen unsäglich ist (ontischer Apophatismus). Erklären wir sie für seiend, dann sagen wir damit, daß sie denk- und kommunizierbar ist und zur Ordnung der Manifestationen gehört. Dann aber ist sie nicht mehr die letzte Wirklichkeit, sondern lediglich deren Erscheinungsform. Stellen wir sie in Abrede, dann sind wir das Problem los. Nur, können wir sie denn so mir nichts dir nichts für inexistent erklären? Entzieht sie sich

---

30) Vgl. Edwards, D., An Ecological Theology of the Trinity: Some Theses, in: Jesus the Wisdom of God. An Ecological Theology, New York 1995, 111–133.

nicht unseren Kategorien von Sein und Nichtsein? So kommen wir nicht umhin, zu sagen: Sie *ist* eher jenseits des Seins und des Nichtseins – verstanden als Gegensatz und Behauptung bzw. Negation des einen und des anderen. Sie ist – in einer für wen auch immer total unfaßbaren Weise. Denn wäre sie faßbar, hieße das erneut, daß sie nicht das Letzte ist. Der Buddhismus beschäftigt sich mit der Frage – aber auch radikale Mystiker wie Meister Eckhart (1260–1328).[31]

Vor diesem Hintergrund wird verständlich, weshalb die Mystiker, allen voran Buddha, schweigen. Wenn Buddha schweigt, dann hat das weder mit ihm noch mit seinem Gesprächspartner noch mit der Natur des Menschen etwas zu tun. Buddha verweigert die Antwort, weil das die letzte Realität so erheischt. Angesichts ihrer ist allein vornehmes Schweigen eine würdevolle Haltung. Aus diesem Grund faßte Buddha den Entschluß, niemals über das Letzte zu sprechen, sondern allein über den Weg dorthin.[32] Ohne Zweifel ist der Weg, der am sichersten in Richtung der letzten Wirklichkeit führt, die Dreifaltigkeit, die heiligste Dreifaltigkeit, jenes Spiel von Beziehungen und Gemeinschaften. Für uns Christen und Christinnen ist der Weg der geschichtliche Jesus, in der lebendigen Kraft des Geistes. Zusammen mit dem Vater, der Jesus und den Geist in die Welt sendet, sind diese die heilsgeschichtliche Dreieinigkeit, die sich nach außen zeigt, selbst aber Reflex der immanenten Trinität ist, des absoluten Geheimnisses. Ohne in die Diskussion über das Wurzel-Thema einsteigen zu wollen (dazu ist anderswo der Ort), können wir hier auf jeden Fall festhalten, die Dreifaltigkeit helfe uns, in das Verständnis unseres gemeinsamen Hauses weiter einzudringen – des Planeten Erde, des Universums und ihrer Zukunft, weil sie allesamt aus dichtesten und offensten Beziehungen gewebt sind – nach dem Muster der Dreifaltigkeit. Die heiligste Dreifaltigkeit konstituiert die allen Wesen und Größen gemeinsame Sphäre, die Theosphäre.

31) Vgl. Lossky, V., Théologie négative et connaissance de Dieu chez Maître Eckhart, Paris 1960, 102–103. 117–120. 366–367.
32) Vgl. zu dem Ganzen: Pannikar, R., Il silenzio di Dio: la risposta di Buddha, a. a. O., 42–61; ders., Das erste Bild von Buddha. Einführung in den buddhistischen Apophatismus, in: Humanitas 12 (1966) 608–622.

VIII. »Der Geist schläft im Stein ...« – Der Geist wohnt im Kosmos

Wer den Kosmos als Kosmogenese versteht und in der Wirklichkeit Kraftfelder und ein enges Netz von Beziehungen erkennt, siedelt offenbar in jener Erfahrung, welche – durch alle kulturellen Traditionen der Menschheit hindurch – zu der Kategorie Geist führt. Die Lateiner sagen *spiritus* und *pneuma* die Griechen. *Ruach* heißt Geist im Hebräischen und *Mana* im Melanesischen. Von *Axé* sprechen die Nago und Yoruba in Westafrika und ihre Nachfahren in Amerika. Die Dakota-Ureinwohner in Nordamerika wissen um *Wakan*. Die Völker im nordöstlichen Asien nennen Geist *Ki* und die Chinesen *Shi*. Doch die Begriffe sind nicht das Entscheidende. So oder so, immer geht es um Leben und All im Sinne eines unermeßlichen Organismus (»Membra sumus corporis magni – Wir sind Glieder eines großen Körpers«, sagten die Stoiker) sowie um die Wirklichkeit, die da im Auftauchen begriffen ist, fließend und immerzu offen für Überraschendes und Neues. Die Welt ist voller Geist, der sich indes zu erahnen gibt im Geist der Quellen und der Berge, der Bäume und der Winde, der Menschen und der Häuser, der Städte wie des Himmels und der Erde.

Die Erfahrung, daß solch eine Lebensenergie alle Dinge durchweht, fand, wie schon gesagt, ihre systematische Entfaltung im Animismus. Bei Animismus handelt es sich, dem großen Fachmann in der Materie, Sir Edward Burnett Tylor[1], zufolge, um eine regelrechte, strukturierte, artikulierte Philosophie. Dem stimmen auch bekannte Religionsphänomenologen – wie unter anderen Gerardus van der Leeuw[2] – zu. Demnach ist der Animismus keine regionale Lehre, sondern eine Weltsicht, ja, eine einzigartige Annäherung an das All, der zufolge das Universum und jedes einzelne Ding in ihm zu verstehen sind nach dem Prinzip aller Bewegung und allen Lebens, das heißt: nach dem *animus* (daher: Animismus), nach dem *Geist*.

---

1) Tylor, E. B., Primitive Culture, 2 Bde., London 1871; deutsch: Die Anfänge der Cultur.
2) Leeuw, G. van der, Der Mensch und die Religion, Basel 1941; ders., Phänomenologie der Religion, Tübingen 1956, bes. 77–86; Salado, D., La religiosidad mágica, Salamanca 1980, 255–280.

Der Animismus ist die ursprünglichste Mentalität, das heißt jene Mentalität, welche an die tiefsten Schichten unserer Psyche rührt. In diesem Sinn sind auch wir modernen Menschen Animisten, insofern wir nämlich die Welt aus einer umfassenden, einheitstiftenden Sicht affektiv erfahren und uns als Teil eines lebendigen, uns alle umgreifenden Ganzen fühlen. Alles läßt uns eine Botschaft zukommen, alles spricht oder mindestens vermag zu sprechen: Bäume und Farben, Winde und Tiere, Wege und Gegenstände des häuslichen Gebrauchs und natürlich die Menschen. Vermöge ihrer Gegenwart haben alle Wesen eine Dynamik, die uns mitreißt und zusammenführt. Sie alle besitzen einen »Geist«, weil sie ja ihren Ort innerhalb des Bereiches des Lebens haben. Da die Dinge sprechen und mit Sakramentalität schwanger daherkommen, sind Begeisterung, Poesie und Malerei, Erfindung und jede Art von Inspiration möglich, die hinter jeder Form, etwas zu erkennen, steckt – bis hin zur ganz formalen Deutung der modernen Physik.

Ein Kind dieses Verständnisses ist der Schamanismus. Der Schamane ist kein einfach von der Kraft des Geistes, der Menschen zu außergewöhnlichen Dingen befähigt, hingerissener Enthusiast. Der Schamane ist jemand, der mit den kosmischen Energien in Fühlung tritt, den Energiestrom in sich zu kontrollieren vermag und, allein durch seine Gegenwart oder auch mit Hilfe von Gebärden, Tänzen und Riten, diese Kräfte für die Wünsche der Menschen auf der Suche nach Ausgleich mit der Natur und mit sich selbst genehm zu stimmen imstande ist. Jeder Mensch sollte die schamanische Dimension in sich wecken, um so in ein dynamisches Gleichgewicht mit den Dingen zu kommen.

Im folgenden möchten wir die Kategorie »Geist«, so wie sie unsere westliche jüdisch-christliche Tradition entwickelt hat, etwas eingehender betrachten. Natürlich böte es sich an, dies aus dem Blickwinkel anderer Überlieferungen zu tun. Nur, uns geht es darum, zu sehen, wie die Kategorie »Geist« uns hilft, die Errungenschaften der zeitgenössischen Kosmologie zu verstehen, und wie diese ihrerseits uns bereichert und unsere Erfahrung des Geistes und des *Spiritus Creator,* der ja der Motor des ganzen kosmogenischen Prozesses ist, konkretisiert.

1. Vom Kosmos zum Geist

Sicherlich hängt die Wirklichkeit des Geistes nicht an der etymologischen Erklärung des Wortes. Gleichwohl transportieren auch Begriffe Quellerfahrungen, und ihre Geschichte führt uns daran heran. Das hebräische Wort für Geist ist das Femininum *ruach*, dem wir 389 mal in der Hebräischen Bibel begegnen. Jüngere Untersuchungen habe zu Tage gefördert, daß in allen semitischen Sprachen (Syrisch, Punisch, Akkadisch, Samaritisch, Ugarit und Hebräisch) *ruach* die Wurzel *rwh* hat, was ursprünglich nicht – wie üblicherweise angenommen – Hauch und Wind bedeutet, sondern den atmosphärischen Raum zwischen Himmel und Erde, der mal ruhig, mal bewegt sein kann. Davon abgeleitet, kann *rwh* auch Entfaltung, Ausdehnung und Erweiterung des Lebensraumes bezeichnen.[3] Demnach heißt *ruach* im eigentlichen Sinn das Lebensmilieu, in dem Mensch und Tier oder jedwedes andere lebende Wesen das Leben trinken.[4] In heutiger Sprache ausgedrückt, ist *ruach* die Energie, welche die – in Expansion befindlichen – kosmischen Räume erfüllt. Uns am nächsten ist die lebende Umwelt, die Biosphäre, die alle lebenden Wesen umgibt und die die Bedingung dafür ist, daß es Leben welcher Art auch immer überhaupt geben kann. Da aber die Biosphäre nicht in sich selbst existiert, sondern in engster Verbindung steht mit Hydrosphäre, Lithosphäre und Geosphäre, können wir schließen, daß *ruach*, wie es in den jüdisch-christlichen Schriften heißt, den Erdkreis erfüllt (Weish 1,7).

Das untrüglichste Zeichen dafür, daß irgendwo Leben ist, sieht die Bibel im Atem. Aus diesem Grund wird *ruach*-Geist auch normalhin mit Lebenshauch übersetzt. Doch galt das nicht nur für üblicherweise als lebend betrachtete Wesen. Denn auch die Erde verstand man als ein lebendes Ganzes. Daß die Erde atmet, erkannte man im Wind, sei es in der Form der leichten Brise, sei es in der Form des Sturms. Auch der Wind wurde mit *ruach*-Geist beschrieben.[5]

Ruach ist die kosmische Kraft, die – ursprünglich wie sie ist – alles durchweht und beseelt. Sie ist schöpferisch und ordnungsstif-

---

3) Vgl. Cazelles, H., Saint Esprit, Ancien Testament et judaisme, in: Supplément au Dictionnaire de la Bible, IX, 129; Galot, J., L'Esprit Saint, milieu de vie, in: Gregorianum 72 (1991) 671–688, hier 671–672; Aranda, A., Estudios de pneumatología, Pamplona 1983, 17–47.
4) Vgl. Cazelles, H., Saint Esprit, a. a. O., 132.
5) Vgl. Wolff, H. W., Anthropologie des Alten Testaments, München 1973.

tend. Deshalb wird *ruach*-Geist auch schon auf der ersten Seite der Genesis genannt, wo die Schöpfung der Welt erzählt wird. Der Geist schwebte über dem *Tohu-wa-bohu* (Gen 1,2), das heißt über dem urtümlichen Wirrwarr der Wasser, und rief die verschiedenen Gruppen von Sein, je nach ihrer Ordnung, in die Existenz. Das hebräische Verbum, das die Bewegung des Geistes über den Wassern beschreiben soll: *merachephet* (schwebte), erinnert daran, wie Meeresvögel über dem Wasser kreisen oder Vögel insgesamt Eier ausbrüten[6], wobei wir hier die kosmische Dimension im Blick haben müssen, stammt doch alles aus dem kosmischen Ei.[7] In matriarchalen Kulturen deutete ein Vogel oder eine Taube auf das Werk der Großen Mutter hin, die das Leben heranreifen läßt. Nicht ohne Grund ist, wie gesagt, *ruach* im Hebräischen ein Femininum, das die Erinnerung an die mütterliche Funktion des Geistes nicht in Vergessenheit geraten lassen will.[8]

Von dieser Grundbedeutung leitet sich nun eine Fülle anderer Sinnkonkretionen ab, die allesamt in den Schriften der Bibel reichlich belegt sind.[9] Zunächst steht der Kosmos, der ja das Schöpfungswerk des Geistes ist, als ganzer mit seiner Urenergie wie mit seinen elementaren Bausteinen in Verbindung mit dem Geist; sodann: alles, was sich in der physischen Welt bewegt, wird im und vom Geist bewegt; des weiteren sind in der lebenden Welt Pflanzen und Tiere vom Geist und seinen Energien durchdrungen; vor allem aber erfährt sich der Mensch als Träger des Geistes, weil er ja eine innere Tiefe besitzt und eine Dynamik hat, die ihn zu einem Prinzip von schöpferischer Kraft und Kommunikation machen; ganz besonders sind die Propheten und Prophetinnen Männer und Frauen des Geistes, desgleich auch Charismatiker, Dichter und Mystiker; und schließlich erweist sich Gott selbst als Geist, insofern er sich als Ur- und Quellenergie offenbart, als das eigentliche Lebensmilieu, als Ruachsphäre, könnten wir auf hebräisch sagen, und als Pneumatosphäre auf griechisch. So oder so, festzuhalten gilt: Der Geist

6) Vgl dagegen: Rad, G. von, Das erste Buch Mose – Genesis, Göttingen ⁸1967, 37.
7) Vgl. Dumas, F. R., L'œuf cosmique: le symbolisme de la genèse universelle, St. Jean-de-Braye 1979.
8) Vgl. Mayr, F., Die Einseitigkeit der traditionellen Gotteslehre, in: Heitmann C./Mühlen, H. (Hrsg.), Erfahrung und Theologie des Heiligen Geistes, München 1974, 249.
9) Vgl. dazu: Versch., Art. Pneuma usf. in: Kittel, G. (Hrsg.), Theologisches Wörterbuch zum Neuen Testament, Bd. 6, Stuttgart 1965, 330–453; Schweizer, E., Heiliger Geist, Stuttgart 1978; Bouyer, L., Le Consolateur, Esprit Saint et vie de grâce, Paris 1980; Comblin, J., Der Heilige Geist, Düsseldorf 1988.

ist von Anfang an im Universum präsent, er durchdringt den Kosmos und kennt verschiedene Formen des Auftauchens aus ihm, bis er schließlich zu seiner höchsten Bekundungsform aufgipfelt im göttlichen Geist.

2. Vom Geist zum menschlichen Geist

Wir wollen uns ein wenig näher mit dem menschlichen Geist beschäftigen, weil uns dieser die Grundlage zur Auseinandersetzung mit dem göttlichen Geist bietet. Wenn wir von Geist reden, liegt es uns fern, innerhalb des Menschen den einen Teil vom anderen, will sagen: von der materiell-körperlichen Struktur, abzuheben. Das Wort Geist bezeichnet vielmehr die Gesamtheit des Menschen, insofern es eine Seinsweise zum Ausdruck bringt: daß der Mensch ein lebendes und bewußtes Wesen ist, fähig der Gesamterfassung und der Kommunikation und ausgestattet mit Intelligenz, Einfühlungsvermögen und Freiheitswillen. Dabei manifestiert sich die bewußte Lebendigkeit, wie bereits angedeutet, in vier Artikulationen:

– Menschlicher Geist ist eine Kraft zu *Synthese und Einheit*. Die bewußte Lebendigkeit strukturiert sich um einen vitalen Mittelpunkt, um das bewußte und unbewußte Ich. Dieses führt alle Erfahrungen, welche der Mensch in Sachen Kontakt, Gemeinschaft oder Absage an die Wirklichkeit sowohl auf phänomenologischer als auch auf Tiefen- und archetypischer Ebene macht, zu einer Einheit zusammen. Leben ist mithin die Fähigkeit, ununterbrochen zu synthetisieren, dynamisch und offen, ohne indes je einer geschlossenen und abgeschlossenen Einheit zu erliegen. Immer haben wir es mit einem offenen System zu tun, das sich in einem dynamischen, aber auch zerbrechlichen Gleichgewicht befindet und in Bezug steht zur Welt, zu sich selbst, zu den anderen, zum Geheimnis und zum Ganzen.

– Menschlicher Geist ist eine Kraft zu *Sozialisierung und Kommunikation*. Menschlicher Geist ist eine Koexistenz, ein Knäuel von Beziehungen. Das Ich konstituiert sich dank einem Spiel von Beziehungen zu anderen Ichs, das heißt zu Dus und anderen tief es berührenden Gegenübern, mit denen es Fäden des Hin und Her und der Komplementarität unterhält.

– Menschlicher Geist ist eine Kraft zur *Sinngebung*. Alles, was dem Menschen widerfährt, hat eine Bedeutung für ihn. Ein Faktum ist nie bloß ein Faktum, sondern immer auch etwas, das entziffert und gedeutet werden will. Der Mensch ist imstande, eine Sache symbolisch zu verstehen, ihr etwas hinzuzufügen und sie als Trägerin eines offenkundigen bzw. verborgenen Sinns zu betrachten.

– Menschlicher Geist ist eine Kraft zur *Transzendenz*. Kein Mensch läßt sich in eine Formel pressen oder in eine Struktur zwängen. Der Mensch übersteigt alles und bleibt immer eine offene Frage – offen nach oben, nach links und nach rechts, vorwärts und rückwärts, nach innen und über sich selbst hinaus. Und seine Transzendenz lebt. Deshalb ist der Mensch ein ewiger Protestierer, nie mit der eigenen Natur zufrieden.

Wenn wir Geist sagen, wollen wir diese lebendige Dynamik, die im Menschen zur Konkretion findet, ins Wort holen. Es geht also nicht um etwas am und im Menschen, sondern um den spezifischen, einzigartigen Modus der Existenz des Mannes wie der Frau.[10]

Was wir vom menschlichen Geist erfahren, dient uns nun als Grundlage zum Verständnis dessen, was göttlicher Geist bedeutet. Der göttliche Geist zieht die Merkmale des Geistes ins Unendliche, ins Ewige und in die Fülle aus.

3. Vom menschlichen Geist zum göttlichen Geist

Wer sagt: »Gott ist Geist«, will Gott darstellen im Rahmen von Leben, Aufbrechen, Aufwallen, Kommunikation und Transzendenz über jede Gegebenheit hinaus, von Entfaltung, Leidenschaft und vulkanhafter Liebe. So zu reden beinhaltet sich zu verabschieden von einer bestimmten Art von Metaphysik – von einer Metaphysik, in der es um das Statische, um das immer mit sich selbst Identische und um eine Skala der Wesen geht, die schließlich zu ihrem Gipfel gelangt im *summum Ens*, im *unbewegten Beweger*, in Gott. Geist setzt einen anderen Zugang voraus. Geist verweist auf Energie, auf einen absolut offenen Prozeß und auf eine Kraft, die weder Schranke noch Grenze kennt. Geist-als-kosmische-Kraft und Lebensenergie weht, wo er will, und erfüllt die ganze Kosmogenese mit Dynamik. Geist ist der *ubique diffusus, transfusus* und *circumfusus* der Kirchenväter, mit anderen

---

10) Vgl. Robinson, H. W., The Christian Experience of the Holy Spirit, London 1962, 62–78.

Worten: der, der alle Dinge erfüllt und in allen Räumen und Zeiten ausgegossen ist.[11]

Allerdings sollte man die eine Metaphysik nicht gegen die andere ausspielen. Beide ergänzen sich, wie sich in der Quantenphysik ja auch Materialteilchen und Energiewelle zum Verständnis der Wirklichkeit ergänzen.[12] Geist ist Energie, Leben und sich unentwegt selbstrealisierender, mitteilender und selbsttranszendierender Prozeß. Zugleich ist er aber auch, ohne seinen prozeßhaften Charakter zu verlieren, eine konsistente, nichtimaginäre Größe der Gemeinschaft und der Liebe. Das Verständnis Gottes als Geist läßt ihn uns auf dem Weg des Lebendigen, des Beziehungsspiels und der Subjektivität erfahren. Horchen wir noch tiefer in diese Erfahrung hinein, rühren wir an den absoluten Geist, der das ganze Universum mit dem verlebendigt (*Spiritus vivificans* des christlichen Glaubensbekenntnisses), was wir Gott nennen.

So gewinnt Gott die Gestalt des göttlichen Geistes. In der üblichen religiösen Sprache heißt das Heiliger Geist. Das Wort »heilig« hat aber keine ethische, sondern eine ontologische Konnotation. In der Bibel ist die Heiligkeit das Identitätsmerkmal Gottes, das heißt das, was ihn von allen anderen Wesen unterscheidet. Gott ist der Heilige par excellence – der, der in einem unnahbaren Licht wohnt, an das wir nur in Ehrfurcht und Verehrung herankommen.[13] Immer wieder machen Menschen Erfahrungen, die sie auch im normalen Umgang den Geist erahnen lassen.

Da ist zunächst die *Ekstase* zu nennen. Ekstase ist jedoch nicht im Bereich des Wunderbaren anzusiedeln, sondern im Horizont der Erfahrung einer ganz bestimmten, einzigartigen Gegenwart, wie wir sie durchaus auch im alltäglichen Leben machen können. Zur Ekstase gelangen Menschen immer dann, wenn sie eine aufs äußerste verdichtete Gegenwart spüren. Gegenwart ist die Ausstrahlung des Seins, das sich rückhaltlos nach außen, in Richtung auf die anderen öffnet. Geist erfahren wir in der existentiellen Ekstase unter dem Eindruck der Einzigartigkeit des Lebens, der Größe des Ster-

11) Siehe die entsprechenden Texte in: Ladaria, L. E., El Espíritu Santo en San Hilario de Poitiers, Madrid 1977, 40–41.
12) Vgl. Kovel, J., History and Spirit, Boston 1991, 22–39; Wilber, K. (Hrsg.), Quantum Questions. Mystical Writings of the World's Great Physicists, Boston–London 1985, 115–122. 129 ff.
13) Vgl. dazu das monumentale Werk von Congar, Y., Der Heilige Geist, Freiburg–Basel–Wien 1982, 418–423.

nenhimmels oder der Begegnung mit einem charismatischen (geistdurchdrungenen) Menschen.

Ein anderes Medium, in dem sich der Geist offenbart, ist der *Enthusiasmus*. Allein schon die Wortgeschichte des Begriffs ist erhellend. Das griechische Kompositum *en-theós* heißt übersetzt: voll von Gott. Wer enthusiastisch bzw. begeistert ist, fühlt sich wie besessen von einer außergewöhnlichen Kraft, die ihn bzw. sie mit den größten Schwierigkeiten fertigwerden und die weitreichendsten Initiativen ergreifen läßt. Enthusiasmus gebiert Üppigkeit des Lebens, macht Lust zu arbeiten und zu schaffen, beschwingt zu Genuß und Tanz. Enthusiastische Begeisterung macht den Menschen zu einem *éntheos*, zu jemandem, in dem bzw. in der Gott Wohnung nimmt.[14] Nicht ohne Grund brachten die Griechen den Enthusiasmus mit dem Gott Dionysos in Verbindung, bei dessen Kult viel gesungen und gefeiert, aber auch viel Wein getrunken wurde. Auch das Charisma mancher Personen, das sich in einer besonderen Fähigkeit, sei es zu reden, etwas zu gestalten oder mit anderen wie auch mit Gott Kontakt aufzunehmen, zum Ausdruck bringt, zeigt dieselbe Struktur wie der Enthusiasmus. Kein großes Werk und kein schöpferischer Entwurf, die nicht unter dem mächtigen Einfluß des Enthusiasmus zustande gekommen wären.

Ein weiteres Zeichen für die Gegenwart des Geistes ist die *Inspiration*. Wie der Enthusiast, so fühlt sich auch der inspirierte Mensch von einer größeren Kraft in Beschlag genommen. Nicht er denkt und schreibt, malt oder modelliert, sondern ein Größerer ist es, der ihn oder sie unbändig treibt, das Werk in die Tat umzusetzen. Auch im täglichen Umgang erfahren wir etwas von Inspiration, wenn wir sagen, da habe jemand »Geistesgegenwart« gezeigt. In der Regel handelt es sich dabei um eine problematische, wenn nicht ausweglose Situation. Dann kommt es auf das richtige Wort oder auf den rettenden Handgriff an. Die Leute um das Geschehen herum schauen neugierig und gespannt. Plötzlich, ohne zu wissen, warum und wieso, sagt oder tut der Mensch das einzige, was zu sagen oder zu tun ansteht. Alle sind überzeugt. Der Mensch hat Geistesgegenwart gezeigt. Die Griechische Bibel beschreibt solch eine Reaktion in einer derart beklemmenden Situation als Gegen-

---

14) Vgl. das klassische Werk dazu von Knox, A., Enthusiasm. A Chapter in the History of Religion, New York 1950; Keller, C. A., Enthusiastisches Transzendenzerleben in den nichtchristlichen Religionen, in: Heitmann, C./Mühlen, H., Erfahrung und Theologie des Heiligen Geistes, a. a. O., 49–63.

wart des Heiligen Geistes. »Wenn man euch abführt und vor Gericht stellt, dann macht euch nicht im voraus Sorgen, was ihr sagen sollt; sondern, was euch in jener Stunde eingegeben wird, das sagt! Denn nicht ihr werdet dann reden, sondern der Heilige Geist.«[15] Verschiedene Religionen, einschließlich des Judäochristentums, verstehen ihre Heiligen Schriften als vom göttlichen Geist inspiriert.

Einen vierten Hinweis auf das Wirken des Geistes sehen wir in der *Kommunikation*. Kommunizieren heißt: aus sich heraustreten, den geschlossenen Kreis der eigenen Identität aufbrechen und sich dem Gegenüber anvertrauen. Kommunikation ist ein Prozeß der Selbsttranszendierung. In der so definierten Kommunikation und im Anknüpfen von Beziehungen in alle Richtungen erkennen wir nun den Geist. »Im Anfang war der Bezug« (Martin Buber) – mit anderen Worten: Am Anfang war der Geist, der Beziehungen nach außerhalb seiner aufbaut und alle Dinge aus dem Nichts holt.[16]

Schließlich ist ein Indikator für den Geist die *Rationalität* und die *Ordnung* im All. Gerade davon waren ja auch Newton und Einstein fasziniert. Und auch heute noch, da die neue Kosmologie mit Chaostheorie und Unbestimmbarkeitsprinzip (Heisenberg) arbeitet, gilt, daß das Chaos dank dem Geist immer wieder generative Kräfte an den Tag legt und daß die Unbestimmbarkeit die unterschiedlichsten Seins- und Lebensformen hervorbringt. Der Pfeil der Zeit, der sich aus dem kosmogenischen Prozeß löst, verweist auf ein Ziel, das sich nach und nach im Laufe von Milliarden von Jahren verwirklicht. Ist es da nicht eine Forderung der Vernunft, von einer höchsten Rationalität und von einem unendlichen Geist auszugehen?

4. Vom göttlichen Geist zur dritten Person der christlichen Dreieinigkeit

Wie kam es vom Heiligen Geist zur dritten Person der christlichen Dreieinigkeit? An dieser Stelle ist nicht der Ort für den Versuch, die spezifisch christliche Gottesprädikation als Trinität, als Vater, Sohn

---

15) Mk 13, 11 ff; Mt 10, 19 ff; Lk 12, 11 ff. Vgl. Brandt, H., O risco do Espírito, São Leopoldo 1977, 62–68.
16) Vgl. dazu die systematischen Überlegungen von Tillich, P., Systematische Theologie III, Stuttgart 1968, 21–337, bes. 135 ff.

und Heiligen Geist, zu begründen. Wir möchten es hier mit den Überlegungen im vorigen Kapitel bewandt sein lassen. Die christliche Gemeinde brauchte Generationen, um sich zu verdeutlichen, daß es galt, den Geist, von dem die Schriften sprechen und den die Frommen als Gott anbeteten, in den Kategorien des trinitarischen Geheimnisses zu denken.

Die große Frage, welche die Urkirche zu beantworten hatte, war Jesus Christus bzw. näherhin das Geheimnis, das sich mit seinem Tun, seinem messianischen Anspruch, seinem Leiden und insonderheit mit dem Ereignis seiner Auferweckung verband. Erst nachdem drei Generationen von Christen und Christinnen gemeinschaftlich über die Frage meditiert hatten, kamen sie zu der Erkenntnis, die uns in den Texten der gegenwärtigen Griechischen Bibel überliefert ist, daß Jesus auf seine Weise der Sohn Gottes war. Gegen Arius, den berühmten Theologen aus Alexandrien, der aus Ehrfurcht vor der Jenseitigkeit Gottes dem Menschen Jesus von Nazaret die Gottheit bestritt, definierte das Konzil von Nizäa im Jahre 325: »Wir glauben an den einen Gott, den allmächtigen Vater, ... und an den einen Herrn Jesus Christus, den Sohn Gottes, ... gezeugt vom Vater, das heißt aus der Wesenheit des Vaters.«

Nun ist aber bei dieser Formel die Gefahr nicht auszuschließen, daß man von einer Art Zweipoligkeit her denkt (Vater und Sohn). Um folglich den Glauben an die Dreifaltigkeit zu gewährleisten, fügt Nizäa – ohne jede weitere Erklärung – hinzu: »Und an den Heiligen Geist«.

In der Folge konzentrieren sich die Theologen immer mehr darauf, was denn der Inhalt dieses knappen, unumwundenen Bekenntnisses sei. Wer oder was ist der Geist? Gott? – und mithin ungeschaffener Schöpfer? Oder ist er ein Geschöpf Gottes, eine kosmische Kraft, die auf jemanden vor ihm verweist, der größer ist als er selbst? Über eine ganze Generation hin diskutierten die größten Intellektuellen des damaligen Christentums vom Gewicht eines Basilius, seines Bruders Gregor von Nyssa und Gregors von Nazianz mit Akribie und Geistesschärfe darüber, in welchem Sinn der Geist Person sei und welche Stelle er im Geheimnis der Dreieinigkeit einnehme. Wie verhält er sich zu Vater und Sohn und an der Seite der beiden? Die Auseinandersetzungen der Menschen im vierten Jahrhundert gipfelten in der Formulierung des Nizänokonstantinopolitanischen Glaubensbekenntnisses 381: »Ich glaube an den Heiligen Geist, den Herrn und Lebensspender, der vom

Vater ausgeht. Er wird mit dem Vater und dem Sohne zugleich angebetet und verherrlicht. Er hat gesprochen durch die Propheten.« Aus der Formulierung erhellt, daß der Heilige Geist dasselbe Wesen hat wie der Vater, aus dem er ja hervorgeht. Infolgedessen ist er auch Gott, und deshalb verdient er dieselbe Anbetung und Verherrlichung wie der Vater. Um die Übereinkunft im Glauben zu erhärten, rief Papst Damasus I. (366–384) im Jahre 382 ein Konzil nach Rom ein, auf dem er eine Reihe von Canones über die Dreifaltigkeit und über die Inkarnation bekannt geben ließ. Wörtlich heißt es da unter anderem: »Wer nicht bekennt, daß der Heilige Geist, wie der Sohn, wahrhaft und eigentlich aus dem Vater ist, aus der göttlichen Wesenheit und wahrer Gott, irrt im Glauben« (Denziger-Schönmetzer 168; Neuner-Roos 258). Beziehungsweise noch deutlicher: »Wer nicht bekennt, daß es nur eine Gottheit, Macht, Majestät und Gewalt gibt, nur eine Herrlichkeit und Herrschaft, ein Reich, einen Willen und eine Wahrheit des Vater und des Sohnes und des Heiligen Geistes, der irrt« (DS 172; NR 262).

Seither läßt sich das kollektive Bewußtsein der Christinnen und Christen auf die Formel bringen: Christliche Rede von Gott ist trinitarisch; Gott ist nicht die Einsamkeit des einen, sondern die Gemeinschaft der göttlichen Drei, die in einer Weise perichoretisch aneinander rück-gebunden sind, daß sie einen einzigen Gott in Liebe, eine einzige Gottheit in Gemeinschaft und ein einziges Geheimnis bestehend aus Beziehungen bilden.

Als man aber versuchte, die Beziehung zwischen den göttlichen Drei und die Ordnung in der Benennung intellektuell aufzuarbeiten (die Drei sind gleichermaßen Gott; deshalb aber ist es noch lange nicht richtig, zu sagen, der Vater sei der Sohn oder der Heilige Geist und umgekehrt; die Benennung kennt eine Reihenfolge, angefangen mit dem Vater über den Sohn bis hin zum Geist, welcher der Hauch der beiden ist), kam es zu einer Diskussion, die bis auf den heutigen Tag kein Ende gefunden hat. Und was den Heiligen Geist betrifft, geht er allein aus dem Vater oder auch aus dem Sohn hervor? Für den Fall, daß er wie der Sohn allein aus dem Vater hervorginge, hätte dann aber der Vater nicht zwei Söhne? Oder geht er aus dem Vater durch den Sohn hervor? Mit Fragen dieser Art rühren wir an den wunden Punkt des *filioque* (*und auch aus dem Sohn*), das zur Zeit des Patriarchen Photios von Konstantinopel zur

Spaltung zwischen den beiden Schwesterkirchen, der orthodoxen und der römisch-katholischen, führte.

Auf den beiden Konzilien von Lyon 1274 und von Florenz 1438 wurde die westliche Position zur offiziellen Lehre der Kirche erklärt: Der Heilige Geist gehe gleichermaßen aus dem Vater und dem Sohn hervor. Die Definition gewährleistete die volle Wesensgleichheit der drei göttlichen Personen. Der Verdacht war ausgeräumt, der Heilige Geist sei ein göttliches Geschöpf bzw. die Gegenwart der Kraft Gottes in der Geschichte und keine eigene Person neben dem Vater und dem Sohn.

Allerdings ist die Formulierung nicht frei von theologischen Unzulänglichkeiten. Wenn wir sagen, der Geist gehe aus dem Vater und dem Sohn hervor, bringen wir ihn in gewisser Weise in eine doppelte Abhängigkeit. Er kommt immer nach den beiden anderen an dritter Stelle; seine Ordnung im trinitarischen Prozeß definiert sich von der Ordnung der beiden anderen Personen her, die ihm der Natur nach vorausgehen. Aus diesem Grund fordern viele Theologen, einschließlich des Verfassers des vorliegenden Buches, eine immerwährende göttliche Perichorese und treten für die Gleichzeitigkeit der göttlichen Personen ein, die in gleicher Weise ewig und unendlich sind. Sie gehen nicht nach Art einer Theogonie auseinander hervor, als ob das metaphysische Prinzip der Ursächlichkeit auch für Gott gälte und mithin über Gott stünde. Die Redeweise des »Hervorgehens« ist analog zu verstehen und stellt eine metaphorisch-symbolische Form dar, zu zeigen, wie sich die Drei gegenseitig einwohnen und eine ewige Gemeinschaft bilden, aufgrund deren der eine immer aus dem anderen, für den anderen, mit dem anderen und im anderen ist (Perichorese bzw. *circuminsessio*). Die Relationen bestehen eher in Partizipation und gegenseitigem Offenbaren als in hypostatischer Herleitung, eher in Korrelation und Gemeinschaft als in Produktion und Hervorgehen. Was da produziert wird und hervorgeht, sind nicht die Personen im Wechselspiel, sondern ist die innertrinitarische und interpersonale Offenbarung. Die eine Person ist Bedingung dafür, daß sich die andere offenbaren kann, in einer unbegrenzten Dynamik, wie Spiegel, die sich dreifach spiegeln, ohne Ende. Dann aber geht es nicht nur um das *Filioque*, sondern wir müssen auch ein *Spirituque* und ein *Patreque* fordern.[17]

---

17) Vgl. Boff, L., Der dreieinige Gott, Düsseldorf 1987, 145–179.

Diese Diskussion legte die Reflexion über den Geist an die Kette der ungelösten Probleme zwischen den beiden Schwesterkirchen. Damit aber wurde keine Seite dem immensen Werk des Heiligen Geistes im Kosmos, in der menschlichen Geschichte und in der Biographie der einzelnen wie der Kulturen überhaupt gerecht. Die griechische Theologie hat einen Hang zum Monarchismus (das heißt zur Monarchie des Vaters in der Ordnung der innertrinitarischen Beziehungen; denn in der Logik der Griechen hat der Vater das göttliche Wesen inne und teilt es auf differenzierte Weise dem Sohn und dem Heiligen Geist mit), während das Denken der Lateiner zum Christomonismus tendiert (Christus ist alles; gestern, heute und immer ist alles auf Christus hin zentriert, als ob es den Vater und den Geist gar nicht gäbe). Damit ist sowohl der griechische als auch der lateinische Ansatz jeweils eine Theologie ohne den Geist – und mithin *cum grano salis* linear, autoritär und der Freiheit abhold. Viele Charismatiker, Propheten und Reformatoren, die sich auf den Heiligen Geist beriefen, wurden nicht selten summarisch in monarchische (der Patriarch als Vertreter des Vaters trifft die Entscheidungen) bzw. christomonische (die Hierarchie als Vertreterin Christi legt die Dinge fest) Raster gepreßt und als Ketzer verdammt. Die Verurteilung Joachims von Fiore, Martin Luthers und der gegenwärtigen Bewegung der Befreiungstheologie sind anklagende Belege für die Geistvergessenheit der Kirchen. Und wenn die Armen mit ihrem Schrei nach Leben und Gerechtigkeit bei den Kirchen kein Gehör finden, wie es allzu oft in der Dritten und Vierten Welt vorkommt (die Rede ist von den Armen der Zweidrittelwelt), dann wird die Geistvergessenheit zur Gotteslästerung gegen den Heiligen Geist; immerhin pflegt die Kirche ja die alte Tradition, daß sie in der Liturgie der Pfingstmesse den Heiligen Geist als *pater pauperum* und *consolator optime*, als *Vater der Armen* und *verläßlichen Tröster* besingt. Die Kirche mag verfolgt und verleumdet werden von den Mächtigen dieser Welt; nur was nicht passieren darf, ist, daß sich die Armen über sie beklagen und sich von ihr verabschieden. Eine Kirche, die die Armen verliert, verliert den Vater der Armen, das heißt den Heiligen Geist, und verrät Christus, der ja als Armer durch diese Welt gegangen und nackt am Kreuz gestorben ist.

Seit den siebziger Jahren jedoch ist in den Kirchen und im Bewußtsein der Menschheit ein Advent des Geistes zu beobachten. Allenthalben sprießen Gruppen aus dem Boden, die nach dem

Geist verlangen.[18] Doppeldeutig, ja widersprüchlich wie die Gruppen sein mögen, eines ist ihnen indes gemeinsam: Ihnen allen geht es weniger um eine Lehre von Gott als vielmehr um eine lebendige Begegnung mit Gott, weniger um eine neue Religion als vielmehr um eine neue Spiritualität mit Schwerpunkt auf dem Geist – einem Geist, der von Gott kommt, den Kosmos durchweht, das Leben aufbricht, das Bewußtsein der Menschen entscheidend prägt und von den Glaubensgemeinschaften gefeiert wird. Aus dieser Spiritualität kann dann eine neue Religion geboren werden, deren Auftrag darin besteht, alle Erfahrungen, die Menschen machen, rück-zubinden und der Zivilisation einen neuen Sinn zu verleihen.

5. Der Geist in der Schöpfung und die Schöpfung im Geist

Wenn der Geist immer mit dem Vater und dem Sohn zusammenzudenken ist, tut sich die Frage auf, inwieweit er in das Geheimnis der Schöpfung involviert sei. Dank der Perichorese (dem wesensmäßigen Mit- und Ineinander der göttlichen Personen) eignet der Schöpfung ein trinitarischer Charakter. In der Tat der Schöpfung sind die drei Personen gemeinsam am Werk, wenn auch jede persönlich mit den Eigenschaften ihrer Hypostase (Person). Der Vater schafft *durch* den Sohn *im* Heiligen Geist.

Da also die Drei gemeinsam mit-schaffen, haben alle Dinge eine geheimnisvolle Tiefe, die aus dem Geheimnis des Vaters erwächst (dessentwegen die Dreifaltigkeit einen unauslotbaren, abgrundtiefen, geheimnisvollen Charakter hat). Aber sie haben auch eine Dimension von Licht und Verstehbarkeit; und diese ist der Reflex des Sohnes, der ja dort seinen Ort hat, wo das trinitarische Geheimnis sein Licht und seine Weisheit offenbart. Und schließlich dürfen wir auch nicht die Seite von Geheimnis und Liebe übersehen; und diese ist gewollt im Heiligen Geist, der dort angesiedelt ist, wo Gemeinschaft und Liebe zu spüren sind.

Da die drei Personen in der Schöpfung zusammenwirken (Perichorese), ist alles gekennzeichnet von und eingewoben in Beziehungen, Interdependenzen und vielfältige Gemeinschaften. Der

---

18) Vgl. Schiwy, G., Der Geist des neuen Zeitalters. New-Age-Spiritualität und Christentum, München 1987.

Kosmos erweist sich als ein Spiel von Beziehungen, weil die Vorlage, nach der er gemacht wurde, der dreieinige Gott ist.

Wenn wir sagen, die Schöpfung sei entworfen und ins Werk gesetzt im Geist, dann sagen wir damit auch, daß sie die einzigartigen Charakteristika des Heiligen Geistes trägt. Einige seien genannt. Ermöglichung des Neuen und Erneuerung aller bestehenden Dinge ist das erste Merkmal. So ist der Geist in der ersten Schöpfung am Werk (Gen 1,2). Er schafft, ordnet und läßt jedes Ding zu seiner Zeit und unter seinen Bedingungen auf den Plan treten. Das gilt für die Erschaffung der endlichen Dinge, an der er ganz intensiv beteiligt ist. Als erster gelangt er ans Ziel des kosmogenischen Prozesses in Jesus von Nazaret. Die Evangelien schreiben die Menschwerdung des Sohnes dem Geist zu. Zu Josef sagt der Engel im Traum: Das in Maria »Gezeugte, aus Geist ist es, dem Heiligen« (Mt 1,20). Bei Lukas steht, der Geist sei über Maria gekommen, was wohl heißen soll, sie sei in göttliche Höhe erhoben worden. »Deshalb wird auch das Kind heilig und Sohn Gottes genannt werden« (Lk 1,35). Daß Jesus von den Toten auferweckt und damit eine Form völlig realisierten Lebens, ohne Entropie und schon mit göttlichen Symptomen, eröffnet wird, verdanken wir ebenfalls dem Geist (vgl. Röm 1,4; 1 Tim 3,16). Auch die Gründung der Kirche – jener Gemeinschaft, die das Erbe Jesu durch die Geschichte weiterträgt (vgl. Apg 2,32) – geht auf die Initiative des Geistes zurück. Und schließlich trägt jeder Mensch im Modus der Be-geist-erung und des Lebens den Geist in sich.

Der Geist schafft Unterschiede und Komplexitäten – was ein weiteres Merkmal ist, das ihn auszeichnet. Die Vielfalt der Wesen, die zahllosen Lebensarten, die verschiedensten Energien, welche am Weltall bauen, alles das deutet auf die unterschiedlichsten Wirkweisen des Geistes hin. Offenbar hat der Geist eine Vorliebe für die Differenz. Im Zusammenleben der Menschen teilt er die unterschiedlichsten Talente aus, und in der christlichen Gemeinde – so Paulus (1 Kor 12,7–11) – läßt er es nicht an den buntesten Charismen mangeln.

Ein drittes Distinktivum erkennen wir daran, daß der Geist das Prinzip der Gemeinschaft ist. Zum einen haben wir eine Fülle von Energien, Teilchen, Wesen, Lebensarten und Möglichkeiten von Intelligenz. Zum anderen aber bilden sie alle nur einen Kosmos. »Es gibt verschiedene Gnadengaben, aber nur den einen Geist«, argumentiert Paulus (1 Kor 12,4). Unterschied und Unterschiedlichkeit ermöglichen Gemeinschaft und Einheit, sofern alle offen sind für alle und auf alle einzugehen bereit sind. Was für die Gemeinschaft im Glauben gilt, gilt auch für die Gemeinschaft von Menschheit, Erde und Kosmos: »Jedem offenbart sich der Geist, damit es Nutzen bringt«, so wiederum Paulus (1 Kor 12,7). Doch wem soll die Offenbarung des Geistes nützen? Im Originaltext bei Paulus wird kein Bezug genannt. Wir meinen, die Vorteilnehmer könnten nicht nur die Menschen sein, der Nutzen müsse darüber hinaus in einem umfassenden, kosmischen Sinn verstanden werden. Ist der Geist einerseits das Prinzip der Differenz, ist er andererseits auch der Motor zur Gemeinschaft. »Ob Juden oder Griechen, ob Sklaven oder Freie, alle wurden wir mit dem einen Geist getränkt« und »zu dem einen Leib getauft« (1 Kor 12,13). Oder in der Sprache der Kosmologie gesagt: Ob Urenergien oder Elementarteilchen, ob Galaxien oder Konglomerate von Milchstraßen, ob Milliarden von Sternen mitsamt ihren Planeten, ob organische und anorganische oder intelligente und höchst komplexe Wesen, alle gehen sie auf ein und denselben Geist zurück, der sie alle durchdringt, mit Bewegung und Ausstrahlung erfüllt und mit Verheißung anreichert, die in der Zukunft in Erfüllung gehen sollen. Wie an Pfingsten alle in den verschiedensten Sprachen ein und dieselbe Befreiungsbotschaft hörten (Apg 2,11), so weist die Vielfalt an Energien und Wesen auf ein und dieselbe schöpferische Quelle hin, auf den *Spiritus Creator* und *Dominus vivificans*. Er ist die Relation der Relationen.[19]

Christen und Christinnen klingt die Rede von der Inkarnation des Wortes vertraut im Ohr. Der ewige Sohn wurde ein irdischer Sohn der Menschheitsfamilie, dessen Stammbaum und Vorfahren die Evangelien zu skizzieren sich bemühen (Mt 1,1–17; Lk 3,23–37). Durch ihn ist das ganze Universum von der Menschwerdung betroffen und in gewisser Weise in das Geheimnis der Dreifaltigkeit hineingeholt. Aber spricht jemand von der Wohnungsnahme des Geistes, spitzen sie die Ohren. Wie der Sohn »Fleisch wurde« *(sarx egéneto)*, so »zeltete« *(eskénosen:* Joh 1,14) auch der Heilige Geist unter uns (vgl. Lk 1,35) und »nahm Wohnung« im Weltall. Wie der Sohn vom Vater gesandt wird, so wird auch der Geist vom Vater gesandt. Bei genauen Hinsehen entdecken wir, daß, wer zuerst gesandt wird, der Geist ist. Wer in der Ordnung der trinitarischen Begrifflichkeit zuletzt genannt wird, ist in der Ordnung der

---

19) Vgl. Siebel, W., Der Heilige Geist als Relation. Eine soziale Trinitätslehre, Münster 1986.

Schöpfung der erste. Er schwebte über den Wassermassen. Er kommt als erster auf Maria nieder. Mit dem *Fiat*, das Maria spricht, beginnt er die heilige Menschheit des Sohnes Gottes zu bilden, im Zusammenwirken mit dem Frau- und Muttersein der Jungfrau und Braut in Nazaret.

Wenn wir sagen, der Geist habe sein Zelt in der Schöpfung aufgeschlagen und wohne in ihr, dann sagen wir einschlußweise damit auch, er sei mit seiner einzigartigen Persönlichkeit auf dichteste Weise präsent. Nicht einfach vorübergehend, wie im Leben eines Propheten oder einer inspirierten Charismatikerin, sondern ständig und bleibend. Der Geist hat sich das All angelegt sein lassen und es zu seiner Wohnung gemacht, von dessen Nullpunkt an. Wenn wir im Glauben bekennen, er sei der »Lebensspender« *(Dominus vivificans)*, dann setzen wir damit voraus, daß er sich selbst als Person dem Universum mitgeteilt hat. Vorbehaltlos hat er sich hingegeben und ist ganz aus sich heraus in seine Schöpfung getreten. Vermöge der Tatsache, daß er mitten drin ist in der Schöpfung, konnte er dann entsprechend den verschiedenen Phasen des kosmogenischen Prozesses in den verschiedenen Formen auftauchen.

Die Gegenwart des Geistes ist abzulesen an der Lebendigkeit der Dinge. Wie gesagt: Alles, angefangen mit den elementarsten Energien und Teilchen, ist durchdrungen von der Wirklichkeit des Lebens. Der Geist kündigt sich an in den Unterschieden der Wesen mit ihrer je spezifischen Art, sich in Komplexität und Subjektivität, in Innerlichkeit und Gemeinschaftsfähigkeit darzustellen. Das gilt natürlich vor allem im Blick auf die komplexesten Wesen. Gerade im menschlichen Geist gestaltet sich der Geist seinen Tempel.[20] Dennoch: Trotz aller Vielgestaltigkeit ist das All eine Einheit und ein organisches, dynamisches, harmonisches Ganzes. Und darin gibt sich der Geist zu erkennen als Motor, der den kosmogenischen Prozeß treibt, und als Pfeil der Zeit, der zielgerichtet auf die Konvergenz in der Diversität strebt. Doch im Werdelauf von Konvergenzen und im Sichaufbauen von immer höheren Ebenen von Komplexität, Innerlichkeit und Transzendenz läßt sich der Geist durchaus anfassen von den Veränderungen in der Schöpfung. Er geht nicht auf Distanz zu ihr in die eine oder in die andere Rich-

20) Vgl. Congar, Y., Le Mystère du temple, Paris 1958; Verges, S., Imagen del Espiritu de Jesus, Salamanca 1977, 330 ff.

tung. Da er sie sich von Anfang an zu eigen gemacht und in ihr ständige Wohnung genommen hat, freut er sich mit ihr, leidet mit ihr, seufzt in Gleichklang mit den Geschöpfen und hofft auf Erlösung und Befreiung.[21] Da er die Schöpfung liebt und sein Zelt in ihr aufgeschlagen hat, kann ihn das Drama, zu dem sie fähig ist, auch »mit Trauer erfüllen« (vgl. Eph 4,30) und sogar »auslöschen« (vgl. 1 Thess 5,19). Wie das Tempelzelt *(schekina)* mit dem Volk Israel überall mit hinzog und selbst den Weg in die Verbannung nicht scheute, so geht auch der Geist ins Exil und identifiziert sich mit seiner leidenden Schöpfung, die aber Schritt für Schritt emporsteigt, bis zu ihrem Höhepunkt in der Endzeit.[22]

Aus dem Osten haben wir ein kleines Gedicht, das uns diesen Pan-en-Spiritualismus gut vermittelt: Der Geist [Gott] schläft im Stein, träumt in der Blüte, erwacht im Tier und weiß, daß er wach ist im Menschen.[23] Alles ist vom Geist durchweht. So zeigt sich der Geist als Explosion von Energie, als Bewegung der Materie, als Verinnerlichung und Kreisen des Universums um sich selbst wie auch als Erwachen des Bewußtseins von Freiheit, des Verlangens und des Seufzens nach Freiheit und als Gespanntsein auf Freiheit sowie als Kraft zu Kommunikation und Gemeinschaft.

Wer die Dinge so betrachtet, dem bzw. der tut sich der Weg zu einer kosmisch-ökologischen Mystik auf. Wir sind in ein Meer absoluter Energie eingetaucht, in den *Spiritus Creator,* der sich in den Energien des Weltalls, aber auch in unserer eigenen vitalen und spirituellen Energie manifestiert. Mit dem Geist und im Geist bilden wir ein Ganzes. Die Spiritualität, die aus dieser Überzeugung geboren wird, weiß sich den Prozessen in Natur und Kosmos verbunden. Sich von ihnen tränken und tragen lassen, heißt spontan und natürlich nach dem Geist leben.

6. Der Geist und das Weibliche: Vergöttlichung der Frau

Wir hatten gesagt, Geist sei im Hebräischen wie Syrischen ein Femininum und das Wort verweise auf den Prozeß des Lebens, auf

---

21) Vgl. dazu die ausgezeichneten Überlegungen von Santa Ana, J., u. a., La economía politica del Espíritu Santo, Buenos Aires 1991, 13–25.
22) Vgl. Moltmann, J., Gott in der Schöpfung. Ökologische Schöpfungslehre, München 1985.
23) Vgl. Kaiser, R., Gott schläft im Stein, München 1990, 86. Siehe auch die vorzüglichen Kommentare dazu sowie weitere spirituelle Texte auf derselben Linie.

Entstehen, Schutz und Entfaltung von Leben, das heißt auf Realitäten, die eher weiblich als männlich sind. Die Weisheit, um die man sich bemühen soll wie um eine Braut (Weish 8,2) und die man lieben soll wie eine Mutter oder eine junge Gattin (Sir 25,2), wird überdies mit dem Geist in eins gesetzt (Weish 9,17). Die Identifizierung zwischen Weisheit und Geist ist gang und gäbe bei den Theologen der alten Kirche. In den *Oden Salomos*, einer Schrift aus dem syrischen Christentum zu Beginn des zweiten Jahrhunderts, wird die Taube bei der Taufe Jesu mit der Mutter Jesu verglichen, die das Kind stillt, sozusagen mit den Brüsten Gottes.[24] Und von dem syrischen Theologen Makarios († 334) stammt der Satz: »Der Geist ist unsere Mutter, weil der Paraklet, der Tröster, bereit ist, uns zu trösten, wie eine Mutter ihr Kind tröstet, und weil die Glaubenden wiedergeboren sind aus dem Geist und damit Kinder unserer geheimnisvollen Mutter, des Geistes, sind.«[25]

Natürlich muß gesagt werden, daß Gott, theologisch gesehen, jenseits geschlechtlicher Determinanten zu verstehen ist (weil dies Seinsweisen der Geschöpfe sind). Bereits der feinsinnige Theologe Gregor von Nazianz (329–389), der in der orthodoxen Kirche aufgrund von Antonomasie als »der Theologe« gilt, betont, Gott sei weder männlich noch weiblich (vgl. Oratio 31; PG 36, 140–146), gleichwohl fände der Wert des Weiblichen wie des Männlichen in den Attributen der göttlichen Personen ihr Fundament und ihre Archetypen. Deshalb erweist sich der Mensch, als Mann und als Frau, als Bild und Gleichnis Gottes (Gen 1,16), wobei für Christen und Christinnen Gott immer die Dreieinigkeit ist.

Abgesehen von dieser Tatsache, drängt sich die Frage auf, wenn denn – wie der Sohn – auch der Geist in die Welt gesandt worden sei, wer ihn dann aufgenommen habe. Wir hatten behauptet, der Geist bewohne den Kosmos und beseele den ganzen kosmogenischen Prozeß. Ohne Zweifel verdichtet er sich im menschlichen Geist. Wo jedoch trat er in einer solchen sakramentalen und paradigmatischen Gestalt auf den Plan, daß sich sagen ließe, hier begegneten wir dem Geist als göttlicher Person in rückhaltloser

---

24) Vgl. Congar, Y., Die Mütterlichkeit in Gott und die Weiblichkeit des Heiligen Geistes, in: ders., Der Heilige Geist, Freiburg – Basel – Wien 1982, 424–432.
25) Diesen Text wie auch andere Belege siehe in: Moltmann, J., Dieu, homme et femme, Paris 1984, 120. Vgl. zu dem Ganzen auch: ders., Die Gemeinschaft des Heiligen Geistes, in: Theologische Literaturzeitung, Leipzig, 107. Jg. (1982) Nr. 10, 711; Moltmann-Wendel, E., Shekinah und Heilige Geistin, in: dies., Das Land, wo Milch und Honig fließt. Perspektiven einer feministischen Theologie, Gütersloh ²1987, 106–107.

Selbstmitteilung. Ohne mit der Wimper zu zucken, antworten wir: in Jesus von Nazaret. Jesus von Nazaret ist der menschgewordene Sohn Gottes. Oder umgekehrt: Jesus ist der *assumptus homo*, der Mensch, der ganz in das Geheimnis von Gott-Sohn hineingeholt worden ist. Läßt sich Ähnliches auch vom Geist behaupten? Und wer wäre im Falle des Geistes das bevorzugte und auserwählte Gefäß? –: Maria von Nazaret. Wir sind der Frage bereits in zwei früheren Veröffentlichungen ausführlich nachgegangen[26] und möchten sie hier nicht weiter vertiefen. Unsere Grundthese lautet: »Die Jungfrau Maria, Mutter Gottes und Mutter der Menschen, realisiert auf absolute und eschatologische Weise das Weibliche, weil der Heilige Geist sie sich zum Tempel, zum Heiligtum und zum Tabernakel gemacht hat, und zwar auf eine so reale und wahre Weise, daß sie als hypostatisch mit der dritten Person der Dreifaltigkeit verbunden gelten muß.«[27]

Die Grundschritte unserer Argumentation seien kurz referiert: Sowohl das Matthäus- als auch das Lukasevangelium stellen eine enge Verbindung zwischen Maria und dem Heiligen Geist her. Gerade der lukanische Text ist höchst erhellend: »Der Heilige Geist wird über dich kommen, und die Kraft des Höchsten wird dich überschatten. Deshalb wird auch das Kind heilig und Sohn Gottes genannt werden« (Lk 1,35). Der Text bringt den Geist in einen unmittelbaren Bezug zur Frau. Doch der Bezug ist nicht christologisch vermittelt, sondern pneumatologisch. Der Wortlaut gestattet es uns, auf eine eigene (und nicht bloß angeeignete) Sendung des Geistes in bezug auf Maria zu folgern. Zum ersten Mal in den Schriften wird gesagt, der Geist sei direkt auf eine Frau hinabgestiegen. Deshalb formulieren die Bischöfe auf dem II. Vatikanischen Konzil auch, Maria sei »gewissermaßen vom Heiligen Geist gebildet und zu einer neuen Kreatur gemacht« worden (Lumen Gentium, 56). Das Verhältnis zwischen Geist und Maria ist so dicht, daß das Geheimnis der Schöpfung auch davon berührt ist, insofern die Schöpfung ja primär das Werk des Geistes ist. Deshalb ist es nur kon-natürlich, daß der *novissimus Adam* (1 Kor 15,45), Jesus, zu seiner Mutter die *novissima Eva* hat. Allein Gott kann Gott hervorbringen. Will Gott außerhalb seiner Gott zeugen, geht das nur,

---

26) Boff, L., Das mütterliche Antlitz Gottes, a. a. O., 91–117; ders., Ave Maria. Das Weibliche und der Heilige Geist, Düsseldorf ²1985, 90–110.
27) Boff, L., Das mütterliche Antlitz Gottes, a. a. O., 106.

indem er ein Geschöpf zur Höhe Gottes erhebt. Dann aber ist das betreffende Geschöpf hypostatisch mit Gott geeint. Was es zur Welt bringt, ist – wie der lukanische Text sagt – Sohn Gottes (Lk 1,35). Und das eben geschah mit Mirjam von Nazaret.

Die Formulierung, die Kraft des Höchsten werde sie mit seinem Schatten bedecken (griechisch: *episkiásei*, was von *epí* [über] und *skené* [Zelt] kommt) erinnert an die Theologie des Hebräischen Testaments, das heißt vom Tempel Gottes unter den Menschen. Das Bild soll die fortwährende und bleibende Gegenwart Gottes unter den Seinen (Ex 40,34–36; vgl. auch 25,8; 26) zum Ausdruck bringen. Um das Gewicht des Satzes, das Wort sei Fleisch geworden, zu verdoppeln, bedient sich auch Johannes im Prolog zu seinem Evangelium hinsichtlich des Wortes der Wendung: »Er schlug sein Zelt unter uns auf« (Joh 1,14).

Aufgrund solch einzigartiger Beziehung zwischen Geist und Maria kann der Engel die Jungfrau mit dem Attribut begrüßen, sie sei »voll der Gnade« (*kecharitoméne:* Lk 1,28). In der Bibel ist Gnade an vielen Stellen gleichbedeutend mit Heiliger Geist.[28]

Die dritte Person der Dreifaltigkeit steigt als Person auf Maria hinab. Jener Geist, der den Kosmos erfüllte, das Leben von Pflanzen und Tieren in Gang setzte, charismatische Führergestalten begeisterte und Propheten und Verfasser sakraler Schriften inspirierte, dieser Geist, der Unmögliches möglich macht (vgl. Lk 1,37), läßt sich ganz eng auf Maria ein. Als seinen Ort der Gegenwart und des Wirkens in der Welt macht er sie sich in der vollgültigsten Weise zu eigen. Mehr geht nicht. Wir haben es also mit einer Totalhingabe des Geistes zu tun, der damit in der Schöpfung in personhafter Weise auf den Plan tritt. Kraft ihres *Fiat*, ihres Ja, wird sie vom Heiligen Geist hypostatisch angenommen. So wie – in der Sprache vieler griechischer Kirchenväter – das Wort Jesus »verbifiziert« hat, so hat der Geist Maria »spiritualisiert« bzw. »pneumatifiziert«. Damit aber wird die Ära des Geistes eröffnet, mit anderen Worten: damit wird jener Augenblick der Geschichte herbeigeführt, in dem die volle Parusie und Epiphanie des Geistes stattfindet.[29]

28) Vgl. Apg 6,8; 10,38. Zur Exegese dieser Stellen vgl. Lyonnet, S., Chaire, kecharitoméne, in: Biblia 20 (1939) 131–139; Cole, E. R., What did St. Luc mean by kecharitoméne?, in: American Ecclesiastical Review 139 (1958) 228–239.

29) Vgl. Boff, L., A era do Espírito Santo, in: Versch., O Espírito Santo: pessoa, presença, atuação, Petrópolis 1973, 145–157.

Nur so sind die Dinge theologisch ausgeglichen. Nicht nur das Männliche hat Gott sich in dem Mann Jesus von Nazaret zu eigen gemacht und durch den Sohn vergöttlicht, sondern auch das Weibliche hat er in der Frau Maria von Nazaret angenommen und gleichfalls vergöttlicht, im Geist. Das Männliche und das Weibliche, die ja gemeinsam das schöpfungsbedingte Bild Gottes im Universum sind (vgl. Gen 1,26), erreichen ihre höchste Bestimmung: Sie werden zu Subjekten, denen sich Gott ganz und gar mitteilt und vermittels deren die Geschichte der Menschen anfängt, definitiv zur Geschichte Gottes zu gehören. Beide sind geschaffene Subjekte, offen für die volle Selbstmitteilung Gottes durch den Sohn (Jesus) im Geist (Maria). Den einen wie die andere macht sich die Gottheit, jedes von beiden auf seine Weise, zu eigen. Im Medium der Verbifizierung bzw. der Spiritualisierung wurden sie Gott.

Irenäus von Lyon malt ein treffendes Bild, wenn er sagt, der Vater lange nach uns, halte uns und vergöttliche uns mit seinen beiden Händen: mit dem Sohn und mit dem Geist.[30]

In einem bestimmten Augenblick der Geschichte und des Weltalls steht eine Frau im Mittelpunkt aller Dinge. In ihr wohnt der Geist. Mit ihrer Hilfe erwirkt er die heilige Menschheit Jesu, des Mannes, den sich das Wort zu eigen gemacht hat. Eine Zeitlang sind in ihr die beiden göttlichen Personen, der Geist und das Wort. Sie stehen in gegenseitiger Selbstmitteilung, antizipieren das selige Ende aller Schöpfung und eröffnen die Aussicht auf das, was mit jeder menschlichen Person geschehen wird, jeweils auf ihre spezifische Weise, zu der für sie angezeigten Zeit und in dem ihr zustehenden Maße. So erweist sich, daß die Menschen imstande sind, Gott aufzunehmen und mithin, unter Wahrung der Unterschiede zwischen Geschöpf und Schöpfer, sich mit Gott zu ver-ein-igen, mit anderen Worten: eins zu werden mit dem dreifaltigen Gott.

Jesus und Maria stehen für die ganze Menschheit und nehmen vorweg, wie das selige Ende aller Menschen, der Männer wie der Frauen, konkret aussehen wird. Daß es um Maria oder um Jesus im Sinne der beiden geschichtlich datierbaren Wesen geht, ist nicht das Entscheidende. Der eine wie die andere könnten anders heißen und in einem anderen Volk und einer anderen Kultur zu Hause sein. Die Geschichte ist nicht frei von Zufällen, die in den Tiefen des Ge-

---

30) Vgl. Mambrino, J., Les deux mains du Père dans l'œuvre de S. Irenée, in: Nouvelle Revue Théologique 19 (1957) 355–370.

heimnisses gleichwohl nicht sinnlos sind. Das Entscheidende ist, zu wissen und zu feiern, daß das Männliche und das Weibliche zu personhaften Trägern Gottes geworden sind, daß sie von innerhalb des kosmischen Prozesses her Gott zu erkennen geben und daß Gott sie sich zu eigen gemacht hat. Auf diese Weise ist die Schöpfung, zumindest in diesen beiden Vertretern, am siebten Tag, am endgültigen Sabbat angekommen (Gen 2,2 – 3). Jetzt wird sich alles ausruhen, weil es zu seinem höchsten dynamischen Gleichgewicht gefunden hat. Jetzt ist Festzeit. Jetzt ist der Augenblick, den Anbruch des neuen Himmels, der neuen Erde und der neuen Menschheit zu feiern.

7. Der Geist und die Zukunft von Kosmos und Menschheit

Das ökologische und kosmogenische Bewußtsein haben uns auf die Tatsache aufmerksam gemacht, daß sich sowohl der Kosmos als auch die Menschheit in einem gewaltigen Werdeprozeß befinden, der noch lange nicht abgeschlossen ist. Erst in der Zukunft und weder in der Vergangenheit noch in der Gegenwart findet unser wahres Wesen zu seiner Verwirklichung. Weder der Kosmos noch wir selbst sind, wozu wir gerufen sind zu sein. Kategorien wie Kosmogenese, Zukunft, Hoffnung, Projekt, neuer Himmel und neue Erde bringen den Sinn dieses gewaltigen noch in Gang befindlichen Prozesses zum Ausdruck. Das Vorwärts- und Aufwärtsschreiten beschreibt unentwegt den dialektischen Bogen von Chaos und Kosmos, von Ordnung, Krise und neuer Ordnung und steigt auf zu immer komplexeren und höheren Ebenen von Ausstrahlung, Energie und Sein.

Die gesamte biblische und theologische Überlieferung sieht den Heiligen Geist in Bezug zur Zukunft. Er wird dargestellt als das Prinzip des neuen Himmels und des neuen Kosmos. Wenn er über unsere Realität »ausgegossen wird, dann wird die Wüste zum Garten, und der Garten wird zu einem Wald. In der Wüste wohnt das Recht, die Gerechtigkeit weilt in den Gärten. Das Werk der Gerechtigkeit wird der Friede sein, der Ertrag der Gerechtigkeit sind Ruhe und Sicherheit für immer« (Jes 32, 15 –17). Im biblischen Verständnis wird die Geschichte dann ihr glückliches Ende finden, wenn der Geist über alles Fleisch und über den ganzen Kosmos ausgegossen wird (Joel 2, 28 – 32; Apg 2,16 –19). Der neue Mann und die neue Frau werden kraft des Geistes kommen, der uns an den neuen Adam, das heißt an Jesus Christus (vgl. 1 Kor 12,13), und an die neue Eva (vgl. Gen 3,15; Joh 19,27) rück-binden wird. Daß wir dann auch neugeboren werden, wird dem Geist zugeschrieben (Joh 3,3–8). Allen wird ein »geistiger Leib« (1 Kor 15,45) versprochen, mit anderen Worten: eine konkrete Existenz im Kosmos, mit den Merkmalen des Geistes, wie sie am Leib des auferweckten Jesus abzulesen ist: Leben in Fülle, uneingeschränkte Kommunikation und Verklärung der materiellen Gegebenheiten. Am Ziel der Geschichte wird die ganze Schöpfung pneumatifiziert, will sagen: erfüllt mit Dynamik, mit Leben und mit der Möglichkeit, daß alle mit allen ebenso wie mit Gott kommunizieren. Gott wohnt dann voll und endgültig in der Schöpfung. Deshalb verliert diese aber nicht ihren Charakter als offenes System. Im Gegenteil, jetzt erst ist ihre Offenheit grenzenlos. Doch handelt es sich dann dabei weniger darum, daß die Schöpfung in Gott, sondern vielmehr in das Leben Gottes eintaucht; und dieses haben wir uns als einen Prozeß grenzenloser Selbstverwirklichung ohne Entropie vorzustellen, der zeitgleich mit dem Universum angefangen hat. Dann aber bringt die Aufgipfelung der kosmogenischen Geschichte das Ende der Vorgeschichte. Nunmehr beginnt die ewige Geschichte einer grenzenlosen Entwicklung und einer unerschöpflichen Aneignung des Reiches der Dreieinigkeit.[31]

Der Geist, der alles innerhalb wie außerhalb der Dreifaltigkeit zu einer Einheit zusammenführt, wird die universale Sinfonie dirigieren. Die Ökologie wird vollkommen sein; denn alle, geeint durch ein Band von Sympathie und unendlicher Liebe, sind in ihrem wahren *oikos* angekommen, in ihrem Vater- und Mutterhaus, in dem der Geist zwar schon immer wohnte, das jedoch dadurch, daß er sich fortan rückhaltlos selbst mitteilt, jetzt ganz und gar erleuchtet und verklärt ist.

---

31) Vgl. Berkhof, H., Lo Spirito Santo e la Chiesa: la dottrina dello Spirito Santo, Mailand 1971, 128–129; Moltmann, J., Zukunft der Schöpfung, München 1977, 123 ff.

IX. »Spaltet ein Holz ... Ich bin da« – Der kosmische Christus

Wie der Geist nach und nach aus der Schöpfung auftauchte, bis er schließlich in einer Frau Wohnung nahm, so stieg auch das Wort Stufe für Stufe die Skala der Energien und der Wesen hinauf, bis es konkrete Konturen annahm in dem Hebräer Jesus von Nazaret, der dann der Christus genannt wurde, der Gesalbte Gottes. Wie in der Schöpfung des geistige Prinzip am Werk ist, so wirkt in ihr auch das christische Prinzip.

Im folgenden Kapitel möchten wir die kosmische Relevanz Jesu Christi wie auch die Verwobenheit der Geschichte des Weltalls mit der Christi herausarbeiten.

Von Anfang an müssen wir unseren Blick über den Mittelmeerraum, in dem der geschichtliche Jesus ja geboren wurde und lebte, hinaus gerichtet halten. Genauso wenig dürfen wir an den Grenzen der christlichen Konfessionen haltmachen, denn diese haben weder eine Wächterbefugnis über die Bedeutung Christi noch einen Monopolanspruch darauf, auch wenn ihnen in dieser Frage ein große Relevanz zukommt; immerhin haben wir es mit Gemeinden zu tun, die die Erinnerung an ihn pflegen und sich bemühen, ihr Leben im Lichte der Person und der Botschaft Christi zu gestalten. Schließlich kommt es darauf an, dem in den christologischen Entwürfen gängigen Anthropozentrismus ein Ende zu setzen, insofern als Christus nicht nur die Menschen, sondern alle Wesen im Universum befreit und vergöttlicht hat.

1. Von der Kosmogenese zur Christogenese

Überraschenderweise siedelt das kollektive Bewußtsein der ersten christlichen Gemeinden die Bedeutung Christi schon in einer universalen, ja kosmischen Dimension an. Im Matthäusevangelium reichen die Wurzeln Jesu bis in älteste Schichten zurück; führt es die Abstammung des Nazareners doch bis auf Abraham, den Vater des hebräischen Volkes, zurück (Mt 1,1–16.17). Lukas läßt darüber hinaus die ganze Geschichte der Menschheit, die er mit Adam beginnen sieht, mit dem Leben Jesu verwickelt sein (Lk 3,23–28). Und Johannes erkennt die Ursprünge Christi, Jesu von Nazaret, im Geheimnis Gottes selbst: »Im Anfang war das Wort, . . . das Wort war Gott, . . . und das Wort ist Fleisch geworden« (Joh 1,1–14). Als Paulus um das Jahr 55, noch ehe das früheste Evangelium verfaßt ist, in Ephesus seinen ersten Brief an die Gläubigen in Korinth schreibt, belegt auch er, daß Jesus Christus mit dem Geheimnis der Schöpfung zu tun hat: »Wir haben nur einen Gott, den Vater. Von ihm stammt alles, und wir leben auf ihn hin. Und einer ist der Herr: Jesus Christus. *Durch ihn* ist alles, und wir sind *durch ihn* (1 Kor 8,6). Für Paulus ist Christus die Weisheit, die schon vor der Schöpfung der Welt bei Gott war und durch die alle Dinge in die Existenz gerufen worden sind (vgl. Spr 8). Er ist das göttliche Medium, in dem alles, was existiert, Dasein und Bestand hat (vgl. Kol 1,17).

Wie konnten Männer, die aus der strikt monotheistischen Tradition der Hebräischen Bibel stammen, zu solch gewagten Interpretationen kommen? Wie konnten sie derart Entscheidendes und Letztes von einem Menschen behaupten – von jenem Jesus, den ihre Augen ja noch geschaut und ihre Hände noch berührt hatten? (vgl. 1 Joh 1,1) Fachleute in Sachen »Frühes Christentum« sind allgemein der Ansicht, das, was plötzlich zu einer beschleunigten Reflexion über die transzendente Bedeutung Jesu geführt habe, sei das Ereignis der Auferweckung gewesen.[1]

Schon die ältesten Zeugnisse belegen, daß über das Grab Jesu kein Gras gewachsen ist. Der ermordete Nazarener war nicht einfach Gegenstand einer Wiederbelebung, wie etwa der Leichnam des Lazarus reanimiert wurde. Zwar gehen die Verfasser davon aus, daß das Grab offen und leer war. Aber diese Tatsache hat nur die Funktion eines Zeichens und einer Frage. Ein Beweis ist sie kaum. Was uns indes auffällt, sind die Erscheinungen, von denen einige Jüngerinnen und Jünger ebenso wie dann die Urgemeinde insgesamt sprechen. Doch diese Erscheinungen dürfen nicht mit Visionen verwechselt werden, die einen rein subjektiven Hintergrund haben. Mit Erscheinungen sind vielmehr von außen kommende Widerfahrnisse gemeint. Der Schluß, zu dem die Freunde und Freundinnen des toten Jesus kommen, lautet: Jesus, mit dem wir zusammengelebt haben und der uns große Hoffnung gemacht hat, den seine Feinde aber am Kreuz elendig umgebracht haben, dieser

---

1) Vgl. Schmaus, M., Katholische Dogmatik, Bd. 2, München 1949, 713.

Jesus lebt. »Er ist wirklich auferweckt worden, und er ist dem Simon erschienen« (Lk 24,34). Der Satz aus der Emmausgeschichte ist das älteste Glaubensbekenntnis der Urkirche. Aber das Leben, das der Auferstandene jetzt führt, ist etwas absolut Singuläres. Es ist »dem Geist nach« bzw., mit anderen Worten, nach der Art des Lebens Gottes selbst.

Was die Gemeinden da erfahren, bringen die Verfasser der Griechischen Bibel anfangs in der Sprache der Apokalyptik zum Ausdruck, Jesus sei erhöht und verherrlicht worden, und dann erst greifen sie zur Begrifflichkeit der Eschatologie und verkünden, er sei auferweckt worden bzw. auferstanden. Doch die Entwicklung ging dahin, daß die endzeitliche Terminologie über alle anderen Sprechweisen obsiegte.[2] Allerdings kommt es nicht auf die Ausdrucksweisen (Erhöhung, Auferstehung) an, sondern auf die Quell-Wirklichkeit, die da vermittelt werden soll: daß Jesus ein neues Leben führt.

Mit Auferstehung wollten die Zeugen und Zeuginnen also sagen, daß die irdische Existenz Jesu verherrlicht und in die Seinsweise Gottes hineingenommen wurde. Wir würden sagen, die Auferweckung Jesu bringe eine solche Dichte an Leben, daß der Tod aufhört zu existieren und jede Entropie ein Ende hat. Jesus wurde an das Ende der Geschichte versetzt, und, was in der viele Milliarden Jahre dauernden Kosmogenese und Anthropogenese verborgen war, wird jetzt offenbar. Oder technischer gesagt: Jetzt findet die Eschatologisierung der Bestimmung Jesu statt. Die Urchristen deuteten dieses unendlich trostreiche und unsäglich hoffnungweckende Ereignis als Beginn einer neuen Zeit, als Anbruch der neuen Menschheit (1 Kor 14,45: *novissimus Adam*) und als Konkretisierung alles dessen im Leben Jesu, was die Utopie des Reiches Gottes bedeutet.

Ausgehend von diesem Geschehen dehnten die Glaubensgemeinden die Wichtigkeit Jesu auf alle Bereiche der Heilsgeschichte, einschließlich der Weltgeschichte, aus. Wer es möglich macht, daß die Geschichte – in der Auferweckung – an ein gutes Ende kommt, muß auch an ihrem Zustandekommen, an ihrer Erschaffung mitgewirkt haben.

Auf der Grundlage des sich erhärtenden Glaubens an die Auferstehung entwickelten die Gemeinden der Griechischen Bibel

---

2) Vgl. Boff, L., Jesus Christus, der Befreier, Freiburg – Basel – Wien ³1989, 388 – 396.

dann alle weiteren theologischen Kategorien, mit denen sie das Geheimnis des lebenden, ermordeten, auferweckten und als universalen Retters gläubig betrachteten Jesus entziffern wollten. Wie die Gemeinden, die sich damals um seinen Namen zusammenfanden, mit Hilfe von Titeln wie unter anderen Christus, Sohn Gottes, menschgewordenes Wort, Heilswert von Kreuz und Auferstehung ihren Glauben ausdrücken wollten, so tun Christen und Christinnen das auch heute noch.[3]

Nun wurden derartige Ehrenbezeichnungen aber unter den Bedingungen einer statischen, weltinternen Kosmologie geprägt. Danach kommt das Wort (der Sohn) von außerhalb und macht sich die – in dem Augenblick fertigen und abgeschlossenen – Gegebenheiten des Jesus von Nazaret zu eigen. So stellt die Inkarnation, wie das Konzil von Chalcedon 451 formuliert, das »unvermischte und unverwandelte, ungetrennte und ungesonderte« Zusammenleben der ganzen Menschheit Jesu mit seiner ganzen Gottheit dar. Wie ein solches Zusammengehen indes in ein und demselben Jesus möglich sei, ist für Theologen aller Zeiten ein bleibendes Problem. Doch das chalcedonensische Modell ist nicht die einzig mögliche Glaubensfigur. Daneben eröffnet uns das neue ökologische Paradigma der Rück-bindung eine weitere Perspektive.

Wir haben bereits mehr als einmal unterstrichen, eine der gesichertsten empirischen Erkenntnisse der modernen Kosmologie sei es, den Kosmos als Kosmogenese und die Anthropologie als Anthropogenese zu verstehen. Alles befindet sich in einem Prozeß des Entstehens und Werdens. Nichts ist endgültig fertig, alles ist offen für neue Errungenschaften. Das *Gegebene* ist nie gegeben, sondern erweist sich stets als je nach den Möglichkeiten der Wirklichkeit *gemacht*. Doch die Möglichkeiten erschöpfen sich nicht in bestimmten Daten, sondern sind immer aktiv und schaffen, verändern und vervollständigen jedes Datum. Die vier tragenden Wechselwirkungen des Weltalls sind in allen Wesen am Werk, angefangen mit den frühesten Energien und den winzigsten Teilchen (Topquarks) bis hin zum menschlichen Gehirn und zu den komplexesten Beziehungen in einer Gesellschaft. Gott-Dreieinigkeit durchweht das alles und taucht allmählich aus ihm hervor. Wir sagten es bereits: Der theologische Sinn der Schöpfung

---

3) Zu diesem ganzen Gedankengang vgl. Boff, L., Jesus Christus, der Befreier, a. a. O., 89–100; ders., Die Neuentdeckung der Kirche. Basisgemeinden in Lateinamerika, Mainz ⁴1985.

besteht darin, es dem dreifaltigen Gott zu ermöglichen, aus sich herauszutreten und sich einem anderen hinzugeben, daß dieser ihn aufnehmen und mit ihm eine Gemeinschaft bilden kann. Kommt es in einer bestimmten Phase des Evolutionsprozesses zu einem neuen Qualitätsgrad an Innerlichkeit und Bewußtsein, dann manifestiert sich darin das ganze Universum. Auch Gott teilt sich mit und gibt ein Stück seines Geheimnisses zu erahnen. Diese Logik gilt auch für das Phänomen Jesus Christus. Christologie wird zu Christogenese. Zunächst einmal hilft uns die Tatsache, daß sich alle Wesen gleichzeitg als Energiewelle und als materielles Teilchen darstellen, uns die Gleichzeitigkeit von Gottheit und Menschheit in dem einen und in demselben Jesus vorzustellen. Jesus ist eine Version der Struktur des Weltalls. Und weiter: Wenn er ein solchermaßen inniges Verhältnis zu Gott hat, daß er ihn *Abba* (das heißt: Vater voller Zärtlichkeit und Güte) nennt und sich dementsprechend als Kind fühlen und bezeichnen kann, dann bedeutet das, daß das ganze All durch Jesus einen Sprung vorwärts und nach oben tut und daß er dem menschlichen Bewußtsein ein Faktum zugänglich macht, das er in sich trug, das aber bis dato noch nicht so klar herausgekommen war: daß Gott Vater ist und wir alle im Universum seine Söhne und Töchter sind. Aus diesem Grund können wir mit Fug und Recht sagen, wir seien Söhne und Töchter im Sohn und er sei der »Erstgeborene von vielen Geschwistern« (Röm 8,29). Mehr noch: Gott selbst teilt sich als Vater und als Sohn mit, und er tut das im Licht und im Enthusiasmus des Geistes.

Als die Christen Jesus den Ehrentitel »Christus« gaben, wollten sie damit zum Ausdruck bringen: In diesem Mann zum Anfassen, dessen bescheidene Herkunft uns bekannt ist – er stammt aus dem Städtchen Nazaret, und sein Vater ist der Zimmermann Josef, der mit Maria verlobt ist (Mt 1,18; Lk 12,7) –, hat sich uns in unüberbietbarer Weise das Geheimnis Gottes zu erkennen gegeben. Er ist der *Ecce homo* (Siehe da den Menschen!), in dem Gott sich selbst geoffenbart hat.

Er ist der »Christus«, mit anderen Worten: der »Gesalbte«, der »Vorherbestimmte«, der diesen qualitativen Sprung zuwege bringen soll. So viel heißt der griechische Titel »Christus«, der auf hebräisch »Messias« lautet. »Christus« ist kein Substantiv, sondern ein Partizip mit der Funktion eines Adjektivs. An sich ist »Christus« kein Wort, das die Ökumene unter den Religionen beeinträchtigen könnte.[4] Statt Christus könnte man auch andere Begriffe verwenden, wie: Sophia-Weisheit, Krishna, Karma und Charisma. Sie alle sind Termini, die eine kosmische Dimension anklingen lassen. Trotzdem möchten wir bei dem Begriff bleiben, der sich in der westlichen, jüdisch-christlichen Kultur durchgesetzt hat, der indes nicht auf sie beschränkt ist, wie C. G. Jung mit seinen Untersuchungen nachgewiesen hat, als er »Christus« auf der Ebene der kollektiv-unbewußten Archtypen ansiedelte.[5]

Wenn »Christus« Form und Bewußtsein in Jesus angenommen hat, dann heißt das, daß er im kosmogenischen und anthropogenischen Prozeß schon vorher existierte. In der Natur gibt es ein »christliches« Element, wie Teilhard de Chardin sich ausdrückt.[6] Dieses hat einen objektiven Charakter, der direkt mit der Struktur des Alls in Verbindung steht, unabhängig davon, ob wir es bewußt wahrnehmen oder nicht. Teilhard de Chardin spricht in diesem Zusammenhang von Panchristismus.[7]

Auch das Christische hat teil an der Evolution, bis daß es im Bewußtsein auftaucht und von glaubenden Menschen verinnerlicht und sich zu eigen gemacht wird. In diesem Augenblick wird es christologisch und christisch als Inhalt des Bewußtseins. Wer sich dieses Sachverhalts bewußt ist, bildet die kognitive Vorhut eines objektiven Prozesses, der im Innern des kosmogenischen Prozesses in Gang ist. In bezug auf die Glaubensgemeinde in Rom, wo er sich 1948 aufhielt, betont Teilhard de Chardin: »Gegenwärtig befindet sich hier wohl der christliche Pol der Erde; hier, will ich damit sagen, läuft wohl die aufsteigende Achse der Hominisation durch.«[8]

---

4) Vgl. die guten Erklärungen dazu von: Fox, M., Vision vom Kosmischen Christus. Aufbruch ins dritte Jahrtausend, Stuttgart 1991.
5) Jung, C. G., Psychologie und Alchemie, in: ders., Gesammelte Werke, Bd. 12, Olten - Freiburg im Breisgau 1972.
6) Teilhard de Chardin, P., Wissenschaft und Christus, Olten-Freiburg 1970; ders., Le Christique, unveröffentlicht (aus dem Jahre 1955); Boff, L., O Evangelho do Cristo cósmico, Petrópolis 1971, 17–40; Mooney, C. F., Teilhard de Chardin and the Mystery of Christ, London 1966, 22 ff; Schiwy, G., Der kosmische Christus, München 1990, 71 ff.
7) Teilhard de Chardin, P., Wissenschaft und Christus, a. a. O.
8) Teilhard de Chardin, P., Pilger der Zukunft. Neue Reisebriefe 1939–1959, Freiburg – München ³1963, 83.

2. Von der Christogenese zum Christus des Glaubens

Das Christische wird zum Christologischen dank der Inkarnation des Sohnes. So ist die Menschwerdung als Kristallisierung des Christischen zu verstehen, als dessen Personalisierung und nicht als ein erratisches Faktum, das auf eine Intervention Gottes *ad extra* zurückzuführen wäre. Der Sohn, der immer in Gott war und immer den Evolutionsprozeß begleitete, der *Christus evolutor* tritt auf den Plan. Auch hier haben wir also, wie bezüglich der Offenbarung insgesamt, einen mäeutischen Prozeß. Doch das Christologische tauchte weder irgendwie noch irgendwann auf, sondern in dem präzisen Moment, in dem die kosmogenischen Bedingungen dafür reif waren. Teilhard de Chardin, der viel über diese Frage nachgedacht hat, formuliert in einer Art Glaubensbekenntnis am 28. Oktober 1934:
»Ich glaube, das Universum ist eine Evolution.
Ich glaube, die Evolution geht in Richtung des Geistes.
Ich glaube, im Menschen vollendet sich der Geist im Personalen.
Ich glaube, das höchst Personale ist der Christus-Universalis.«[9]
In *Le coeur de la Matière*, geschrieben 1950, berichtet er von der Einsicht, die ihn immer verfolgt habe: das Kosmische, das Menschliche und das Christische, allerdings immer gedacht in kosmogenischen Begriffen: Kosmogenese – Biogenese – Noogenese Christogenese.[10]
Daß das Christologische auftauchen konnte, setzt voraus, daß der Kosmos lange arbeiten mußte, um schließlich das Bewußtsein hervorzubringen. Und es setzt weiter voraus, daß das Bewußtsein Ebenen der Universalisierung, Verinnerlichung und Synthetisierung erreichen mußte, die – als dank der Inkarnation des Sohnes das Christologische auftauchte – das Ganze ebenso wie alle einen qualitativen Schritt nach vorn tun ließen. Dabei muß die Evolution eine gewisse Konvergenz erreichen: einen Punkt Omega. Nur so macht die Rede von der Inkarnation, wie sie von Christen und Christinnen verstanden wird, Sinn, und nur so ist der Übergang vom Christischen zum Christologischen möglich. Hier also kommt der christliche Glaube ins Spiel, als Speerspitze des kosmischen Bewußtseins. Der Glaube sieht im Punkt Omega der Evolution seinen

---

9) Teilhard de Chardin, P., Mein Glaube, Olten – Freiburg im Breisgau 1972, 116.
10) Vgl. die zahlreichen Texte von Teilhard de Chardin bei: Martinazzo, E., Teilhard de Chardin. Ensaio de leitura crítica, Petrópolis 1968, 115–120.

Christus, so wie er als Haupt des Kosmos und der Kirche und als Konvergenzpunkt aller Wesen geglaubt und verkündet wird.[11] Falls das, was der Glaube verkündet, nicht bloße Ideologie oder blanke unbewußte Phantasie ist, dann muß sich das im Evolutionsprozeß des Universums auch irgendwie erweisen. Die Inkarnation ist dann so etwas wie dieser Erweis. Stellt sie doch den Punkt dar, auf den alle aufsteigenden Linien der Evolution hinfahren, die Konvergenzmarke aller Fasern der Wirklichkeit, die Stelle, an der eine neue kosmogenische Ebene ensteht: die Christogenese, analog zu Hydrogenese, Biogenese und Noogenese, die ja auch jeweils zu ihrem Zeitpunkt eine neue Phase des Evolutionsprozesses eröffneten. So räumt denn auch Teilhard de Chardin ein, er hätte »es gewiß niemals gewagt . . ., auf rationale Weise die Hypothese von Omega ins Auge zu fassen und zu formulieren, wenn [er] nicht in [seinem] gläubigen Bewußtsein sein ideelles Bild vorgefunden hätte, ja noch mehr: seine lebendige Wirklichkeit«.[12] So kommen wir in der Tat von der Christogenese zum Christus des Glaubens.

3. Vom Christus des Glaubens zum Jesus der Geschichte

Der Christus des Glaubens fußt auf dem Jesus der Geschichte. Ersterer interpretiert letzteren. Der geschichtliche Jesus steht in Verbindung mit der Geschichte des Universums. Er ist das Ergebnis derselben kosmogenischen Prinzipien, von denen wir in den vorhergehenden Kapiteln sprachen. Er besteht aus denselben Elementen, aus denen auch alle anderen Wesen und Körper gemacht sind. Heute wissen wir, daß – mit Ausnahme des Heliums und des Wasserstoffs, die Grundstoffe sind und sich nicht weiter auf andere, einfacherere Elemente zurückführen lassen – sich alle Elemente des Kosmos im Innern der großen Sterne im Prozeß der sogenannten Nukleosynthese gebildet haben.

Unser Sonnensystem, die Erde, jedes Wesen und jeder Mensch tragen aus diesen alten Sternen rezykliertes Material in sich. Der Körper Jesu hat also dieselbe uralte Herkunft und beinhaltet Elemente des kosmischen Staubs, die womöglich noch älter als unser

---

11) Vgl. Lightfood, J. B., St. Paul's Epistles to the Colossians and to Philemon, Michigan 1879, 155.
12) Teilhard de Chardin, Der Mensch im Kosmos, München 1959, 290.

Sonnen- und Erdensystem sind. Das Eisen, das in seinen Adern fließt, der Phosphor und das Kalzium, die seine Knochen stärken, das Natrium und das Kalium, die es seinen Nerven ermöglichten, Signale zu übertragen, die 65 % Sauerstoff, die seinen Körper ausmachten, und die 18 % Kohlenstoff, alles das führte dazu, daß seine Menschwerdung in der Tat eine kosmische Dimension hatte.[13] Der Sohn kleidete sich in alle diese Gegebenheiten, als er aus der Kosmogenese auftauchte. Der Kosmogenese eignet Subjektivität und Innerlichkeit. Sie begleitet die Entwicklung der Materie. So wohnen in der Subjektivität Jesu die urwüchsigsten Bewegungen des Bewußtseins, die archaischsten Träume, die ursprünglichsten Leidenschaften, die am tiefsten verwurzelten Archetypen und die ältesten Bilder und Ideale.[14] Das Konzil von Chalcedon, auf dem 451 gerade um die Christologie gerungen wurde, hält dogmatisch fest, daß Jesus in seiner Menschheit, bezogen ebenso auf den Leib wie auf die Seele, wesensgleich mit uns ist. Im Rahmen unserer Kosmologie bedeutet das, daß Jesus ein Produkt von großer Anfangsexplosion und -inflation ist, daß er seine Wurzeln in der Milchstraße hat und daß seine Wiege das Sonnensystem und sein Elternhaus der Planet Erde ist. Er hat sowohl am Entstehen des Lebens als auch an der Bildung des Bewußtseins Anteil. Wie jeder andere Mensch auch ist er Sohn des Alls und der Erde und Glied der Menschheitsfamilie. Und der Mensch ist das Wesen, durch das der Kosmos zum Bewußtsein seiner selbst und zur Entdeckung des Heiligen findet; der Mensch ist der biologische Ort, an dem die Gottheit in die Materie einbricht.[15] Vor diesem Hintergrund ist es nun ein leichtes, die traditionelle These der Theologie zu verstehen, nach der »incarnatio et elavatio totius universi ad divinam personam – die Inkarnation und die Erhebung des ganzen Universums in Richtung auf die göttliche Person ist«.[16] Mehr noch: Die Menschwerdung berührt nicht nur den assumptus homo Jesus, sondern alle Menschen. Die Menschheit, an der wir ja alle Anteil haben, gehörte von jeher Gott und war das Subjekt, das seine Selbstmitteilung entgegennahm. Mit Jesus er-

13) Vgl. Edwards, D., Jesus and the Cosmos, New York 1991, 64–77; ders., Jesus the Wisdom of God. An Ecological Theology, New York 1995, 69–87.
14) Vgl. Jung, C. G., Christus als Archetyp, in: ders., Gesammelte Werke, Bd. 11: Zur Psychologie westlicher und östlicher Religion, Olten ⁵1988, 174–179.
15) Vgl. die detaillierte Arbeit von Moltmann, J., O Cristo cósmico, in: O caminhar de Jesus Cristo, Petrópolis 1993, 366–415; Edwards, D., Jesus the Wisdom, a. a. O., 77–83.
16) Vgl. Congar, Y., La parole et le souffle, Paris 1984, 195.

reiche sie einen Höhepunkt. Alle sind gerufen, auf ihre je spezifische Weise seitens des Wortes angenommen und verbifiziert zu werden.[17] So gesehen, ist die Inkarnation ein Prozeß, der noch immer in Gang ist. Noch immer ist das Wort dabei, aus der Materie der Welt wie aus der menschlichen Masse aufzutauchen, bis es das ganze Weltall verbifiziert und einführt in das Reich der Dreifaltigkeit. Die Menschwerdung pflanzt Jesus in den Kosmos ein. Aber sie legt ihn auch an die Ketten von Raum und Zeit. Inkarnation ist immer auch Begrenzung und *kénosis*-Entäußerung. Jesus ist Jude und kein Römer, Mann und keine Frau. Er kam zur Welt in der Ära des *homo sapiens sapiens* und nicht des Australopithecus, unter Tiberius Augustus, und starb unter Pontius Pilatus. An der Evolution teilzuhaben impliziert für den *Christus evolutor*, auch an den Schattenseiten der Evolution teilzuhaben. Der kosmogenische Prozeß hat brutale Seiten, wie jene, von denen wir zuvor sprachen, daß die Mehrzahl der Arten ausgelöscht wurde und daß große menschliche Umwälzungen sowie Kriege und Völkermorde ganze Nationen vernichteten, wie etwa in Amerika und in der Karibik aus Anlaß der europäischen Invasion im 16. Jahrhundert. Evolution geht nicht ohne Selektion – und Selektion nicht ohne das Opfer derer, die weniger fähig und geeignet sind.

4. Das Leiden der Welt und der kosmische Christus

Der kosmische Christus wird auch von Anbeginn der Welt gekreuzigt. Er leidet mit allen, die leiden und sterben. Christliche Mystiker und Mystikerinnen wie die große Juliana von Norwich (1342–1413) wußten um den Bezug zwischen dem Leiden des kosmischen Christus und dem Leiden der Welt. In einer ihrer Visionen sagt sie: »Und dann sah ich, was in meinem Verständnis eine große Einheit zwischen Christus und uns war: Wenn er litt, litten auch wir. Und alle Geschöpfe, die zu leiden imstande waren, litten mit ihm.«[18] William Bowling wird im 17. Jahrhundert noch konkreter:

---

17) Vgl. Boff, L., O que podemos esperar além do céu?, in: ders., A fé na periferia do mundo, Petrópolis 1978, 49–56.
18) Revelations of Divine Love, London 1945, 40.

»Christus vergoß sein Blut sowohl für die Kühe und die Pferde als auch für die Menschen.«[19)]

Die Solidarität des kosmischen Christus steigt hinab bis in die Hölle des Widerspruchs zur Evolution. In Jesus erfährt er alle Gewalt des menschlich wie kosmisch Bösen. Zu sagen, wie es im Credo heißt, er sei zur Hölle hinabgestiegen, bedeutet, die grausame Wirklichkeit von Tod, Einsamkeit und menschlicher Verlassenheit zum Ausdruck zu bringen (vgl. Hebr 5,2.7–9).

Daß die Vorstellung der Evolution Hand in Hand geht mit einem Strang des Bösen, läßt uns nach dem Sinn der Geschichte fragen. Komplexere Lebensformen und höhere Ebenen von Einheit und Innerlichkeit bauen auf Milliarden von Lebewesen auf, die als Opfer zurückgeblieben sind und nicht den Weg nach oben haben gehen können. Daß der Pfeil der Zeit Sinn macht, läßt sich unter dem Gesichtspunkt global kosmogenischer Fortschritte und Erfolge leicht behaupten. Die Perspektive ist dann das Ganze. Doch der Sinn verdunkelt sich, sobald nach den konkreten Individuen gefragt wird, die zu leiden haben, umkommen und in Vergessenheit geraten. In sich und vom globalen Prozeß losgelöst betrachtet, machen uns derartige Geschehnisse ratlos und, absurd wie sie sind, zerreißen sie uns womöglich das Herz. Keine Erklärung vermag sie zu erhellen. Keine Deutung vermag die Opfer ins Leben zurückzuholen und in das System des Lebens wiedereinzugliedern. Keine Interpretation vermag derartige Grausamkeiten ungeschehen zu machen.

In einer vergleichbaren Befindlichkeit läßt Paulus seiner Angst freien Lauf und fragt: »Ich unglücklicher Mensch! Wer wird mich aus diesem dem Tod verfallenen Leib erretten?« (Röm 7,24). Und die Antwort, die er gibt, hört sich an, als hätte er gerade einen bösen Erstickungsanfall überwunden: »Gott sei Dank durch Jesus Christus, unseren Herrn!« (Röm 7,25). Doch wie kann Christus andere retten, wenn er selbst Opfer des Bösen in der Evolution geworden ist und selbst der Rettung bedarf?

Hier kommt die Kategorie Auferstehung ins Spiel, von der wir ja bereits anfangs sprachen. Auferstehung bzw. Auferweckung ist nämlich die Wirklichkeit, die die Anhänger und Anhängerinnen Jesu erst in den Stand versetzt hat, in einem langen Prozeß die kosmische, historische und anthropologische Bedeutung des Christus

---

19) Zitiert bei: Bradley, I., El Cristo cósmico, in: Dios es »verde«, Santander 1993, 116.

zu entdecken. Doch die Auferweckung offenbart erst dann ihre erhellende Kraft, wenn sie vor dem Hintergrund von Kreuz und Leiden Jesu verstanden wird. Eine Auferstehung, die nicht die Auferstehung des Gekreuzigten und mit ihm aller Gekreuzigten der kosmogenischen Geschichte (der Menschen wie aller anderen Wesen) ist, verkommt zu einem Mythos, der wieder einmal das Leben euphorisch überhöht und alles andere ist denn eine Antwort auf das Drama der Evolution.

Für Teilhard de Chardin ist die Auferstehung nicht »als ein apologetisches und augenblickhaftes Ereignis anzusehen, als eine kleine individuelle Revanche Christi über das Grab. Sie ist etwas ganz anderes und weit mehr als das. Sie ist ein überwältigendes Ereignis« ... Christus »ist aus der Welt emergiert, nachdem er in ihr getauft wurde. Er hat sich bis zu den Himmeln ausgestreckt, nachdem er die Tiefen der Erde berührt hat: ›Descendit et ascendit ut impleret omnia‹.«[20] Dank der Auferweckung streift der Christus die Grenzen, an welche die Menschwerdung ihn in Raum und Zeit gebunden hatte, von sich ab. Nunmehr hat er die Dimensionen des Kosmos. Jetzt ist er der wahrhaft kosmische und universale Christus.

5. Auferstehung: Revolution der Evolution

Die Auferstehung zeigt, daß Tod und Entropie nicht das letzte Wort haben. Das Leben kehrt verklärt und auf einem unvergleichlich höheren Niveau wieder (Allgegenwärtigkeit, volle Gemeinschaft und uneingeschränkte Kommunikation, weil ja der Leib die Eigenschaften des Geistes angenommen hat und zu einem »geistbewegten Leib« [1 Kor 15,44] geworden ist). Dabei handelt es sich aber nicht um das Leben eines Mächtigen, der nicht nur die Gegenwart beherrschen, sondern obendrein die Zukunft erobern will. Es handelt sich um das Leben eines Gekreuzigten. Das heißt: Das Leben gelangt zu seiner Fülle in jemandem, der aus dem inneren Kreis der Opfer der Evolution kommt, der Ausgeschlossenen und Hintangesetzten. Diese vertritt er. In der Auferweckung des Opfers wird die eschatologische Dimension des Kosmos sichtbar. Der Be-

---

20) Eph 4,10: »Derselbe, der herabstieg, ist auch hinaufgestiegen bis zum höchsten Himmel, um das All zu erfüllen.« Teilhard de Chardin, Wissenschaft und Christus, Olten – Freiburg im Breisgau 1970, 95–96.

griff »eschatologisch« soll verdeutlichen, daß das gute Ende, daß das Offenbarwerden des Endes des kosmogenischen Prozesses in der Zeit vorweggenommen wird. Die Zukunft wird in die Gegenwart geholt. Jürgen Moltmann bringt den Sachverhalt auf die treffende Formel: »Im Auferstandenen wird die Evolution zur Revolution, im ursprünglichen Sinn des Wortes.«[21]

Mehr noch: Die Auferstehung gibt zu erkennen, daß uneingeschränkte Versöhnung, auch mit der Vergangenheit und mit den Opfern, möglich ist. Nicht nur Zukunft wird eröffnet. Auch die Vergangenheit wird wiederhergestellt. Niemand zieht ein für allemal den kürzeren. Gott hat keine Mülltonne, in die er alles würfe, was augenscheinlich nicht geklappt hat. Was er einmal geliebt hat, hat er auch verewigt. Alle Wesen werden wiederhergestellt werden und am Tisch des Mahles des natürlichen und göttlichen Lebens sitzen. Deshalb hat es seinen Grund, daß gerade ein Gekreuzigter auferweckt wird, obschon dieser doch als Abschaum der Menschheit gilt, als Wurm, der auf der Erde kriechen muß, und als Dreck, den Gott verflucht hat (vgl. den Gottesknecht in Jes 53,2−12, in dem das Griechische Testament wie auch die christliche Liturgie den Gekreuzigten sehen). Dieser ist sozusagen eine Kostprobe dessen, was allen versprochen ist, insbesondere aber denen, denen nicht der Weg nach oben gelungen ist und die aus eigener Erfahrung wissen, was Jesus hat leiden müssen.

So erweist sich der kosmische Christus als Motor der Evolution, als Befreier und Vollender des Kosmos. Wir dürfen die drei Aspekte nicht auseinandernehmen, wollen wir Verkürzungen vermeiden. Diese könnten uns passieren − für den Fall, daß wir das Weltall über die Maße verherrlichen, weil es ja mit Christus schwanger geht; für den Fall, daß wir in dem Ganzen keinen Sinn mehr sehen, weil uns ja aus allen Ecken Gewalt anspringt und kein Mensch an die Opfer denkt; für den Fall, daß uns die Auferstehung mit ihrem kosmischen Glanz und ihrer universalen Fülle vergessen läßt, daß Auferstehung immer die Auferstehung der Toten und Fülle immer der Ertrag eines offenen, unvollkommenen und undefinierten Prozesses ist. Kosmische Christologie bemüht sich um eine integrierende und ausgeglichene Sichtweise dieser drei Dimensionen.

---

21) Moltmann, J., O cristo cósmico, a. a. O., 404.

Die kosmische Blendeneinstellung macht nun auch eine Reihe von Stellen des Zweiten Testaments verständlich, die ohne die Reflexion über den kosmischen Christus wie mythische Rede oder wie ein unangemessener Ausdruck religiöser Anmaßung *(hybris)* anmuten könnten. Sie legen die Dimensionen des Pantokrator frei, jenes Christus, der sich in den ganzen Kosmos erstreckt, bis an seine äußersten Grenzen, ja noch darüber hinaus, weil er ja auch Gott selbst umfaßt.

An einer Reihe von Schriftstellen wird der Kyrios, der auferstandene Herr, direkt in Verbindung gebracht mit dem Geheimnis der Schöpfung (Joh 1,3; Hebr 1,2; Kol 1,15–20; Eph 1,3–14; Offb 1,8; 21,6). Am deutlichsten geschieht das im Kolosserhymnus, der vermutlich ein Lied aus Kreisen hellenistischer Häretiker ist und den der Verfasser – wahrscheinlich ein Paulusschüler – übernimmt und im Sinne der Orthodoxie der Griechischen Bibel überarbeitet: »In ihm wurde alles geschaffen, im Himmel und auf Erden, ... alles ist durch ihn und auf ihn hin geschaffen. Er ist vor aller Schöpfung, in ihm hat alles Bestand« (Kol 1,16–17). Die Stoiker bedienten sich solcher Begrifflichkeit, um zu vermitteln, daß Gott und Welt sich gegenseitig durchdringen. Der Verfasser unseres Schreibens bedient sich ihrer im Blick auf Christus.[22] In einer Art Zusammenfassung hält der Autor prägnant fest: »Christus ist alles und in allen – Pánta kaì en pãsin Christós« (Kol 3,11). Mehr ist in der Perichorese zwischen dem auferweckten Christus und der Schöpfung nicht denkbar.[23]

An anderen Stellen wird der auferstandene Herr mit dem Begriff der kosmischen Gesamtheit *Pléroma* (Fülle: Kol 1,19; 2,9; Eph 1,22; 3,19; 4,10) qualifiziert. Pléroma ist das Universum, insofern es vom Geist durchdrungen und infolgedessen voller Leben ist. Der Auferweckte erfüllt das All mit seinem neuen Leben.[24] Wieder anderswo heißt er Haupt des Kosmos und der Kirche (Eph 1,10; Kol 2,10). Auch das Wort »Haupt« hat in der hebräischen Überlieferung eindeutig eine kosmische Konnotation.[25] Bedeutsam dabei ist der Terminus im Epheserbrief: *Anakephalaioysthai* – unter

---

22) Vgl. Feuillet, A., Le Christ, Sagesse de Dieu d'après les Epîtres pauliniennes, Paris 1966, 80–81; 203–204.
23) Vgl. Kehl, N., Der Christushymnus im Kolosserbrief, Stuttgart 1967, 99–137.
24) Vgl. Ernst, J., Pleroma und Pleroma Christi, Regensburg 1970, 66–148.
25) Vgl. Gabathuler, H. J., Jesus Christus Haupt der Kirche – Haupt der Welt, Zürich–Stuttgart 1965, 125–191.

einem Haupt alles vereinen, das heißt unter dem Haupt Christi (Eph 1,10). Demnach finden das Weltall wie auch jedes einzelne Ding Bestand und Sinn nur in Ausrichtung auf Christus. Er rekapit-uliert alles, er be-haupt-et alles. Ohne ihn bliebe alles Torso, ohne ihn fehlte allem das wichtigste Glied, das Haupt.[26)]

Der ausdrucksstärkste Text für kosmologische Christologie findet sich indes in einem Agraphon (Wort Jesu, das nicht in den Evangelien enthalten ist), im Logion 77 des koptischen Thomasevangeliums. An der kosmischen Allgegenwart Christi läßt die Stelle nicht den geringsten Zweifel:»Ich bin das Licht, das über allen ist. Ich bin das All: das All ist aus mir hervorgegangen, und das All ist zu mir (zurück)gelangt. Spaltet ein Holz, ich bin da. Hebt den Stein auf, und ihr werdet mich dort finden.«[27)] Offensichtlich versteht der Urheber des Wortes das Christusgeheimnis in einem konsequent globalen Sinn und gelangt damit zu lauterstem Panchristismus.

Christus war das präexistente Wort, wurde zum menschgewordenen Wort und verwandelte sich schließlich zum verklärten Wort. Der kosmisch-universale Christus umfaßt alle diese Phasen, in denen sich das Wort in der Schöpfung manifestiert hat. Was immer wir tun, ob wir die Welt umarmen oder in die Materie vordringen, ob wir Kraft- und Energiefelder spüren oder die einfachsten Arbeiten verrichten, wie Holz spalten oder Steine stapeln, immer stehen wir in Fühlung mit dem auferstandenen, kosmischen Christus. So eröffnet sich uns ein gewaltiger Raum, in dem wir die unbeschreibliche Gemeinschaft mit dem Christus des Alls erfahren können.

Christen und Christinnen erfahren die kosmische Präsenz Christi in dichtester, sakramentaler Weise in der Eucharistie. Wiederum Pierre Teilhard de Chardin war es, der deutlich sah, daß die Eucharistie in gewisser Weise die Inkarnation verlängert und die Verbindung des Christus mit den Elementen des Kosmos verewigt. Brot und Wein haben ihre Wurzeln in der Materie des ganzen Alls. Die Hostie ist nicht nur das Stückchen Brot auf dem Altar. Das ganze Universum wird zur Hostie und damit zum kosmischen Leib Christi. In diesem Zusammenhang sei an seine Schrift *»La messe sur le monde – Die Messe über der Welt«* erinnert. Als der französische

---

26) Vgl. Schlier, H., Der Brief an die Epheser, Düsseldorf [6]1968, 65.
27) Jeremias, J., Unbekannte Jesusworte, Gütersloh 1980, 101.

Jesuit Ostern 1923 bei einem Arbeitsaufenthalt in der gewaltigen chinesischen Wüste nicht die Messe feiern konnte, betete er:

»Herr, da ich, der ich dein Priester bin, heute weder Brot noch Wein noch einen Altar habe, breite ich meine Hände aus über das ganze All und betrachte seine Unermeßlichkeit als Materie meines Opfers. Ist nicht der unendliche Kreis der Dinge die endgültige Hostie, die du verwandeln willst? Ist nicht der brodelnde Tiegel, in dem die Regungen aller lebenden kosmischen Substanzen aufwallen und sich vermischen, der schmerzvolle Kelch, den du heiligen willst? Solange die Verwandlung nicht ganz vollzogen ist, möge es sich stets wiederholen, heute noch und morgen und für immer, das göttliche Wort: Hoc est corpus meum – Dies ist mein Leib.«

Auch Gottfried Wilhelm Leibniz (1646–1716), von dem es Ausführungen über das Abendmahl gibt, entwirft eine kosmische Sicht von Christus. Danach begründet der eucharistische Christus das *vinculum substantiale*, das wesensmäßige Band, das alle Existenzen des Universums verbindet und aneinander rück-bindet, abgesehen von der im voraus konzipierten Harmonie, die ihm zufolge zwischen allen das Uni-versum bildenden Monaden herrscht.[28] Zweihundert Jahre später greift Maurice Blondel (1861–1949) auf den Leibnizschen Gedanken zurück und kommt, in kritischem Dialog mit Teilhard de Chardin[29], zu einem grandiosen Panchristismus.[30]

6. Letzte Begründung der kosmischen Christologie

Worin bestehen die letzten Wurzeln der kosmischen Christologie? So radikal gefragt, müssen wir uns als Christinnen und Christen an das Innenleben der Dreifaltigkeit verwiesen wissen. Im Geheimnis der Dreieinigkeit liegen Ursprung und Bestimmung aller Dinge. Wir sahen schon im VII. Kapitel, daß die Trinität die Lebensgemeinschaft zwischen den göttlichen Personen ist – ein perichoretisches Beziehungsspiel der Liebe, welches die Einheit und die Einzigkeit Gottes konstituiert. Charakteristisches Merkmal der

28) Die Texte finden sich bei: Blondel, M., Un énigme historique: le vinculum substantiale d'auprès Leibniz et le débauche d'un réalisme supérieur, Paris 1930.
29) Vgl. Blondel & Teilhard de Chardin, Correspondance commentée par Henri de Lubac, Paris 1965, 19–105.
30) Vgl. Wolinski, J., Le Panchristisme de Maurice Blondel, in: Teoresi 17 (1962) 97–120.

Liebe – so schon Platon in seinen Dialogen und so die gesamte christliche Theologie – ist das *diffusum sui*, das heißt, daß sie sich in alle Richtungen mitteilt und ausgießt.

In dem Moment, in dem sich Gott im Spiel der immanenten Trinität mitteilt und ausdrückt – und so in der Kraft des Geistes der Sohn gezeugt wird –, bringt er auch alle potentiellen Abbildungen zum Ausdruck, die, da sie ja nicht Gott sind, Geschöpfe Gottes sind. Schon auf der ewigen, innergöttlichen Ebene sind also die ganze Kosmogenese, Biogenese und Anthropogenese vorhanden. Vorhanden ist auch jenes bewußte, freie Wesen, welches den Sohn in höchster Form in sich aufzunehmen, menschgewordener Sohn Gottes zu werden und als solcher Gott in höchster, göttlicher Weise zu lieben vermag. Der mittelalterliche Franziskanertheologe Johannes Duns Skotus, der wohl am gründlichsten über den Primat des Christus in der Schöpfungsordnung nachgedacht hat, sagt, Gott habe »jene nicht-höchste Natur gewollt, damit ihr die höchste Ehre zuteil würde« und sie damit der höchsten Ehre die größte Liebe zurückgeben könne.[31] Deshalb faßte er den Plan, sie mit der göttlichen Person des Sohnes zu vereinen. Aufgrund dessen konnte sie außerhalb Gottes Gott sein und Gott verherrlichen, wie nur ein Gottmensch es zu tun vermag.

Doch der trinitarische Plan blieb nicht nur Plan in der immanenten Trinität, sondern wurde in der ökonomischen Praxis ins Werk gesetzt, das heißt: er schenkte sich in die Geschichte hinein. Dadurch aber entstand die greifbare Schöpfung, wie sie in der Form der Kosmogenese, Biogenese, Anthropogenese und Christogenese bis zu uns gekommen ist. In der Christogenese war Jesus jener Erwählte, der sich in der menschlichen Wirklichkeit den Sohn und, in ihm, alle anderen Menschen deckungsgleich zu eigen machte, und zwar jeden auf seine Weise und zu seiner Zeit, weil ja alle Menschen im Sohn, für den Sohn und mit dem Sohn konzipiert wurden und Aufnahmegefäße des Sohnes sein sollten. Der Kirchenvater Justin der Märtyrer (100–165) sagt, alle Wesen seien im Logos (im Sohn) geschaffen worden, wobei dieser in der Menschwerdung zum Ge-

---

31) Opus Oxoniense, III, d. 7q. n. 5. Vgl. auch: Koser, C., Cristo homen, razão de ser da criação, in: O pensamento franciscano, Petrópolis 1960, 37–45. Die wichtigsten skotistischen Texte finden sich in portugiesischer Übersetzung in der »Revista Vozes« 60 (1966) 34–39. Siehe auch: Caggiano, Ae., De mente Ioannis Duns Scoti circa rationem Incarnationis, in: Antonianum 32 (1957) 311–334; Nooth, R., The Scotist Cosmic Christ, in: De Doctrina Johannis Duns Scoti, Bd. 3, Rom 1968, 169–217.

salbten (zum Christus) geworden sei und vermöge dessen alle Dinge gesalbt und christifiziert habe.[32] Die kosmischen Wurzeln des Christus haften tief im Innern des trinitarischen Lebens. Wie alles von Geist durchweht ist, so trägt auch alles die Züge Christi.

In der Logik dieser Betrachtungsweise ist ausgeschlossen, daß die Inkarnation ursächlich auf die Sünde des Menschen zurückgeht. Die Dinge so zu sehen wäre Anthropozentrismus und ließe das Kommen des Sohnes gerade mal für die letzten Sekunden der Geschichte des Kosmos, welche die Geschichte des Menschen und des christlichen Glaubens abdecken, relevant sein. Der Sünde käme ein zu großes Gewicht bei. Die Phase der Kosmogenese vor der Anthropogenese entbehrte der christlichen Ausrichtung. Dagegen holt die kosmos- und wortzentrierte Sehweise die Inkarnation mit in das Geheimnis der Schöpfung hinein. Und diese ist ihrem Wesen nach christisch. Der Sohn sei Mensch geworden, unabhängig von der Sünde, weil die Schöpfung in und mit dem Sohn, für und durch den Sohn konzipiert worden sei, so die These, wie sie in der skotistischen Tradition entschieden vertreten wird.[33] Die Schöpfung verlangt nach dem Sohn, wie sie nach ihrer Fülle verlangt, die aber nur der Sohn seinen Brüdern und Schwestern zu bringen imstande ist. Die Inkarnation, die das ganze Weltall berührt, alle Wesen betrifft und in jedem Menschen zur Verheißung wird, bedeutet die höchste Verherrlichung Gottes. Dieses Fest zu feiern, das ist das Ziel, dessentwegen die Schöpfung in die Existenz gerufen wurde. Indem Gott aus sich heraustritt, um rückhaltlos außerhalb seiner selbst zu sein und sich voll und ganz dem anderen mitzuteilen, schafft er das andere. Das geschaffene andere findet die Begründung seiner Existenz in der Tatsache, daß es Aufnahmegefäß für die Gottheit ist. Indem sich Gott mit dem anderen vereinigt, läßt er sich auf unsere kosmogenische Geschichte ein und macht es möglich, daß unsere Geschichte teilhat an seiner göttlichen Geschichte.

Das Faktum der Sünde konnte dem ursprünglichen Plan der Dreieinigkeit nichts anhaben. Wohl aber ließ es ihn in einer spezifischen Form konkret werden: in der Gestalt des leidenden und gekreuzigten Knechtes, der das Leiden der Welt auf sich nimmt.[34] Inzwischen ist diese Lesweise vorherrschende Meinung in der

---

32) Vgl. Orbe, A., La unción del Verbo, in: Analecta Gregoriana 113 (1961) 67–72, hier 71.

33) Vgl. Carol, J. B., The Absolute Primacy and Predestination of Jesus and his Mother, Chicago 1981.

34) Vgl. Beinert, W., Christus und der Kosmos, Freiburg–Basel–Wien 1974, 89–97.

christlichen Theologie, wie selbst offiziellen Verlautbarungen des kirchlichen Lehramtes zu entnehmen ist.[35]

Da das All einen christischen Charakter hat, darf Christinnen und Christen die Zukunft unseres Planeten und Kosmos nicht gleichgültig sein. Profanierung von Erde und Kosmos oder auch Pessimismus angesichts dessen, was da kommen wird, ist ihnen untersagt. Der Geist erfüllt das All von innen heraus mit Leben, und das Wort ist der Motor der Evolution und ihr großer Magnet. Beide, Geist und Wort, stöhnen unter der schmerzlichen »Vergänglichkeit« (vgl. Röm 8,20), welche die Erfahrung von Ostern (das heißt von Tod und Auferstehung) für den kosmogenischen Prozeß zu einer unausweichlichen Etappe macht. Aber das alles wird eines Tages ein Ende haben. Doch ohne diesen Schritt wird es zu der großen Veränderung nie kommen. »Et tunc erit finis: omnia in omnibus Christus – Und dann wird das Ende kommen: Fortan wird Christus alles und in allen sein« (Kol 3,11).

---

35) Vgl. Rosini, R., Il cristocentrismo di Giovanni Duns Scotus e la dottrina del Vaticano II, Rom 1967; Carol, J. B., The Absolute Primacy and Predestination of Jesus and his Mother, a. a. O., mit einer beeindruckenden Bibliographie, bes. 145–156. Siehe auch: Rahner, K., Zur Theologie des Symbols, Schriften zur Theologie IV, Einsiedeln 1967, 275–311; ders., Zur Theologie der Menschwerdung, ebd. 137–156; Fox, M., The Coming of the Cosmic Christ, a. a. O.; Edwards, D., Jesus and the Cosmos, a. a. O., 84–98; ders., Jesus the Wisdom of God, a. a. O., 153–173.

X. Öko-Spiritualität: Fühlen, lieben und denken wie die Erde

Um Spiritualität geht es in der Länge und Breite all unserer Über-legungen, insbesondere jedoch in den Kapiteln, in denen wir un-mittelbar die theologische Frage nach Gott in der Kosmogenese, nach dem kosmischen Christus und nach dem Geist in der Materie stellen. Dabei müssen wir allerdings zugeben, daß der Weg noch weit ist, bis wir wirklich zu einer Spiritualität finden, die alle unsere Erfahrungen rück-binden und uns selbst helfen kann, einen neuen Bund mit der Schöpfung wie mit dem Schöpfer zu schließen. Doch der Weg zu der erwünschten Spiritualität wird nicht über theo-retische Erörterungen oder schöne Entdeckungen dieses oder jenes großen Denkers führen, sondern über den Geist einer ganzen Epo-che, wenn nicht mehrerer Generationen. Deshalb und angesichts der besonderen Art dieser Spiritualität müssen wir uns in Demut und Bescheidenheit üben, wenn wir davon reden und uns darum bemühen, daß sie Raum greifen kann.

1. Notwendigkeit spiritueller Revolutionen

Die Gedanken, die der Physiker Werner Heisenberg 1969, noch mit dem Elan der »Revolution« der Weltjugend im Jahre zuvor, ent-wickelte, führen uns gut in das Thema ein. Heisenberg hatte vor der »Vereinigung Deutscher Wissenschaftler« in München einen Vor-trag zu halten zu dem Thema: »Änderungen der Denkstruktur im Fortschritt der Wissenschaft.« Ursprünglich hatte der Entdecker des Prinzips der Unbestimmbarkeit der Elementarteilchen sein Referat überschreiben wollen: »Wie macht man eine Revolution?«, ganz im Stile der Zeit damals.[1] Doch die wissenschaftliche Nüch-ternheit veranlaßte Heisenberg, den Titel zu ändern, um falschen Erwartungen zu wehren. Gleichwohl ist seine Einschätzung für das Thema, um das es uns im folgenden geht, von höchster Brisanz.

---

1) Zu finden ist der Text in: Heisenberg, W., Schritte über Grenzen. Gesammelte Reden und Aufsätze, München ²1977, 275–287.

Heisenberg führt aus, wie es zu Revolutionen in den physikalischen Wissenschaften kommt: Nicht, weil einige Wissenschaftler es so wollten, eine charismatische Führergestalt entsprechende Untersuchungen angestellt hätte oder weil es geschichtlich opportun wäre. Revolutionen brechen aus, weil neue Phänomene, die nicht mehr in das bis dahin geltende Wissenschaftsverständnis passen und es sprengen, neue Antworten unausweichlich machen. Max Planck, einer der Väter der Quantenphysik und ein erklärtermaßen konservativer Geist, formulierte seine Hypothese von den Energiequanten nur widerwillig, als er die neuen elektromagnetischen Phänomene in Zusammenhang mit den sogenannten »schwarzen Körpern« nicht mehr mit den Prinzipien der klassischen Physik erklären konnte. Auch Albert Einstein fand zu seiner Relativitätstheorie, nicht weil er es gewollt hätte. Erst als er sich mit der Bewegung von Körpern im Verhältnis zum Äther (in der newtonschen Physik galt der Äther als das ruhende Element in allen interstellaren Räumen) beschäftigte, schloß er, die Kategorien von Raum und Zeit könnten nicht mehr absolut sein, sondern stünden in einem relativen Verhältnis zur Geschwindigkeit der Masse. Danach ist in der Tat alles relativ, in dem Sinn, daß es bezogen ist auf den Punkt, den man als Bezugsgröße definiert. Ein Wissenschaftler mag noch so konservativ sein, und auch Einstein war seiner Veranlagung nach konservativ, er kommt nicht daran vorbei, bestimmte Verständnisstrukturen aufzugeben und andere zu entwerfen. Und diese müssen den neuen Phänomenen gerecht werden. Anderenfalls bleiben die Phänomene als ungelöste Probleme auf der Tagesordnung.

Heisenberg betont, unnötige Erneuerungen seien möglichst zu vermeiden.[2] Komme es aber zu einem Phänomen, das sich nach dem gängigen Verstehensmuster weder erklären noch lösen lasse, dann sei die Revolution unumgänglich. Damit erweise sich, »daß die Änderung in der Denkstruktur von den Phänomenen, von der Natur selbst erzwungen wird, nicht von irgendwelchen menschlichen Autoritäten«.[3] So tat sich der Weg auf von der newtonschen Physik zur modernen Quantenphysik, vom Kosmos zur Kosmogenese, von der Anthropologie zur Anthropogenese.

Heisenberg rät, den Blick von den Wissenschaften aus auch auf andere Bereiche, etwa der menschlichen Geschichte zu lenken.

---

2) A. a. O., 285–286.
3) A. a. O., 285.

Auch hier sei dieselbe Logik in der Notwendigkeit eines Paradigmenwechsels zu beobachten. So habe Martin Luther weder eine neue Kirche gründen noch die alte spalten wollen. Was ihm wie anderen in Jahrhunderten zuvor vorgeschwebt habe, sei eine unausweichliche Reform der kirchlichen Institution gewesen. Luther habe erkannt, daß die Gewährung von Ablässen gegen Bezahlung von Geld den guten Glauben der Menschen mißbrauchte. Um dieses Sakrileg abzustellen, habe er sich gedrängt gefühlt, etwas zu tun. Die Folge, die sich zwangsläufig daraus ergeben habe, sei die Reformation gewesen, deren Forderungen an die römisch-katholische Kirche, ihren zentralisierten Machtstil zu ändern, bis heute Gültigkeit hätten. Das sei der Grund, weshalb von der bleibenden Aktualität des protestantischen, evangelischen, befreienden, gemeinschaftstiftenden und den Subjektcharakter des Volkes Gottes wiederfreilegenden Prinzips die Rede sei.

Eine Revolution setzt sich nur dann durch, wenn sie die Antwort auf zwingend notwendige Veränderungen ist, ohne welche die Probleme blieben, die Krisen sich verschärften und die Menschen die Hoffnung und die Lust zu leben verlören. Revolution ist das, was sein muß, und zwar, was kraft seiner selbst sein muß. Revolution braucht keine Größen, die sie bestätigen oder verweigern. Revolution macht sich kaum etwas aus Konservativen und Neuerern. Veränderungen, so klein sie auch sein mögen, gehen ihren Weg, versetzen altgediente Fundamente und erhärten neue, immer unter der Bedingung jedoch, daß sie auf reale unbeantwortete Probleme eine Antwort sind. Veränderungen werfen nicht alles um, was andere zuvor aufgebaut haben. Veränderungen bauen auf dem Vorhergehenden auf und öffnen sich zur Übernahme von Neuem, wofür es freilich einer neuen Theorie, einer neuen Sprache und mitunter eines neuen Paradigmas bedarf.

Was mit der neuen Physik passierte, passierte mit der Biologie, mit der Kommunikation, mit der Psychologie und mit der Kosmologie. Und passiert nicht etwas Ähnliches mit der Spiritualität? Jede Seite unseres Buches soll zeigen, wie dringlich wir eine spirituelle Revolution brauchen, in Einklang mit der ökologischen Revolution. Allerdings meinen wir keine Spiritualität, die sich beliebig von einer Handvoll Lehren ableiten ließe. Die Spiritualität, die wir im Auge haben, ist die globale Erfahrung, daß alles Suchen, Begegnen und Realisieren von Sinn aneinander rück-gebunden ist, ähnlich jenem Faden, der alle Perlen zusammenhält, damit sie eine

Kette bilden. Die Spiritualität, um die es uns geht, ist ein Muß, ohne das ein dringend zu erfüllendes Bedürfnis sich nicht sachgerecht befriedigen läßt. Deshalb hat die Spiritualität, die uns vorschwebt, den Charakter einer unaufschiebbaren Revolution.

Die hergebrachte Spiritualität der Kirchen wie auch der meisten historisch gewachsenen Religionen hängt an Lebensmodellen und Weltbildern (Kosmologien), die nicht mehr heutiger Sensibilität entsprechen. Nicht selten haben Universum, Natur und Alltagsleben mit spiritueller Erfahrung nichts zu tun. Die tonangebende Version des Christentums ist anthropozentrisch. Alles kreist um den Menschen. Rettung und Heil gelten ihm. Allein der Mensch hat Zukunft. Wann schon hat man von der Inkarnation des Wortes und der Spiritualisierung des Geistes gehört, daß die Sterne verklärt, die Berge hingerissen, die Pflanzen vom Heilsgeschehen angerührt und die Tiere mit hineingenommen werden? Wann schon hat man gehört, daß die Flora mitsamt ihren Pflanzen, Blumen und Gräsern, daß die Fauna mitsamt ihren Wirbel- und Weichtieren und ihren Mikroorganismen und daß der ganze Kosmos mitsamt seinen Milchstraßen, Sternsystemen und Planeten auferstehen werden? Wir haben weithin den Sinn verloren für den sakramentalen Charakter der Materie und für die Transparenz aller Dinge, weil wir kaum etwas von den Dingen wissen und weil uns die Kenntnis der Dinge für die Kenntnis Gottes ziemlich egal ist. Thomas von Aquin, der nicht nur Theologe, sondern auch ein Weiser ist, schreibt mit einem feinen Gespür für die Wirklichkeit: »Das Wesen der Dinge kennen hilft Irrtümer bezüglich Gottes abbauen ... Es irrt, wer sagt, die Vorstellung, die jemand von den Geschöpfen habe, sei für die Wahrheit des Glauben ohne Belang, sofern er nur richtig von Gott denke. Ein Irrtum im Blick auf die Geschöpfe führt zu einer falschen Idee von Gott« (Summa contra gentiles, 1, 2, c. 3). So erhellt, wie wichtig es ist, möglichst präzise unsere Kosmologie zu kennen, wollen wir wirklich Größe und Herrlichkeit Gottes kosten können. Nur auf diese Weise schaffen wir die Voraussetzung dafür, zu einer Spiritualität zu finden, die etwas so Natürliches ist, daß wir nicht einmal an sie zu denken brauchen. Es geht schlicht darum, die Gegenwart Gottes in allen Dingen und aller Dinge in Gott zu erfahren.

Im folgenden Kapitel möchten wir diese Art von Spiritualität erarbeiten, aber weniger theoretisch als vielmehr anhand einer geschichtlichen Gestalt, welche die Ökologie auf eine unvergleichliche Weise erfuhr und es vermochte, in jeder Bekundung des Alls die Züge Gottes zu erkennen: Franz von Assisi. Franziskus ist uns ein – samenkornartiges – Beispiel, das jene verborgenen, noch feiner stimmbaren Saiten in uns anrührt, die sich ihrerseits dann in die Sinfonie aller Dinge einzuschwingen vermögen. Zuvor jedoch müssen wir noch einige Erfordernisse einer Ökospiritualität erörtern, in der es nicht darum geht, bloß über die Dinge zu reden, sondern in deren Mittelpunkt eine Lebensgestaltung steht auf der Grundlage einer neuen Identifikation mit der Erde und mit dem Kosmos, die sich Gott beide zu seinem Anliegen und zu seiner Wohnung gemacht hat.

2. Spiritualität und Kosmogenese

Spiritualität kommt von »spiritus«, Geist. Wir möchten das Thema Spiritualität in drei Annäherungen erörtern – die aber alle drei Ausdrucksformen ein und derselben Wirklichkeit »Geist« sind: Spiritualität in Verbindung mit der Erfahrung des Geistes, Spiritualität als religiöses Phänomen und Spiritualität als Manifestation des Zeitgeistes.

Zur ersten Annäherung. Wir hatten schon zuvor relativ ausführlich die Kategorie »Geist« bedacht. Das in romanischen Sprachen verwendete Wort für Geist »spiritus« deutet auf eine originäre Erfahrung hin, die allein schon in der Etymologie des Wortes »spiritus« anklingt. Geist ist alles, was respiritiert: atmet, was inspiriert: Impulse gibt, und expiriert: aushaucht. Geist ist mithin alles, was lebt. An erster Stelle Gott. Dann der Mensch und das Tier. Weiter die Pflanzen und schließlich die Erde mit allem, was auf und in ihr ist. Die Erde, heißt es, sei voller Geist; denn in dem Wind, der sie umhüllt, atmet sie. Manche Menschen erleben die Erde als Gaja, als Superorganismus oder als große, hochherzige Mutter (Pacha Mama, Nana usf.), die allen Geschöpfen das Leben gibt und die ihr innewohnende Lebenskraft in allen Wesen zum Ausdruck bringt. Schon im VIII. Kapitel sahen wir, daß die Erfahrung von Geist und Leben auf eine noch ursprünglichere Realität hindeutet: auf die kosmische Energie, von der alle trinken und kraft deren alle existieren und leben. Und die kosmische Energie ist ihrerseits, so meinen wir, ein Geheimnis, das ein Fingerzeig in Richtung Gott ist.

Diese integrierende Betrachtungsweise von Geist unterscheidet sich nun deutlich von der modernen Definition von Geist, die diesen allein bezüglich der singulären Existenzweise von Mann und Frau gelten läßt und seinen Kern in der Freiheit erkennt. Der Geist im Menschen ist das natürlich auch, aber nicht allein das, weil er ja nicht losgelöst werden kann vom Geist in der Natur, vom Geist im Körper und vom Geist im Kosmos. Der Mensch ist weder alleiniger Träger des Geistes, noch darf er aus dem kosmogenischen Prozeß ausgegrenzt werden, innerhalb dessen der Geist sich herausbildete und zunehmend an Sichtbarkeit gewann. Deshalb kommen wir nicht umhin, von dem umfassenden Begriff von Geist auszugehen – einschließlich seiner kosmischen Dimension, die ja auch im Menschen Wirklichkeit ist.[4]

Unter Geist verstehen wir jene Fähigkeit der Urenergien, ja selbst der Materie, untereinander zu interagieren, sich selbst zu organisieren und zu offenen Systemen zusammenzuschließen, zu kommunizieren und komplexeste Netze von Inter-retro-Bezügen zu schaffen, welche das ganze Universum tragen. Diese Dynamik gibt zu erkennen, daß das Universum vom Geist bewohnt und mit Leben erfüllt ist. Das All ist folglich keine inerte Masse, sondern steckt voll von Energien, die mit allem, was existiert, in Interaktion stehen.[5]

Der Geist im Menschen ist nun diese Dynamik – im Stande des Bewußtseins und in bewußter Bindung an einen beseelten Körper und durch diesen – an alle Körper und Energien des Weltalls. Geist im Körper bedeutet Leben, Kommunikation, Enthusiasmus und Ausstrahlung. Geist im Körper steht aber auch für Schöpfung, Transzendenz über sich selbst hinaus und Ermöglichung von Gemeinschaft mit dem Entferntesten und völlig Anderen, ja mit dem absolut Anderen, mit Gott. Mann und Frau als Geist sind das Offenste und Universalste, das es überhaupt gibt. Mann und Frau als Geist sind ein Knäuel von Beziehungen und Rück-bindungen nach allen Seiten und in alle Dimensionen. Das bewußte, freie, schöpferische Leben beinhaltet diesen ganzen Reichtum.

---

4) Vgl. dazu: Moltmann, J., Gott in der Schöpfung. Ökologische Schöpfungslehre, München 1985.
5) Vgl. Wilber, K. (Hrsg.), Quantum Questions. Mystical Writings of the World's Great Physicists (Schroeder, Planck, Einstein, Pauli, Eddington, De Broglie etc.), Boston – London – Shambhala 1985, bes. 115–122 (De Broglie) und 129 ff. (Jeans).

Nicht ohne Grund heißt es in den Schriften des Christentums: »Gott ist Geist« (Joh 4,24) – und: »Der Geist ist Leben« (Röm 8,10). Und um diese Realität im Modus des Unendlichen bzw. im Modus grenzen- und endloser Dynamik, darum geht es.[6] Spiritualität, so verstanden, bedeutet eine umfassende Ausrichtung und eine zentrale Schwerpunktsetzung auf die Wirklichkeit des Lebens (also weder auf Machtwillen noch auf Akkumulation noch auf Lust) im weitest und globalisierendst möglichen Sinn, wie es der Geist im Universum ist. Zum Ausdruck kommt diese Spiritualität, wo das Leben insgesamt gewürdigt wird, wo man es fördert und verteidigt, und zwar vor allem jenes ursprünglichste und am meisten bedrohte Leben, wie die Kirche der Befreiung es mit ihrer Theologie der Befreiung bevorzugt tut.[7] Zum Ausdruck kommt diese Spiritualität auch in dem Bemühen, alle Systeme offen zu halten (die Pädagogik einer Schule, einen Stadtteilverein oder eine kirchliche Basisgemeinde) und jede Art von Beziehung und Gemeinschaft zu intensivieren, so daß Prozesse der Kommunikation, der Annäherung und der Gemeinschaftsbildung in Gang kommen können.

Wenn Geist Leben ist, dann ist das Gegenteil von Geist nicht die Materie, sondern der Tod. Und in den Bereich des Todes gehören auch alle jene Prozesse, in deren Konsequenz Vernichtung und Tod liegen, wie Unterdrückung, Ungerechtigkeit, Mißachtung der Lebensbedingungen, so daß Krankheiten ausbrechen, menschliche Beziehungen entmenschlicht werden, Landschaften kaputtgehen und Böden und die Atmosphäre aus ihrem physikalisch-chemischen Gleichgewicht geraten.

Spiritualität beinhaltet also ein wirkliches Projekt der Auseinandersetzung mit der Logik des Todes, wie sie im gegenwärtigen Prozeß der Akkumulation und des totalen Marktes steckt. In beiden, in der Akkumulation wie im totalen Markt, verkleiden sich auf höchst organisierte Weise die vielfältigen Angriffe auf Natur und

---

6) Vgl. Gutiérrez, G., El dios de la Vida, Lima 1982; Sobrino, J., Geist, der befreit. Lateinamerikanische Spiritualität. Anstöße zu einer neuen Spiritualität, Freiburg – Basel – Wien 1989.

7) Vgl. dazu einige der wichtigsten Titel: Casaldáliga, P./Vigil, J. M., Espiritualidade de libertação, Petrópolis 1993; Gutiérrez, G., Aus der eigenen Quelle trinken, München – Mainz 1986; Richard, P., A força espiritual da Igreja dos pobres, Petrópolis 1989; Bonnin, E., Espiritualidad y liberación en América Latina, San José de Costa Rica 1982; Boff, L., Vida segundo o espírito, Petrópolis 1982; Goldstein, H. (Hrsg.), Tage zwischen Tod und Auferstehung. Geistliches Jahrbuch aus Lateinamerika, Düsseldorf 1984.

planetarische Gemeinschaft. Beide grenzen aus und produzieren zahllose Opfer. Anhänger und Anhängerinnen dieser Spiritualität entdecken heute die ökologischen Dimensionen unserer Verantwortung für Frieden, Gerechtigkeit und Bewahrung allen Geschaffenen. Wer für das Leben optiert, muß auch für den Planeten Erde optieren als für ein organisches Ganzes, das aber angegriffen wird und verletzt ist (Geozid), damit es auch weiterhin als eigener Wert und in seinen Bezügen zu allen auf ihm existierenden Wesen bestehen kann. Dies ist ein erster, rudimentärer Begriff von Spiritualität. Das so beschriebene Projekt ist offen für die Zukunft und wird befruchtet von der Hoffnung, daß das Leben am Ende doch für immer das letzte Wort sein wird, das Gott über seine Schöpfung gesprochen hat, über alles Chaos, über alle Massenvernichtungen, ja über den Tod seines eigenen Sohnes am Kreuz und über alles Ertränken seines Geistes im Ungeist seiner Söhne und Töchter hinweg.

Darüber hinaus hat das Leben auch eine Dimension der Subjektivität. Je komplexer die Wesen sind, desto mehr Leben tragen sie in sich. Je größer ihre Vitalität, desto größer auch ihre Innerlichkeit und ihr Subjektcharakter. Gerade der Mensch, weil er ein menschliches Wesen ist, ist ein geistiges Wesen. Er hat Tiefe, auch wenn er diese ˈDimension in Massenkultur und Konsumismus weithin verloren hat.[8] Er hat einen Mittelpunkt, von dem her er alle seine psychologischen Strukturen entwickelt. In Dinge und Handlungen, sofern er sie von innen heraus, das heißt aus Überzeugung und mit innerer Reife tut, legt er Geist. Nicht minder komplex als der Makrokosmos ist der innere Mikrokosmos im Menschen, in dem aus Urzeiten herrührende Energien wohnen, tiefste Archetypen und Leidenschaften, die gewaltig werden können wie Taifune und Erdbeben; aber auch Neigungen zu Zärtlichkeit und Solidarität stecken im Menschen, und die wischen jede Träne ab und heitern jede Ratlosigkeit auf. Das alles hat mit den Tiefen Gottes (1 Kor 2,10) zu tun und ist imstande, sowohl Engel als auch Teufel zu gebären. Wer mit dieser inneren Welt in Dialog steht, sie kraft eines persönlichen Mittelpunktes in sich integriert und die vielfältigen Energien, insbesondere die Struktur der Libido wie auch die Archetypen des Männlichen und des Weiblichen kanalisiert in Richtung eines freien, konsequenten Projektes, das et-

---

8) Vgl. Tillich, P., Die verlorene Dimension. Not und Hoffnung unserer Zeit, Hamburg 1962.

was von seiner Person zu erkennen gibt, der befindet sich in einem Prozeß der Individuation. Den Prozeß seiner Individuation bzw. Personalisierung ernstnehmen, das heißt: an seiner Spiritualität arbeiten. Eine Spiritualität dieser Art, und mag sie auch von religiösen Bezügen unberührt sein, ist Teil der Selbstentfaltung des Menschen. Sie gehört zum Entwicklungsweg des Menschen in Richtung auf die Eroberungen seiner selbst und seines Herzens dazu.

Natürlich wissen religiöse Menschen, daß ihr Mittelpunkt nicht nur durch die ganze ihnen vorausgehende Universalgeschichte gestaltet worden ist. Sie wissen, daß er die Wohnung Gottes und seiner Gnade ist. In der Sprache Meister Eckharts zeugt Gott Vater unentwegt Gott Sohn in der Liebe Gottes des Heiligen Geistes, in der Tiefe des menschlichen Herzens, und macht jeden Menschen zum Sohn bzw. zur Tochter im Sohn und zu einem geistigen, inspirierten Wesen im Geist. Wenn die Dreifaltigkeit in der Welt irgendwo in sakramentraler Gestalt anzutreffen ist, dann mit Sicherheit im menschlichen Geist. Einen Menschen lieben, und zwar ganz konkret lieben, bedeutet auch das Geheimnis lieben, dessen Träger er bzw. dessen Trägerin sie ist: den dreieinigen Gott. Es gilt also, alle Menschen so zu lieben, als erlebten wir die Geburt jenes Gottes mit, der dank der göttlichen Personen Gemeinschaft ist.

Wer mit seinem Innern in Dialog steht und die Anrufe wahrnimmt, die ihn von innen her erreichen, der nimmt auch Gott wahr und hört sein Wort.

Zweitens hat Spiritualität mit Religion zu tun. Religionen sind der kulturelle Ausdruck dessen, wie Menschen die Begegnung mit dem göttlichen Geheimnis erfahren. Die Antwort auf die Begegnung geben sie vermittels des Glaubens. Glaube ist die Haltung, zu Gott ja zu sagen. Glauben heißt ja und amen sagen zu können zu der erfahrenen Wirklichkeit, weil sie sich einem als absoluten Sinn, als vollkommene Genugtuung und als unbeschreibliche Fülle erschließt (und genau das heißt glauben auf hebräisch: *aman*, von dem das bekannte Wort *Amen* herkommt). In greifbare Formen übersetzt, kleidet sich die Haltung des Glaubens in kulturelle Kategorien. So erweist sich Religion als ein Bündel von Bekundungen des Glaubens, sei es auf der Ebene der begrifflichen Artikulation (Glaubensbekenntnisse und Lehren), sei es auf praktischem Gebiet (Ethik), sei es in symbolischen und rituellen Gebärden (Liturgie), sei es in der Dimension der Ästhetik (sakrale Kunst, Kirchen, Denkmäler, Musik usw.).

Religionen greifen zu letztgültigen Begriffen und setzen auf höchste Werte. Religionen lassen die Herzen der Menschen die größten Träume träumen. In der Kraft der Religionen entwerfen sie allumfassende Utopien, welche ihrem Weg über diese Erde Ewigkeitswert zuteil werden lassen. Religion offenbart sich mithin als die Welt par excellence des letzten Sinns für Geschichte und Kosmos.

Religion hat es weniger mit Ethik, Ritus oder mit einem Lehrgebäude zu tun als vielmehr mit einer bestimmten Haltung, daß nämlich der Mensch alle Sphären der Wirklichkeit aneinander rückbindet: das Bewußte an das Unbewußte, das Männliche an das Weibliche, die Gesellschaft an das Individuum und Gott an die Welt. Aus dieser Haltung erwächst dann das Erleben des Ganzen, wobei das Ganze allerdings nicht die Summe menschlicher Erfahrungen ist, sondern etwas ganz Ursprüngliches, Dynamisches und Holistisches, das überdies eine große Überzeugungskraft hat. Vermöge des Rück-bindens gelingt es dem religiösen Menschen, Gott in allen Dingen und alle Dinge in Gott zu sehen.

Wenn wir unter Metaphysik die zu Einheit und Kategorie gewordene Darstellung des Realen verstehen und alle Teile zu einem organischen Ganzen zusammenbinden, dann kommen wir nicht umhin zu sagen, daß die eine wie die andere Religion vielleicht die archaischste Metaphysik der Geschichte ist, mit Sicherheit jedoch die am meisten verbreitete und von den Menschen am nachhaltigsten assimilierte. So widersprüchlich und verhängnisvoll die Welt auch sein mag, dank der Religion erfahren die Menschen sie weder als zerstückelt noch als chaotisch. Selbst Menschen ohne Schulbildung, die zudem kaum in der Kommunikationsgesellschaft verhaftet sind, greifen zu religiösen Kategorien, um die Geheimnisse von Leben und Tod, den Sinn der Geschichte, die Bedeutung menschlicher und natürlicher Dramen ebenso wie die Frage, was sie nach dem Tode erwartet, klar zu bekommen.

Da Religion das Kind einer bestimmten Spiritualität ist, das heißt: daß Menschen den Glauben als Begegnung mit der Gottheit erfahren, besteht ihre Funktion darin, diese Spiritualität und diese Begegnung ununterbrochen neu zu speisen. Religion darf nicht verhindern, daß der Mensch nach der letzten Wirklichkeit und nach der Begegnung damit sucht. Religion darf religiöse Menschen nicht in ihre Dogmen und kulturellen Darstellungsformen vereinnahmen. Religion hat ein strukturierter Ort zu sein, an dem die

Menschen in die Gotteserfahrung eingeführt und darin begleitet und unterstützt werden. Spiritualität im Rahmen von Religion heißt dann, daß sich die Menschen die zu Lehren und Glaubensformeln gestanzten religiösen Inhalte verinnerlichen und in eine persönliche, alles integrierende Erfahrung übersetzen. Es geht nicht darum, über Gott nachzudenken, sondern darum, mit Gott zu sprechen. Spiritualität hat weniger mit religiösen Ideen zu tun als mit Überzeugungen, weniger mit theologischer Vernunft als mit Emotionen authentischer »pietas«. Spiritualität hat damit zu tun, daß der Mensch Gott in einer globalisierenden Erfahrung spürt und nicht so sehr, daß er über Gott nachdenkt.

Des weiteren ist Spiritualität das Feld, das weder der Kontrolle der Institution noch der der Religionsgemeinschaft untersteht. Spiritualität umschreibt den Raum innerer Freiheit, in dem der Mensch ganz persönlich das Heilige erlebt, liebevoll den Namen Gottes ausspricht, *coram Deo* (im Angesichte Gottes) über die ihn existentiell betreffenden Absurditäten klagt und sich seine Welt nicht-mehr-hinterfragbarer Sinngebungen schafft, wie sie dem ihm möglichen inneren Kodex entspricht.

Spiritualität ist das Feld par excellence der Kreativität. Aus diesem Grund hatten institutionalisierte Religionen immer Angst vor spirituellen und mystischen Menschen. Um sich ihre Überzeugungen anerkennen zu lassen, berufen sich diese nämlich nicht auf die religiöse Obrigkeit, sondern auf die Autorität Gottes selbst, den sie unmittelbar erfahren. Was sie sagen, haben sie nicht vom Hörensagen, sondern sie sagen es, weil sie, wie Ijob, Gott selbst geschaut haben (vgl. Ijob 42,5). Spirituelle Menschen äußern sich aufgrund einer persönlichen, unwiederholbaren Erfahrung, mit der Kompetenz von Zeugen, so gewichtig das Wort auch sein mag.

Religion entwickelt immer auch einen Diskurs über die Natur, als Dimension des Ganzen. Keine Religion ohne Kosmologie – man vergleiche dazu etwa die treffenden Ausführungen von E. Durkheim[9] –, wobei diese Kosmologie aber nicht als Wissenschaft verstanden sein will, sondern als Rück-bindung, in der jedes Ding mit der Gottheit steht. Deshalb können wir auch von einer religiösen Ökologie reden. Doch diese muß nicht unbedingt auf Bewahrung oder Integration hin angelegt sein. Im Gegenteil, auf der Schiene der jüdisch-christlichen Überlieferung, daß der Mensch Herr und

---

9) Durkheim, E., Die elementaren Formen des religiösen Lebens, Frankfurt am Main 1981.

König der Schöpfung ist, kann sie durchaus auch zu einer gewissen Aggressivität motivieren, welche die Ökosysteme aus dem Gleichgewicht bringt. Aber in den Spuren des Franz von Assisi, kann sie auch die christliche Wahrheit wieder zum Tragen bringen, daß wir alle Söhne und Töchter ein und desselben ewigen Vaters und ein und derselben ewigen Mutter sind. Von dorther erleben Christinnen und Christen dann, auch auf emotionaler Ebene, das Band radikaler Geschwisterlichkeit, das sie mit allen Wesen verbindet, von der Ameise auf dem Weg bis hin zum entferntesten Stern, vom einfachsten Elementarteilchen bis hin zur Milchstraße oder zum gewaltigsten Quasar des Weltalls. So entfalten sie eine Haltung tiefer Verehrung für jedes Sein der Schöpfung. Und gerade diese Haltung ist unerläßlich, wollen wir sicher gehen, daß die Schöpfung heil und uns erhalten bleibt.

Schließlich steht Spiritualität, und das ist eine dritte Annäherung, in Verbindung mit dem Zeitgeist. Dieser ist vor allem ein holistisches Verständnis, eher als ein rigoros abgegrenzter Begriff. Unter Geist der Zeit verstehen wir die mitreißenden Motivationen, die geistig-geistlichen und moralischen Kräfte, welche eine Generation bewegen, die Utopien, welche Menschen zu gewagten Unternehmen reizen, die Sensibilitäten, welche die Vorgehensweisen prägen, und die maßgeblichen Schlüsselideen, welche dem Ganzen Sinn verleihen. Zum Zeitgeist gehören aber auch die Widersprüche und die kollektiven Pathologien wie auch alles, was als Gegenwert gilt, weil ja auch das alles in das Verhalten der Menschen mit einfließt. Der Geist der Zeit ist das Ergebnis komplexer Prozesse. Diese wurzeln im kollektiven Unbewußten, aber auch in den kulturellen Visionen eines Volkes, in seinen geschichtlichen Erfahrungen, im Bild, das es von sich hat, in der Hochachtung bzw. in der Geringschätzung, die es von sich selbst oder auch von Dimensionen seiner Wirklichkeit hat, in der Art und Weise, wie es produziert und gesellschaftlich organisiert ist, in der Gestalt der herrschenden Rationalität als der Wissensform, an der niemand vorbeikommt, in seiner Lebensphilosophie, in seinen religiösen Bekundungen und in seinen charismatischen Führern sowie in den verschiedenen Bereichen menschlicher, kultureller, künstlerischer, politischer, wissenschaftlicher und religiöser Darstellung. Der Zeitgeist macht die gemeinsame Atmosphäre aus, in der alle mehr oder minder dieselben Überzeugungen hegen, dieselben Träume träumen, sich an dieselbe Rationalität halten und dieselben Gefühle entfalten. Mit einem

Wort gesagt, der Zeitgeist ist die Kosmologie, die in der betreffenden Zeit den Ton angibt.

In diesem Horizont bedeutet Spiritualität die Summe aller Werte, Projektionen, Schlüsselideen und Modelle, die dem Leben persönlichen und gesellschaftlichen Sinn verleihen und die die Erfahrungen, die Menschen wie immer auch machen, zu einer Einheit zusammenbinden. Spiritualität ist dann die subjektive Aneignung der kollektiven Kosmologie. Spiritualität ist so strukturiert, daß sie stets auch subjektive Elemente beinhaltet. Deshalb läßt sie sich auch weder ganz beschreiben noch ganz kontrollieren. Spiritualität nimmt niemandem seine angeborenen Empfindlichkeiten; im Gegenteil, sie hilft ihm, seine Besonderheiten zu pflegen. Auch wenn der Zeitgeist objektiv erhebbar ist, insofern er ja das Produkt der Zeit ist, sich beschreiben läßt und infolgedessen zu einer kollektiven Spiritualität führt, wird niemand bestreiten können, daß Spiritualität auch insofern eine subjektive Seite hat, als sich die Menschen den Zeitgeist individuell zu eigen machen und persönlich damit umgehen, sei es im Modus der Annahme oder der Ablehnung, sei es in der Form der selektiven Synthese oder der Synkrise, in der sie auch zu bestimmten Elementen anderer Kosmologien greifen.

Was der Zeitgeist und was die Kosmologie wie auch die entsprechende Spiritualität im wesentlichen bewirken, ist, daß sie unsere Sicht der Dinge zu einer Einheit verschmelzen und alle unsere Erfahrungen, Erkenntnisse und Vorgehensweisen aneinander rück-binden. Der Zeitgeist ist etwas absolut Unumgängliches, weil der Mensch solch eine Gesamtsicht und solch eine Wahrnehmung des Ganzen unbedingt braucht. Der Mensch ist nicht einfach irgendwo hingestellt, in einer willkürlichen Anordnung von Konstellationen und Ereignissen. Nein, alles muß einen Sinn machen, selbst wenn der Sinn nicht immer offen auf der Hand liegt. Trotzdem, es muß diesen Sinn geben, als Tatsache oder als etwas, was es kollektiv zu entwerfen gilt. Spiritualität lebt aus der Überzeugung, daß alle Dinge ein Gesamt bilden, das erheblich mehr ist als die Summe seiner Teile, daß wir auch solch ein Teil sind, daß die Teile im Ganzen sind und daß Ganze in den Teilen ist (Hologramm). Auch wenn das Ganze Elemente von Fragmentation und Chaos aufweist, strebt es stets danach, generativ und harmonisch zu sein, denn darauf hin ist es seinem ganzen Wesen nach angelegt.

Unter diesem Gesichtspunkt hat jede Generation ihre Spiritualität. Auch die unsere. Doch da sich der Geschichtsprozeß immer rasanter beschleunigt und da die Kommunikationsmedien Kulturen und menschliche Erfahrungen in einen ständig sich beschleunigenden globalen Austausch bringen, haben wir eine unbeschreibliche Vielfalt an Spiritualitäten. Ja, manche Spiritualitäten geraten sogar in Konflikt miteinander. Aber wie könnte eine Spiritualität aussehen, die zum einen in Einklang mit dem Geist der Zeit stünde und die zum anderen auch auf ökologische Gesichtspunkte Wert legte?

3. Eine ökologisch tragfähige Spiritualität

Die moderne Kosmologie, die auf Kopernikus, Kepler, Newton, Descartes, Galilei und Bacon fußt, zeichnet sich durch Rationalismus und Dualismus aus. Grundsätzlich sind die Dinge entweder Materie oder Geist. In der Bildlichkeit Newtons ist das Weltall eine riesige Maschine, die mathematisch genau funktioniert. Ein geschlossenes System also. Gott ist der große Ingenieur des Ganzen. Das glaubten auch noch die Gründer des wissenschaftlichen Denkens, bis man sich dann aber eines anderen besann, weil die Koryphäen der Moderne ein Funktionieren des Weltalls auch für erklärlich hielten ohne die Hypothese »Gott« (Laplace). Dessen unbeschadet ist und bleibt die Welt als das Gesamt aller Wesen eine offene Frage: Ist sie ewig, ist sie geschaffen, oder ist sie ein System in Expansion? Hinter derlei Fragen taucht dann wieder die Frage nach Gott und nach dem Ursprung des Kosmos auf, die man zwischenzeitlich beiseite gelegt hatte.

Im Mittelpunkt dieses Weltbildes steht der Mensch. Der Mensch ist herausgefordert, Herr des Universums zu sein, die Gesetze der Materie zu erforschen, sie seinen Interessen zu unterwerfen und die Natur zu einem unerschöpflichen Rohstofflager zu machen, um damit seine Vorhaben und Wünsche Wirklichkeit werden zu lassen. Die subjektive Vernunft orientiert sich nicht mehr an der objektiven Vernunft und anerkennt sie auch nicht mehr als ihre Grenze. Die subjektive Vernunft nötigt ihre Logik (das heißt ihren Willen zur Macht) der Logik der Wirklichkeit auf. Gewiß, sie hat das Bild des Planeten verändert. Aber sie hat die Erde auch in einen bedrohlichen Prozeß zunehmenden Ungleichgewichts und die gesamte Ökosphäre in große Gefahr gebracht. Niemand kann einen ökologischen Kollaps mit unumkehrbaren Folgen und eine innergeschichtliche Apokalypse für die Biosphäre mehr ausschließen. Das Paradigma der Moderne, nach dem der Mensch mit seinem Tun die Natur verändert und damit, ohne auf die innere Logik der Natur Rücksicht nehmen zu müssen, an einem unbegrenzten linearen Fortschritt baut, kann nicht weiter der Weg sein. Heute lautet das Gebot: Nicht mehr die Welt verändern, sondern sie erhalten! Aber um die Welt zu erhalten, brauchen wir ein anderes Paradigma, wir müssen das kollektive Bewußtsein auf andere, minder zerstörerische Ziele um- und einstimmen.

In der modernen Spiritualität gilt der Mensch als Schöpfer der Welt. Der Mensch ist sozusagen ein kleiner Gott, der den großen Gott vertritt. Sein Auftreten ist das des Herrn, ähnlich Adam, der – indem er den Dingen Namen gibt (Gen 2,20) – sich ihrer bemächtigt und sie seinen Plänen unterordnet. Im Hintergrund steht ein promethisches Menschenbild. Alles konzentriert sich auf den Menschen. Kosmische Kräfte, das heißt Energien, die ihn von allen Seiten umfangen, können ihm nichts anhaben. In Wirklichkeit hat er das Bündnis mit der Natur gebrochen. Ja, um mit Francis Bacon zu sprechen, hat er die Natur in ein Prokrustesbett[10] gezwängt und sie gefoltert, bis sie ihm alle ihre Geheimnisse preisgab. In diesem Verständnis ist der Mensch ein einsamer Tropf, in einer leblosen Welt, die aus den gerade hundert physikalischen Grundelementen des Periodensystem des Dimitrij Mendelejew besteht. Das Gefühl, Teil und Parzelle eines größeren Ganzen zu sein, mit dem er in Austausch steht, ist ihm fremd, ganz zu schweigen von dem Bewußtsein der planetarischen Gemeinschaft, zu der er gehört.

Gott stellt man sich vor als das absolute Sein, das die anderen Seinsträger schafft, damit auch sie Schöpfer sind, Götter en miniature sozusagen. Mit ihren Taten verlängern die Menschen den schöpferischen und ordnungschaffenden Akt Gottes durch die Zeiten, damit sich alles Geschaffene hundertprozentig verwirklichen kann. Doch diese an sich richtige Konzeption wurde dermaßen verabsolutiert, daß sie schädlich wurde; denn man brachte sie nicht in Verbindung mit jener anderen Einschätzung, nach der der Mensch so etwas wie der Gärtner ist, der das Erbe zu pflegen hat,

---

10) Prokrustes, der Unhold der griechischen Sage, legte bei ihm einkehrende Wanderer in ein Bett und streckte sie entweder oder hackte ihnen die Beine kürzer, bis sie hineinpaßten.

das ihm zuteil wurde und das ihm das Gefühl einer tiefen kosmischen Gemeinschaft vermittelte mit allen anderen Wesen, die ja auch aus der Hand des einen Schöpfergottes und aus demselben gemeinsamen Humus hervorgegangen sind. Diese Art von Verkürzung folgt einer linearen Logik. Der Mensch geht davon aus, höher und höher steigen und mutterseelenallein die höchsten Entwicklungsstufen erklimmen zu können, bis er schließlich den Punkt Omega der Vollkommenheit erreicht und die anderen Wesen des Universums hinter sich läßt. Doch diese Spiritualität, die in einer bestimmten Phase den Geist des Fortschritts und der Naturbeherrschung prägte, erweist sich als ohnmächtig angesichts des ökologischen Preises, den die Zerstörung der Ökosysteme und die zunehmende Gewalt gegen Natur, Gesellschaft und Menschen fordern. Deshalb muß ihr schleunigst eine Grenze, wenn nicht ein Ende gesetzt werden. Sie hilft uns nicht, den Abgrund zu umgehen. Eher schon stachelt sie uns an, auf ihn zu zu marschieren. Noch erweist sie sich als fähig, den Menschen wieder in die Gemeinschaft der Lebenden zu integrieren und ihn der Erde als gemeinsamem Vater- und Mutterland zurückzugeben.

Wir brauchen eine neue Spiritualität. Doch diese kann nicht das Kind aus dem souveränen Kopf irgendeines Erleuchteten sein, wie Athene – waffenstarrend – aus dem Kopf des Göttervaters Zeus geboren wurde. Die neue Spiritualität wird die Frucht einer neuen Einfühlung sein, wie sie der sich allenthalben allmählich, aber immer mehr durchsetzenden Kosmologie zugrunde liegt.

Hier soll nicht wiederholt werden, was wir bereits im Zusammenhang mit der großen modernen Erzählung unserer Zeit über das neue Weltbild gesagt haben. Nur an die zwei Metaphern, die es wohl am besten zum Ausdruck bringen, sei erinnert: Spiel und Tanz.

Ein Spiel, sagen wir ein Fußballspiel, kommt zustande dank der Inter-retro-Beziehungen aller Spieler untereinander, ihrer Interdependenzen, der Abstimmung zwischen Angriff und Verteidigung sowie der Klarheit in ihren taktischen Kombinationen. Gewonnen werden kann ein Spiel nur, wenn alle Spieler Kreativität entfalten und die Chance spüren, den gerade besten Zug einfädeln zu sollen, damit daraus ein Tor wird. Die Logik des Spiels ist nicht linear; die Logik des Spiels ist ein komplexes, offenes und in jedem Augenblick neu sich aufbauendes Geschehen.

Das Universum ist ein gewaltiges Spiel. Zum einen hat es seine Ordnung, die uns den Pfeil der Zeit zu erkennen gibt. Zum anderen läßt es es aber auch nicht an Chaos fehlen, das seinerseits schöpferische Kräfte freisctzt, so daß sich der Weg zu einer neuen, höheren Ordnung auftut. Im Kosmos herrscht ein überaus dichtes Netz von Beziehungen, aufgrund dessen jede Art von Energie und jedes Exemplar von Sein zu Mitwirkenden am Erfolg des Ganzen werden. So wird dieses dann in der Tat zu einem Uni-versum, das heißt zu einer Di-versität, welche in das Eine vertiert. Wie bei jedem Spiel, so fühlt sich der Mensch auch im Kosmos nicht bloß als passiver Zuschauer einer Welt außerhalb seiner, von der er weder Teil noch Parzelle ist. Nein, auch hier spielt er unbedingt mit.

Zweitens können wir das Universum mit einem Tanz vergleichen.[11] Worauf es beim Tanz ankommt ist, daß zwischen den Tänzern, zum Rhythmus der Musik, Harmonie der Bewegungen herrscht. Bei den Schritten wie bei der Inszenierung der ganzen Choreographie darf es nicht an Kreativität fehlen. Nichts ist steif, alles ist leicht und offen für zahllose Variationen. Gleichwohl ist der Tanz alles andere als ein Durcheinander von Tönen und Schritten, von Körpern und Bewegungen. Tanz ist kosmische und kosmetische Harmonie. Wie in keiner anderen menschlichen Kunst gewinnt der Geist im Tanz Gestalt, und wird der Körper zum Geist. »Im Tanz haben wir, ansatzweise, das eigentlich menschliche und göttliche Bemühen, dem Chaos zu trotzen, es zu überwinden und zu transzendieren.«[12] Östliche und afrikanische Traditionen bringen die Welt gerade im Tanz auf absolut lebendige und konkrete Weise symbolisch zum Ausdruck. Der Tanz des Shiva Nataraja im Hinduismus soll das Geheimnis der Welt zum Ausdruck bringen. Es ist ein Tanz zwischen Schöpfung, Erhaltung, Zerstörung, Ruhe und Erlösung. In der rechten Hand hält Shiva die Trommel, mit der er den Klang der Musik und mithin die Harmonie in der Welt hervorbringt. In der linken Hand hat er die Flamme, die die Dinge sortiert und zerstört. Im Tanz verbinden sich die beiden Hände und die beiden Elemente. Sie verleihen dem Kosmos Bewegung und Harmonie und schaffen einen Kreislauf von Leben und Tod, der in allen Prozessen seine Spuren hinterläßt.

---

11) Vgl. dazu das weit verbreitete ausgezeichnete Buch: Weber, F., A dança do cosmos, São Paulo 1990.
12) Garadaudy, R., Vers une guerre de religion?, a. a. O., 126; ders., Danser sa vie, Paris 1973.

In der alten Kirche gibt es einen ganzen Überlieferungsstrang, das Schöpfungswerk Gottes im Bild des himmlischen Tanzes darzustellen. So schreibt Gregor von Nyssa: »Es gab eine Zeit, da alle vernunftbegabten Geschöpfe eine einzige Tanztruppe bildeten. Tänzer und Tänzerinnen schauten nach oben und achteten auf den Vortänzer der Gruppe. Und in der Harmonie, die alles nach ihrem spezifischen Gesetz bewegte, die von dem Haupttänzer ausging und alle ansteckte, vollführten sie ihre Runden ...«[13] Christen schreiben der Metapher eine befreiende Bedeutung zu: Den definitiven Tanz tanzen nicht Leben und Tod, sondern das Leben und die Herrlichkeit Gottes im Reich der Dreifaltigkeit. Hier findet der eigentliche, der himmlische Tanz statt: Die drei göttlichen Personen tanzen mit ihrer ganzen Schöpfung, zum Ruhme aller, das ganze ewige Leben.

Von Gott zu reden als Geist und als der höchsten Energie erweist sich als das treffendste Bild, angesichts der Tatsache, daß wir unsere Kosmologie als Spiel und als Tanz verstehen. Der Geist ist das dynamische Prinzip der Selbstorganisation des Universums. Der Geist ist Leben und spendet Leben. Der Geist ist Freiheit und Kreativität. Der Geist bringt Neues und schafft jede Art von Vielfalt, sorgt aber zugleich auch für deren Einheit. Dieser Geist »weht, wo er will ... Aber du weißt nicht, woher er kommt und wohin er geht« (Joh 3,8). Nur wer achtsam und offen ist, vermag die winzigen Zeichen seiner Gegenwart wahrzunehmen. So lädt er uns ein, aus dem Establishment auszuziehen, verfestigte, ein für allemal definierte Identitäten aufzugeben und uns Prozessen zu stellen, die diese Identitäten nur bereichern und immer neu verlebendigen und aktualisieren können.

Dieser Geist ermöglicht es uns, seine Gegenwart sowohl am Berg Garizim (als einem Symbol für die Religionen der Welt) als auch in Jerusalem (das heißt in der jüdisch-christlichen Tradition, die sich als Trägerin einer besonderen Offenbarung versteht) zu entdecken. »Aber die Stunde kommt, und sie ist schon da«, sagt der johanneische Jesus, »zu der die wahren Beter den Vater anbeten werden im Geist und in der Wahrheit ... Gott ist Geist, und alle, die ihn anbeten, müssen im Geist und in der Wahrheit anbeten« (Joh 4,23–24). Mehr denn je sind dies prophetische Worte. Heute, im Prozeß der bewußten Kosmogenese und der Planetarisierung

---

13) Vgl. Rahner, H., Der spielende Mensch, Einsiedeln 1952, 78.

des menschlichen Bewußtseins, muß eine Spiritualität das Wirken des Geistes allerorten ausmachen können, in allen Kulturen und Völkern, in allen Bewegungen und Projekten, die das Leben und die Wahrheit des Lebens an den Tag legen und fördern, das heißt Gemeinschaft und Kommunikation.[14]

Vor allem aber muß sie den Geist im Geist erleben. Entdecke in dir alle sprudelnden Kräfte, den Wunsch nach Leben und Kommunikation, alle Impulse nach oben und nach vorn sowie alle deine schöpferischen Gestaltungskräfte.[15] Führe dich nicht auf wie jemand, der diese Lebenskraft betrachtet oder auch in Bewegung setzt, sondern wie jemand, der sie feiert. Mit Hilfe deiner eigenen Vitalität fühle dich als Teilhaber an der universalen Energie. Vereinige dich mit allen Dingen. Hab' keine Angst! Deine Einzigartigkeit geht nicht kaputt dabei; im Gegenteil, sie wird gesteigert, weil du dich ja als ein Funke des universalen Feuers fühlst, das in dir wie im ganzen Kosmos brennt.

»Sei eins mit dem All«, wiederholt immerzu die taoistische Überlieferung. »Du bist es« lehren die indischen Upanishaden. Und dieses »es«, auf das die Hand hinweist, ist das Weltall, ist die Kette des Lebens, sind alle Wesen, ob sie erst im Entstehen begriffen sind oder bereits leben und sich uns mitteilen, ja, sind wir alle selbst, die wir aus derselben Quelle trinken, die uns Leben und Dasein spendet. Aber wir sind dieses »es« nur in dem Maße, in dem wir alle Dinge vorbehaltslos und vorurteilsfrei in uns hinein lassen und auch selbst liebevoll in sie eintauchen und die vielfältige Botschaft wahrnehmen, die sie uns mitzuteilen haben.[16]

Als Christen und Christinnen sprechen wir vom Reich Gottes. Der Begriff ist ja auch das zentrale Thema der Predigt Jesu. Mit der Rede wollen wir zum Ausdruck bringen, daß Gottes Plan über die ganze Schöpfung hin prozeßhaft Wirklichkeit wird. Das Reich Gottes ist bereits angebrochen, aber noch nicht voll realisiert. Es realisiert sich in uns und über uns hinaus. Alle sind wir daran beteiligt, daß es Wirklichkeit wird, wie sich auch Jesus daran beteiligt fühlte: »Mein Vater ist noch immer am Werk, und auch ich bin am

---

14) Vgl. dazu eine der besten Publikationen zum Thema »Ökologische Spiritualität«: Gruppe Beaulieu (Hrsg.), Aufbruch von innen, Frankfurt am Main 1991, 63–102.
15) Vgl. Leeuw, J. J. van der, O fogo criador, São Paulo 1989, 40–47.
16) Vgl. Fox, M., Schöpfungsspiritualität. Heilung und Befreiung für die Erste Welt, Stuttgart 1993; ders., Der große Segen. Umarmt von der Schöpfung, München 1991; McDaniel, J. B., With Roots and Wings. Christianity in an Age of Ecology and Dialogue, Maryknoll 1995, 42–58.

Werk« (Joh 5,17). Wir müssen also so leben, daß all unser Tun, vom Putzen des Hauses über Kindererziehen bis hin zur produktiven Arbeit im Werk, dazu beiträgt, daß das Reich Gottes reifen kann und wir uns stets als Mitarbeiter und Mitarbeiterinnen am Werk des Reiches Gottes fühlen. »Straßenfeger, der du die Straßen fegst, du fegst das Reich Gottes«, hat mal ein dichtender Mystiker gesagt. Davon zu wissen, damit ist es nicht getan; man muß das Ganze auch verkosten und sich von der faszinierenden Wahrheit erfassen und anstecken lassen. Eine der tragenden Säulen der Ökospiritualität ist ein einfaches Leben. Die Einfachheit ist die menschlichste aller Tugenden, weil keine andere ohne sie auskommt. Die Einfachheit begründet die Zukunftsfähigkeit unseres Planeten, der zwar reich, aber nicht unbegrenzt ist an unvergänglichen Energien und Ressourcen. Einfachheit ist nur möglich aus einer Haltung der Antikultur und des Antisystems. Beide, die tonangebende Kultur wie das herrschende System, sind konsumorientiert und bauen auf Verschwendung. Die Einfachheit macht uns dafür wach, in Einklang mit unseren Grundbedürfnissen zu leben. Hielten wir uns alle an diese Norm, würde die Erde uns alle hochherzig und sogar mit einem bescheidenen Überschuß ernähren können. Immer war die Einfachheit die Mutter spiritueller Größe und herausragender innerer Freiheit. Henry David Thoreau, der das Experiment wagte, von 1845 bis 1847 zwei Jahre in einer selbstgebauten Blockhütte am Waldenteich bei Concord zu leben und dabei nur seine strikt notwendigen Bedürfnisse zu befriedigen, empfiehlt in seinem zeugnishaften Buch »Walden und der bürgerliche Ungehorsam«: »Einfachheit, Einfachheit, Einfachheit!«[17] Und er kommentiert, Einfachheit sei stets das Kennzeichen aller Weisen und aller Heiligen in allen Kulturen gewesen.[18]

Der ökologisch verträgliche Lebensstil beruht darauf, daß alles, was Menschen tun, immer und überall in Zusammenarbeit geschieht; denn Zusammenarbeit ist eines der Gesetze, welche das Universum bestimmen und die Kette der Abhängigkeiten zwischen allen Wesen zusammenhalten. Der ökologisch verträgliche Lebensstil erfordert zweitens einen achtsamen Umgang mit allem, was wir brauchen, wie auch die Bereitschaft, es zu rezyklieren, wenn es sei-

---

17) Thoreau, H. D., Walden and Civil Disobedience, New York 1965, 67.
18) A. a. O., 52.

nen Dienst getan hat, weil so ja auch die Natur verfährt, die alles verwertet und nichts verwirft. Unsere Begeisterung für die Natur macht uns empfindsam für unseren spezifischen Auftrag im All: daß wir Priester und Priesterinnen sind bei der Feier und bei der Danksagung für die Größe und Erhabenheit, für die Vernunftmäßigkeit und Schönheit des Kosmos mit allem, was er enthält. Alles kann zum Inhalt unseres Gebetes angesichts des Schöpfers werden.

Wunderbare Belege dafür sind die Zeugnisse von Astronauten, die die Erde von außerhalb der Erde betrachten.[19] So sagt James Irwin: »Die Erde erinnert uns an einen Weihnachtsbaum, der vor dem schwarzem Hintergrund des Universums hängt. Je weiter wir uns von ihr entfernen, desto kleiner wird sie. Schließlich ist sie nur noch eine kleine Kugel, so schön aber, wie man sie sich nur vorzustellen vermag. Dieser lebende, herrliche, warme Gegenstand scheint zart und zerbrechlich. Wer ihn betrachtet, wird ein anderer Mensch. Denn er fängt an, Gottes Schöpfung zu schätzen und die Liebe Gottes zu entdecken.«[20] Ein anderer, Gene Cernan, gesteht: »Ich war der letzte, der den Mond im Dezember 1972 betrat. Von der Mondoberfläche schaute ich voll ehrfürchtiger Scheu auf die Erde, vor einem tief dunkelblauen Hintergrund. Was ich sah, war zu schön, um mit reiner Logik erfaßt zu werden, zu absolut geplant, um das Ergebnis eines bloßen kosmischen Zufalls zu sein. Wir fühlten uns im Innern gedrängt, Gott zu loben. Gott muß doch existieren, weil er ja das geschaffen hatte, was ich das Privileg hatte, zu erblicken.«[21]

Spontan melden sich im Menschen Ehrfurcht und Dankbarkeit. Und das sind auch Sinn und Zweck seiner Existenz im All.

Schließlich merkt J. P. Allen, ein weiterer Astronaut, mit feiner Einfühlung an: »Viel wurde das Pro und Contra der Mondfahrt diskutiert. Kein einziges Mal habe ich das Argument gehört, wir müßten zum Mond fahren, um von dort die Erde zu sehen. Nach alledem war dies aber der wahre Grund dafür, daß wir zum Mond gefahren sind.«[22]

In dem Moment, in dem der Mensch die Erde von außerhalb der Erde betrachtet, versteht er, daß die Erde und er eine Einheit bilden

19) Diese finden sich vor allem in: White, F., The Overview Effect, Boston 1987.
20) Zitiert nach: Down, M., Earthspirit. A Handbook for Nurturing an Ecological Christianity, Connecticut 1990, 94.
21) A. a. O., 97–98.
22) A. a. O., 100.

und daß diese Einheit zu einer größeren Einheit gehört, zum Sonnensystem, daß dieses wiederum Teil eines noch größeren Systems ist, der Milchstraße, und daß diese uns auf das ganze Universum und daß das Universum uns schließlich auf Gott verweist. »Von da oben her gesehen«, merkt der Astronaut Gene Cernan an, »lassen sich die Barrieren der Hautfarbe, der Religion und der Politik, die hier unten die Welt spalten, überhaupt nicht mehr erkennen.« Alles ist vereint auf dem einen Planeten Erde. »Am ersten und zweiten Tag richteten wir unseren Blick auf unser Land, am dritten und vierten auf unseren Erdteil; dann aber, ab dem fünften, waren wir uns inzwischen dessen bewußt, daß die Erde ein Ganzes ist«, so die Äußerung des Astronauten Salman al-Saud.[23] Und dieses Ganze wird in der Ökospiritualität als Tempel des Geistes und als Teil der Wirklichkeit empfunden, die sich das Wort zu eigen gemacht hat. Eingetaucht in die Fülle des Seins zu leben, mit einem Gefühl des Schauderns, mit grenzenlos sich weitendem Verständnis und mit einem von Erregung und Zärtlichkeit überströmendem Herzen, das könnte heißen: ökospirituelle Erfahrungen machen.

Wie alle spirituellen Wege, so lebt auch die Ökospiritualität aus Glauben, Hoffnung und Liebe. Im Sinne der Ökospiritualität läßt uns der Glaube begreifen, daß unser Engagement zu Pflege und Erhaltung unseres schönen Planeten ein Stück des Werkes des Schöpfers ist, der alle Wesen in ihrer Existenz unablässig trägt und bewahrt. Es ist der Teil, den wir dem *Spritus Creator* als unseren Beitrag zu dem anbieten, was nach Paulus am Ende zählt; das heißt zur »neuen Schöpfung« (Gal 6,15).

Die ökospirituelle Hoffnung gibt uns die Gewißheit, daß trotz aller Bedrohung und Zerstörung, mit welcher das System die Menschheit angreift und geradezu maschinell gegen Gaja vorgeht, uns eine gute, wohltuende Zukunft sicher ist, weil dieser Kosmos und diese Erde dem Geist und dem Wort gehören. Ein Stück unseres Weltalls und unseres männlichen und weiblichen Menschseins ist schon verewigt und ruht schon am Herzen der Dreieinigkeit, dank Mirjam und Jesus von Nazaret sowie dank allen Gerechten, die uns in ihren Bann ziehen. Gott wird sein Werk nicht auf den Ruinen der Erde und des Kosmos vollenden.

Ökospirituell gesehen, ist uns die Liebe Anlaß, uns immer intensiver mit der Erde zu identifizieren; denn die Liebe ist die große

---

23) A. a. O., 95.

Kraft der Einigung und der Integration des Alls. Jahrhunderte lang haben wir *über* die Erde nachgedacht. Wir waren das Subjekt des Denkens, und die Erde das Objekt und der Inhalt unseres Überlegens. Nach allem, was wir von der neuen Kosmologie gelernt haben, geht es jetzt darum, daß wir *wie* die Erde denken, *wie* die Erde fühlen und *wie* die Erde lieben. Die Liebe lehrt uns, daß wir uns mit der Erde in einem Maße zu identifizieren haben, daß wir über all diese Dinge überhaupt nicht mehr bewußt nachzudenken brauchen. Sie sind uns zur zweiten Natur geworden. Dann können wir Gebirge, Meer, Luft, Weg, Baum, Tier und was auch immer sein. Wir können eins sein mit Christus, mit dem Geist und am Ende mit Gott.[24]

Eine moderne Legende verdeutlicht, was wir sagen wollen: Ein alter heiligmäßiger Mönch wurde eines Nachts im Traum vom auferstandenen Christus besucht. Dieser lud ihn ein, mit ihm im Garten spazierenzugehen. Der Mönch willigte begeistert, aber auch ein wenig neugierig ein. Nachdem die beiden nun geraume Zeit, hin und her, durch den Klostergarten auf und abgegangen waren, wie Mönche es nach dem Essen so zu tun pflegen, erlaubte sich der alte heiligmäßige Ordensmann die Frage: »Herr, als Ihr über die Straßen Palästinas zogt, sagtet Ihr einmal, Ihr würdet eines Tages mit all Eurer Pracht und Herrlichkeit wiederkommen. Aber Ihr laßt wahrlich auf Euch warten. Wann endlich werdet Ihr denn richtig wiederkommen, Herr?« Der Herr schwieg, etliche Minuten, eine ganze Ewigkeit, schien's. Schließlich antwortete er: »Mein Bruder, wenn meine Gegenwart im All und in der Natur so unübersehbar ist, wenn meine Gegenwart bei dir unter der Haut und im Herzen so real ist, wie ich hier und jetzt bin, wenn dir das alles bewußtseinsmäßig so in Fleisch und Blut übergegangen ist, daß du überhaupt nicht mehr daran denkst, und wenn du von dieser Wahrheit so durchdrungen bist, daß du gar nicht mehr neugierig bist und auch nicht mehr mit der Frage kommst, wie du sie mir soeben gestellt hast, dann, mein lieber Bruder, werde ich in all meiner Pracht und mit all meiner Herrlichkeit bereits wiedergekommen sein.«

Im nächsten Kapitel soll es um einen Mann gehen, bei dem diese Legende in der Tat Geschichte geworden ist. Wir wollen sprechen

---

24) Übungen zur Einführung in die Ökospiritualität finden sich bei: Keyes, K. Jr., Handbook to Higher Consciousness, Coss Bay 1975; LaChance, A., Greenspirit: The Twelve Steps of Green Spirituality, New York 1991; McDaniel, J. B., Earth, Sky, Gods & Mortals: Developing an Ecological Spirituality, Mystic, Conn. 1990; Dowd, M., Earthspirit, a. a. O., 79–101; McDaniel, J. B., With Roots and Wings, a. a. O., 131–231.

vom Schutzheiligen der Ökologie, vom universalen Bruder, vom Bruder des Wolfes und der Räuber, der Sonne und des Mondes, vom *fratello* und *poverello* Franz von Assisi.

XI. Die Summe aller ökologischen Kardinaltugenden: Franz von Assisi

Wir haben bisher ausgiebig die Grundlagen der modernen westlichen Gesellschaft erörtert, die zu der heutigen ökologischen Krise planetarischen Ausmaßes geführt haben. Wir haben den Anthropozentrismus kritisiert, einschließlich des Anthropozentrimus mit jüdisch-christlichem Hintergrund. Dabei sahen wir, daß man die Natur ihrer Eigenständigkeit beraubte und nur noch gelten ließ als Dienstmagd des Menschen, der sich als König bzw. als Königin des Weltalls vorkommt. Die logische Folge dieser Einstellung war, daß sich westliche Wissenschaft und Technik entwickelten. Diese entsakralisierten dann die Welt und gaben sie der schöpferischen Kraft, aber auch den Interessen des Menschen preis; und dies tat einem rechten Verhältnis zur Natur in den seltensten Fällen gut. Allerdings steckt in dieser spirituellen Überlieferung auch ein Gegengift, das aktualisiert werden kann und muß und das uns helfen kann, die Schöpfung zu retten und das ausbeuterische Ethos zu überwinden, das die ökologische Krise unentwegt am Kochen hält. Freilich geht es weniger um eine neue Lehre als vielmehr um eine alternative Einstellung, die sich speist aus tiefer Verehrung für das Universum und aus überzeugender Vergeschwisterung mit ihm, aber auch aus Mitgefühl und Zärtlichkeit gegenüber allen Gliedern der kosmischen Gemeinschaft. Die Rede ist von Franz von Assisi. Im Jahre 1967 schrieb der nordamerikanische Historiker Lynn White Jr. einen zusammenfassenden Artikel über die »Geschichtliche Wurzel unserer ökologischen Krise«[1]. In diesem Aufsatz beschuldigte er das Judäochristentum, die Hauptverantwortung für die augenblickliche ökologische Engführung zu tragen; zugleich suchte er aber – und das schon vor beinahe dreißig Jahren! – auch nach einem Ausweg aus der Blockade in der kosmischen Frömmigkeit des Franz von Assisi. Er schlug vor, den umbrischen Heiligen offiziell zum »Schutzpatron der Umweltschützer« zu erklären.[2] In der Tat ernannte Papst Johannes Paul II. ihn am 29. November 1979 zum

---

1) White, L. Jr., The Historical Roots of Our Ecological Crisis, in: Science 155 (1967) 1203–1207.
2) A. a. O., 1207.

»Schutzpatron der Umweltschützer«, mit »allen Ehren und liturgischen Vorrechten«, die sich aus diesem Ehrenerweis ergeben.[3] Wie wir in den Megaprojekten Amazoniens Gegenwart und Wirkung des modernen Paradigmas sahen, das heißt eines Geistes, der sich die Natur unterwirft, so sehen wir in Franziskus die Vitalität eines anderen Paradigmas, will sagen eines Geistes, der sich mit jedem einzelnen Vertreter der kosmischen und planetarischen Gemeinschaft verschwistert und ihm mit Mitgefühl und Ehrerbietung begegnet. Wir möchten die franziskanische Spiritualität vergleichsweise eingehend besprechen, weil sie die Gegenfolie für den Geist bietet, welcher die Verwüstung des Amazonasbeckens wie unseres Planeten insgesamt gebiert.

1. Die geheime Wahrheit des religiösen Polytheismus

Ein neues Paradigma ist nur dann wahr, wenn es sich be-wahr-heitet, das heißt: wenn es wahr wird in der Biographie konkreter Menschen, die zu einem neuen Bewußtsein und einer alternativen Praxis finden, wie es bei Franz von Assisi geschah. Eine Zivilisation braucht Modellgestalten wie Franz. Diese halten nämlich den Menschen den Spiegel vor, damit die Träume, die ihr Tun beflügeln, und die Werte, die ihre großen Motivationen speisen, sich als überzeugend erweisen und ihrem Leben und Leiden, ihren Kämpfen und Hoffnungen Sinn verleihen.

Franziskus ist ein Mann, dessen Name das Christentum immer liebevoll aussprechen wird und auf den der Westen stets wird stolz sein können. Einer seiner besten modernen Biographen schreibt: »Seine positiven Eigenschaften stimmen zu Sympathie, seine Mängel, so er sie denn hat, bezaubern den Geist, seine Heiligkeit kennt nichts Esoterischen, Weibisches oder Furchterregendes, und seine Lehre verbreitet solche Frische, so viel Poesie und Heiterkeit, daß selbst saturierteste Geister an ihm Gründen entdecken können, das Leben zu lieben und an die Güte Gottes zu glauben.«[4] Franz von Assisi hatte ein neues Verhältnis zur Natur. Er lebte es auf so bewegende Weise, daß er im kollektiven Bewußtsein der Menschheit

---

3) Siehe den diesbezüglichen Text in: Baggio, H., São Francisco, vida e ideal, Petrópolis 1991, 41.

4) Englebert, O., Vida de San Francisco de Asis, Santiago de Chile 1974, 15 (deutsch: Das Leben des Heiligen Franziskus, Speyer 1952).

zu einem ökologischen Archetypen wurde. Auch wenn er vor achthundert Jahren gelebt hat, ist er jung geblieben. Gemessen an ihm, kommen wir uns ganz schön alt vor.

Daß Franziskus alle Elemente des Kosmos als seine Brüder und Schwestern betrachtete, ist von grundlegender Wichtigkeit für die menschliche und christliche Spiritualität. Für uns bedeutet dies, daß dadurch jenes Moment an Wahrheit, welches das Heidentum mit seinem vielfältigen Götterhimmel und mit seinen zahlreichen Gottheiten überall in der Natur beinhaltet, wieder zur Geltung kam. Mit seiner klaren und scharfen Unterscheidung zwischen Schöpfer und Geschöpf war das Christentum, auch wenn die Gründe nicht immer zu erkennen sind, in einer schmerzlichen Trennung zwischen Gott und Natur gelandet. Sämtliche Werte lagen auf der Seite Gottes bzw. seines Vertreters in der Welt, des Menschen. Die Natur hatte nichts Symbolisches oder Sakramentales mehr. Die Natur galt als Ort der Prüfung, der Versuchung und des rein Diesseitigen. Von Magie und Zauber keine Spur.

In der Absicht, der Menschheit die Vielgötterei auszutreiben, hatte das Urchristentum zu einem rigorosen, gewaltsamen Mittel gegriffen. Indem es die Existenz von Gottheiten bestritt, schlug es auch viele Fenster der Seele zu, und viele Sinnquellen in den Tiefen der Seele, welche bekanntlich polyzentrisch ist[5], versiegten. Götter und Göttinnen lassen sich nicht bloß nach Maßgabe des substantialistischen Kodex interpretieren. Noch heute stellen sie mächtige kosmische, natürliche und menschliche Energien dar, welche in den subjektiven Schichten der Menschen am Werk sind und sich im geheimen Sinn der Dinge zum Ausdruck bringen. Diese Energien üben Faszination und Macht über die Geister aus. Sie sind Kräfte, welche Wert schaffen und sich melden, sobald sich der Mensch von seiner Ichkonzentration – so der montheistische Heldenmythos – befreit und anfängt, die Welt als belebt und sein eigenes Leben als voll dynamischer Zentren zu erfahren.[6]

Der Mensch kommt nicht daran vorbei, sich mit diesen Energien auseinanderzusetzen, sich mit ihrer Hilfe selbst zu regulieren, sie in sein Freiheitsprojekt zu integrieren und sich so mit dem Leben des gesamten Kosmos in Einklang zu bringen. Ein rigider Monotheismus tut der Seele nicht gut, wie sich ja auch der ganze spirituelle

5) Vgl. Miller, D. L., Polytheism and Archetypical Theology, in: Journal of the American Academy of Religion 40 (1972) 513–527; ders., The New Polytheism, New York 1974.
6) Vgl. Hillmann, J., Psicologia arquetípica, São Paulo 1985, 62–69.

Reichtum nicht auf ein einziges Prinzip verkürzen läßt. Wir haben bereits erörtert, daß die ursprüngliche christliche Erfahrung trinitarisch ist und sich allmählich für die Pluralität der Personen öffnet, damit sie den klassischen Monotheismus der Religionen und Philosophien hinter sich läßt und so den potentiellen Reichtum des heidnischen Polytheismus einfängt. Es geht hier nicht darum, dem religiösen Polytheismus das Wort zu reden; es geht darum, seine psychologische Auswirkung auf die verschiedenen Energieherde der Psyche wertzuschätzen.[7]

Wie immer wir uns zum Heidentum stellen mögen, wir kommen nicht umhin, zuzugeben, daß es etwas Außerordentliches hatte. Sah es doch in allem Götter und Göttinnen. Im Wald erkannten Heiden und Heidinnen Pan und Silvos, in der Erde Gaja, Demeter und Hestia, in der Sonne Apollo und Phöbus und so fort. Treffend merkt Gilbert Keith Chesterton an, während der ersten tausend Jahre seiner Existenz habe das Christentum gegen eine solche Fülle an Göttlichem und Heiligem eine Strategie entweder der pausenlosen Bekämpfung oder der Flucht davor verfolgt. Nicht ohne Humor und offensichtliche Übertreibung meint er, die Gläubigen seien in die Wüste geflohen, um die Natur nicht sehen zu müssen und stattdessen stracks an die Gottheiten denken zu können. Sie hätten sich in Höhlen versteckt, um dem Anblick des Himmels zu entgehen und sich nicht an die Geschichten von Göttern und Göttinnen erinnern zu müssen. Sie hätten sich in Klöster eingeschlossen, um Gott in sakralen Texten zu finden, in langen Stunden des gregorianischen Chorals wie auch auf den verschlungenen Wegen versenkender Betrachtung, anstatt sich überraschen zu lassen vom Leben, in den Wirren des Alltags, in den verschwitzten Gesichtern und den schwieligen Händen der Menschen.[8]

Mit Franziskus hat die Ära solcher Läuterung ein Ende. Die Augen können wieder unschuldig dreinschauen. Gott und sein Ausstrahlen in Gnade und Herrlichkeit lassen sich wieder im großartigen Reichtum der Schöpfung betrachten. Die Schöpfung ist

7) Vgl. (über die bereits genannten Bücher hinaus) einige diesbezügliche Titel: Armstrong, A. H., Some Advantages of Polytheism, in: Dyonisius 5 (1981) 181–188; Paris, G., Meditações pagãs, Petrópolis 1994; Wolger, J. B., A deusa interior, São Paulo 1994; Pearson, C. S., O herói interior, São Paulo 1994; Whitmont, E. C., Retorno da deusa, São Paulo 1991; dies., Godness in Everyone, New York 1984; sowie andere auf der Linie der archetypischen Psychologie von J. Hillmann.
8) Chesterton, G. K., Der heilige Franz von Assisi, München 1927; das ganze erste Kapitel.

wieder das große Sakrament Gottes und Christi. Ohne irgendwelche vorherige theologische Reflexion entdeckt Franz die
Wahrheit des Heidentums wieder: daß diese Welt nicht einfach Welt
ist, leblos und leer. Die Welt hat uns etwas zu sagen; sie steckt voller
Bewegung und Leben, voller Ziele und Appelle seitens der Gottheit. Kraft ihrer selbst, ihrer Energien und ihrer Fülle an Tönen,
Farben und Bewegungen kann sie zum Ort der Begegnung mit
Gott und seinem Geist werden. In ihr wohnt das Heilige. Sie ist der
verlängerte Körper Gottes. Daß das Heidentum diese Erfahrung im
Rahmen des Polytheismus zum Ausdruck bringt, ist eine Angelegenheit, über die man sich freilich philosophisch und theologisch wird unterhalten können müssen. Den psychologischen
und spirituellen Reichtum, den das mit sich bringt, kann aber niemand bestreiten; denn auf diese Weise nahm der Mensch eine sakrale Haltung an und brauchte sein Dasein nicht in Immanenz untergehen und sich selbst in Einsamkeit und Verzweiflung versinken
zu sehen. Ununterbrochen ist der Mensch eingehüllt in eine Art
göttlicher Atmosphäre, in der er das Göttliche mitsamt seiner Kraft
atmet, spürt, denkt und erfährt.

Doch wie kam Franziskus dazu, das Universum zu verklären
und überall kosmische Geschwisterlichkeit zu entdecken? Wie fand
er seinen Weg zum sakralen Mittelpunkt der Materie?

2. Tod des Heldenmythos und
   Triumph der Torheit

Die Biographie des Franz von Assisi spricht Bände, wenn wir die
Synthese verstehen wollen, die er zustande brachte zwischen – wie
wir im folgenden sehen – äußerer und innerer Ökologie, zwischen
dem Höchsten im Himmel und dessen Gegenwart auf Erden, in
allen Geschöpfen.

Franziskus kam 1181 zur Welt. Sein Geburtsort ist Assisi, eine
kleine Stadt in Umbrien, einem ausgesprochen lieblichen und in-
spirativen Landstrich in Mittelitalien. Sein Vater, Pietro Bernardone, ein reicher Tuchhändler, der seine Waren auf verschiedenen europäischen Märkten, insonderheit aber in Frankreich
(daher der Name *Franziskus*) kaufte, war ein typischer Vertreter der
aufkommenden Klasse, des handeltreibenden Geldbürgertums.
Franz war der Chef einer Gruppe freizügiger junger Leute, die sich

den *cantillenae amatoriae* hingaben, Spielen und üppigen Fêtes.[9] Unruhig und äußerst sensibel, dient er den jungen Menschen als Resonanzkasten für alle Pläne, die ihnen damals so durch den Kopf gingen. Franziskus probiert jedes dieser Vorhaben: die bürgerliche Vorstellung, reich zu werden, das feudale Ideal des edlen Ritters und auch den religiösen Lebensplan, ins Kloster zu gehen. Jedes dieser Vorhaben hat seine Utopie, sein Ideal von Vollkommenheit und Heldentum. Franz verkostet sie alle, will reich werden wie sein Vater, versucht sich als Ritter in Apulien und erwägt eine Zeitlang, Mönch in einem Benediktinerkloster zu werden. Doch keines dieser Vorhaben sagt ihm zu, keines reicht an die Tiefe, die ihm am Herzen liegt. So gerät er in eine Krise, die keinem in der Stadt verborgen bleibt. Gleich vielen Menschen seiner Zeit wird er Büßer.[10] Er zieht sich in die Wälder nahe der Stadt zurück und lebt in Höhlen, Gebet und Suche hingegeben. Bis ihm klar wird, was sein Weg ist.

Die *Legenda Perusina*, einer der glaubwürdigsten Texte[11], bringt eine Episode aus dem Leben des Franziskus, als dieser bereits erwachsen ist. Die Geschichte gibt zu erkennen, worum es dem Heiligen ursprünglich geht. Die Brüder und Anhänger des Heiligen, unter ihnen einige gebildete Männer, sitzen zusammen und diskutieren, wie es mit der Gemeinschaft weitergehen solle. Man verweist auf die erprobten Regeln des heiligen Augustinus, des heiligen Benedikt und des heiligen Bernhard von Clairvaux. Dann wendet man sich an Kardinal Hugolin (den späteren Papst Gregor IX.); dieser möge Franz dazu bewegen, sich in einer dieser Vorlagen zu inspirieren, damit sein Ordensleben seinen geregelten Gang gehen könne. Franziskus hört sich das alles an. Schließlich nimmt er den Kardinal an die Hand, führt ihn vor die Versammlung und sagt folgende bemerkenswerten Worte: »Meine Brüder, meine Brüder, Gott hat mich gerufen, den Weg der Einfachheit zu gehen, und er hat ihn mir auch gezeigt. Ich möchte also nicht, daß ihr mir andere Regeln vorlegt, weder die des heiligen Augustinus noch die des heiligen Bernhard noch die des heiligen Benedikt. Der Herr hat

9) Vgl. Fortini, A., Nuova vita di San Francesco, Bd. 2, Assisi 1995, 115–116.

10) Vgl. Magli, I., Gli uomini della penitenza, San Cassiano 1967, 66–79.

11) Anonymus Perusius, Legenda Sancti Francisci, ed. F van Ortroy, in: Miscellanea Fransiscana (Rom) 9 (1902–1904), 35–48. Eine deutsche Übersetzung liegt nicht vor. Deshalb wird hier nach der portugiesischen Ausgabe zitiert: São Francisco de Assis, escritos e biografias, Petrópolis 1981, 727 ff.

mir geoffenbart, ich solle ein *neuer Wahnsinniger in der Welt* sein. Das ist die Wissenschaft, von der Gott will, daß wir uns ihr widmen.«[12] Die alten Helden sind tot, es lebe Kreativität und das Neue!

Dies ist der spezifische Weg des Franz von Assisi: außerhalb der geltenden Systeme, außerhalb des sich anbahnenden bürgerlichen Modells, außerhalb der zusammenbrechenden feudalen Ordnung, außerhalb des herrschenden religiös-monastischen Rahmens. Wahnsinnig *(pazzus)* ist er allein für diese Systeme, von denen er ja auch nichts wissen will. Franziskus geht seinen eigenen Weg. Und dieser macht ihn, in der Sprache eines weiteren Biographen, des Thomas von Celano, zu einem »homo alterius saeculi«, zu einem Menschen einer neuen Zeit, eines neuen Paradigmas.[13] Sein Lebensplan ist die *vita evangelica*, das heißt: »nach der Weise des heiligen Evangeliums zu leben«, wie er das Projekt in seinem Testament zusammenfaßt.[14] Die Regel, die er hinterlassen hat, lautet: »Regel und Lebensnorm der Minderen Brüder ist dieses: unseres Herren Jesu Christi heiliges Evangelium zu beobachten.« Die Worte, die folgen, sind eine Hinzufügung, auf der die religiösen Kontrollinstanzen in Rom bestanden: ». . . durch ein Leben in Gehorsam, ohne Eigentum und in Keuschheit.«[15] Franziskus spricht von seiner Option auch als vom »Weg der Einfachheit«. Er nimmt die Evangelien schlicht und einfach, wie er sie vorfindet, und lebt sie ohne irgendwelche Interpretationen.

Aber noch fehlte ihm der greifbare Kontext, der dem Ganzen Fleisch und Blut geben könnte. Dazu kam es so: Eines Tages, nach vielem Fasten und Beten, wurde seine Seele hell. Die Freunde merkten, daß sich bei ihm etwas verändert hatte, und fragten ihn, was los sei. Seine Antwort hätte von einem Verliebten stammen können: »Eine edlere und schönere Braut, als ihr je gesehen, will ich heimführen, die an Wohlgestalt alle übrigen weit übertrifft und an Weisheit alle überragt« (1 Celano 7). Gemeint war die Herrin Armut. Franz bekehrt sich zu den Armen. Er ändert seinen gesellschaftlichen Ort, zieht aus seiner Herkunftsklasse aus und ent-

---

12) »Et dixit mihi Dominus quod volebat, quod ego essem novellus pazzus in mundo«, Nr. 114.

13) Thomas von Celano, Leben und Wunder des heiligen Franziskus von Assisi, Werl 1955: Erste Lebensbeschreibung (1 Celano) und Zweite Lebensbeschreibung (2 Celano). Hier: 2 Celano 82.

14) Die Schriften des hl. Franziskus von Assisi, Werl 1951, 71.

15) Die Schriften des hl. Franziskus von Assisi, 57.

scheidet sich für die Ärmsten der Armen, für die Leprosen. Doch er gründet kein Hospital oder Fürsorgewerk. Wohl aber siedelt er in ihre Mitte über, kümmert sich um sie, streichelt sie und ißt aus demselben Napf mit ihnen (vgl. 1 Celano 17; 2 Celano 9).

Vermöge seiner Option für die Armen entdeckt er das reine Evangelium, verstanden als Gute Nachricht, wie auch den Armen par excellence, den gekreuzigten Jesus.

Er fängt an, kleine Kirchen und Kapellen, die in Ruinen liegen, materiell wiederherzurichten. Doch dann geht ihm auf, daß das geistige Gebäude der Kirche wiederaufgebaut werden muß, kraft der Einfachheit, der Armut und des Evangeliums. Er verpflichtet sich dem evangelischen und apostolischen Leben. Also macht er sich auf den Weg, immer in kleinen Gruppen von Anhängern, predigt, wem immer sie begegnen, in den Dörfern, auf öffentlichen Plätzen und auf dem Land, in volkstümlicher Sprache die Inhalte des Evangeliums. Ein neuer Stil von Kirche ist geboren, nicht das imperiale und feudale Auftreten von Päpsten und Bischöfen und auch nicht der Modus, immer an ein und demselben Ort zu bleiben (die für monastisches Leben charakteristische *stabilitas loci*), sondern die Form der *peregrinatio evangelii* – des Unterwegsseins im Sinne des Evangeliums, das von der Basis, vom armen Volk ausgeht, insofern gerade die Armen Glauben und Leben, Betrachtung und Engagement, Arbeit und Feier miteinander verbinden.

Daß das Evangelium im einfachen Volk Wurzeln schlägt, kommt auch in der Wiederentdeckung religiöser Symbole zum Ausdruck: Man feiert die Messe außerhalb der Kirchen, betet das Stundengebet in Gottes freier Natur, entwickelt die ewige Anbetung der Eucharistie in den Kirchen, vergegenwärtigt sich die Geburt Christi in Krippenspielen, entfaltet die Idee des Kreuzweges und läßt das einfache Volk die Bibel lesen. Alle diese Elemente gehen auf die franziskanische Armutsbewegung zurück. Wichtig, in Erinnerung zu rufen, daß Franziskus kein Kleriker ist; Franziskus ist Laie und als solcher mobilisiert er auf eigene Gefahr und Rechnung und ohne Mandat von seiten der Institution die Basis der Christenheit und verleiht so dem christlichen Phänomen ein neues Antlitz.

Im Jahre 1209 erreicht er vom Papst in Rom die Anerkennung seines Weges, definitiv bestätigt 1223. Geboren ist der Erste Franziskanische Orden. Scharen folgen ihm, Männer und Frauen, auch Klara von Assisi, seine Freundin und Vertraute. Zusammen mit ihm gründet sie den Zweiten Franziskanischen Orden, die Klarissen.

Auch Laien, die ihren Berufen nachgehen und fasziniert sind von seiner Lebensweise, wollen sich ihm anschließen. So entsteht der Dritte Franziskanische Orden in der Welt. Als Franziskus 1226 stirbt, gibt es schon mehr als 20 000 Franziskaner in nahezu ganz Europa.

3. Wiederentdeckung der Rechte von Herz und Erotik

Woher rührt die Faszination, die Franz von Assisi in seiner Zeit wie in allen folgenden Jahrhunderten, aber auch heute noch ausübt? Ohne Zweifel spielt vieles da eine Rolle. Gleichwohl dürfte der Hauptgrund, welcher ein neues Paradigma für das Leben aus christlicher Utopie eröffnet, die Tatsache sein, daß er die Rechte des Herzens, die zentrale Bedeutung des Gefühls und die Wichtigkeit der Zärtlichkeit im Verhältnis der Menschen untereinander und zum Kosmos wieder zur Geltung hat kommen lassen. Franziskus stellt die Synthese wieder her, die im Christentum verloren gegangen war: daß wir Gott, Christus und dem Geist in der Natur begegnen, daß uns folglich eine immense Geschwisterlichkeit mit dem Kosmos verbindet und daß wir uns die Unschuld erhalten müssen, das heißt auch noch als Erwachsene aus Kinderaugen strahlen können müssen, damit unsere leidvolle Existenz auf dieser Erde wieder Frische, Reinheit und Zauber vermittelt.[16] Der Philosoph Louis Lavelle hat recht, wenn er sagt: »Vielleicht hat es nie ein so offenes Bewußtsein und eine so spontane, lebendige Einfühlung für die Natur und für die Geschöpfe Gottes insgesamt gegeben, eine solchermaßen ständig inspirierte Seele wie die des heiligen Franziskus von Assisi.«[17]

Franz war der Bruder Immerfroh, wie ihn seine Mitbrüder nannten. Mit dem alten strengen Christentum der Büßer in der Wüste, mit der ehrfurchtgebietenden, formellen Kirchlichkeit der päpstlichen Paläste und klerikalen Kurien, mit dem saft- und kraftlosen Katholizismus in Bücherkultur und Theologie ist es vorbei. Ein Christentum schimmert auf, in dem Blut und Gesang, Leidenschaft und Tanz, Herz und Poesie den Ton angeben. Mit derselben Zärtlichkeit umarmt Franz den Sultan Melek-el-Kamel

---

16) Vgl. May, R., Poder e inocência, Rio de Janeiro 1981, 41.
17) Lavelle, L., Quatre Saints, Paris 1951, 89.

1219 in Damiette im ägyptischen Nildelta, den Leprosen, der ihn in Spoleto vom Rande des Weges aus anfleht, und den Wolf, der die Bürgerinnen und Bürger der Stadt Gubbio in Schrecken versetzt. Allerorten erobert er die Herzen der Menschen mit seinem Wohlwollen und seiner Sympathie. Hier liegt die unvergleichliche Relevanz des Franziskus für die Ökologie und für unsere Zeit, der es ja an solchem magischen, schamanischen, integrierenden Geist wahrlich fehlt.

Franziskus setzt die Quellen des Herzens und die Ströme des Eros frei. Der Eros ist die treibende Kraft und der dynamische Kern der menschlichen Existenz, die Fähigkeit zur Begeisterung, zum Staunen über alles Schöne und zum Genießen der Erhabenheit des Weltalls. Der einschneidendste Ausdruck des Eros ist der menschliche Wunsch, wie Freud auf der Schiene der westlichen Überlieferung seit Plato und Aristoteles gezeigt hat. Franz von Assisi war ein vom Wunsch besessener Mensch. Bonaventura scheut sich nicht, ihn mit dem Epitheton zu beschreiben, das die Schrift sonst nur für Daniel bereithält »vir desideriorum« – Mann der Wünsche, »Mann der Sehnsucht«.[18]

Unsere ganze Existenz ist Sehnsucht und Wunsch; aber das Symbol dafür ist das Herz. Kraft des Herzens nähern wir uns den Dingen, mit Gefühl und Sympathie. Es geht darum, daß wir mit ihnen zusammen-leben, zusammen-fühlen, zusammen-teilen und uns ihnen zusammen-mitteilen. Mit einer Sache, die wir voller Liebe entdecken, treten wir in Gemeinschaft. Nicht ohne Grund findet sich in den Schriften des Franziskus 42 mal das Wort Herz, wohingegen wir das Wort Verstand nur einmal lesen; 23 mal Liebe gegen 12 mal Wahrheit; 26 mal Barmherzigkeit gegen einmal Vernunft; 170 mal tun gegen fünfmal verstehen. Bei Franziskus ist das alles in Herzlichkeit und Sympathie gehüllt. Was Wesen und Formen der Sympathie sind, hat keiner so gründlich untersucht wie Max Scheler. Scheler erkennt in dem Mann aus Assisi eines der hellsten Aufleuchten der Sympathie, so wie die Welt es bis dahin noch nicht gesehen hatte. Sinngemäß schreibt er: Nie in der Geschichte des Abendlandes war eine Gestalt mit solcher Kraft an Sympathie und universaler Rührung aufgetaucht wie Franz von Assisi. Nie mehr kamen Einheit und Unversehrtheit aller Dinge

---

18) Bonaventura, Itinerarium mentis in Deum, Vorrede Nr. 2 und 3, München 1961, 44–48; vgl. auch: Surian, C., Elementi di una teologia del desiderio e la spiritualità di San Francesco d'Assisi, Rom 1973, 188–191.

zum Tragen wie bei Franz in Sachen Religion, Erotik, soziale Wirkung, Kunst und Erkennen. Vielmehr löste sich das prägende Merkmal des heiligen Franziskus auf in eine wachsende Vielfalt von Gestalten, die gleichwohl auch die Charakteristika von Rührung und Herz trugen, und in die verschiedenen Bewegungen, die allerdings immer einseitig ausgerichtet waren.[19] Nicht ohne Grund nennt Dante ihn die Sonne von Assisi (Paradies, XI. Gesang, 50).

Höflichkeit, Liebe und Zärtlichkeit sind sozusagen das Logo seines Tuns im unfassendsten Sinn. So springen an seinem Verhältnis zu Gott und zu Christus die Dimensionen der Barmherzigkeit, der Krippe, des Kreuzes und der Eucharistie hervor. Aber alle diese Aspekte finden sich auch wieder in seinem Verhältnis zu Klara, der Frau seines Lebens und der Weggefährtin seiner geistlichen Erfahrungen[20], zu den Brüdern, denen er empfiehlt, wie Mütter zueinander zu sein, zu sich selbst, den er betont gefühlsmäßig *Poverello* (kleinen Armen) und *Fratello* ([kleinen] Bruder) nennt, wie auch zu den Elementen der Natur, die er allesamt als Brüder und Schwestern bezeichnet. Diese geistig-geistliche Struktur markiert den Weg zu einer wohltuenden Beziehung zu all den Dingen. Das Ökologische ist bei Franziskus dann ein konstitutiver Teil dieser Art von Haltung, die er modellhaft und mit aller Konsequenz lebt.

Im folgenden wollen wir sein Verhältnis zur Schöpfung in den Blick nehmen, weil hier die ökologische Dichte am treffendsten zum Ausdruck kommt.[21]

---

19) Scheler, M., Wesen und Formen der Sympathie, Bonn 1926, 110; vgl. Mazzuco, V., Francisco de Assis e o modelo de amor cortês-caveleiresco, Petrópolis 1994, 111–127.

20) Siehe dazu die schöne Biographie von: Rotzetter, A., Klara von Assisi. Die erste franziskanische Frau, Freiburg – Basel – Wien 1993.

21) Boff, L., Franziskus als nachmoderner Mensch: Triumph des Mitleidens und der zärtlichen Fürsorge, in: ders., Zärtlichkeit und Kraft. Franz von Assisi, mit den Augen der Armen gesehen, Düsseldorf 1983, ⁶1995, 35–75; ders., Questionamento da cultura atual e fundamentação franciscana à ecologia, in: Francisco e à ecologia, Petrópolis 1991, 47–58; Versch., Franciscanismo e reverência pela criação, in: Cadernos Franciscanos 3, Petrópolis 1991; Silveira, I., São Francisco de Assis e »nossa Irmã e Mãe Terra«, Petrópolis 1994; Neves, M. C., Francisco de Assis, profeta da paz e da ecologia, Petrópolis 1992; Merino, J. A., Manifiesto franciscano para un futuro mejor, Madrid 1985; Versch., St. Francis and the Foolishness of God, Maryknoll 1993; Sorrei, R., St. Francis of Assisi and Nature, New York 1986; Warner, K., Was St. Francis a Deep Ecologist?, in: LaChance, A. J./Carroll, J. E. (Hrsg.), Embracing Earth, Maryknoll 1994, 225–240.

4. Geschwisterlichkeit nach Maßgabe der Letzten und kosmische Demokratie

Alle Lebensbeschreibungen des Franziskus, die bald nach seinem Tode 1226 entstanden (Thomas von Celano, Bonaventura[22], die Dreigefährtenlegende, die *Legenda Perusina*, das *Speculum Perfectionis* u. a. m.), stimmen darin überein, daß »er alle Geschöpfe miteinander versöhnte« (1 Bonaventura VIII, 1). Thomas von Celano, der älteste Franziskusbiograph, erzählt 1229: Oft »wurde er . . . mit wunderbarer und unaussprechlicher Freude erfüllt, so, wenn er zur Sonne aufschaute, den Mond betrachtete und zu den Sternen und zum Firmament aufblickte . . . Wie erheiterte doch seinen Geist die Blumenpracht, wenn er ihre reizende Gestalt sah und ihren lieblichen Duft einsog! . . . Und wenn er eine große Anzahl von Blumen fand, predigte er ihnen und lud sie zum Lob des Herrn ein, gleich als ob sie vernunftbegabte Wesen wären. So erinnerte er auch Saatfelder und Weinberge, Steine und Wälder und die ganze liebliche Flur, die rieselnden Quellen und alles Grün der Gärten, Erde und Feuer, Luft und Wind in lauterster Reinheit an die Liebe Gottes und mahnte sie zu freudigem Gehorsam. Endlich nannte er alle Geschöpfe ›Bruder‹ und erfaßte in einer einzigartigen und für andere ungewohnten Weise mit dem scharfen Blick seines Herzens die Geheimnisse der Geschöpfe; war er doch schon zur Freiheit der Herrlichkeit der Kinder Gottes gelangt« (1 Celano 80–81).

Die Welt des Franziskus ist magisch und durchdrungen von »unerhörter Hingebung und Liebe« zu allen Dingen.[23] Der Verfasser des *Speculum perfectionis* kommentiert: »Mit einzigartiger, noch nie dagewesener Liebe fühlte er sich zu den Geschöpfen hingezogen« (Nr. 113). Über Steine ging er folglich nur mit Ehrfurcht, mit Rücksicht auf den, der sich selbst als Stein bezeichnet hatte; fand er eine Schnecke auf dem Weg, trug er sie beiseite, damit sie von den Menschen nicht zertreten würde; winters fütterte er die Bienen mit Honig und Wein, damit sie nicht verhungerten oder vor Kälte umkämen (2 Celano 165). Einmal wollte er den Kaiser dazu bewegen, in einem Dekret anzuordnen, daß die Menschen an Weihnachten Vögeln, Rindern, Eseln und auch den Armen be-

---

22) Bonaventura, Franzikus – Engel des sechsten Siegels, Werl 1962.
23) 2 Celano 165. Vgl. Armstrong, E. A., Saint Francis: Nature, Mystic. The Derivation and Significance of the Nature Stories in the Franciscan Legend, Berkeley – Los Angeles – London 1976.

sonders großzügig zu essen bzw. zu fressen geben sollten, aus Achtung vor dem Sohn Gottes, der ja an diesem Tage unser älterer Bruder geworden war (*Speculum*, Nr. 114). Geschwisterlichkeit gilt für Franz nicht nur unter Menschen, sondern hat kosmische Dimensionen. Aus diesem Grund trug er »herzliches Erbarmen ... auch mit den stummen, vernunftlosen Tieren, mit dem ›was da fleucht und kreucht‹, und allen anderen beseelten und unbeseelten Geschöpfen«.[24]

In der Nähe der Zelle des Franziskus wohnte auf einem Feigenbaum eine Grille, die herrlich zirpte. Eines Tages sagt er ihr liebevoll: »›Meine Schwester Grille, komm her zu mir!‹ Und wie wenn sie vernünftig gewesen wäre, kam sie sofort auf seine Hand. Und er sagte zu ihr: ›Sing’, meine Schwester Grille, und lobe den Herrn, deinen Schöpfer, durch dein Jubilieren!‹ Ohne Zögern gehorchte sie und begann zu singen und hörte nicht eher auf, bis der Mann Gottes mit seinem Lob in ihr Lied einfiel und ihr befahl, an ihren gewohnten Ort zurückzufliegen« (2 Celano 171).

»Er hatte eine dermaßen innige Liebe zu den Geschöpfen« (*Speculum*, Nr. 113), daß diese ihn verstanden und in ein Verhältnis der Sympathie und der Geschwisterlichkeit mit ihm traten. Denn »selbst die unvernünftigen Geschöpfe erkannten die herzliche Zuneigung, die der Heilige gegen sie hegte, und ahnten seine zärtliche Liebe« (1 Celano 59).

Hier meldet sich eine andere Art und Weise an, in der Welt zu sein; mit der Form, wie wir sie an der Moderne kritisierten, hat dies nichts zu tun. In der Moderne steht der Mensch *über* den Dingen und will sie besitzen und beherrschen; Franz indessen weiß sich in Gemeinschaft mit ihnen, will sie lieben und mit ihnen als seinen Brüdern und Schwestern zu Hause zusammenleben. Selbst Ängste und Schmerzen »bezeichnete er nicht mit dem Namen ›Leiden‹, sondern nannte sie Schwestern« (2 Celano 165). Ja, im Gesang an Bruder Sonnenball begrüßt er sogar den Tod als Schwester, weil dieser uns ins Leben führt. Das franziskanische Universum ist absolut nichts Totes, noch sind die Dinge einfach so dahingeworfen, in Reichweite der unterdrückerischen Hand des Menschen, noch liegen sie einfach so nebeneinander, ohne Verbindung untereinander. Nein, alles bildet eine großartige Symphonie, deren Kon-

---

24) 1 Celano 77. Alle nannte er dabei Brüder und Schwestern, vgl. dazu den herrlichen Kommentar von Balducci, E., Francesco d'Assisi, Florenz 1989, 145–150: Die Sprache der Tiere.

zertmeister Gott selbst ist. Alles ist belebt und personalisiert. Franz von Assisi entdeckt intuitiv, was wir heute auf empirischem Wege herausfinden: daß alle Lebewesen, einschließlich unserer selbst, Brüder und Schwestern sind, weil wir ein und denselben genetischen Code haben. Auf dem Wege der Mystik geht ihm diese Blutsverwandtschaft auf. Wir alle leben zusammen, in dem einen elterlichen Haus. Und weil wir Geschwister sind, lieben wir uns. Gewalt unter Familienangehörigen wäre etwas völlig Abwegiges.[25]

Aus diesem Grund ist es nur folgerichtig, daß Franz seinen Brüdern verbot, Bäume mitsamt den Wurzeln zu fällen; vielmehr sollten sie ein Stück des Stammes stehen lassen, in der Hoffnung, daß die Bäume dann wieder ausschlügen. Wer Gärtner war, sollte ein Stückchen Land brach liegen lassen, nichts daran tun, damit dort alles wachsen könne, einschließlich der vermeintlichen Unkräuter; denn auch diese »verkündigen den herrlichen Vater aller Dinge« (2 Celano 165). In ihren Gärten, in denen sie Obst und Gemüse zogen, sollten die Brüder ein besonderes Gärtchen mit Blumen und duftenden Gewächsen anlegen, »damit diese die Beschauer anregten, der ewigen Himmelslust zu gedenken« (2 Celano 165).[26]

Wer eine solche Einstellung hat, kann mit der größten Vielfalt leben. Wer die Dinge so betrachtet, weiß, was dialogische und perichoretische Logik ist, und daß diese alle Verbindungen und Inter-retro-Beziehungen regelt, die objektiv in der Natur herrschen, und zwar auch in deren schwächsten Komponenten. Kosmische Demokratie wird zu menschlicher und geistiger Demokratie, die ihrerseits ein Auge darauf hat, daß auch die Ärmsten und Marginalisiertesten mit in das Geschehen hineingenommen werden. Franziskus hatte eine Vorahnung für diesen Einklang, ja er lebte ihn. So wird die Ökologie (die Wissenschaft vom einträchtigen Leben im gemeinsamen planetarischen Haus) zur Öko-sophie (zur Weisheit vom wohlwollenden Zusammenleben aller existierenden Wesen).

Überraschenderweise blieb den Zeitgenossen des Franz von Assisi auch nicht verborgen, daß diese Seinsweise etwas absolut Neues war.[27] Seine Biographen werden nicht müde zu betonen, daß

25) Vgl. Schneider, H., Brüderliche Solidarität nach Franziskus von Assisi, Mönchengladbach 1981, 44–52.
26) Vgl. Schneider, H., Brüderliche Solidarität, a. a. O.
27) Vgl. Silveira, I., São francisco, admirável homem novo?, in: ders., São Francisco de Assis e »nossa Irmã e Mãe Terra«, a. a. O., 63–72.

er »ein Mensch aus einer anderen Welt« zu sein schien, »ein neuer Evangelist der letzten Zeiten«, »ein neues Licht am Himmel«, »der Morgen, der sich über die Dunkelheit ausbreitet«, und »der neue Mensch, den der Himmel der Erde gegeben hat«.[28] Der Kirchengeschichtler Joseph Lortz nennt ihn »den unvergleichlichen Heiligen«[29], der Publizist Adolf Holl spricht von ihm als von dem »letzten Christen«[30], und vielen anderen gilt er als »der Erste nach dem Einzigen (Jesus Christus)«. Alle stimmen darin überein, daß seine Bedeutung über den Bereich des Religiösen im Christentum und über den Raum des Kulturellen im Westen hinausgeht. Franz von Assisi stellt ein Aufleuchten des Menschlichen überhaupt dar, das Auftauchen von etwas Unvergleichlichem in den Dimensionen unseres Weltalls und in der Werdegeschichte der Menschheit.

5. Nichts von Romantik bei Franz von Assisi

Woher nimmt Franziskus all die Zärtlichkeit und Verehrung, die ja so groß sind, daß er damit unsere Erde zu retten vermag? Viele antworten: aus seiner Romantik; Franz von Assisi sei der große Romantiker gewesen, noch ehe es den Begriff überhaupt gegeben habe. Andere sind der Ansicht, das ökologische Image des umbrischen Heiligen habe eigentlich keine Tradition, sondern sei eher eine Projektion der Romantik des 19. Jahrhunderts (Chateaubriand, Sabatier, Renan), mit den fragwürdigen Voraussetzungen, die ihr zugrundelägen in der Gestalt der liberalen Theologie und der Gefühlsbetontheit, wobei letztere eine Überreaktion sei auf die Strenge der Institutionen und den Formalismus der spirituellen Wege und das eine wie das andere korrigieren wolle. Solch eine Blendeneinstellung habe alle modernen Lebensbeschreibungen des Poverello unheilbar infiziert.[31] Romantisch nennen diese Autoren alle Franziskusbilder, die das Augenmerk auf Gefühl, Naturverbundenheit und dramatische oder poetische Aspekte im Leben des Fratello richten.[32]

28) 1 Celano 36–37; Legenda Maior, XII, 8.
29) Lortz, J., Der unvergleichliche Heilige. Gedanken um Franziskus von Assisi, Düsseldorf 1952.
30) Holl, A., Der letzte Christ, Stuttgart 1979.
31) Vgl. Matura, Th., Franz von Assisi und sein Erbe heute, in: Versch., Franz von Assisi. Ein Anfang und was davon bleibt, Zürich 1988, 278 ff.
32) A. a. O., 284.

Wir widersprechen dieser Deutung. Die Zeugnisse der zeitgeschichtlichen Biographien wie auch die Darstellung in der Malerei durch die Jahrhunderte hindurch, angefangen mit Fra Angelico und Giotto bis hin zur volkstümlichen Folklore, die Franz immer von Vögeln umgeben, den Fischen predigen, mit dem Wolf sprechen oder in die Natur eingetaucht sieht, liefern die sichere Grundlage dafür, ihn als Schirmheiligen des Umweltschutzes im modernen Verständnis betrachten zu können. Selbstverständlich bleibt eine Interpretation im Sinne der Romantik an der Oberfläche und rührt nicht an die tiefsten Schichten der franziskanischen Erfahrung. Franz von Assisi ist keine Frühgeburt der Romantik. Franz ist ein ontologischer Dichter und ein Mystiker, der auf einem steinigen, immer wieder Phasen der Läuterung fordernden und schließlich ihm die Augen öffnenden spirituellen Weg zur Verklärung des Universums und zur Entdeckung der Pan-relationalität mit allen Geschöpfen fand.

Die Romantik ist ein Produkt der modernen Subjektivität. Diese projiziert die Gefühle des Ich auf die Welt. Für den modernen Romantiker verweist die Natur das Bewußtsein auf sich selbst, auf seine Gefühle, aber nicht darauf, daß es auf die Botschaft hört, die von der Natur ausgeht und die auf eine Größe jenseits des subjektiven Bewußtseins verweist, auf das Geheimnis der Welt und dessen Grundlage, auf das Geheimnis des Schöpfers. In der Romantik verbleibt das Ich in seiner Welt, das, so reich und so vielgestaltig es an Emotionen auch sein mag, aber immer in seiner eigenen Rührung eingeschlossen bleibt. In der archaischen Existenzweise des Franziskus (*archaisch* erinnert an *arché* = Ursprungsprinzip) ist das Ich aufgefordert, sich über sich selbst zu erheben, seinen geschlossenen Kreis aufzubrechen und sich zu vergeschwistern mit den Dingen, damit alle gemeinsam ihr Loblied auf den Schöpfer singen. Doch solch einer Einstellung werden wir erst fähig, wenn wir darauf verzichten, die Dinge zu besitzen, und tun, was Franziskus mit der Grille tat. Er ging eine Gemeinschaft mit ihr ein, stimmte mit ein in ihr Lied und sang mit ihr das Lob des großen Vaters im Himmel. In der Folge wollen wir jetzt etwas eingehender die Quelle betrachten, aus der sich diese Seinsweise speist.

6. Die Vermählung von Eros und Agape

Franziskus ging den Weg der Sympathie und Synergie im wesentlichen aus drei Gründen. Zunächst einmal war er ein genialer Dichter. Aber kein romantischer, sondern ein ontologischer, wesensbezogener Dichter, der imstande war, die sakramentale Botschaft wahrzunehmen, die von allen Dingen ausgeht. In seiner Jugend hatte er unter dem Einfluß der erotischen Bewegung der Provence gestanden.[33] Und bis in die Sterbestunde, so überraschend es klingt, sang er gern Liebeslieder (*Legenda Perusina*, 64; *Speculum*, 121) zu Ehren der schönen Frau. Er sah sich als Troubadour Gottes.

Der Eros, verstanden als Wunsch nach, als Begeisterung für und als Verzauberung durch die Schönheit des Weltalls und aller Dinge in ihm, steckt in der Wurzel der franziskanischen Erfahrung. Allerdings handelt es sich um einen Eros, der mit jeder Art von leichter Verführung und mit den Doppeldeutigkeiten höfischer Galanterie der besungenen Frau gegenüber nichts zu tun hat. Der Eros, den wir meinen, ist beseelt von Agape. Agape ist die Quintessenz der Liebe, so wie Paulus sie im Ersten Korintherbrief besingt (1 Kor 13,1–12): absichtsfreie Liebe, ohne besitzergreifenden Genuß, offen für das Absolute. Agape verdrängt nicht den Eros, noch sublimiert sie ihn einfach, sondern sie verlängert seinen ursprünglichen Impuls, bis er das Fundament und die Faszination aller Liebe erreicht, das heißt Gott, der sich als Gnade und reine Ungeschuldetheit in den Dingen und durch die Dinge mitteilt.

Die Bekehrung trägt den Dichter in Franziskus nicht zu Grabe. Sie potenziert ihn nur, weil sich der Eros mit der Agape vermählt. So zum Beispiel behält die Liebe, die er zu Klara spürt, ihre ganze Dichte als Liebe, schüttelt aber die Bande der Libido ab. Sie führt dazu, daß sich die Libido in einem Maße radikalisiert, daß sich das Geheimnis zu erkennen geben kann, das beide fasziniert: die Gegenwart Gottes in der Welt und insbesondere in seiner gekreuzigten Erscheinungsform in den Armen und Leprosen. Dank der glücklichen Vermählung von Eros und Agape gelingt es Franz, alle seine Beziehungen zu personalisieren, insofern er in ihnen Sakramente der Anwesenheit Gottes sieht: die Lerche ist Schwester Lerche, die Sonne Bruder und Herr Sonnenball, die Erde Schwester und Mutter

---

33) Vgl. Armstrong, A. E., Saint Francis: Nature, Mystic, a. a. O., 18 – 43. Der Autor arbeitet gut diesen Einfluß heraus, aber auch die Beeinflussung durch die positive Einstellung zur Natur seitens der irischen Mönche und Pilger.

Erde, und Diebe sind für ihn Brüder Diebe, denen er nachläuft, um ihnen auch noch den Rest zu geben, den sie nicht mehr erwischen konnten (*Speculum*, 85). Wenn er singt, stimmt er in das Lied ein, das alle Dinge wie auch das Weltall insgesamt Gott singen – und darin liegt, wir deuteten es weiter oben schon an, der Unterschied zu allen romantischen Dichtern der Moderne.

Daß Franz von Assisi mit den Dingen wie mit Brüdern und Schwestern zu Hause zusammenlebt, findet eine weitere, noch überzeugendere Erklärung als die Poesie: Er weiß aus *religiöser Erfahrung*, daß alle Dingen einen gemeinsamen Ursprung haben. In seiner Franziskusbiographie schreibt Bonaventura treffend: »In jedem Gegenstand bewunderte er seinen Urheber, und in jedem Ereignis erkannte er den Schöpfer ... In schönen Dingen bewunderte er den Schönen und im Guten das höchste Gut. Allenthalben suchte und verfolgte er anhand der Spuren in den Geschöpfen den Geliebten, und aus allen machte er sozusagen eine Leiter, auf der er zum göttlichen Thron gelangen wollte ... Voller Rührung, wenn er den *gemeinsamen Ursprung* aller Dinge betrachtete, gab er allen Geschöpfen, so minderwertig sie auch sein mochten, den süßen Namen ›Schwester‹; denn er wußte genau, daß sie alle dieselbe Herkunft hatten wie er« (*Legenda Maior*, VIII, 6). Doch der gemeinsame Ursprung ist nicht einfach Gott, sondern das Herz des Vaters, durch die Erkenntnis des Sohnes, in der Begeisterung des Geistes. Derlei Glaubensüberzeugungen waren bei Franz nicht einfach dogmatische Behauptungen, sondern Rührungen des Herzens. Wenn wir unseren gemeinsamen Ursprung im Herzen des Vaters haben, der überdies die Züge einer Mutter trägt, dann sind wir allesamt Söhne und Töchter. Wenn aber Söhne und Töchter, dann auch Brüder und Schwestern: die entfernteste Milchstraße, der unbekannteste Virus, der gefräßigste Dinosaurier, Kolibris, Yanomami-Indianer und Staatschefs, die über das Schicksal der Erde entscheiden. Alle sind wir Geschwister und befinden uns unter dem Regenbogen der Gnade Gottes ebenso wie in ein und demselben Elternhaus. Das »Deus meus et omnia« – so der Wahlspruch des Franz von Assisi – muß korrekt übersetzt werden. »Deus meus et omnia« heißt nicht, wie normalhin übersetzt wird, »Mein Gott und mein alles«, sondern bedeutet in Übereinstimmung mit dem kosmischen Geist des Heiligen: »Mein Gott und alle Dinge«.

Eine alte Legende, die in Umbrien bis auf den heutigen Tag als Volkslied gesungen wird, zeigt gut diesen einschließenden Charakter der ökologischen Liebe des Franziskus: »Weinend sagte Franziskus eines Tages zum Herrn:

Ich liebe die Sonne und die Sterne
Ich liebe Klara und ihre Schwestern
Ich liebe das Herz der Menschen
und alle schönen Dinge
Herr
Du mußt mir verzeihen
Denn nur dich sollte ich lieben.

Lächelnd antwortet der Herr:
Ich liebe die Sonne und die Sterne
Ich liebe Klara und ihre Schwestern
Ich liebe das Herz der Menschen
und alle schönen Dinge
Mein Franziskus
Du mußt nicht weinen
Denn das alles liebe ich auch.«[34]

Franziskus hat also keine Angst vor unseren gemeinsamen kosmischen Wurzeln. Er definiert den Menschen nicht durch das, was ihn von den anderen unterscheidet, sondern durch das, was er mit den anderen an Gemeinsamem, an Blutverwandtschaft hat. Demnach sind wir weniger vernunftbegabte Tiere als vielmehr einfach Menschen – romanische Sprachen leiten das Wort »Mensch« vom lateinischen »homo« ab und geben damit zu verstehen, daß wir Söhne und Töchter des »Humus« sind, das heißt der Erde, von der wir alle stammen und zu der wir alle zurückkehren werden. Wenn Franziskus singt, singt er *mit* allen Geschöpfen, wie er in seinem Gesang aller Geschöpfe herrlich sagt, und nicht *vermittels* ihrer. Denn dann würde er sie ja gebrauchen und sich gegenüber dem Gesang, den alle Gott singen, taub stellen. »Unsere Schwestern Lerchen loben ihren Schöpfer; wir wollen uns unter sie gesellen. Wir wollen mit ihnen das Stundengebet sprechen und den Herrn preisen« (*Legenda Maior*, VIII, 9).

---

34) Rotzetter, A., Klara von Assisi. Die erste franziskanische Frau, Freiburg – Basel – Wien 1993, 61.

Schließlich ist noch ein dritter Faktor zu nennen, der Franz von Assisi Bruder aller Elemente sein läßt: die radikale Armut. Armut, wie der Heilige sie begreift, besteht nicht nur in Nichts-haben, weil der Mensch ja immer etwas hat: seinen Körper, seinen Geist, seine Kleidung, sein In-der-Welt-sein. Wesensgemäße Armut ist eine Seinsform, mittels deren der Mensch, Mann wie Frau, die Dinge sein läßt, was sie sind, und darauf verzichtet, sie zu beherrschen, sie sich zu unterwerfen und zu Objekten seines Machtwillens zu machen. Er sieht davon ab, sich über sie zu stellen, um mit ihnen in eine Reihe zu treten. Solch eine Haltung erfordert ein beträchtliches Maß an Askese, das heißt an Entkleidung vom Besitzinstinkt und vom Streben nach Befriedigung seiner Wünsche. Wesensgemäße Armut markiert den unverwechselbaren Weg, den Franz am physischen Ort der Armen ging. Dort versuchte er, schlicht und einfach zu sein, bei den Armen, frei von allem. Der Mystiker Meister Eckhart würde dies *Abgeschiedenheit* nennen, wobei *Abgeschiedenheit* so viel wie bedingungslose Verfügungsbereitschaft, rückhaltloses Loslassen, vollkommene Konzentration auf die anderen und nicht auf sich selbst, Freiheit von und für etwas bedeutet.[35]

Besitz behindert die Kommunikation unter den Menschen und mit der Natur, weil, wer etwas besitzt, immer sagt: »Das gehört mir«, »Das gehört dir«, und damit die Menschen spaltet. Besitz läßt die Menschen Interessen haben, das heißt: Besitz stellt etwas zwischen die Menschen untereinander und zwischen sie und die Natur. Je radikaler die Armut ist, desto näher bringt sie den Menschen an die pure Wirklichkeit heran; zugleich ermöglicht sie ihm aber auch eine Erfahrung ohne Grenzen und eine Gemeinschaft ohne Abstand, unter Wahrung und Achtung der anderen und des Anderssein. Wesensgemäße Armut, wo sie denn gelebt wird, schafft universale Geschwisterlichkeit. So fühlte sich Franziskus wirklich als Bruder der Dinge, denn er konnte zu ihnen greifen, ohne sie besitzen, von ihnen etwas haben oder sie gebrauchen zu wollen. Armut wird zum Synonym für wesensgemäße Demut. Diese ist keine Tugend unter anderen, sondern eine Einstellung, aus der heraus der Mensch seinen Platz am Erdboden weiß, »auf dem Boden bleibt«, auf einer Ebene mit den Dingen. Von dieser Position aus kann er

35) Vgl. Boff, L., Mestre Eckhart: a mística da disponiblidade e da libertação, in: Mestre Eckhart, a mística de ser ser e não ter, Petrópolis 1989, 11–48.

sich dann mit ihnen versöhnen und eine wirklich kosmische Demokratie begründen.

So kann Bonaventura sagen, Franziskus habe dank der freundschaftlichen Gemeinschaft, die er mit allen Dingen gepflegt habe, den Eindruck erweckt, als sei er in den Urzustand der morgendlichen Unschuld zurückgekehrt (*Legenda Maior*, VIII, 1). Nach einer langen Lehrzeit des Suchens nach der wesensgemäßen Armut tat sich in seinem Herzen das verlorene Paradies auf, das irdische Paradies, in das der Mensch aber nur findet auf dem geschichtlichen Weg der Demut, der Solidarität und der innigen Liebe zu allen. Franziskus hat gezeigt, daß es möglich ist und wie es zu erreichen ist.

7. Synthese zwischen äußerer und innerer Ökologie

Die vollkommenste Gestaltwerdung der ökologischen Existenzweise des umbrischen Heiligen ist der *Cantico di Frate Sole*, eines der Juwelen der Naturmystik und der abendländischen Dichtung überhaupt. Der *Sonnengesang* bietet eine glückliche Synthese zwischen äußerer und innerer Ökologie. Wir haben die beiden Formen von Ökologie schon angesprochen. Unter äußerer Ökologie verstehen wir den Einklang mit der Natur und ihren Rhythmen wie mit dem kosmischen Geschehen insgesamt. Das Ganze spielt sich ab in den Schritten Ordnung-Unordnung-Interaktion-neue Ordnung und führt dazu, daß das natürliche Erbe wie auch unser eigenes Glück erhalten bleiben. Doch gerade letzteres ist nur möglich, wenn es ein inneres Pedant dazu gibt, die innere Ökologie. Die Welt und ihre Wesen stecken auch im Menschen, in der Gestalt von Archetypen, Symbolen und Bildern. Sie wohnen tief in unserem Innern. Wir müssen mit ihnen in einen Dialog kommen und uns in sie integrieren. Wenn das Verhältnis zwischen Mensch und Natur nach wie vor von Gewalt bestimmt ist, dann deshalb, weil unser Innenleben noch immer Impulse der Aggression funkt. Diese belegen nur, wie leer wir sind, was die innere Ökologie und was die drei Hauptdimensionen der Ökologie angeht, wie F. Guattari sie beschreibt: umweltbezogene Ökologie, soziale Ökologie und mentale Ökologie.

Der *Sonnengesang* versinnbildet das außergewöhnliche Werk, das Franziskus zuwege gebracht hat: die vollkommene Versöhnung zwischen Himmel und Erde, zwischen Leben und Tod, zwischen Weltall und Gott. Allerdings muß man den Text richtig zu lesen verstehen. Mit dem Wortsinn von Vokabeln wie Erde, Sonne, Mond, Wind, Luft usf. allein ist es nicht getan. Es gilt, bis auf die Ebene der Archetypen vorzustoßen, auf der sich die genannten Elemente als mit Libido und Bedeutung angereichert erweisen.

Vielleicht geben schon die Umstände, unter denen der Sonnengesang entstanden ist, seine große ökologisch-integrierende Bedeutung zu erkennen. Wiederum ist es die *Legenda Perusina*, die uns die Geschichte am genauesten erzählt (Nr. 43; *Speculum*, 100). Die Bekehrung lag inzwischen an die zwanzig Jahre zurück, die Stigmatisierung auf dem Berg Alverna mittlerweile zwei. Franziskus verzehrte sich in glühender Liebe zu allen Geschöpfen – in seraphischer Liebe, welche in der Sprache des in Sachen Mystik kompetenten Bonaventura »ein Tod ohne Tod« ist (*Legenda Maior*, XIV, 1–2). Andererseits war er krank, heimgesucht von mancherlei inneren Leiden hinsichtlich der Zukunft seiner Bewegung, die sich wider seinen Willen mehr und mehr institutionalisierte.[36] Es war im Herbst 1225. In San Damiano, jener kleinen Kapelle, in der alles begonnen hatte und in der Klara und ihre Schwestern lebten. Fünfzig Tage, so die *Legenda*, hatte er in einer dunklen Zelle verbracht, ohne das Licht am Tage oder das Feuer in der Nacht ertragen zu können. Die Augen schmerzten so heftig, daß er nicht schlafen, ja nicht einmal sich ausruhen konnte. Unter diesen scheinbar antiökologischen Bedingungen also brach der Hymnus der reinsten integralen Ökologie aus ihm hervor.

Wörtlich heißt es: »Eines Nachts, als der selige Franz seine zahlreichen Kümmernisse so betrachtete, hatte er Mitleid mit sich selbst und sagte sich: ›Hilf mir, Herr, in meiner Krankheit, damit ich sie geduldig ertragen kann.‹ Während er so betete, fiel er in Agonie. Doch im Laufe des Todeskampfes hört er eine Stimme, die ihm sagt: ›Sag' mir, Bruder, würdest du dich nicht freuen, wenn dir jemand als Belohnung für deine Leiden und Kümmernisse einen solchermaßen großen, wertvollen Schatz gäbe, daß die Erde, verwandelt in Gold, die Felsen, umgestaltet in Edelsteine, und das Wasser, umgeformt in Balsam, nichts dagegen wären?‹ Und Franz antwortet: ›Herr, das wäre wirklich ein großer, überaus wertvoller, unschätzbarer, lie-

---

36) Vgl. das klassische Buch dazu von Desbonnets, Th., De l'intuition à l'institution: les franciscains, Paris 1983.

benswürdiger und wünschenswerter Schatz.‹ ›Gut‹, sagt die Stimme, ›freue dich, Bruder, und genieße inmitten deiner Belastungen und Krankheiten, und für die Zukunft sei sicher, wie wenn du schon in meinem Reich wärest‹.«

In diesem Augenblick wird es heller Tag in seiner dunklen Nacht. Er fühlt sich im Reich Gottes, das ja für umfassende Versöhnung steht, für die Versöhnung des Menschen mit seinem Herzen, mit den anderen, mit dem Kosmos und mit Gott. Er steht auf und meditiert eine Zeitlang. Dann stimmt er den Gesang aller Geschöpfe an: »Altissimu, omnipotente, buon Signore – Erhabenster, allmächtiger, guter Herr.« Er ruft die Brüder, und mit ihnen stimmt er das verfaßte Lied an. Die äußere Ökologie begegnet der inneren Ökologie. Die physische Sonne, die er seit langem nicht mehr gesehen hatte, – immerhin war er nahezu blind – strahlt weiter in seinem Innern. Ebenso das Wasser, das Feuer, der Wind und die Erde. Selbstverständlich dreht es sich dabei nicht allein um einen poetisch-religiösen Diskurs über derlei Dinge. Die Dinge dienen als Werkzeug für eine tiefere Rede – für die Rede des Unbewußten, das sein Inneres und mit ihm das Geheimnis angerührt hat, das alles durchdringt, entzündet, eint und zusammenfließen läßt. Mit Hilfe der Sonne, des Lichtes, des Windes, der Luft, der Pflanzen und des Menschen mit seiner Größe und seiner Tragik, mit Hilfe der äußeren Ökologie also bringt Franziskus seine innere Ökologie zum Ausdruck.

Der bemerkenswerte französische Franziskanerforscher Eloi Leclerc hat das Verdienst, den archetypischen Reichtum im Sonnengesang herausgearbeitet zu haben. Er bedient sich der Erkenntnisse der Tiefenpsychologie eines C. G. Jung, der Methode der poetischen Analyse eines Gaston Bachelard und der philosophischen Hermeneutik eines Paul Ricoeur.[37] Dabei findet er Elemente heraus, die für die innere Ökologie höchst bedeutsam sind. Einige davon wollen wir betrachten.

Allein schon die Struktur des Hymnus zeugt davon, daß sich sein Verfasser um eine globale Einheit bemüht, sie aber auch gefunden hat. Indem er das Lied in sieben Strophen komponiert, läßt er die Tiefenstruktur aufleuchten. Die Siebenzahl besteht bekanntlich aus der Drei und der Vier, die beide dichteste Symbole für Ganzheit und Einheit sind.

---

37) Vgl. Leclerc, E., Le cantique des créatures ou les symboles de l'union, Paris 1970.

Im Sonnengesang kreuzen sich zwei Linien, die horizontale und die vertikale. Zusammen genommen, bilden sie ein bekanntes Sinnbild für die kosmische Ganzheit. Die Eingangsbewegung zielt vertikal auf Gott ab: »Erhabenster, allmächtiger, guter Herr...« Sie spiegelt die Suche nach Transzendenz, den Traum nach oben. Doch Franziskus ist sich gleich bewußt, daß er Gott nicht zu besingen vermag; denn »kein Mensch ist würdig, dich zu nennen«. Allerdings ist er weder verbittert, noch hüllt er sich in Schweigen. Er wendet sich der horizontalen Dimension zu, in der er alle Geschöpfe findet; die sind nun doch imstande, von Gott zu sprechen: »Gepriesen seist du, mein Herr, *mit* allen deinen Geschöpfen.« So öffnet er sich der horizontalen wie der universalen Geschwisterlichkeit. Er besingt die Geschöpfe, weil sie Gottes Sinnbild tragen. Wenn wir nicht von Gott sprechen können, dann aber wohl von den Geschöpfen, die ja das Markenzeichen der Gegenwart Gottes tragen und mithin den sakramentalen Charakter aller Dinge zu erkennen geben.

Noch ein weiteres archetypisches Element der inneren Ganzheit erhellt aus dem Sonnengesang: das Männliche und das Weibliche. Nach C. G. Jung handelt es sich dabei um den universalsten Archetypen der psychischen Ganzheit des Menschen. Alle Elemente treten paarweise auf: Sonne und Mond, Wind und Wasser, Feuer und Erde. Alle die Paare sind Teil des großen Paares: Sonne und Erde, aus deren Vermählung alle weiteren Paare erwachsen. Franz beginnt sein Lied, indem er den Sonnenball besingt, den er kraft des Archetypen Herrn nennt. Da aber auch der Sonnenball aus Gottes Schöpferhänden hervorgegangen ist, ist er ebenso Bruder. Dasselbe gilt für die Erde, die archetypisch Mutter, theologisch aber Schwester ist. Deshalb beschreibt er sie als »Herrn, Bruder Sonnenball« bzw. »Schwester, Mutter Erde«.

Der Gesang enthält noch zwei Strophen, die Franziskus später hinzugefügt hat. Darin äußert er sich nicht mehr zum materiellen Kosmos, wohl aber zum menschlichen Kosmos, der ebenfalls Versöhnung will. In der einen Strophe geht es um die Versöhnung, zu der Franz Bischof und Bürgermeister von Assisi hat bewegen können. In der anderen thematisiert er die grundlegendere Frage von Leben und Tod. Der Mensch versöhnt sich mit dem Menschen. Das Leben umarmt den Tod, weil dieser Schwester ist und uns ein größeres, unsterbliches Leben bringt.

Die helle Dimension und die dunkle Dimension, das Tellurische (Erde) und das Uranische (Himmel), die innere Ökologie und die äußere Ökologie finden im Poverello und Fratello einen gesegneten Dolmetscher. Dieser ist wie eine Saite im Weltall, die von der leichtesten Bewegung und der sanftesten musikalischen Schwingung zum Klingen gebracht wird. Dank dieser seiner Sensibilität wird er zum Bezugspunkt für all unser Bemühen um Integration, die durch den Kosmos geht – ebenso wie durch ein Bündnis der Verehrung für alles Geschaffene und der Liebe zu allen Geschöpfen. Paradoxerweise ist unsere Gesellschaft eingespannt zwischen dem Ideal des Pietro Bernardone, des Vaters des Franz von Assisi, der Geschäfte trieb und ein Machtmensch war, und dem Ideal seines Sohnes Franziskus, des universalen Bruders.

Nicht ohne Humor und nicht minder treffsicher meint Arnold Toynbee: »Um die Biosphäre weitere zweitausend Jahre bewohnbar zu erhalten, werden wir und unsere Nachkommen das Beispiel des Pietro Bernardone, jenes großen Tuchhändlers im 13. Jahrhundert, einschließlich seines materiellen Wohlstandes, zu vergessen haben. Wir werden anfangen müssen, dem Vorbild seines Sohnes Franz zu folgen, des größten unter allen Menschen, die je im Abendland gelebt haben ... Das Beispiel des Franziskus ist so geartet, daß wir Abendländer ihm von ganzem Herzen nachahmen müßten, weil er der einzige Abendländer in diesem glorreichen Verein ist, der die Erde retten kann.«[38]

8. Ich lasse meinen Körper und gebe euch mein Herz

Als Schlußgedanke zu diesem Kapitel bietet sich nichts Besseres an als ein berühmtes Abschiedswort des Franziskus, das sich in einem Manuskript aus dem 17. Jahrhundert im Kloster auf dem Berg Alverna findet. Hier sprechen Pathos und Eros, vereint in der *logique du cœur*, wie Blaise Pascal sagen würde. Äußere und innere Ökologie treffen sich zu einer bewegenden Synthese.

Nach vierzig Tagen geistlicher Übungen bricht Franz vom Berg Alverna auf. Ein Falke hatte ihn, so die *Legenda*, jeden Morgen in seiner Höhle aufgeweckt und zum Stundengebet gerufen (2 Celano, 168). Nach Beendigung der geistlichen Sammlung spricht Franz, gerührt wie er ist, einen bewegenden Abschiedsgruß:

---

38) In der spanischen Zeitung ABC vom 19. Dezember 1972, 10–11.

»Leb' wohl, leb' wohl, leb' wohl, Bruder Masseus! Leb' wohl, leb' wohl, leb' wohl, Bruder Angelus! Leb' wohl, leb' wohl, leb' wohl, Bruder Silvester! Bruder Illuminatus! Der Friede sei mit euch, meine herzlich geliebten Söhne! *Mit meiner Person verlasse ich euch, aber ich lasse euch mein Herz.* Zusammen mit Bruder ›Lämmlein Gottes‹ [Bruder Leo] gehe ich jetzt . . . und werde nicht mehr wiederkommen. Ich scheide jetzt, und ihr, ihr alle, lebt wohl! Leb' wohl, liebster Bruder Falke: Ich bedanke mich bei dir für die Liebe, die du mir mit deinem Dienst erwiesen hast, leb' wohl! Leb' wohl, großer Felsen!, ich werd' nicht mehr zurückkommen und dich nicht mehr sehen. Leb' wohl, leb' wohl, leb' wohl!, du hast mich in deinem Innern aufgenommen, so daß der Dämon mit deiner Hilfe vertrieben wurde. Leb' wohl, Unsere Liebe Frau von den Engeln!, dir, Mutter des Ewigen Wortes, empfehle ich diese meine Söhne.«

Und das *Speculum* erinnert uns noch an folgende Einzelheit: »Während unser geliebter Vater diese Worte sagte, verströmten unsere Augen Bäche von Tränen. Aber auch er konnte die Abschiedstränen nicht verbergen, er nahm unsere Herzen mit und ließ uns als Waisen zurück . . .« (124).

Und in einer Kurve des Weges, von wo aus Alverna zum letzten Mal zu sehen war, stieg Franziskus von dem kleinen Esel, kniete sich, dem Berge zugewandt, nieder und sandte ihm sein letztes Lebewohl: »Leb' wohl, Berg Gottes, heiliger Berg, blühender Berg, reifer Berg, Berg, auf dem Gott zu wohnen wünschte! Leb' wohl, Berg Alverna. Gott Vater, Gott Sohn, Gott Heiliger Geist, segne dich! Friede sei mit dir! Wir werden uns nicht mehr sehen.«

»Io mi parto da voi con la persona, ma vi lascio il mio cuore – Mit meiner Person verlasse ich euch, aber ich lasse euch mein Herz.« Franziskus hat sein Herz im Herzen der Welt gelassen, um im Herzen aller zu sein, die sich um ein neues Bündnis der Herzlichkeit mit allen Dingen bemühen.

XII. Schluß

Um das vorliegende Buch nunmehr abzuschließen, möchten wir noch einmal die beiden Paradigmen gegenüberstellen, von denen das eine uns herrschaftsanheischig *über* die Natur erhebt und das andere uns gemeinsam *mit* der Natur als deren Brüder und Schwestern definiert. Wie entgegengesetzt die Modelle sind, macht unmißverständlich die berühmte Rede deutlich, die der Indianerhäuptling Seattle vom Volk der Duwamisch im Jahre 1855 vor dem Gouverneur des Territoriums Washington hielt. Den Text veröffentlichte erstmalig Dr. Henry Smith im *Seattle Star* vom 29. Oktober 1877. Gouverneur Isaac I. Stevens hatte dem Häuptling mitteilen lassen, er wolle den Duwamisch ihre Gebiete abkaufen, weil Weiße dort zu leben und die Ländereien zu bestellen gedächten.

Die Antwort von Häuptling Seattle zeigt die Ohnmacht der Indianer angesichts der überwältigenden Habgier der Weißen. Zugleich eröffnet sie aber auch die Kraft und die Größe des Naturverständnisses der Ureinwohner. Das Archaische steht dem Modernen gegenüber. Das Paradigma der Rück-bindung steht im Zeugenstand gegen das Paradima der Entkoppelung. Aus der Distanz von mehr als hundertvierzig Jahren zu der modellhaften Auseinandersetzung sind wir imstande, zu sagen, auf welcher Seite damals die Vernunft stand. Das Archaische erweist sich heute als das Zeitgemäßeste. Es bewahrt das Geheimnis des neuen Bündnisses, das zwischen dem Menschen und seinem schönen, großartigen Planeten Erde geschlossen werden muß.

Praktisch alle Themen, die wir im Laufe unserer Überlegungen angesprochen haben, klingen auch in der Rede von Seattle an: Interdependenz und Rück-bindung aller Dinge; die Heiligkeit der Natur; die Gegenwart Gottes, die das menschliche Herz sowie das ganze Universum mit Zauber erfüllt; die Ratlosigkeit angesichts der menschlichen Perversität; und die Erkenntnis, daß wir – bei allen Unterschieden und Widersprüchen – doch eine gemeinsame Bestimmung haben.

Mit Recht sagt Seattle, um die Weißen zu verstehen, müsse man ihre Träume und ihre Hoffnungen kennen, die sie ihren Söhnen und

Töchtern an langen Winterabenden erzählten, wie auch ihre Visionen, aus denen sie ihre Zukunft gespeist sähen. Doch der Häuptling konnte nicht von Ferne ahnen, daß an die Stelle von Träumen, Hoffnungen und Visionen grundsätzlicher Machtwille treten würde: Banken und Maschinen, elektronische Rechner, Kalkulationen und Projekte zur Eroberung der ganzen Erde und neuerdings des äußeren Weltraumes mit dem eindeutigen Ziel der Bereicherung, auch wenn das Ganze die Natur zerstört und das Leben auf der Erde bedroht.

Nur, die Weißen sind auch Menschen wie die Indianer. Auch in ihrer inneren Archäologie hausen Visionen, Hoffnungen und Träume, die allerdings von einer Schicht Asche überlagert sind. Aber das innere Feuer kann sie durchbrechen. Und dann können die Träume und Visionen eine neue Hoffnung zum Glühen bringen und einen neuen Weg anzeigen, einen Weg des Wohlwollens, der Verehrung und der Liebe zur Erde. Und dann werden sich das Archaische und das Moderne, Häuptling Seattle und Gouverneur Stevens verbrüdern, auf einer Erde, die kein Gegenstand der menschlichen Habgier mehr ist, sondern das Markenzeichen trägt eines freundschaftlichen Zusammenleben aller Unterschiede, unter dem Regenbogen des Bundes, den der eine Gott aller mit allen geschlossen hat, wo immer sie existieren und leben. Darum geht es in unserem Text: das innere Feuer schüren, helfen, diesen Traum zu träumen, und den Widerhall der Erde hören.

Wir drucken hier den Wortlaut der Rede von Häuptling Seattle in Gänze ab, weil sonst in der Regel nur einige Schlaglichter daraus bekannt sind:

»Der große Häuptling in Washington läßt ausrichten, daß er unser Land zu kaufen wünscht. Der große Häuptling hat uns auch seiner Freundschaft und seines Wohlwollens vergewissert. Das ist großzügig von seiner Seite; denn wir wissen, daß er unsere Freundschaft nicht nötig hat.

Wir werden sein Angebot bedenken; denn wir wissen, daß – sollten wir nicht darauf eingehen – vielleicht der weiße Mann mit Gewehren kommt und sich unser Land nimmt. Der große Häuptling in Washington kann darauf vertrauen, was Häuptling Seattle sagt, mit derselben Sicherheit, mit der unsere weißen Brüder auf den Ablauf der Jahreszeiten vertrauen. Mein Wort ist wie die Sterne. Die Sterne verblassen nicht.

Wie kann man den Himmel kaufen oder verkaufen, oder die Wärme der Erde? Derartige Vorstellungen sind uns fremd. Wenn wir nicht Eigentümer der Frische der Luft und des Glitzerns des Wassers sind, wie könnt ihr sie dann von uns kaufen?

Jeder Teil dieser Erde ist meinem Volk heilig, jede glitzernde Tannennadel, jeder sandige Strand, jeder Nebel in den dunklen Wäldern, jede Lichtung, jedes summende Insekt ist heilig, in den Überlieferungen und im Bewußtsein meines Volkes. Der Saft, der in den Bäumen aufsteigt, transportiert die Erinnerungen des roten Mannes.

Der weiße Mann vergißt das Land seiner Geburt, wenn er nach seinem Tod unter den Sternen wandelt. Unsere Toten hingegen vergessen diese wunderbare Erde nie; denn sie ist ja die Mutter des roten Mannes. Wir sind Teil der Erde, und sie ist ein Teil von uns. Die duftenden Blumen sind unsere Schwestern. Das Reh, das Pferd und der große Adler sind unsere Brüder. Die felsigen Höhen, die grünen Weiden, die Körperwärme der Ponys, aber auch der Menschen, sie alle gehören zu derselben Familie.

Wenn uns der große Häuptling in Washington also ausrichten läßt, er wünsche unser Land zu kaufen, verlangt er viel von uns. Der große Häuptling läßt sagen, er wolle uns einen Platz reservieren, an dem wir bequem leben könnten. Er werde unser Vater sein, und wir würden seine Kinder sein. Wir werden also über dein Angebot, unser Land zu kaufen, nachdenken. Aber es wird uns nicht leichtfallen, weil dieses Land für uns heilig ist.

Dieses glänzende Wasser, das in den Flüssen und Bächen fließt, ist nicht bloß Wasser, sondern ist das Blut unserer Vorfahren. Wenn wir dir das Land verkaufen, mußt du wissen, daß es heilig ist. Du mußt deinen Kindern beibringen, daß es heilig ist und daß jede Spiegelung im klaren Wasser der Seen die Geschichten und Erinnerungen aus dem Leben meines Volkes erzählt. Das Murmeln des Wassers ist die Stimme des Vaters meines Vaters. Die Flüsse sind unsere Brüder. Sie stillen unseren Durst. Die Flüsse tragen unsere Boote und speisen unsere Kinder. Wenn wir dir unser Land verkaufen, so wirst du dich daran zu erinnern und deine Kinder zu lehren haben, daß die Flüsse unsere und deine Brüder sind; und du wirst den Flüssen dieselbe Liebenswürdigkeit entgegenbringen müssen wie einem Bruder.

Wir wissen, daß der weiße Mann unsere Lebensart nicht versteht. Für ihn ist ein Grundstück wie das andere; denn er ist ein

Fremder, der nächtens kommt und der Erde entnimmt, was immer er braucht. Die Erde ist nicht seine Schwester, sondern eine Feindin. Und wenn er sie erobert hat, haut er ab. Die Gräber seiner Vorfahren läßt er im Stich und kümmert sich nicht weiter darum. Das Land reißt er seinen Kindern aus den Händen und kümmert sich nicht weiter darum. Er vergißt das Grab seiner Eltern und das Recht seiner Kinder auf das Erbe. Seine Mutter, die Erde, und seinen Bruder, den Himmel, behandelt er wie Dinge, die man kaufen, plündern und verkaufen kann wie Schafe oder funkelnde Perlen. Seine Gier wird die Erde verschlingen und nichts zurücklassen als eine Wüste.

Ich weiß nicht, unsere Art ist anders als die deine. Der Anblick deiner Städte tut dem roten Mann in den Augen weh. Aber vielleicht ist dem so, weil der rote Mann ein Wilder ist, der nichts versteht.

In den Städten des weißen Mannes gibt es nirgends ein ruhiges Plätzchen. Nirgends kann man hören, wie sich im Frühling die Blätter entfalten oder wie die Flügel eines Insekts summen. Aber vielleicht ist dem so, weil ich ein Wilder bin, der nichts versteht.

Der Krach taugt zu nichts als dazu, die Ohren zu beleidigen. Und was ist das für ein Leben, wenn man nicht mal mehr den einsamen Schrei des Ziegenmelkervogels oder das Konzert der Frösche im Teich hören kann? Ich bin ein roter Mann und verstehe nichts. Indianer ziehen das sanfte Geräusch des Windes vor, der über die Oberfläche eines Teichs streift, und den Duft des Windes, gereinigt vom Mittagsregen oder schwer vom Geruch der Kiefern.

Die Luft ist kostbar für den roten Mann, denn alle Geschöpfe teilen sich denselben Atem, die Tiere, die Bäume und der Mensch. Der weiße Mann nimmt die Luft, die er atmet, offenbar gar nicht wahr. Wie ein Sterbender in endlosem Todeskampf riecht er nicht einmal stinkige Luft. Sollten wir dir aber unser Land verkaufen, mußt du dessen eingedenk sein, daß die Luft für uns etwas Kostbares ist und daß die Luft den Geist allem Leben zuteilt, das er trägt. Der Wind, der unserem Urgroßvater den ersten Lebensatem gab, nimmt auch seinen letzten Hauch entgegen. Und sollten wir dir unser Land verkaufen, mußt du es behüten, wie ein Heiligtum, wie einen sakralen Ort, an dem auch der weiße Mann den Wind verkosten kann, wie er gewürzt ist mit dem Duft der Feldblumen.

Wir werden also dein Ansinnen, uns das Land abzukaufen, erwägen. Sollten wir darauf eingehen, aber nur unter einer Bedingung: daß der weiße Mann die Tiere dieses Landes behandelt, als wären sie seine Brüder.

Ich bin ein Wilder und bring' es nicht fertig, anders zu denken. Ich habe Tausende verwesender Büffel gesehen, vom weißen Mann aus dem fahrenden Zug einfach niedergeknallt und auf den Prärien liegen gelassen. Ich bin ein Wilder und begreife nicht, wie ein dampfendes Eisenroß wichtiger sein kann als der Büffel, den wir Indianer einzig zu unserem Lebensunterhalt töten.

Was ist der Mensch ohne die Tiere? Wären alle Tiere tot, stürbe der Mensch vor Einsamkeit des Geistes. Denn alles, was den Tieren zustößt, trifft bald auch den Menschen. Alles hat mit allem zu tun.

Ihr müßt eure Kinder lehren, daß die Erde, auf die sie treten, die Asche unserer Vorfahren versinnbildet. Damit sie Ehrfurcht vor ihren Eltern haben, erzähl' ihnen, daß der Reichtum der Erde das Leben unserer Verwandten ist. Lehre deine Kinder, was wir unsere Kinder gelehrt haben: daß die Erde unsere Mutter ist. Alles, was die Erde verletzt, verletzt auch die Söhne und Töchter der Erde. Menschen, die auf die Erde spucken, bespucken sich selbst.

Eines wissen wir: Die Erde gehört nicht dem Menschen. Der Mensch gehört der Erde. Dessen sind wir sicher. Alle Dinge sind miteinander verbunden, wie eine Familie durch das Blut verbunden ist. Der Mensch schuf nicht das Gewebe des Lebens; er ist darin nur eine Faser. Was immer er dem Gewebe antut, tut er sich selber an.

Unsere Kinder haben gesehen, wie ihre Eltern durch die Niederlage gedemütigt wurden. Unsere Krieger brechen unter der Last der Schmach zusammen. Und nach der Niederlage sitzen sie herum, ohne irgend etwas zu tun zu haben; sie vergiften sich den Körper mit süßen Speisen und harten Getränken. Wo wir unsere letzten Tage verbringen werden, ist nicht so wichtig. Wir sind ja doch nur eine Handvoll Leute! Noch ein paar Stunden, noch ein paar Winter, und keines der Kinder der großen Stämme, die auf diesem Land gelebt haben oder in Gruppen durch seine Wälder gezogen sind, wird mehr da sein, um über den Gräbern zu weinen. Ein Volk, das einst so mächtig und so voller Vertrauen war wie das unsere, dahin wird es sein.

Auch der weiße Mann mit seinem Gott, der ihn ja begleitet und mit dem er sich freundschaftlich unterhält, fällt nicht aus dem gemeinsamen Schicksal heraus. Wir könnten Brüder sein, trotz allem. Mal sehen! Nur eines wissen wir, was der weiße Mann eines Tages vielleicht erst entdecken wird, daß unser Gott derselbe ist wie der seine. Möglicherweise denkst du, ihr könntet ihn genau so besitzen, wie ihr unser Land in Besitz nehmen wollt. Aber das könnt ihr nicht. Er ist ein Gott der ganzen Menschheit. Er hat dieselbe Zuwendung zum roten wie zum weißen Mann. Dieses Land ist kostbar auch für ihn. Wer der Erde Schaden zufügt, mißachtet ihren Schöpfer.

Auch die Weißen werden eines Tages vergehen. Vielleicht sogar früher als alle anderen Rassen. Macht nur so weiter! Macht euch das Bett nur weiter dreckig! Eines Nachts werdet ihr in euren eigenen Exkrementen ersticken.

Gleichwohl, in eurem Untergang werdet ihr hell erstrahlen, angeheizt durch die Kraft jenes Gottes, der euch in dieses Land geführt und dazu bestimmt hat, dieses Land mitsamt dem roten Mann zu beherrschen. Diese Bestimmung ist uns ein Rätsel. Wir können uns nicht vorstellen, was sein wird, wenn die Büffel abgeschlachtet, die wilden Pferde gezähmt, die heimlichsten Winkel des Waldes durch den Geruch von Menschenmassen geschändet und die welligen Hügel durch sprechende Drähte zerschnitten sein werden.

Wo ist der dichte, geschlossene Wald geblieben? Weg! Wo ist wohl der Adler? Weg ist er! Und was heißt es, dem flinken Pony und der Jagd Lebewohl zu sagen? So hat das Leben ein Ende, jetzt geht's nur noch ums Überleben.

Dank einem besonderen Plan gab euch Gott die Herrschaft über die Tiere, über die Wälder und über den roten Mann. Doch dieser Plan ist uns ein Rätsel. Wir würden ihn ja vielleicht verstehen, kennten wir die Träume des weißen Mannes, wüßten wir, welche Hoffnungen er seinen Söhnen und Töchtern an langen Winterabenden erzählt, und hätten wir eine Ahnung davon, welche Zukunftsvisionen er in seinem Geist pflegt, damit daraus Wünsche werden für den morgigen Tag.

Aber wir sind halt Wilde. Die Träume des weißen Mannes sind uns verborgen. Und da sie uns verborgen sind, müssen wir unseren eigenen Weg allein gehen. Denn vor allem ist uns wichtig, daß jeder das Recht hat, so zu leben, wie er will. Aus diesem Grund wollen wir, falls der weiße Mann damit einverstanden ist, die Reservate gewährleistet sehen, die er uns versprochen hat. Dort werden wir vielleicht unsere letzten Tage verbringen können, wie wir es wünschen.

Wenn der letzte rote Mann weg und sein Andenken nicht mehr ist als der Schatten einer schwarzen Wolke über der Prärie, auch dann wird die Seele meines Volkes weiterleben in diesen Wäldern und an diesen Ufern; denn wir lieben dieses Land, wie ein neugeborenes Kind den Herzschlag seiner Mutter liebt.

Wenn wir dir unser Land verkaufen, liebe es, wie wir es geliebt haben, und hüte es, wie wir es gehütet haben. Vergiß niemals, wie dieses Land war, als du es in Besitz nahmst. Und mit deiner ganzen Kraft, mit deiner ganzen Macht und mit deinem ganzen Herzen erhalte es für deine Söhne und Töchter, und liebe es, wie Gott uns alle liebt.

Eines wissen wir: Unser Gott ist derselbe Gott. Diese Erde ist ihm heilig. Und auch der weiße Mann kann sich unser aller gemeinsamen Bestimmung nicht entziehen.«

Dieser Text hallt wider vom Widerhall der Erde. Wir wollen Widerhall des Widerhalls sein. So möge Gott es wollen.